新疆师范大学西域文史丛书

西域历史与文献论丛
（第二辑）

施新荣　徐军华　主编

学苑出版社

图书在版编目（CIP）数据

西域历史与文献论丛. 第二辑 / 施新荣，徐军华主编. —北京：学苑出版社，2016.5
ISBN 978-7-5077-5006-5

Ⅰ.①西…Ⅱ.①施…②徐…Ⅲ.①西域-地方史-文集
Ⅳ.①K294.5-53

中国版本图书馆CIP数据核字（2016）第087577号

出 版 人：孟　白
责任编辑：刘　丰
出版发行：学苑出版社
社　　址：北京市丰台区南方庄2号院1号楼
邮政编码：100079
网　　址：www.book001.com
电子邮箱：xueyuanpress@163.com
销售电话：010-67601101（销售部）、67603091（总编室）
印 刷 厂：高碑店市鑫宏源印刷包装有限公司
开本尺寸：787×1092　　1/16 开本
印　　张：18.5
字　　数：315千字
版　　次：2016年5月第1版
印　　次：2016年5月第1次印刷
定　　价：68.00元

目 录

元朝前四汗时期西域汉人的来源 …………………………………… 贾丛江（1）

明代西北地缘政治之演变………………………………………… 施新荣（10）

苏非派圣者传《心灵之光》初探………………………………… 白海提（23）

兰州碑刻所见清代新疆史事……………………………………… 王鹏辉（36）

清代新疆常平仓的发展与管理…………………………………… 何　荣（50）

清末吐鲁番养济院研究…………………………………………… 赵　毅（62）

《抄本奏议》与清末新疆新政之筹备…………………………… 王启明（73）

民国年间新疆的工会探析………………………………………… 贾秀慧（81）

史前"青铜之路"与中原文明 ……………………………… 刘学堂　李文瑛（101）

从"异族同俗"的演变看北庭的意义…………………………… 盖金伟（126）

岑参诗中西域地名语音流变例释………………………………… 夏国强（132）

从吐鲁番到敦煌 ——"Turpan"（吐鲁番）一名语源、语义考…………………

　　　　　　　　　　　　　　　　　　　　阿布力克木·阿布都热西提（137）

古今维吾尔语马具术语及其语言透视 …………… 艾克拜尔·吐尼亚孜（149）

《福乐智慧》中诚信观对维吾尔族社会交往的启示……… 艾扎木·艾拜都拉（160）

吐鲁番敦煌出土古代维吾尔语谚语解析 ………… 巴克力·阿卜杜热西提（167）

"略如汉氏故事"——《三国志》"西域撰述"探微 …………… 马晓娟（174）
晋唐时期吐鲁番的史学 …………………………………… 王旭送（181）
王树楠与西域文书的收藏和研究 …………………………… 朱玉麒（191）
明代笔记中有关西域的记载及价值论略 …………………… 姚晓菲（223）
《三州辑略》吐鲁番史料的来源 …………………………… 徐玉娟（235）
略论首都图书馆所藏新疆乡土志抄稿本之价值 …………… 高　健（242）
《孚化志略》编纂者考辨——兼论其成书时间与版本 ……… 任　龙　高　健（250）
《天山赋》著者考辨 ………………………………………… 史国强（258）
萧雄西域事迹考 ……………………………………………… 吴华峰（263）
乾隆帝与《塞宴四事》 ……………………………………… 周　轩（272）
清代刻书家龙万育生平考述 ………………………… 颜世明　高　健（281）

元朝前四汗时期西域汉人的来源

贾丛江

元朝前四汗时期[①]（1206—1259），数位出身内地的人，曾经前往西域，归来后留有行程记。这些文献成为人们了解13世纪前期西域各地情况的珍贵史料。多部行程记中均记录了当时西域汉人的情况，使人们对蒙元时期西域居民的构成有了更多了解。这些西域汉人的来源，是一个引人关注的问题，本文拟就此进行探讨。

一

蒙元时期，蒙古军队屡次西征，扫除了隔绝亚洲内陆交通的壁垒，使臣和旅行者往来于丝路。其中有三批人的行程记中留下了西域汉人的记录。现将与本文讨论主题有关的史料摘录于下，以便下文探讨。

《长春真人西游记》[②]，由李志常撰写，记录了在元太祖十五年至十九年（1220—1224）间，丘处机奉诏前往西域谒见成吉思汗的往返行程。文中多处提到西域的汉人。

史料一：

  西即鳖思马大城，王官士庶僧道数百，具威仪远迎。僧皆褐衣，道士衣

[①] 关于元朝的起始年代，学界有1206年、1260年、1271年、1279年诸说，以1206年为宜。参见陈得芝《关于元朝的国号、年代及疆域问题》，《北方民族大学学报》2009年第3期。

[②] 本文所用《长春真人西游记》刊本有三，一是《王国维遗书》中的录文，第十三册，上海：上海古籍书店，1983年；二是杨建新主编《古西行记选注》中的录文，银川：宁夏人民出版社，1987年，第168—230页；三是陈佳荣、钱江、张广达合编《历代中外行记》中的录文，上海：上海辞书出版社，2008年，第527—536页。以下所引该行记，不再注明出处。

冠与中国特异。……时，回纥王部族供蒲萄酒，供以异花、杂果、名香，且列侏儒伎乐，皆中州人。士庶日益敬，侍坐者有僧、道、儒，因问风俗，乃曰："此大唐时北庭端府。景龙三年杨公何为大都护，有德政，诸夷心服，惠及后人，于今赖之。有龙兴西寺二石，刻载功德，焕然可观。寺有佛书一藏。唐之边城，往往尚存。"

史料二：

西行四日，宿轮台之东，迭屑头目来迎。南望阴山三峰，突兀倚天，因述诗赠书生李伯祥。生，相人。

史料三：

至阿里马城，……土人惟以瓶取水，戴而归。及见中原汲器，喜曰："桃花石诸事皆巧。"桃花石谓汉人也。

史料四：

（邪米思干）城中常十万余户，国破而来，存者四之一。其中大率多回纥人，田园不能自主，须附汉人及契丹、河西等，其官长亦以诸色人为之，汉人工匠杂处。

史料五：

至阿里马城东园。二太子之大匠张公固请曰："弟子所居营三坛四百余人，晨参暮礼，未尝懈怠，且预接数日，伏愿仙慈渡河，俾坛众得以请教，幸甚。"

《北使记》[①]，由吾古孙仲端口述，刘祁或刘郁笔录成文（录者何人，存有争议），记载了元太祖十五年至十六年（1220—1221）间，金朝使者吾古孙仲端前往西域向成吉思汗乞和的行程。《北使记》也涉及西域汉人的线索。

---

① 本文所用《北使记》刊本有三，一是《王国维遗书》中的录文，第十三册，上海：上海古籍书店，1983 年；二是杨建新主编《古西行记选注》中的录文，银川：宁夏人民出版社，1987 年，第 231—236 页；三是陈佳荣、钱江、张广达合编《历代中外行记》中的录文，上海：上海辞书出版社，2008 年，第 537—539 页。以下所引该行记，不再注明出处。

史料六：

　　大契丹大石者，在回纥中，……政荒，为回纥所灭。今其（西辽）国人无几，衣服悉回纥也。……惟和沙州寺像如中国，诵汉字佛书。

《西使记》①记录了元宪宗九年至中统元年（1259—1260）间，元朝使者常德前往波斯西觐皇弟旭烈兀的往返行程，系刘郁笔录。《西使记》有多处记录了西域汉人的情况。

史料七：

　　数日过龙骨河，复西北行，与别失八里南已相直，近五百里，多汉民，有二麦黍谷。河西注潴为海，约千余里，曰乞则里八寺。

史料八：

　　有关曰铁木儿忏察，守关者皆汉民。

史料九：

　　至阿里麻里城，……回纥与汉民杂居，其俗渐染，颇似中国。

史料十：

　　又南有赤木儿城，居民多并、汾人。

前引十条史料，分别出自记录丘处机、吾古孙仲端、常德三批西行者的行程记，西行的时间，上迄元太祖十五年（1220），下至中统元年（1260），正好是学界所说的元朝前四汗时期。由于是行者见闻，故其真实性不容置疑。而这些史料之所以引起人们关注，是因为这些汉人迁到西域的方式，与汉唐时期西域的汉人明显不同。他们不是随中原王朝在西域置守、屯戍而迁到西域的，而是随着游牧

---

① 本文所用《西使记》刊本有三，一是《王国维遗书》中的录文，第十三册，上海：上海古籍书店，1983年；二是杨建新主编《古西行记选注》中的录文，银川：宁夏人民出版社，1987年，第237—250页；三是陈佳荣、钱江、张广达合编《历代中外行记》中的录文，上海：上海辞书出版社，2008年，第559—563页。以下所引该行记，不再注明出处。

民族迁徙征战而被裹胁迁来的。当然，这是人们对元朝前四汗时期西域汉人的来源的初步判断。然而，笔者对这一问题的关注，却是发现这些西域汉人的来源问题，比那个"初步判断"更为复杂，需要做进一步探究。

二

这些西域汉人的主体，是在元朝前四汗时期（1206—1259）迁到西域的。他们的迁徙，是和这一时期蒙古军队的多次西征、蒙古贵族领主受封于西域各地等诸多事件有直接关系。

元朝前四汗时期，蒙古军队在广义上的西域地区，进行了多次西征：(1) 成吉思汗西征：元太祖十四（1219）年至二十年（1225），成吉思汗率军西征花剌子模国，占领广大中亚地区。(2) 绰儿马罕西征：元太宗元年（1229）至三年（1231），窝阔台汗命绰儿马罕为统帅，征讨在波斯地区再度兴起的花剌子模王子扎兰丁。(3) 长子西征：元太宗七年（1235）至元乃马真后三年（1244），窝阔台汗命拔都统率各支长子，自里海向西向北发动进攻，征服了钦察草原和斡罗斯地区。(4) 旭烈兀西征：元宪宗三年（1253）至元中统元年（1260），蒙哥汗命皇弟旭烈兀，自里海向西南方向进军，征服波斯全境。蒙古军队的每一次西征，除蒙古人以外，还有大量已征服地区的居民随军从征，包括大量汉人；蒙古征服西域以后，成吉思汗将三个儿子（幼子拖雷除外）分封于广义上的西域地区，三位皇子以及隶属于他们的蒙古贵族，都有大量的包括汉人在内的驱口和投下户，其中很多人随其领主迁到了西域。

这些汉人大致包括两部分人，一是从征的汉人军队；一是被征发和裹胁而来的汉人工匠和蒙古贵族所属的汉人驱口和投下户。据《元史》卷一四九《郭宝玉传》记载，华州郑县（陕西华县）人郭宝玉，早年作为金将降归木华黎，后率所部从成吉思汗西征中亚，"收马里四城"；二十多年后，其孙郭侃又"从宗王旭烈兀西征"。郭氏爷孙只是西征汉军的代表。前引史料八所录的"有关曰铁木儿忓察，守关者皆汉民"，应当也是前四汗时期从军西征的汉人军队。这一时期来到西域的汉人工匠也不在少数。史料四中所记邪米思干城（乌兹别克斯坦共和国撒马尔罕）中就有"汉人工匠杂处"，这段史料前半部分提及该城当地人"田园不能自主，须附汉人及契丹、河西等"，"河西人"是元代对西夏国人的专称，而西夏人除了在元代曾大量迁至西域外，此前并无迁居西域的情况，因此，这条史料反映的西域汉人工匠，肯定是随蒙古军队西来的。史料五提到，丘处机在阿里马城（今新疆霍城）曾遇到"二太子之大匠张公"，此人是察合台帐下的工匠头领，掌管"三坛四百余人"，从这四百余人"晨参暮礼"并力邀丘处机前往以使"俾坛众得以请教"一事来看，这些人无疑都是汉人工匠，是此次蒙古军队从金朝或西夏境内劫掠的驱口。从张公"二太子之大匠"的身份判断，这些人是隶属于察合台的驱口。前引十条史料中，史料二所提到的丘处机在轮台（唐轮台）赋诗相赠的"书生李伯祥"，也应是随成吉思汗西征而来到西域的汉人，其证据在文中已有暗示："生，相人。""生"即指书生李伯祥，"相人"即相州人的简称，这是汉地的通用惯例。此人知道自己的籍贯，说明他只能是随成吉思汗西征大军前来西域的。因为在此之前所出现过的最后一次大量汉人西迁的历史，要上溯到近百年前的耶律大石西迁。如果李伯祥是随大石西迁的汉人的后裔，则他不可能还留有"相人"这种籍贯观念。史料十所提到的常德在13世纪50年代看到的赤木儿城（新疆霍城西）的大量汉人，也是元朝前四汗时期迁来当地的。其证据同上，《西使记》明确记载了他们的籍贯："并、汾人。"

三

元朝前四汗时期（1206—1259）见诸汉文史籍的西域汉人，有一部分和西辽境内的汉人有关，他们是原来随耶律大石西迁中亚的汉人的后裔。

众所周知，12世纪早期，在女真人的打击下，辽朝迅速衰亡。辽保大四年（1124），在辽朝行将灭亡之际，辽朝皇族耶律大石自立为王，在辽朝西北路招讨司治所——镇州可敦城（喀拉喀河下游青托罗盖古城）[①]，召集七个军州和十八部大会，从各州、各部征集了一万多兵马。宋绍兴元年（1131），耶律大石率部西迁，来到叶密立河（额敏河）流域。据伊本·阿西尔记载，当地为喀喇汗王朝守边的"一万六千帐"游牧人投靠了耶律大石，使他的军队"增加一倍"[②]。这一万六千帐（户）游牧人，主要是操蒙古语族方言的契丹近族人和一些操突厥语族方言的游牧部落。志费尼也记载，到达叶密立后的耶律大石部众，增加到四万户[③]。这两段史料，说的是一件事。宋绍兴二年（1132），耶律大石即皇帝位，以

[①] 陈得芝《耶律大石北行史地杂考》，《历史地理》第二辑，上海：上海人民出版社，1982年。
[②] 伊本·阿西尔《全史》，多伦堡本，第11卷，第55—56页，转引自《吉尔吉斯人和吉尔吉斯地区历史资料》第1辑，莫斯科，1973年，第65页。
[③] 志费尼《世界征服者史》上册，何高济译，呼和浩特：内蒙古人民出版社，1980年，第417页。

辽朝正统自居，沿用"大辽"和"大契丹"的国号，"上汉尊号曰天祐皇帝，改元延庆"，史称西辽。此后，西辽征服了高昌回鹘王国、东部和西部喀喇汗王朝、花剌子模国、葛逻禄部、康里部、乃蛮部，统一了葱岭东西，划七河流域为直辖地，定都虎思斡耳朵（即巴拉沙衮，在今吉尔吉斯斯坦共和国托克马克附近）。

关于耶律大石部众的人数，伊本•阿西尔和志费尼提供了不同的两组数字。这两组数字虽有差异，但是基本上反映了实情。按伊本•阿西尔的数字，新加入的一万六千帐（户），使大石的军队增加一倍，则原先西迁的军队也大致是一万六千帐左右，总数则上升至三万二千帐左右。按志费尼的数字，其部众增加到四万户，这是一万六千帐游牧人加入以后的数量，则原来西迁的部众应是二万四千帐左右，这就比按前一组数字所计算的数量多出了八千帐。然而，伊本•阿西尔提供的数字是指按兵员（"军队"）计算的帐数（户数），按照游牧人一般是一帐（户）一兵的原则，三万二千帐实为三万二千名士兵。考虑到西迁的契丹部众中还包括一些非战斗人员，如宫帐属民、南北面官署人员及其属民等，如果除去这些人，其兵员帐户也与一万六千帐相去不远。因此，我们可以将最初跟随耶律大石西迁的部众帐数，界定在一万六千帐至二万四千帐之间。这些人以契丹人为主，也包括七个军州的大批汉人及其他部族的人。

对于大批汉人跟随耶律大石西迁西域之事，中外史籍中均有明证。据穆斯林史料，在西辽康国八年（1141）塞尔柱王朝和西辽之间爆发的卡特万大战中，西辽的军队"拥有突厥军、汉军、契丹军等"①。"汉军"和"契丹军"、"突厥军"并列，并排在"契丹军"之前，说明西辽境内汉人的人数是很多的。而汉文史料也反映了相同情况。耶律楚材提到，李世昌曾为西辽郡王，做过"中书"，其祖先曾经是耶律大石的宰相②。宋人张浚在《奏房中事宜状》中称："臣近据曲端申，契丹大石林牙自招州遣人持国书赴朝廷，为夏人截留。有元送文字汉儿走透过泾源，供析到上件事理……"③这个"汉儿"即是耶律大石的使臣。

有迹象显示，在12世纪早期跟随耶律大石西迁的汉人中间，有些人一直将本民族属性保持到元朝前四汗时期。上文提到的李世昌就是一个例证。据前引史料六，元太祖十五年（1220），当金朝使者吾古孙仲端进入"益离城"（新疆伊犁

---

① 伊本•阿西尔《全史》，多伦堡本，第十卷，第57页。转引自《吉尔吉斯人和吉尔吉斯地区历史资料》，第一辑，莫斯科，1973年，第67页。
② 伊本•阿西尔《全史》，多伦堡本，第十卷，第57页。转引自《吉尔吉斯人和吉尔吉斯地区历史资料》，第一辑，莫斯科，1973年，第67页。
③ 《永乐大典》卷10876"张魏公奏议"，北京：中华书局，1986年，第4466页上栏。

地区境内）以西的原西辽直辖地（七河流域）之后，看到"今其（西辽）国人无几，衣服悉回纥也"。虽然此时距西辽灭亡（1211）仅仅 10 年，但是，七河地区的社会景观已是一片破败。可以想见，在经历过西辽王朝、花剌子模国、乃蛮王子屈出律和蒙古军队的多次战争洗劫之后，七河地区的社会和人口遭到严重损失，尤其是国破之后的契丹人和汉人，处境更加悲惨，不但有大量人口损失于战火，而且存活下来的人也只能改换衣装，风俗渐同于当地穆斯林土著。但是，如果细究吾古孙仲端的描述，可以发现，虽然西辽"国人无几"，但是仍然还有存留；虽然"衣服悉回纥也"，但是吾古孙仲端仍然还能识别其身份。而同条史料的后半部分"惟和沙州寺像如中国，诵汉字佛书"，也可视作对原来西辽的汉人留存于 13 世纪前期的一种注脚。

四

元朝前四汗时期（1206—1259）时期西域汉人的第三个来源，是源自唐代西域汉人的后裔。

史料一中提到的丘处机在鳖思马大城（别失八里，新疆吉木萨尔）的所见所闻，明确显示当地不但有汉人，而且这些汉人还是唐代庭州汉人的后裔。提到当地"回纥王"在宴请丘处机一行时，"列侏儒伎乐"，这些人的身份，李志常有明确提示："皆中州人。"这里的"中州"是内地或中原的代称，与同书中指代籍贯的"相人"、"并、汾人"的意思和用法都明显有别。辽宋金元时期，用"中州"指代过去传统的"汉地"，这是一种常见的用法，这一时期弃用"汉地"而改用"中州"，和当时汉、女真人、契丹人杂居于传统的"汉地"一事有关。其实，史料一的后半部分也对这些人的唐代汉人后裔身份有所提示：其一，文中提及"侍坐者有僧、道、儒"，儒生是汉人身份，大致不会有错；而道教是汉人的宗教，鳖思马城道士的衣冠与内地"特异"，这正显示出这些道士不是在金朝到元朝时期从内地迁到西域的，否则，当地道士的衣冠样式应当与丘处机等人的相同或相近。其衣冠之所以给道士李志常造成"特异"的强烈印象，要么是反映了唐朝和金朝道士服饰的发展变化，要么是反映了鳖思马城的道士，在长期的发展中受到当地居民服饰的影响。不论是何种情况，都证明这些道士不是在金朝至元朝前四汗时期迁来的，而是唐代庭州汉人的后裔。其二，从丘处机参加宴请的情景，以及他和"侍坐者"的对话中，也反映出应答者的汉人身份和他们是唐代汉人后裔的出身。为探究这个问题，我们需要比照一下《长春真人西游记》（上卷）所记录的鳖思马城宴会和昌八剌城宴会的不同情景——游记中这两段文字前后相接。昌八剌城（新疆昌吉）的宴会情景是："其王……率众部族及回纥僧皆远迎。既入，斋于台上。泊其夫人劝葡萄酒，且献西瓜。……有僧来侍坐，使译者问看何经典。僧曰：'剃度受戒，礼佛为师。'"而史料一所录鳖思马城宴会的情景是："回纥王部族供蒲萄酒，供以异花、杂果、名香，且列侏儒伎乐，皆中州人。士庶日益敬，侍坐者有僧、道、儒，因问风俗，乃曰：'此大唐时北庭端府。……'"两处食物相似（葡萄酒、瓜果），程序相近（迎、宴、侍坐者），但有两点区别：昌八剌城为"回纥僧"，鳖思马城为"僧、道、儒"——没有外加族属身份"回纥"，显示其汉人的身份；昌八剌城，丘处机与侍坐者交谈需要"使译者问看何经典"，鳖思马城，丘处机直接向侍坐的僧、道、儒"因问风俗，乃曰：'……'"——说明这些僧、道、儒均是汉人，无需译者。而侍坐者的答话，也反映出他们和唐朝的深厚关系："乃曰：'此大唐时北庭端府。景龙三年杨公何为大都护，有德政，诸夷心服，惠及后人，于今赖之。有龙兴西寺二石，刻载功德，焕然可观。寺有佛书一藏。唐之边城，往往尚存。'"由答话可知，交谈内容无一不涉及唐朝。也许他们所说的杨大都护的"德政"所导致的"惠及后人，于今赖之"之意，正是指他们这些唐代汉人后裔，在四百多年以后（8世纪末唐已失庭州），还能在当地保持民族属性、平安生活的现实吧。

唐代西域汉人后裔，在历时四百多年以后，仍能保持民族属性，这件事看似不可思议，其实也有历史脉络可寻。众所周知，唐代庭州（新疆吉木萨尔）、西州（新疆吐鲁番）、伊州（新疆哈密），是以汉人为主体居民的地区，实行与内地相同的州县制，不同于西域其他地区的羁縻府州制。回鹘西迁后，三地的汉人曾长期保持着民族属性。《突厥语大词典》的一段记载，说明了这个问题："回鹘人还有和秦人文字相似的另一种文字，官方文牍都使用这种文字。除了非穆斯林的回鹘人和秦人外，其他人是不识认这种文字的。我上面谈的是城镇居民的情况。"[①] 这种"和秦人文字相似的文字"是何种文字呢？笔者以前曾经做过探讨，那就是汉文[②]。《突厥语大词典》中的"秦人"是指辽朝人，汉人（北宋）被称为

---

① 麻赫默德·喀什噶里《突厥语大词典》，汉译本，第一卷，北京：民族出版社，2002年，第32页。
② 关于这一问题，请参阅笔者所撰《中国新疆古代社会生活史》（薛宗正主编）第五章"五代辽宋金时期"，乌鲁木齐：新疆人民出版社，1997年，第394—395页。

"马秦",其书对此载有专文:"'回鹘'、'党项'、'契丹'等部落,契丹即秦,最后为'桃花石',亦即马秦。"[①] 既然这种文字和秦人(辽朝)的文字相似,那么,辽朝契丹文字又是什么样的呢?契丹文字有大字和小字两种。汉字是契丹大字之源;是仿汉字改制的,"以隶书之半增损之,作文字数千"[②],保持着方块字形。契丹小字的拼写规则取法回鹘文,但是,其"原字"字形,是参照汉字和契丹大字改造的,并参照汉字的反切拼音方法,以原字作为读写单位拼成字或词。据学者研究,有的小字和汉字完全相同,有的是改造汉字而成[③]。从出土的契丹小字来看,其字形和汉字是一个系统。再者,汉文本来就是辽朝最主要的官方文字,通行范围远过于契丹大、小字,辽朝的诏令、公文主要是用汉字来发布,留存于世的契丹人文集,几乎全是用汉文写就的。所以,这种"和秦人文字相似"、秦人也认识的文字,只可能是汉字。这说明了一个重要问题:直到《突厥语大词典》成书的11世纪70年代,东部天山地区还有大批汉人使用着汉语文、保持着本民族的属性。据《突厥语大词典》的记载,居住在城镇的回鹘人认识汉语文,高昌回鹘王国政府曾经以汉文为"官方文牍"使用的文字,即官方文字。这说明,西迁后的回鹘,在很长一段时间里,实际上曾经有过汉语化的过程。这种汉语文的留存现象,实质上说明了一个居民属性的问题,即在唐朝失去西域以后的很长一段时间里,高昌回鹘王国境内都存在着大量保持着民族属性的汉人后裔。这一事实,为人们理解13世纪前期西域存在着保留民族属性的唐代汉人后裔的真实历史,提供了一个支点。

综上所述,在元朝前四汗时期(1206—1259)汉文史料屡次出现西域汉人的身影,他们有三个来源:一、其主体是受蒙古军队多次西征和蒙古诸王贵族受封于西域等事件的影响,被征发而来的;二、一部分汉人是12世纪30年代跟随耶律大石西迁汉人的后裔;三、个别地区存在唐代西域汉人后裔一直保持着本民族属性的情况。

(本文原载《西蒙古论坛》2011年第3期,第16—21页)

---

① 麻赫默德·喀什噶里《突厥语大词典》,汉译本,第一卷,北京:民族出版社,2002年,第31页。
② 《新五代史》卷72《四夷附录一》。
③ 参见清格尔泰、刘凤翥、陈乃雄、于宝林、邢复礼《契丹小字研究》,北京:中国社会科学出版社,1985年,第9页。

明代西北地缘政治之演变

施新荣

在中国古代历史上，活动于北方的草原游牧部落，如先秦秦汉时的北狄、匈奴，魏晋隋唐时的鲜卑、柔然、突厥、回鹘，宋辽金元时的契丹、蒙古等皆兴起于北方草原地区，对中原王朝无不构成巨大的威胁甚至取而代之。欧亚大陆西端也是如此，游牧部族不断兴起后进入农耕区域，对欧洲的政治进程产生了巨大的影响。因而，农耕文明与草原游牧文明之间的关系，是中外学术界探讨已久的重大历史与理论问题。汉代司马迁说：匈奴"行盗侵驱，所以为业也，天性固然"①；后晋的刘昫在其所修的《旧唐书》中也说：回纥"贪婪尤甚，以寇抄为生"②。关于游牧文明与农耕文明的关系，20多年前，有学者综合中外各家观点，将之归结为虏性狼狠、气候变化、人口膨胀、贸易受阻、掠夺有利、扩大统治、文化不同等七种解释。③ 此后，国内外一些学者借助人类学的理论进行研究，丰富了人们的认识。如美国学者巴菲尔德（Thomas Barfield）④、狄宇宙（Nicola Di Cosmo）⑤、台湾学者王明珂⑥ 等都出版了值得重视、关注的专著。

就明朝时期而言，西北地缘政治主要受到明朝与北方及西北地区的蒙古游

---

① 《史记》卷一一二《平津侯主父列传》，北京：中华书局点校本，1959年，第2955页。
② 《旧唐书》卷一九五《回纥传》，北京：中华书局点校本，1975年，第5195页。
③ 王小甫《古代游牧部族入侵农耕地区问题的研究》，《史学情报》1988年第3期，此据王小甫《唐吐蕃大食政治关系史》，北京：北京大学出版社，1992年，第289—292页。
④ Barfield, T., *The Perilous Frontier: Nomadic Empires and China*.Cambridge, Mass.:B.Blackwell, 1989. [美] 巴菲尔德《危险的边疆：游牧帝国与中国》，袁剑译，南京：凤凰出版传媒集团•江苏人民出版社，2011年。
⑤ Di Cosmo, N., *Ancient China and Its Enemies:The Rise of Nomadic Power in East Asian History*, New Zealand:University of Canterbury Christchurch, 2002. [美] 狄宇宙《古代中国与他的强邻：东亚历史上游牧力量的兴起》，贺严、高书文译，北京：中国社会科学出版社，2010年。
⑥ 王明珂《游牧者的抉择：面对汉帝国的北亚游牧部族》，桂林：广西师范大学出版社，2008年。

牧部落政权相互关系变化的影响。本文拟从游牧文明与农耕文明之间的持续不断的和平交往与武力冲突的视角出发，来看待有明一代西北地区地缘政治的地位与特点，按照明代历史发展的特点为主线，就西北地区各政治力量变化的特点，分前、中、后三个时期来论述明代西北地缘政治的演变。

一、明前期西北地缘政治与陕西行都司卫所体系的建立

《元史》卷五八《地理一》曰："汉梗于北狄……唐患在西戎，宋患常在西北。"① 有明一代所遇到的外部政治压力也大体如此，主要是北部及西北部的蒙古。虽然明代之西北失去了昔日汉唐时的重要地位，不再是政治、经济、文化中心，但其军事地位却丝毫未曾减弱。

如所周知，元朝将吐蕃地区正式纳入中国中央王朝的国家版图和直接治理的体系之内，在吐蕃地区设立隶属于宣政院的三道宣慰司都元帅府。陈得芝先生认为，宣政院统辖吐蕃三道的职能就相当于一个行省，《汉藏史籍》说吐蕃三道"算作一个行省"，是完全符合实际情况的②。加之，元代蒙古高原上的蒙古各部与青藏高原上的各游牧部族之间在政治、文化上结成了特殊的蒙藏关系。如果二者之间形成联合之势，不仅将切断明朝西北通往西域之交通，而且也必将危及全陕的安全及中原的稳定，对明朝在西北的统治构成严重的挑战。

史称"陕西地方广阔，内连八郡，外控三边，为根本机要重地"③，朱元璋认为"惟西北胡戎，世为中国患"④。对于明初西北的元朝守将，明人高岱分析说："山西、陕西之虏，李思齐、张思道、扩廓帖木儿三人耳，如贺宗哲、孔兴等，不足言也。李、张二虏虽拥众，然非我诸将敌，惟扩廓最强犷。"⑤ 因此，当洪武二年（1369），明军"定陕西"⑥ 后，朱元璋"即法汉武创河西四郡隔绝羌、胡之意，建重镇于甘肃，北拒蒙古，南捍诸番，俾不得相合"⑦。废州立县，编民为兵，

---

① 《元史》卷五八《地理一》，北京：中华书局点校本，1975年，第1345页。
② 陈得芝《序言》，见张云《元代吐蕃地方行政体制研究》，北京：中国社会科学出版社，1998年。
③ 〔明〕杨一清《为考选军政官员事》，〔明〕杨一清著，唐景坤、谢玉杰点校《杨一清集》上，北京：中华书局，2001年，第198页。
④ 《明实录·太祖实录》卷六八，洪武四年九月辛未条，台北"中央"研究院历史语言研究所，1962年，第1278页。
⑤ 〔明〕高岱《鸿猷录》卷五《堪定关陇》，上海：上海古籍出版社，1992年，第104页。
⑥ 《明史》卷三三〇《西域二》，北京：中华书局点校本，1974年，第8539页。
⑦ 《明史》卷三三〇《西域二》，第8549页。

建立军事卫所，在河陇、河西地区陆续设置了巩昌、平凉、兰州、庆阳、河州（洪武十年分河州卫为左、右二卫）、甘肃、庄浪等卫。从洪武六年（1373）起，明朝又先后设立了西宁、凉州、岷州等卫。洪武七年（1374）七月，明朝在河州设立西安行都卫，辖河州、朵甘卫及乌斯藏卫。次年，西安行都卫更名为陕西行都司。洪武九年（1377年）陕西行都司被废，以上诸卫所全部归陕西都司管辖。由于"甘肃去陕西都司绝远"①，陕西都司的治所在西安，其辖区东西跨度过大，不利于对河湟，特别是对河西的管理。洪武十一年（1378）"西番屡寇边"②，明太祖"命西平侯沐英为征西将军，率都督佥事蓝玉、王弼将京卫及河南、陕西、山西马步官军征之"③。次年正月甲申，"洮州十八族番首三副使汪舒朵儿、瘿嗉子、乌都儿及阿卜商等叛，据纳邻七站之地"④。据研究，元代的纳怜道有二十四站，其路线大致出东胜州（今内蒙古托克托县），溯黄河而西，穿过甘肃行省北部，直达西北边境，这条驿道的大多数站都在甘肃行省境内⑤。洮州十八族番酋三副使叛乱所占据的"纳邻七站"，疑为"纳怜道"位于故元甘肃省境内的部分驿站，这严重影响到河西的安危。明朝于这年的正月甲午，"复置陕西行都指挥使司于庄浪"⑥，以加强对河西的控制。九月，"征西将军沐英等兵击西番三副使之众，大败之，擒三副使瘿嗉子等"⑦，"西番以平"⑧。史称"自是，群番震慑，不敢为寇"⑨。在平定西番的过程中，明太祖还"命曹国公李文忠往河州、岷州、临洮、巩昌、梅川等处整治城池，督理军务、边境事宜"⑩，并下令在"西控番夷，东蔽湟陇，自汉唐以来备边之要地"的洮州置卫⑪。洪武十三年（1380），北元"国公

---

① 《明实录·英宗实录》卷四六，正统三年九月庚戌条，第903页。
② 《明实录·太祖实录》卷一二一，洪武十一年十一月庚午条，第1960页。
③ 《明实录·太祖实录》卷一二一，洪武十一年十一月庚午条，第1960页。
④ 《明实录·太祖实录》卷一二一，洪武十二年正月甲申条，第1972页。
⑤ 陈得芝《元岭北行省诸驿道考》，见陈得芝《蒙元史研究丛稿》，北京：人民出版社，2005年，第4页。
⑥ 《明实录·太祖实录》卷一二一，洪武十二年正月甲午条，第1973—1974页。按，有研究者认为，陕西行都司仅存在到当年的七月就被废，洪武二十六年重置。见郭红《明代都司卫所建置研究》（复旦大学博士论文，2002年）82页；郭红、靳润成《中国行政区划通史·明代卷》，上海：复旦大学出版社，2007年，第402—403页。
⑦ 《明实录·太祖实录》卷一二六，洪武十二年九月己亥条，第2014页。
⑧ 《明实录·太祖实录》卷二一八，洪武二十五年六月丁卯条"沐英传"，第3206页。
⑨ 《明史》卷三三〇《西域传二》，第8541页。
⑩ 《明实录·太祖实录》卷一二二，洪武十二年二月戊戌朔条，第1974页。
⑪ 《明实录·太祖实录》卷一二三，洪武十二年三月丁亥条，1986页。

脱火赤、枢密知院爱足率众万余屯于和林恐为边患"①，"时出没塞下"，明太祖又"命（沐）英往讨，师出宁夏，踰贺兰山，袭擒脱火赤等"②。平定西番的叛乱与出征亦集乃路，解除了南北两面的威胁，巩固了河西地区的卫所。③

洪武二十三年（1390）九月设山丹卫，是年底废甘肃卫，置甘州左卫，二十五年（1392）四月明又增设甘州中、右、中中卫，随后又置前、后二卫④，这样一来，甘州一地存六卫，其军事性尤其突出。二十六年（1393），陕西行都司治甘州，下辖甘州五卫及庄浪、西宁、凉州、永昌、山丹、肃州、镇番等卫。

此外，明太祖在河西构建军事卫所的同时，还在嘉峪关外建立了安定、阿端、曲先等卫，"使为甘肃藩蔽"⑤。经过永乐帝的不断完善，在号称"西域之襟喉"⑥的哈密封王置卫，建立起羁縻性的关西七卫，从而在西北形成了一个比较完善的卫所防御体系。

顾诚先生指出：明朝对全国的土地采取由行政系统和军事系统分别来管辖，行政系统的六部——布政使司（直隶府、州）——府（直隶布政司的州）——县（府属州）；军事系统的五军都督府——都指挥使司（行都指挥司、直隶都督府的卫）——卫（直隶都司的守御千户所）——千户所。明代军事系统的都司（行都司）、卫、所在绝大多数情况下是一种地理单位，负责管辖不属于行政系统的大片明帝国疆土。明代的都司、卫、所不能理解为后世的军营，它们似乎类似于今天的生产建设兵团，是具有独立行政职能的地理单位，基本上都管辖有面积多少不等的耕地和数量多少不一的旗军、普通民户或少数民族人口⑦。

有明一代西北地区特定的地缘政治形势，使得明朝有别于前代，设立军事系统的卫所管辖西北地区，正如清川陕总督年羹尧所言："甘肃之河西各厅，自古皆为郡县，至明代始改为卫所。"⑧直到雍正三年（1775），"罢陕西行都司，置甘州府。……始复为郡县，如内地"⑨。

---

① 《明实录·太祖实录》卷一三〇，洪武十三年二月壬申条，第2060—2061页。
② 《明实录·太祖实录》卷二一八，洪武二十五年六月丁卯条"沐英传"，第3206页。
③ 陈梧桐《明太祖与明成祖对西北民族地区的经营》，《民大史学》第1期，北京：中央民族大学出版社，1996年，第368—395页。
④ 郭红、靳润成《中国行政区划通史·明代卷》，第397页。
⑤ 〔明〕许进《平番始末》卷上，北京：中华书局，1991年（据纪录汇编本）影印，第1页。
⑥ 〔明〕马文升《兴复哈密王国记》，载〔明〕邓士龙辑《国朝典故》卷九八《马端肃公三记》下，许大龄、王天有等点校，北京：北京大学出版社，1993年，第1952页。
⑦ 顾诚《明帝国的疆土管理体制》，《历史研究》1989年第3期。
⑧ 《清实录·宪宗实录》卷二五，雍正二年十月丁酉条，北京：中华书局，1985年，第396页。
⑨ 〔清〕钟赓起《甘州府志》卷三《国朝辑略》，张志纯等点校，兰州：甘肃文化出版社，1995年，第104页。

二、明代中期西北地缘政治与修筑边墙堑壕

洪武、永乐之后的洪熙、宣德二帝转向守成，在北部边疆采取收缩政策，放弃漠南，固守长城。英宗即位后，明朝政治走向黑暗，北部及西北卫所废弛，防御能力大衰。与此同时，蒙古高原东部的鞑靼与西面的瓦剌互相争雄，明朝采取扶弱制强的政策，先是扶植鞑靼压制瓦剌，后又支持瓦剌打击鞑靼，最终使瓦剌逐渐坐大，成为明朝西北的一大边患。

正统初，瓦剌"脱欢内杀其贤义、安乐两王，尽有其众"①，统一了瓦剌三大部。不久，脱欢统一蒙古各部，立元宗室脱脱不花为汗，自为丞相。正统四年（1439），脱欢死，子也先嗣立。史称"自脱欢杀阿鲁台并吞诸部，势侵强盛，至也先益横，北边自此多事"②，"于是北部皆服属也先，脱脱不花具空名"③。

哈密号称"西域之襟喉"，是进出西域的必经之地，也是瓦剌与西域、中原地区进行贸易的中转站，战略地位极为重要，因而，不论是明朝还是瓦剌都极力扩展各自在哈密的影响力。明朝要求哈密忠顺王"迎护朝使，统领诸番，为西陲屏蔽"④，"凡夷使入贡者，悉令哈密译语以闻"⑤。而瓦剌也不示弱，积极结好哈密，哈密忠顺王卜答失里（1426—1439年在位）的妻子弩温答失里是脱欢之女⑥。正统十三年（1448）夏，也先命哈密忠顺王的倒瓦答失里率众前往瓦剌，停留两月之久⑦。可见，15世纪上半叶，瓦剌对哈密有着比较大的影响力，双方上层间的关系十分密切。至此，名义上还是明朝边外羁縻卫所的哈密，实际上已被瓦剌控制。瓦剌在控制哈密的同时，封授罕东等卫头目为平章，甚至设置甘肃行省⑧，给明朝西北地缘政治造成了冲击，沙州卫被迫东徙苦峪，后因内讧，被明朝"收其全部入塞，居之甘州……沙州遂空"⑨。成化以后，哈密西邻吐鲁番崛起，不断东向扩张。成化九年（1473），土鲁番破哈密城，"执王母，夺金印……据守其

---

① 《明史》卷三二八《瓦剌传》，8499页。
② 〔明〕严从简《殊域周咨录》卷一七《鞑靼传》，余思黎点校，北京：中华书局，1993年，第560页。
③ 《明史》卷三二八《瓦剌传》，第8499页。
④ 《明史》卷三二九《西域一》，第8513页。
⑤ 〔明〕许进《平番始末》卷上，第2页。
⑥ 《明史》卷三二九《西域一·哈密传》，第8514页。
⑦ 《明实录·英宗实录》卷一五八，正统十三年十二月甲戌条，第3336页。
⑧ 《明史》卷一五九《陈镒传》，第4331页。
⑨ 《明史》卷三三〇《西域二》，第8562页。

地"①。因土鲁番的侵逼，关西各卫都受到影响，"哈密三立三绝"②，赤斤卫"益遭蹂躏。部众不能自存，尽内徙肃州之南山，其城遂空"，罕东左卫"相率徙肃州塞内"③。此后，土鲁番速檀满速尔挥兵东进，于正德十一年（1516）、嘉靖三年（1524）两度围攻肃州、甘州城，将战火烧到了明朝境内的河西走廊。嘉靖八年（1529），明朝最终"置哈密不问"，退守嘉峪关，放弃了关外以西诸地。这样，明初所设关西诸卫名存而实亡。

"土木之变"后，明朝北部防线南移，蒙古各部相率进入河套地区，"出套则寇宣、大、三关，以震畿辅；入套则寇延、宁、甘、固，以扰关中"④。明代宗景泰五年（1454），也先被杀，自是"瓦剌衰，部属分散"⑤，蒙古本部的鞑靼再度崛起，其大汗和权臣孛来、毛里孩、阿罗出、孛罗忽、乩加思兰、亦思马因等先后活动于宣府至甘肃边外的漠南地区。因此，自天顺后，明朝北疆自东到西战火连绵，蒙古寇边最多的地区，在河套周围的山西、大同、延绥、宁夏诸边，边患不绝，岁无宁日⑥。弘治年间，蒙古在甘肃边外的甘、凉一带的抄掠活动也非常频繁⑦。正德初年，蒙古右翼首领亦不剌叛，被达延汗击败。亦不剌（也写作"亦人剌"）等率部西逃，进入嘉峪关外的明安定、曲先、罕东、阿端等四卫之地，也就是今青海省东北部及甘肃西部一带，使安定等卫部残破⑧。至此，关西七卫皆不存，河西三面受敌，南有西海蒙古，北有瓦剌，西有吐鲁番，"并居寇盗"⑨，陷入"外防大寇，内防诸番，兵事日亟待"的困境⑩。移住西海后的亦不剌不仅向洮州、岷州等卫地方发展，而且时常寇掠明河西各地。《明世宗实录》卷四正德十六年（1521）七月条载"虏寇庄、凉、洮、岷等处，守臣告急"⑪，又同书卷二七嘉靖二年（1523）五月条记甘肃巡抚陈九畴奏曰："时虏酋亦卜剌住牧西海，数入寇甘、凉、山、永等处。"⑫

---

① 《明史》卷三二九《西域一》，第8516页。
② 《明史》卷三二九《西域一》，第8526页。
③ 《明史》卷三三〇《西域二》，第8559、5866页。
④ 《明史》卷二〇四《曾铣传》，第5387页。
⑤ 《明史》卷三二八《外国九·鞑靼传》，第8503页。
⑥ 张显清、林金树主编《明代政治史》上，桂林：广西师范大学出版社，2003年，第894页。
⑦ 达力扎布《明代漠南蒙古历史研究》，呼伦贝尔：内蒙古文化出版社，1997年，第46页。
⑧ 达力扎布《明代漠南蒙古历史研究》，第48页。
⑨〔清〕谷应泰《明史纪事本末》卷四〇《兴复哈密》，北京：中华书局点校本，1977年，第597页。
⑩ 《明史》卷三三〇《西域二》，第8555页。
⑪ 《明实录·世宗实录》卷四，正德十六年七月乙亥条，第201页。
⑫ 《明实录·世宗实录》卷二七，嘉靖二年五月己酉条，第761页。

对于蒙古入住河套、西海，控制诸番，以及土鲁番侵扰河西之肃州、甘州所导致的西北地缘政治局势的重大变化，时任明陕西三边总制的杨一清、王琼建议道，"慎封疆，守要害，设险自固，以逸待劳"①。王琼等奏曰："边防之道，莫善于守，莫不善于战"，主张在陕西三边"悉为深沟高垒以守之"，嘉靖皇帝认为"挑挖壕堑事宜，实防边至计，深为有益"②。据《九边考》载：

成化八年（1472），巡抚延绥都御使余子俊奏修榆林东、中、西三路边墙崖堑一千一百五十里。十年（1474），巡抚宁夏都御使徐延章奏筑河东边墙，黄河嘴起至花马池止，长三百八十七里。……弘治十五年（1502），总制尚书秦纮奏筑固原边墙，自徐斌水起迤西至靖虏营花儿岔止六百余里，迤东至饶阳界止三百余里。……正德元年（1506），总制杨一清修筑徐延章所筑外边墙，高厚各二丈，墙上修盖暖铺九百间，墙外浚旧堑亦深阔各二丈，于是外边之险备矣。嘉靖九年（1530），总制王琼修筑秦纮所筑内边墙，西自靖虏卫花儿岔起，东至饶阳界，开堑、斩崖、筑墙，各因所宜。又自花儿岔起，西至兰州枣儿沟止，开堑三十四里，总制刘天和加倍修筑，于是内边之险备矣。内外二边之中，清水、兴武、花马、定边各营地方又套虏充斥，纵横往来必由之路。总制王琼自黄河东岸横城起，迤东转南抵定边营南山口，开堑一道，长二百一十里，筑墙一十八里。后总制唐龙改修壕墙四十里，总制王□接修壕墙一百三十四里，总制杨□初修壕墙四十里，皆依前墙堑，止于定边营，比嘉靖拾伍年（1536）总制刘天和因都督梁震奏筑定边营南至山口一带壕墙长六十里，亦依前墙堑。十六年（1537），总制刘天和奏筑叠堤一道，亦西自横城，南抵南山口，并壕墙为二道，于是套虏入内之路有重险矣。本年，总制刘天和又筑铁柱泉、梁家泉等处城堡，以据水源。十七年（1538），都御使毛伯温奏筑大同五堡及边墙。边险俱备，非大举不能入，真驭戎上策也。③

---

① 〔明〕杨一清《东西涯先生》，载〔明〕陈子龙等辑《明经世文编》卷一一八，北京：中华书局影印，1962年，第1122页上栏。
② 〔明〕王琼《北虏事迹》，见〔明〕王琼《王琼集》，单锦珩辑校，太原：山西人民出版社，1991年，第79页。
③ 〔明〕魏焕《九边考》卷一《镇戍通考》，载薄音湖、于默颖编辑点校《明代蒙古汉籍史料汇编》第六卷，呼和浩特：内蒙古大学出版社，2009年，第211—212页。

可见，自成化八年至嘉靖二十年（1541）①，明朝在西北地区以大修边墙、开挖堑壕来应对蒙古的南下、西进。至于"甘肃一线之路，孤悬千五百里，西控西域，南隔羌戎，北遮胡虏，山势旷远，中间可以设险之处固有，而难以设险处居多"②。因此，王琼主张"守甘肃之臣，惟以（赵）充国为法，斯得上策矣。……奏乞遵古法，重屯田，以备战守，已施行矣"③。虽然如此，蒙古骑兵时常拆墙而入，侵扰明平凉、秦、陇、河西等地。

游牧政权与农耕地区的物资交换不可或缺，在明朝与蒙古对立、交恶之时蒙古各部也不时遣使入明要求贸易。在也先统治时期的明正统、景泰年间，明与蒙古的朝贡贸易仍然大规模地持续进行着④。如景泰三年（1452），也先遣使3000人，贡马40000匹，明朝"通赏各色织金彩素纻丝二万六千四百三十二匹，本色并各色阔绢九万一百二十七匹，衣服三千八十八袭，靴袜毡帽等件全"⑤。也先之后的孛来、毛里孩、孛罗忽、乩加思兰也断断续续派使臣入明朝贡。至达延汗时，蒙古各部逐渐被统一起来，明蒙间的朝贡贸易关系发生了新的变化。如弘治元年（1488），达延汗驻牧"大同近边，营亘三十余里……奉番书求贡，书辞悖慢"⑥，"其来贡夷人一千五百三十九，马骡四千九百三十"，最终明朝"令五百人来京"。⑦弘治三年（1490）二月，达延汗与瓦剌使臣朝贡，明朝许蒙古"一千一百名入关，四百名入朝"，许瓦剌"四百名入关一百五十名入朝"⑧。弘治四年，达延汗遣使朝贡，明朝许1500人入关，"命五百人入京"⑨。弘治十一年（1498），达延汗"遣使臣人等六千人至边求入贡"，明朝"许入关者二千人，入京者五百人"⑩。这似为达延汗时期与明朝朝贡的最后一次。蒙古诸部带来马匹、骆驼、皮革、玉石、海青等，从明朝方面获取彩缎、绢等回赐，以及铁锅、犁铧等生产生活用品。

总体上看，永乐年间成祖以贡市贸易怀柔蒙古诸部，一时朝贡和关市贸易

---

① 按，上引文中的"本年"，疑为《九边考》成书的嘉靖二十年（1541）。
② 〔明〕魏焕《九边考》卷九《甘肃镇》，载薄音湖、于默颖编辑点校《明代蒙古汉籍史料汇编》第六卷，296页。
③ 〔明〕王琼《北虏事迹》，载〔明〕王琼《王琼集》，单锦珩辑校，第83页。
④ 曹永年《蒙古民族通史》第3卷，呼和浩特：内蒙古大学出版社，1991年，第171—172页。
⑤ 《明实录·英宗实录》卷二二五，景泰四年正月丙戌条，第4919页。
⑥ 《明实录·宪宗实录》卷一四，弘治元年五月乙酉条，第349页。
⑦ 《明实录·宪宗实录》卷一五，弘治元年六月癸卯条，第369页。
⑧ 《明实录·宪宗实录》卷三五，弘治三年二月癸巳条，第757页。
⑨ 《明实录·宪宗实录》卷四七，弘治四年正月乙酉条，第945页。
⑩ 《明实录·宪宗实录》卷一三四，弘治十一年二月己巳条，第2353页。

全面展开。正统、景泰年间,瓦剌也先势盛,明朝与其朝贡贸易的规模也日益扩大,大量手工农产品流入漠北。而到了达延汗时,这位蒙古"中兴英主"在经济上要明朝付出代价,政治上则要求完全平等。① 甚至扬言"减我一人,即三千人俱不来"②,其骄横威逼溢于言表。而且就是在明蒙双方朝贡之时,达延汗也不时地派人寇边。《明孝宗实录》卷九五弘治七年(1493)十二月己卯条载:"近闻房酋小王子人马潜住贺兰山后,节入甘凉、永昌、庄浪等处抢掠。去岁六七月间,抢去头畜十万之上,今岁九月前后又二次入境,抢掠头畜约十万有余,人口不知其数。"③ 因此,明朝通过经济上的付出,并没有换来北部及西北的政治安定。

三、明代后期西北地缘政治与封贡互市

明弘治年间明朝与蒙古之间的贡市贸易中断后,双方间的关系趋于恶化,蒙古右翼频繁侵扰、抢掠明朝的宣、大、延绥、固原、甘肃等北方及西北沿边地区。加之,自嘉靖三年(1524)至嘉靖三十八年(1559),以吉囊、俺答等为首的蒙古右翼自河套穿越明朝庄浪、凉州卫境,"六征西海",最终降服了亦不刺等蒙古残部,占领了西海④。

针对蒙古右翼频繁入边抢掠、边防吃紧的态势,明嘉靖皇帝拒绝蒙古右翼互市的请求。正德十一年(1516),达延汗去世后,蒙古右翼的吉囊、俺答"据河套,雄黠喜兵,为诸部长"⑤。嘉靖二十一年(1542),蒙古右翼的吉囊死,俺答独领蒙古右翼,随后他出兵"降服仇敌博喇海太师"。博喇海太师就是明代汉文文献中的卜孩儿⑥。关于此事,《边政考》卷五曰:嘉靖二十二年七月"俺答阿卜孩以数千骑自嘉峪关拆边,由肃州镇夷、高台犯甘州西门……套房、俺答阿卜孩因收海寇回,犯甘州,大肆房略"⑦。其时间当在嘉靖二十二至二十三年间(1543—1544)⑧。俺答汗又于嘉靖三十七年(1558年)底至嘉靖三十九年(1560)底用兵

---

① 曹永年《蒙古民族通史》第3卷,第216页。
② 〔明〕何孟春《上大司马相公书》,载〔明〕陈子龙等辑《明经世文编》卷一二六,第1204页下栏。
③ 《明实录·宪宗实录》卷九五,弘治七年十二月己卯条,第1752页。
④ 达力扎布《明代漠南蒙古历史研究》,第54—66页。
⑤ 《明史》卷三二七《鞑靼传》,8478页。
⑥ 珠荣嘎译注《阿勒坦汗传》,第42—43、32页。
⑦ 〔明〕张雨《边政考》卷五《三夷纪事》,载薄音湖编《明代蒙古汉籍史料汇编》第7卷,呼和浩特:内蒙古大学出版社,2011年,第192页。
⑧ 薄音湖《俺答汗征卫郭特和撒拉卫郭尔史实》,《内蒙古大学学报》1982年第3、4期。

西海①，在西海停留一年多才返回。汉文史籍《万历武功录·俺答传》载曰：嘉靖三十九年"九月，俺答居西海，患瘇，部下病死，率众东还，犯凉、庄，杀略甚众"②。虽然俺答汗本人返回了故地，但留其子侄"宾兔据松山，丙兔据青海"③。此后，俺答汗又两度进入西海，控制了西番，使明代西北地区的地缘政治形势日趋复杂，边防压力大增。

嘉靖二十一年，蒙古右翼的吉囊死，俺答独领蒙古右翼，以河套为中心，西占青海，东控兀良哈三卫，成为蒙古右翼的新首领。俺答汗数度向明朝请求互市，均遭到明嘉靖皇帝的坚决拒绝。嘉靖二十九年（1550），俺答为逼迫明朝同意开展朝贡贸易，率蒙古骑兵直抵北京城下胁贡，制造了"庚戌之变"。此后的二十年，明与蒙古几乎年年有大战，有时一年数战。"诸虏侵犯无常，边臣随时戒备"④，"国家九边皆邻敌……扰我疆场，迄无宁岁"⑤。因而，嘉靖朝期间，明朝与蒙古右翼之间陷入了蒙古右翼求贡—明朝拒贡—蒙古右翼求贡不成—就入边杀掠施压—明朝则拒贡愈加坚决的恶性循环中。

明朝与蒙古右翼之间的严重对峙，使明朝北部及西北沿边地区的屯田无法正常开展，而明朝加紧备边，增兵北边及西北边，所需军饷严重依靠内地，因而到了嘉靖晚期，军费支出奇高。据《明世宗实录》卷五一一，嘉靖四十一年（1562）七月癸巳条载：

> 户部奉旨集廷臣议上理财十四事，一省兵食，国初岁派边储足供岁用，原无请发帑银之例。后缘边疆多警，或广招募，或增营堡，额派钱粮支费不敷，始不得不仰给于京储矣。然考嘉靖十八等年各边岁发仅及五十九万，今且增至二百三十余万，计所费已浮于岁入之额矣。⑥

隆庆初年，时任宣大总督的王崇古在《确议封贡事宜疏》中分析道：

---

① 达力扎布《明代漠南蒙古历史研究》，第65页。
② 〔明〕瞿九思《万历武功录》卷七《俺答传上》，载薄音湖编《明代蒙古汉籍史料汇编》第4卷，呼和浩特：内蒙古大学出版社，2007年，第70页。
③ 《明史》卷三三〇《西域传二》，第8546页。
④ 〔明〕王崇古《确议封贡事宜疏》，载陈子龙等辑《明经世文编》卷三一七，第3359页上栏。
⑤ 〔明〕高拱《边略》卷二《挞伐纪事》，此据高拱《高拱全集》，岳金西、岳天雷编校，郑州：中州古籍出版社，2006年，第567页。
⑥ 《明实录·世宗实录》卷五一一，嘉靖四十一年七月癸巳条，第8404页。

> 虏使自诉,彼近边驻牧,则分番夜守,日防我兵之赶马捣巢;远抢番夷,则留兵自守,时被我兵之远出扑杀。在虏既未遂安生,故游骑不时近边,扰我耕牧,大举每岁窥逞,劳我慎防,在我亦无时解备。华夷交困,兵连祸结。……陕西三边,则吉能子弟部落,河套既不能容,宾兔诸酋久已分驻河西大小松山,频年侵扰番汉,不时过河内侵,甘、肃、延、宁四时戒防,兰、靖、洮、河久将难支,九边无息肩之日,财力有莫继之患。①

由此可见,尽管明朝耗费如此巨大的人力、财力修筑边墙,募集士兵,但明朝采取消极的防御政策,分兵摆边,防守万里边墙,每当蒙古进攻时,在局部地区蒙古兵力处于绝对优势,使明朝军队根本无法招架。因此,当蒙古骑兵一旦溃墙而入,就如入无人之境,明朝军队总是处于被动挨打的地位,对蒙古骑兵大举入寇毫无办法。②与此同时,蒙古右翼因频年战争,损失惨重,"部众亦厌苦,稍离心矣"③。明西北地区地缘政治变得异常严峻。

隆庆五年(1571),明朝与蒙古右翼之间的关系出现了重大转机。隆庆四年(1570)十月,俺答汗嫡孙把汉那吉因与俺答汗发生矛盾,率随从十余人叩关内附。次年二月,明宣大总督王崇古、大同巡抚方逢时等人认为"拒虏甚易,而灭虏实难。虏东西岁扰,我远近戒防,士马疲于奔命,财力匮于征输,非计之得也。……庶贡议不沮,而边事可无患矣"④。王崇古上《确议封贡事宜疏》,提出"议锡封号官职,以臣服夷酋","议定贡额,以均赏赉","议贡期贡道,以便防范","议立互市,以利华夷","议抚赏之费,以求可继","议归降,以杜启衅","审经权,以严边备","戒狡饰,以训将略"等封贡、互市的八条建议。⑤于是,俺答被封顺义王,其部下也分别授职有差。

隆庆议和,结束了明朝与蒙古右翼之间数十年的战争。俺答"三世受封,疆场无耸者四十余年"⑥,解除了明朝北部及西北边患,"东起延、永,西抵嘉峪七

---

① 〔明〕王崇古《确议封贡事宜疏》,载陈子龙等辑《明经世文编》卷三一七,第3359下栏至3360页。
② 达力扎布《明代漠南蒙古历史研究》,第218—219页。
③ 〔明〕赵时春《北虏纪略》,载陈子龙等辑《明经世文编》卷二五八,第2732页下栏。
④ 《明实录·穆宗实录》卷五四,隆庆五年二月庚子条,第1340—1341页。
⑤ 〔明〕王崇古《确议封贡事宜疏》,载〔明〕陈子龙等辑《明经世文编》卷三一七,第3361—3367页。
⑥ 《明实录·神宗实录》卷五〇〇,万历四十年十月壬午条,第9466页。

镇，数千里军民乐业，不用兵革，岁省费什七"①。史称"俺答已通贡，封顺义王，其子孙袭封者累世。迨万历之季，西部遂竟"②。

由于明朝与蒙古右翼间的关系大为缓和，明朝允许蒙古右翼往返于西海与蒙古之间，使得西海、松山、河套及蒙古其他地区连为一片③，使得明代后期的西北地缘政治发生了新的变化。鉴于大量蒙古部落出入西海，又控驭诸番，南牧莽剌、捏工两川，道临河、洮，威胁着明甘肃安全，明朝采取措施遏止其势力继续发展。万历十八年（1590）九月，明朝以火落赤犯洮、岷两地，革顺义王市赏，并以郑洛为都御使经略陕西等七镇，用兵西海④。在郑洛的提议下，明廷下令不准蒙古各部人再经甘肃入西海，只准东归，不准西去。此后屡次出兵捣巢于松山，二十六年出兵大、小松山，二十七年修筑松山边墙，彻底切断了蒙古各部经甘肃往来西海的道路。此后，蒙古出入西海都要远绕明嘉峪关外⑤。但蒙古移住西海后，蒙藏连为一体的西北地缘政治趋势未发生根本变化，如崇祯七年（1634）喀尔喀蒙古、崇祯九年（1636）和硕特蒙古南下，进占西海，后又进入西藏。

四、结语

综上所述，有明一代西北地缘政治有以下特点。

（一）明朝与北方游牧政权的关系，是左右明代西北地域政治形势变化的主要因素。明朝前期，武力打击蒙古，使其势力大衰，被迫退入漠北，明朝在北边及西北广设卫所、羁縻卫所，西北地缘政治形势趋于平缓。明朝中期取收缩战略，放弃漠南，固守长城一线，而北边的蒙古先是瓦剌兴起于西北，接着蒙古右翼崛起，南下河套、进占西海，明朝采取修筑边墙与拒贡相结合的措施与之对抗，西北地缘政治形势日趋严峻。明后期的隆庆议和，结束了明朝与蒙古右翼的长期对峙，西北地缘政治形势总体上趋于缓和，但西北地区地缘政治又呈现蒙藏合一的新形势。

（二）明永乐朝后京畿由南京北迁北京，国家的整体国防重心已从汉唐时期的西北移往东北，导致西北的地缘政治地位下降。如嘉靖时的宣大总督翁万达奏

---

① 《明史》卷二二二《王崇古传》，第5843页。
② 《明史》卷九一《兵三》，第2241页。
③ 杨建新《中国西北少数民族史》，银川：宁夏人民出版社，1988年，第449页。
④ 《明史》卷二二二《郑洛传》，第5851—5852页。
⑤ 达力扎布《明代漠南蒙古历史研究》，第72页。

曰:"边镇京师屏蔽设险守要,惟在审形势、酌便宜而已。盖天下形势重北方,以邻虏也。而我朝与汉唐异,汉唐重西北,我朝重东北,何者?都邑所在也。汉唐都关中,偏西北,故其时实始开朔方城受降,不但已也。我朝都幽蓟,偏东北,则皇陵之后,神京之外,其所以锁钥培植以为根本,虏者可但已哉!……"①又,同时期的甘肃巡抚赵锦认为:"京师犹人之心腹也,宣大项背也,晋蓟东辽肘腋也,延宁肢体也,甘肃踵足也。"②所以明廷在西北地区的有效管辖范围止于嘉峪关,并在哈密地区设置了诸卫所,作为一个羁縻缓冲区,以发挥其拱卫嘉峪关的作用。由于吐鲁番与明朝对哈密地区争夺的白热化,明政府最终放弃了哈密诸卫,以嘉峪关作为明朝的西北边关,仅仅固守河西一线。

(本文原载《人文杂志》2011年第2期,第148—153页;略有增补)

---

① 《明实录·世宗实录》卷三四七,嘉靖二十八年三月己未条,第6293页。
② 〔明〕赵锦《行都司题名记》,见〔清〕钟庚起《甘州府志》卷一三《艺文上》,张志纯等校点,第525页。

苏非派圣者传《心灵之光》初探

白海提

1542年，中亚最具影响力的苏非教团——纳格什班迪耶的谢赫（shaykh，即教团领袖）玛哈图木·阿杂木（Makhdūm-i A'zam）去世后，其子嗣围绕谢赫之位继承权展开争夺。在这场同室操戈中，玛哈图木·阿杂木的长子伊禅·卡兰（Īshān-i Kalān）和四子和卓·伊斯哈克（Khwāja Ishāq）的对立尤为突出，结果出现了"伊禅尼耶"（Īshānīya）和"伊斯哈克耶"（Ishāqīya）两个对立派别。这两个派别，后来进入以塔里木绿洲全境为疆域的叶尔羌汗国，形成我国新疆伊斯兰教史上所谓"喀什噶尔和卓家族"的"白山"和"黑山"两派。①

研究喀什噶尔和卓家族的历史，首先须提及的是伊斯哈克耶，即黑山派的鼻祖和卓·伊斯哈克（1599年卒）。这是因为，此人是最早（1580年之前）离开河中，进入塔里木发展和卓势力的"玛哈图木扎德"（Makhdūmzāda，意为"玛哈图木之后裔"）。在当时的叶尔羌汗国，和卓·伊斯哈克以"圣者"的身份进行了长达12年之久的传道活动。其间，他获得了汗国储君穆罕默德速檀(1591/1592—1609/1610年在位)的支持和尊崇，将这位速檀引入道门，甚至将精神衣钵也传授与他。他的这一成功，不仅为日后其他的"玛哈图木扎德"进入塔里木绿洲地区提供了契机，也为纳格什班迪教团在这一地区凌驾于其他苏非派之上奠定了坚实基础。②

---

① 关于这两派在叶儿羌汗国的发展和演变，可参见刘正寅、魏良弢《西域和卓家族研究》，北京：中国社会科学出版社，1998年，第105—221页；韩中义《西域苏非主义研究》，北京：中国社会科学出版社，2008年，第76—144页；周燮藩《苏非主义初入新疆述略》，《西域研究》2013年第1期，第64—66页。

② J.F.Fletcher.The Naqshbandiyya in Northwest China, In:Studies on Chinese and Islamic Inner Asia, ed.B.F.Manz, London, 1995, XI.p.9.

1599 年，和卓·伊斯哈克在其故乡撒马尔罕死去。时隔不久，他的一名弟子穆罕默德·伊瓦兹（Muhammad 'Iwād）用波斯文为他撰写了一部传记——《心灵之光》（Diyā' al-Qulūb）。关于这部"圣者"传记，以往的研究鉴于其中充满了对和卓·伊斯哈克"奇迹"的大量描写，故利用极为谨慎，充其量不过是关注了其中有关和卓·伊斯哈克在游牧民中宣教活动的若干记载，以此探讨 16 世纪中亚游牧民族的原始信仰和伊斯兰改宗问题。① 笔者认为，这部"圣者传"虽带有浓厚的神秘主义色彩，但因其成书时间为和卓·伊斯哈克死后不久，其中也有不少对 16 世纪中亚和新疆苏非派活动的鲜活记录，故其作为史料的可能性是存在的。即使如此，在进一步解读和利用这部传记之前，对它的成书背景、结构，特别是作者的执笔意图做一番分析，把握其独特的性格，也是极为必要的。

本文将利用《心灵之光》的两部抄本展开相关考察，它们分别是收藏于俄罗斯科学院东方学研究所圣彼得堡支部的 A1615 抄本和美国哈佛大学霍顿图书馆所藏的 Ms.Persian 95 抄本。为方便起见，这两部抄本在本文中分别被略记为 DQS 和 DQH。②

一、成书背景

《心灵之光》的成书时间是 17 世纪初叶，它涉及的主要是 16 世纪后半叶中亚河中地区的宗教、社会和政治诸状况。众所周知，在这一时期，统治中亚近半个世纪的月即别人昔班尼汗朝开始衰落，统治层频繁的权力斗争导致地方割据林立，期间虽有"中兴之主"阿卜杜拉二世（1583—1598 年在位）对汗国的再统一，但终因内忧外患的加剧，汗国于世纪末走向了灭亡。在这样一个大背景下，与国家政治生活有密切联系、当时中亚最大的苏非派教团纳格什班迪耶在受到混乱政局的冲击之时，因教团最高领导权即谢赫之位的争夺面临着分裂的危险。

---

① 参见 З.Н.Ворожейкина, Доисламские верования киргизов в XVI в.(по рукописи Зия ал-Кулуб), Вопросы филологии и истории стран советского и зарубежного Востока, Москва, 1961, стр.182—189; J.F.Fletcher, Confrontations between Muslim missionaries and nomad unbelievers in the late sixteenth century: notes on four passages from the Diyā'al-Qulūb, Tractata Altaica, ed.W.Heissig.Wiesbaden:Otto Harrassowitz, 1976, In:Studies on Chinese and Islamic Inner Asia, ed.B.F.Manz, London, 1995, V, 167—174; Z.N.Vorozheykina, The Diyā'al-Qulūb on per-Islamicbeliefs of the Qirghiz, Manuscripta Orientalia, Vol.6 No.1, St.Petersburg, 2002, p.19—24.

② 除上述两部抄本之外，在中国社会科学院存有一部察合台文译本，参见白海提《中国社会科学院民族学人類学研究所所藏のチャガタイ語・ペルシア語写本》，《内陸アジア史研究》23 号，2008 年，第 146—147 页。

与大多数苏非教团一样，纳格什班迪耶教团持有所谓的从先知穆罕默德传承至当时教团谢赫的精神系谱，也就是被称作"思利斯勒"（silsila）的道统图。在16世纪前该教团的历史中，虽出现过试图将道统通过血缘关系传于子嗣的谢赫，但道统传承非世袭原理始终是该教团处理谢赫之位继承问题的指导原则。① 然而，这一曾为整合纳格什班迪耶教团发挥过重要作用的非世袭原则到了玛哈图木·阿杂木的时代发生了质的变化。以先知穆罕默德的后裔自居、掌控教团最高权力的玛哈图木·阿杂木在教团的宗教和政治地位，特别是经济地位急速提升的同时，提出了谢赫之位应由出自"神圣家族"（sayyid）的谢赫之子嗣继承的理念。②

本质上是标榜血统优于道统的这一理念，就是后来喀什噶尔和卓家族各类传记总是将"外在系谱（nisbat-i sūrī，即血统）和"内在系谱（nisbat-i ma'nawī，即道统）"一并展示的理论依据。③

在血统优越论的影响下，玛哈图木·阿杂木死后，其长子伊禅·卡兰便依照父亲生前的指定世袭了谢赫之位。然而，这一世袭从一开始就因玛哈图木·阿杂木生前业已存在的哈里发（khalīfa，即大弟子）们的权力斗争而名不副实。玛哈图木·阿杂木一死，教团内最具实力的两位哈里发，即布哈拉的伊斯兰·赘巴里（Islām Jūybārī，1563年卒）和撒马尔罕的卢特福拉·楚斯提（Lutf Allāh Chūstī，1571年卒）遂各自宣称自己是教团最高领袖，从而引发了教团的分裂。面对实力派的权力角逐，作为"玛哈图木扎德"的伊禅·卡兰未能发挥像他父亲那样的宗教号召力，更未能从当世的世俗统治者那里获得任何支持，最终被迫倒向了更具强势的伊斯兰·赘巴里一方，直至放弃世袭的谢赫之位。④

在这场斗争中，撒马尔罕的卢特福拉·楚斯提始终处于劣势。他非但失去了

---

① Jürgen Paul, Doctrine and Organization: The Khwājagān-Naqshbandīya in the first generation after Bahā'uddīn, Das Arabische Buch, ANOR-1, 1998, 76; Alexandre Papas, Shaykh Succession in the Classical Naqshbandiyya: Spirituality, Heredity and the Question of Body, Asian and African Area Studies, 7(1), Kyoto University, 2007, p.41—42.

② Alexandre Papas, Shaykh Succession in the Classical Naqshbandiyya: Spirituality, Heredity and the Question of Body, 42—44. 宋田正美《中央アジアのイスラーム》，东京：山川出版社，2008年，第84—85页。

③ 关于这两重系谱，特别是玛哈图木·阿杂木家族血统系伪造之问题，可参见 Kim Hodong, Muslim Saints in the 14th to the 16th Centuries of Eastern Turkestan, International Journal of Central Asian Studies, Vol.1, 1996, p.296—308.

④ 关于这两个哈里发的对立及伊禅·卡兰放弃谢赫之位的情况，可参见 B.Babadjanov, Mawlānā Lu t fllāh Chūstī: An outline of his hagiography and political activity, ZDMG(149), 1999, p.252—261; Florian Schwarz, "Unser Weg schließt tausend Wege ein": Derwische und Gesellschaft im islamischen Mittelasien im 16.Jahrhundert, Klaus Schwarz Verlag, Berlin, 2002, p.189—194.

对伊禅·卡兰的控制,而且就是在自己的根据地,其宗教地位也因伊斯兰·赘巴里势力的渗透而受到了威胁。为扭转局面,这个昔日深得玛哈图木·阿杂木信任的哈里发采取了一个非常策略,即扶持当时正在布哈拉求道学习的另一个"玛哈图木扎德"和卓·伊斯哈克,通过支持他不曾拥有的谢赫之位世袭权而达到继续与伊斯兰·赘巴里对抗之目的。① 研究表明,为了反对伊禅·卡兰作为长子的世袭权,寻求和卓·伊斯哈克世袭合法性依据,卢特福拉·楚斯提曾引述《古兰经》第 4 章第 175、176 节的内容,在宗教界进行大肆宣传。然而,《古兰经》里的这些条文涉及的是穆斯林家庭女性成员及未成年者在财产继承上的相关权利,其中根本不存在与世袭谢赫之位有关的任何解释或规定。卢特福拉·楚斯提的这一做法,正如法国学者 A. 帕帕斯一针见血地指出的那样,无非是他为支持和卓·伊斯哈克的世袭合法性而卖弄的伎俩而已。②

既然和卓·伊斯哈克的父亲"并未授予他继承其宗教系统领袖的权力"③,那么,这个"玛哈图木扎德"的世袭合法性又将如何被确立起来呢?这个问题的答案也许就在本文将要解析的《心灵之光》当中。这是因为,该传记的作者除了大段讲述和卓·伊斯哈克的奇迹之外,对他的世袭权问题也给予了相当的关注。

二、关于作者

到目前为止,我们对《心灵之光》的作者穆罕默德·伊瓦兹,除确定他是和卓·伊斯哈克的狂热弟子外,其他不甚了解。下面,笔者根据作者的若干自述,试图推测他的一些基本情况。

据俄国学者 O.Ф.阿基穆舍金的提示,《心灵之光》是一部完成于河中地区

---

① B.Babadjanov, Mawlānā Lu t fllāh Chūstī:An outline of his hagiography and political activity, p.268;Alexandre Papas, Shaykh Succession in the Classical Naqshbandiyya:Spirituality, Heredity and the Question of Body, p.44. 另外,俄罗斯科学院东方学研究所圣彼得堡支部所藏的编号为 A 232 的写本 Mawlawī Shāh Muhammad.Jalīs'al-Mushtaqīn:17b—20b,编号为 B2504 的写本 Muhammad.Tālib bin Hadrat Tājal-Din Hasan Khwāja.Matlab'al-Tālibin, 38b,以及英国牛津大学博德利图书馆所藏的编号为 Ind.Inst.Pers.118 的写本 Abūal-Baqā'bin Bahā'al-Din.Jāmi'al-Maqāmāt, 7a—9a, 87a—90b 详细记载了伊禅·卡兰和和卓·伊斯哈克分别进入伊斯兰·赘巴里和卢特福拉·楚斯提的保护之下并将他们作为自己精神导师的过程。

② Alexandre Papas, Shaykh Succession in the Classical Naqshbandiyya:Spirituality, Heredity and the Question of Body, p.44.

③ 穆罕默德·萨迪克·喀什噶里著;陈俊谋,钟美珠译《和卓传》,见中国社会科学院民族所历史研究室资料组编译《民族史译文集》第 8 辑,1980 年,第 97 页。

的作品，①而最近法国学者 A. 帕帕斯又提到了该作者出生地的名字——"撒马尔罕迪"（Samarqandī）。② 目前，还无法从 DQH 和 DQS 写本以及收藏在我国的察合台文译本中确认作者的出生地，但作者的以下自述引起了我们的注意：

> 贫仆穆罕默德·伊瓦兹写到这里的时候，纸和墨都用完了。此时，我正在坐落于安卡尔·阿勒麻斯（ānkar-i aLmās）的自己的园林 (bāgh) 内。我的园林距离撒马尔罕有 3 法尔桑（farsang）。③

作者在他的作品中多次提到他的居所就位于安卡尔·阿勒麻斯。此地的具体位置笔者尚未能确定④，但从自述来看，作者的居所很可能位于撒马尔罕周边某处，而非撒马尔罕城内。总之，这一自述是目前能够表明作者撒马尔罕人身份的唯一依据。

另外，作者提到，在他的园林里有男女家仆做工，⑤他本人被人们称呼为"毛拉"⑥，他的一个亲族成员在撒马尔罕行政官厅内任职。⑦这些自述似乎在表明，作者是一个拥有一定社会地位和背景并具有较高宗教学识的穆斯林。但是，就像上面的自述也提及的那样，作者在执笔《心灵之光》的过程中曾因纸和墨的不足中断过写作，而下面的自述则暗示了他甚至还为日常补给的不足苦恼过：

> 我将此书写到这里的时候，家仆们对我说："已经没有小麦和薪柴了，而您每天却醉心于写书。先解决吃饭的事，再写您的书吧。"我说："那就到巴扎去买些小麦来吧。"家仆却回答："您不亲自去恐怕是不行了。"听到此话，我的心情变得糟糕起来，继续写书写到第二天凌晨。⑧

---

① О.Ф.Акимушкин, Шах–Махмуд ибн мирза Фазил Чурас.Хроника, Критический текст, перевод, комментарии, исследование и уакзатели, НАУКА, Москва, 1976, стр.275, прим.94.
② Alexandre Papas, Soufisme et politique entre Chine, Tibet et Turkestan.Etude sur les Khwajas Naqshbandis du Turkestan Oriental, Paris, 2005, p.239.
③ DQS:88b—89a;DQH:76b—77a."法尔桑"为距离单位，1 法尔桑约 6.24 公里。
④ 据苏联学者 О.Д. 切哈维奇的解释，"安卡尔"（ānkār）原意为"地域，地方"，在 15、16 世纪的撒马尔罕及其周边地区专指"某某人的私有土地"时，会在这个词后面加上人名使用。参见 О.Д.Чехович, Самарканэскпе эокуменмы XV - XVI вв.Москва, 1976, СТР.401, прим.209
⑤ DQS:85b, 113a;DQH:74a, 97b.
⑥ DQS:155a;DQH:134a.
⑦ DQS:155a;DQH:98b.
⑧ DQS: 113a;DQH:97b.

再来看一下作者与和卓·伊斯哈克的关系。作为讲述者之一，作者在他的作品里共记录了九段关于和卓·伊斯哈克的逸闻和奇迹，而其中以"贫仆成为伊禅阁下（Hadrat-i Īshān，指和卓·伊斯哈克）的弟子"为起始句的自述可能是推察两者关系的重要线索。以下是这段自述的主旨：

> 一天，贫仆在一位亲戚毛拉·米尔·穆罕默德·哈克木（Mullā Mīr Muhammad Hakīm）的劝说下决定去伊禅阁下那里起誓效忠。见到伊禅阁下后，贫仆举手表忠，可伊禅阁下未做任何表示。贫仆带着困惑回到家，夜晚做了一个梦。在梦里，毛拉那·霍加吉（Mawlānā Khwājagī）和毛拉·帕延达（Mullā Pāyandah）①出现，劝贫仆做他们的弟子。贫仆说："我已向伊禅阁下举手表忠，只是他未做任何表示。如果和他的师徒关系不能确立，我会向你们起誓效忠的。"这时，伊禅阁下也出现了，并对他们两个人说："有我这个皮尔（pir，即苏非导师）②在，你们难道还想收他为弟子吗？"梦结束后，贫仆数次前往伊禅阁下那里表示效忠，看到了他许多令人称奇的奇迹。最终，贫仆被伊禅阁下收为弟子。③

在"贫仆成为伊禅阁下的弟子"记述中，虽然作者不厌其烦地讲述了诸多和卓·伊斯哈克的奇迹，但他所说的他是在接受一个亲戚的请求后去向和卓·伊斯哈克表忠的，以及他在确立与和卓·伊斯哈克的师徒关系之前曾有过追随其他苏非导师的想法等情况恐怕不是虚妄之词。另外，我们还注意到，作者在他所记述的九段逸闻和奇迹中，除了涉及一般信众喜闻乐见的"圣者奇迹"，如用唾液治病、预测未来、心灵透视之外，对和卓·伊斯哈克曾经参与政治活动未有任何言及。由此推断，作者虽是和卓·伊斯哈克的狂热信徒，但并非是常在其身边目睹或参与其重要活动的侧近弟子，而是一个俗家弟子。

---

① 这两个人是与和卓·伊斯哈克同时代的纳格什班迪教团的苏非。前者为北印度纳格什班迪教团著名谢赫巴克·比拉里（Bāqī Billāh）的导师毛拉那·和卓吉·阿姆其那吉（Maulānā Khwājagī Amkinagī）（参见 S.A.A.Rizvi, Sixteenth Century Naqshbandiyya Leadership in India, Gaborieau, Popovic&Zarcone(eds.), Naqshbandis, Istanbul-Paris, 1990, p.157），后者则为玛哈图木·阿杂木的哈里发，巴尔赫地方纳格什班迪教团分支穆加迪德耶教团的早期首领（参见 Jürgen Paul, et al. Katalog sufischer Handschriften aus der Bibliothek des Instituts für Orientalistik der Akademie der Wissenschaften, Republik Usbekistan, Stuttgart: Franz Steiner Verlag.2002, p.49.

② 引文中括号内的注解为笔者所加，以下同。

③ DQS:115b—120a;DQH:99b—103b.

三、构成

从整体结构上来看,《心灵之光》是由序文和正文两部分组成的。

在序文的开始部分,作者宣称"此书是有关伊禅阁下事迹和奇迹 (karāmāt u wāqi'āt) 的记录",提示此书六个章节的题目,并做了如下说明:

> 真主最卑微、最弱小的奴仆(指作者本人)清楚地了解了伊禅阁下的诸事迹,并将自己的见闻做了整理和编集。编写此书的缘由是这样的:一天,贫仆在拜读诸虔诚者最为信赖之人、诸神秘之守护者、尊贵之砥柱、无比壮丽之枢轴、宗教和信仰之王冠、指引正道之明灯,即毛拉那•卢特福拉(Mawlānā Lutf Allāh)的传记时,心中萌发了这样一个念头:如果我也写一部关于伊禅阁下所行诸事迹和诸奇迹的书,那岂不是一件善举?①

看来,作者是在读了玛哈图木•阿杂木的哈里发兼和卓•伊斯哈克的导师卢特福拉•楚斯提的传记之后才有了撰写《心灵之光》的想法②。接着,作者又写道,自伊斯兰历一〇二一年穆哈拉姆月四日(公历 1603 年 6 月 14 日)星期二的深夜开始,他向纳格什班迪教团历任导师——"和卓干"(Khwājagān③) 的灵魂祈求庇佑,还与和卓•伊斯哈克的灵魂进行了四次神秘交流 (tawajjuh④),取得了为他著书立传的许可。

序言中最为关键的内容是作者顺次提示玛哈图木•阿杂木、卢特福拉•楚斯提、和卓•伊斯哈克三人各自的尊称和本名后所做的如下记述:

> 直呼诸位"和卓干"的本名是一件非常失礼之举。然而,在此这样做很

---

① DQS:3a—3b;DQH:2b—3a.
② 这里所说的卢特福拉•楚斯提的传记的具体所指不明。现存于世的此人的传记共有三部,请参见 B.Babadjanov, Mawlānā Lutflāh Chūstī:An outline of his hagiography and political activity, p.245—270.
③ 这个词由 Khwājā 和 gān 组成,是和卓一词的复数型,是对纳格什班迪教团历任领袖的总称。该教团因其中兴之主巴哈丁•纳格什班德 (Bahā'al-Dīn Naqshband, 1389 年卒) 之名有"纳格什班迪耶"之称谓,而在此之前,该教团是以"和卓干"而著称。
④ tawajjuh 的原意是"面对,指向",在纳格什班迪教团内部专指弟子集中意识面向导师,内心浮现导师的身影并与其合二为一的一种修行方法。此修行法并非只面对活着的导师,面对已经死去导师的灵魂亦可行使 (参见 Süleyman Uludağ. Tasavvuf Terimleri Sözlüğü.İstanbul:İstanbul:Marifet YayInlarI, 1990, p.530)。

有必要。因为,贫仆要通过此书告诉读者和听者,此书记录的是谁的事迹,"和卓干"指的是哪些人。①

作者将玛哈图木·阿杂木等三人的本名提示出来是为了让读者明白"和卓干指的是哪些人"。也就是说,在作者的认知中,和卓·伊斯哈克与他的父亲和导师均在和卓干序列之内。然而,就像本文在前面已经提到的那样,和卓·伊斯哈克原本未被赋予世袭教团谢赫之位的权利,也就是说他并未被指定继承和卓干的道统。如此,《心灵之光》的作者将如何解释这个矛盾呢?关于这一问题,笔者将在下一节"执笔意图"中予以详考。

在正文,作者除了记述他所经历的神秘主义体验之外,还收录了从65名信众那里获取的近135条有关和卓·伊斯哈克的言行、逸闻和奇迹,而这些记录几乎都采取了以"据说"(naql ast)一词开始,之后提示讲述者的姓名,再转述他们见闻内容的方式。下面,笔者用表格的形式对《心灵之光》的整体构成做一简要介绍,以供参考。

序言:作者对执笔缘由、目的和章设置的说明(DQS:1b-5a;DQH:1b-4b)。		
正文:作者以及65名信众所讲述的近135条有关和卓·伊斯哈克的言行、逸闻和奇迹(DQS:5a-165a;DQH:4b-142b)。		
章 (fasl)	讲述者	主要内容
第一章,关于伊禅阁下神圣特质(dhāt-sharif)的叙述。(DQS:5a-9b;DQH:4b-8b)	玛哈图木·阿杂木的诸弟子	从诞生至成为谢赫之前,和卓·伊斯哈克所显现的圣者特质;玛哈图木·阿杂木对和卓·伊斯哈克未来的预言。
第二章,关于向伊禅阁下宣示效忠(darqaid-i irādāt dar-āmada)并忠实履行奉仕义务(kamar-i khidh mat-i bandagī dar miyān-i jān basta and)的速檀们的叙述。(DQS:9b-40b;DQH:8b-35b)	和卓·伊斯哈克的诸弟子和哈里发	和卓·伊斯哈克与昔班尼汗朝、叶儿羌汗国以及游牧吉尔吉斯人的汗王、速檀们的关系及在游牧吉尔吉斯人中的宣教活动。
第三章,关于乌拉玛,学者和谢赫们的叙述。(DQS:40b-80a;DQH:35b-69a)	诸乌拉玛和各宗教贵族(谢赫、赛义德、和卓)	和卓·伊斯哈克和他的哈里发们在各地招募信徒的活动及与其他谢赫之间的抗争。

---

① DQS:4a—5a;DQH:3b—4b.

第四章，关于哈里发们的叙述。 （DQS：80a-102b；DQH：69a-88b）	作者、和卓·伊斯哈克的诸弟子与哈里发	和卓·伊斯哈克的奇迹及在游牧民中的宣教活动。
第五章，关于皈依（inābat karda and）伊禅阁下的军官们的叙述。 （DQS：102b-130b；DQH：113a-142b）	作者、和卓·伊斯哈克的诸弟子和哈里发以及昔班尼王朝的军官。	和卓·伊斯哈克与昔班尼汗朝统治者阿卜杜拉汗二世及其军官们的关系；皈依和卓·伊斯哈克的军官们所述的奇迹；和卓·伊斯哈克在昔班尼王朝攻打喀什噶尔期间的活动。
第六章，关于向伊禅阁下宣示效忠并忠实履行奉仕义务的弟子们的叙述。 （DQS：130b-165a；DQH：113a-142b）	作者、和卓·伊斯哈克的诸弟子和哈里发	和卓·伊斯哈克的弟子们的传道活动以及他们的神秘主义体验。

四、执笔意图

据乌兹别克斯坦学者 Б.巴巴加诺夫的研究，15世纪后，特别是从和卓·阿赫拉尔（Khwāja Ahrār，1404—1490）的时代开始，纳格什班迪教团转变了其不追求财富和政治权力的态度，逐步走上了重视现世利益和积极参与国家政治生活的道路。随着这样一种蜕变，教团谢赫们的传记也不再止于宣扬他们的卓越德行和超自然能力，而是更加倾向于强调他们在其活动地域所发挥的政治和社会影响力。[1] 另外，我们还注意到，纳格什班迪教团的传记作家们在为谢赫著书立传时至少持有这样一种认知：谢赫是具有超自然能力的伊斯兰圣者，是教团道统的当然传承者。该教团历史上的著名领袖，如巴哈丁·纳格什班德、和卓·阿赫拉尔以及和卓·伊斯哈克的父亲玛哈图木·阿杂木，他们的传记无一不是在这样一种认知前提下所成立的，传记作家无须对这种认知做任何刻意的解释和说明。

从前表中可以判断，《心灵之光》同过去的圣者传一样，不仅记录了和卓·伊斯哈克的奇迹，同时也在强调他在当时的政治和社会生活中所发挥的影响力。然而，和过去不同的是，该传记的作者虽然坚信和卓·伊斯哈克是圣者，是教团道统的合法继承人，却花费了大量笔墨对他所坚信的做了解释和说明。笔者认

---

① B.Babadjanov, Biographies of Makhdūm-i A'zam al-Kāsānī al-Dahbīdī, Shaykh of the sixteenth-century Naqshbandīya.Manuscripta Orientalia, Vol.5, No.2, St.Petersburg, 1999, p.3.

为，在作者的这些解释和说明中暗含了其执笔《心灵之光》的真实意图，而这一意图在该传记的第一章，即"关于伊禅阁下神圣特质的叙述"中体现得淋漓尽致：

据 Khwāja Muhammad Qāsim 说，在伊禅阁下十岁时的某一天，玛哈图木·阿杂木对我说："请谨记，切勿忽视我的这个儿子（指和卓·伊斯哈克）。若真主所愿，他会成为世界的征服者，和卓干道统 (silsila-yi Khwājagān) 的发扬光大者，完美之道 (tarīq-i kamāl) 的引导者。他的名声将享誉世间，人们会向他宣示效忠并忠实履行奉仕义务。"

据 Akhūnd Mullā Sa'īd 说，一日，我向伊禅阁下说起我曾经侍奉玛哈图木·阿杂木时的见闻。其中一个是这样的：玛哈图木·阿杂木曾经对我说起他在伊禅阁下出生那天夜里看到的不可思议的景象。伊禅阁下出生的那一刻，他看到一道如太阳一般闪亮的光 (nūr) 射入屋内。玛哈图木·阿杂木对我说："当我看到我的这个新生之子，那道光就直射我的心灵，让我的心光亮无比。蒙真主的恩宠 (barakat，即真主对圣者的特别惠顾)，黑暗从此再未光临我的家。每当看到我的这个儿子，我的心灵总是被光照亮。我的爱子（指和卓·伊斯哈克）日后会成为一个伟大的人。"另一个见闻是这样的，某一天，玛哈图木·阿杂木将一匹马赐给了伊禅阁下，但长子伊禅·卡兰却说"这匹马更加适合我"，便抢了去。玛哈图木·阿杂木看到后说："无常且毫无价值的马 (asbifānī wa nāchīz) 给伊禅·卡兰，我的永恒不灭之精神 (ma'nī-yi māki bāqīwa pāyanda) 给我的爱子。"

据 Shaykh Dhū al-Nūn 说，一日，我去侍奉卢特福拉·楚斯提，他指着从对面走来的伊禅阁下对我说："伊禅阁下是与生俱来的圣者 (walī)。"

据 Shaykh Dhū al-Nūn 说，一天，卢特福拉·楚斯提向我说起他的梦。在梦里，穆圣紧紧抓住伊禅阁下的手对卢特福拉·楚斯提说："我已将你的女儿赐与了他，你速依教法将你的女儿许配给他。"卢特福拉·楚斯提受到梦的启示，遂将正在布哈拉求道学习的伊禅阁下招回，将女儿嫁给他，并把谢赫的委任状 (ijāza-yi shaykh) 授予了他。①

以上记述，我们还可以从18世纪中叶黑山派传记作家穆罕默德·萨迪克·喀什噶里所著的《和卓传》中看到它们完整的察合台语译文。② 或许是这些记述并

---

① DQS:5b—9b;DQH:5a—8.
② Muhammad Sādiq Kāshgharī.Tadhkira-i Khwājagān/Tadhkira-i'Azīzān，Ms.Staatsbibliothek Preussischer Kulturbesitz, Orientabteilung, Ms.or.fol.3292，12a—15b.

非史实的缘故，学界过去从未对此予以关注，更没有对它们做过任何解读。但是，这些记述到底有何意义和价值，以至于后世的黑山派作家会一字不漏地引述它们，的确是值得我们深思的问题。

在这些记述中，没有像卢特福拉·楚斯提那样为了支持和卓·伊斯哈克的世袭权而从《古兰经》里引述的什么经典条文，却顺次出现了"和卓干道统"、"完美之道"、"真主的恩宠"、"精神"、"光"、"圣者"、"谢赫的委任状"等神秘主义概念和用语。我们注意到，《和卓传》的作者穆罕默德·萨迪克·喀什噶里是在展示了经由卢特福拉·楚斯提传至和卓·伊斯哈克的"内在谱系"（即道统）之后完整翻译上述《心灵之光》记述的。显而易见，对于这位黑山派作家而言，这些记述对于合理说明黑山派道统的正统性，或者说对于合理解释和卓·伊斯哈克世袭合法性的问题具有不可忽视的价值。耐人寻味的是，在翻译了这些记述之后，这位黑山派作家还进一步解释说：

> 然而，伊禅·卡兰阁下的弟子和信徒们却认为，"内在谱系"(nisbat-i ma'nawī，即道统)是由玛哈图木·阿杂木传给伊斯兰·赘巴里，再由他传给伊禅·卡兰的。只有真主是全知全察者。不管怎样，玛哈图木·阿杂木的儿子们都是他精神(ma'nī)的继承者。可是，有"伊禅阁下"尊名的和卓·伊斯哈克，因其容貌与穆圣非常相似，故玛哈图木·阿杂木就曾说过："我每次'见到'穆圣时，他总是以和卓·伊斯哈克的形象显现。我的这个儿子是我的第四子，太阳就位于第四层天，他如同太阳，我的其他儿子们如同星星。我的这个儿子将来会成为完整的人(insān-i kāmil)。每当看到他的容颜，我的心灵就会被光(nūr)照射而无比闪亮。我对我的这个儿子的崇敬就如同我对穆圣的崇敬。在他的子孙里也会有圣者（walī）出现，若真主所愿，我的这个儿子所具有的圣者性之光（walāyat nūrī）将普照世间。"①

毋庸置疑，穆罕默德·萨迪克·喀什噶里引用《心灵之光》，其目的就是要强调：在诸玛哈图木扎德中，唯有和卓·伊斯哈克具备他人无法比拟的继承玛哈图木·阿杂木精神的优越性，他的这种优越性不仅因其在形象上与穆圣相似，更因其对穆圣圣者性的继承。

---

① Muhammad Sādiq Kāshgharī. Tadhkira-i Khwājagān/Tadhkira-i'Azīzān, 15b.

值得注意的是，这个黑山派作家在他的解释中还沿用了《心灵之光》中的"光"(nūr)的概念。这道与和卓·伊斯哈克的出生一同出现的"光"，极易令人联想起伊斯兰神学经常提及的穆圣出生瞬间从其父阿卜杜勒的额头上消失的那道"神之光"(nūr-i Allāh)。从伊斯兰神学观点来看，真主用发源于自身的"光"创造了最初的被造物——"穆罕默德之光"(nūr-i Muhammad)，这个"光"是穆圣先知特质的源泉。而伊斯兰神秘主义则进一步解释说，这个光也是被人们称之为"安拉之友"(walī Allāh)和"完整的人"(insān-i kāmil)的穆圣具备圣者性的重要依托。① 另外，法国学者 M. 肖德卡维休也曾指出："以人主合一境界为目标的苏非的圣者性(walāya)与先知穆罕默德的'完整的人'特质是紧密联系在一起的。为了达到这一目标，苏非只能以先知穆罕默德作为模范。"②《心灵之光》的作者没有明确说与和卓·伊斯哈克的出生一同出现的那道"光"是"穆罕默德之光"，但在该传记中，和卓·伊斯哈克多次以穆圣的完整化身闪亮登场，再从《和卓传》作者的理解来看，那道光的确是将和卓·伊斯哈克和圣者之楷模——穆圣联系在一起的唯一纽带。

在谢赫之位世袭的问题上，和卓·伊斯哈克的追随者们不仅运用了玛哈图木·阿杂木提出的血统优越论，还巧妙地利用了与穆圣的圣者性紧密相关的"光"的概念。在他们看来，和卓·伊斯哈克之所以是继承玛哈图木·阿杂木精神的不二人选，是因为他通过"光"继承了穆圣的圣者性而获得了他人无法比拟的卡利斯马。可以说，利用"光"的概念阐释和卓·伊斯哈克不可谬的圣者性，继而标榜和卓·伊斯哈克的世袭合法性，就是《心灵之光》作者执笔该书的真实意图。

结语

通过本文的分析，我们了解了苏非圣者传《心灵之光》是一部试图标榜和

---

① 关于"穆罕默德之光"的概念，以及由此观念发展而来的"完整的人"理论，可参照 Michel Chodkiewicz，Seal of the Saints:Prophethood and Sainthood in the Doctrine of Ibn'Arabī(translated fromthe Franch by LiadainSherrard)，Cambridge，1993，p.60—73. 另外，什叶派神秘主义思想认为，真主最初创造的光分成两个，形成了超越时间而存在的先知穆罕默德和阿里（或者从"穆罕默德之光"最初被创造的就是阿里）。以阿里为首的伊玛目与先知穆罕默德一样，都从真主那里获得了绝对的无谬性，而保证他们的伊玛目性（即圣者性）得以延续的正是代代相传的"神之光"。参见中村廣治郎《イスラーム思想史》，岩波講座·東洋思想（第三卷）《イスラーム思想史Ⅰ》，东京：岩波书店，1989 年，第 33—34 頁。

② M. ショドキエヴィッシュ（Michel Chodkiewicz）（今松泰訳）《イスラームにおける聖性と聖者》，《思想》2002 年第 9 期，第 94—95 頁。

卓·伊斯哈克世袭谢赫之位合法性的作品。而作为今后考察的重点，则是频现于这部传记中、作为圣者的和卓·伊斯哈克所施的奇迹。

伊斯兰神秘主义者认为："即便圣者不行使奇迹，圣者依然是圣者。"然而，在圣者崇拜之风盛行的 16 世纪的中亚和新疆，对奇迹的深信不疑的确是穆斯林对苏非圣者趋之若鹜的心理动因。日本学者滨田正美指出："在圣者传的世界里，纵然叙述的事件是虚假的，但造就虚假的精神是真实的。而且，为了把事件修饰得如同真实一般而利用的一些细节则是由真实构成的。"① 就《心灵之光》而言，在探讨和卓·伊斯哈克的奇迹是以什么样的形式出现的，这些奇迹的背后隐藏着什么样的宗教或政治企望等问题时，滨田正美的话无疑为我们提供了一个有效的研究思路。笔者认为，不弄清造就圣者传虚假记述的精神是什么，换言之，如果不揭示圣者传作家真实的执笔意图，研究充斥着奇迹故事的圣者传将是极其危险的。因此，本文所做的分析和考察或许在一定程度上为避免今后在研究《心灵之光》时可能出现的误读和误判提供了一个基本的保障。

（本文原载于《西北民族研究》2014 年第 3 期，第 72—82 页）

---

① 濱田正美《東トルキスタン・チャガタイ語聖者伝の研究》，ユーラシア古語文献研究叢書 4，京都：京都大学大学院文学研究科，2006 年，第 26 頁。

兰州碑刻所见清代新疆史事①

王鹏辉

兰州在先秦时期属于雍州地，秦昭王二十八年（前287）始设郡置守，属陇西郡管辖，秦并天下后仍属陇西郡。汉昭帝始元六年（前81）设置金城郡。自汉代建河西四郡以来，金城就成为从中原通往西域丝绸之路的交通孔道，奠定了"西域咽喉"②的历史地位。隋文帝开皇元年（581）废郡改为兰州，兰州之名从此开始。元代兰州属陕西行省，明代属于陕西布政使司临洮府管辖。建文元年（1399），肃王迁驻兰州，奠定了兰州古城的基础。清康熙五年（1666），甘肃与陕西分治，设甘肃布政司，定兰州为省会。乾隆五年（1740），甘肃行政中心由临洮府知府迁驻兰州，改名为兰州府。甘肃与新疆在地缘上同处于西北，可谓"臂指相联"③，"新疆之于甘肃，形同唇齿"④，而且兰州"滨临黄河，为甘凉宁夏各郡及伊塔、新疆等处往来大道"⑤。兰州的清代碑刻，有十通碑文涉及新疆史事。学界有对个别碑刻的介绍，也有全面的碑录。⑥笔者不揣固陋，钩沉索隐，试做系统的深入探讨，以明史实。

---

① 国家社科基金重大委托项目《新疆通史》（05 & ZD060）基础研究项目《清末民初新疆镇迪道的佛寺道观研究》（XJTSB080）阶段性成果。
② 张澍《养素堂诗集》卷二三《金城关》，《续修四库全书》，上海：上海古籍出版社据道光二十二年（1842）枣华书屋刻本影印，2002年，第366页上栏。
③ 左宗棠《左宗棠全集》第九册，上海：上海书店影印本，1986年，第7895页。
④ 朱寿朋编《光绪朝东华录》第二册，张静庐等点校，北京：中华书局，1958年，第115页。
⑤ 升允《创建兰州黄河铁桥碑记》，载薛仰敬主编《兰州古今碑刻》，兰州：兰州大学出版社，2002年，第140页。
⑥ 罗楚南《有关兰州城建史的一个重要人物—介绍那彦成的〈重修兰州城碑记〉》，《兰州学刊》1983年第3期；薛仰敬主编《兰州古今碑刻》，2002年。

一

《原任甘肃提督阎桓肃公神道碑铭》碑主为阎相师，桓肃为其谥号，一生戎马生涯多在新疆。碑铭记述阎相师生于1700年9月10日，死于1762年2月5日。碑文起始说明撰文原由，表明撰文及立碑时间约为1902年。碑文确切记载了碑主简历，叙述其在清朝统一新疆中的活动：

> ……公生平战绩多在西陲。为参将时，厄鲁特降人谋叛，随办事大臣剿斩贼众四千余，旋赴鲁克察克剿叛回莽阿里克。为副将时，管理吐鲁番民田。为总兵时，随靖逆将军剿回匪霍集占，旋授领队大臣。围库车城，力战被创。大军克阿克苏，将军兆惠留公驻守，寻随剿叶尔羌。为提督时，驻防喀什噶尔。移驻库车，办理乌鲁木齐屯田。①

乾隆二十一年（1756）五月，清朝平定阿睦尔撒纳叛乱期间，雅尔哈善任当时的巴里坤办事大臣，率领的官员主要是副将丑达和参将阎相师。七月，被清廷册封为和硕特汗的沙克都尔曼济不愿追随阿睦尔撒纳叛乱，率领所属部众从珠勒都斯迁徙到巴里坤附近游牧，得到口粮接济②。"厄鲁特降人"即指沙克都尔曼济。随后，清廷册封的绰罗斯汗噶勒藏多尔济和辉特汗巴雅尔相继叛乱，引起雅尔哈善对沙克都尔曼济的怀疑。乾隆二十一年（1757）十二月十六日，雅尔哈善"派兵至伊游牧擒剿，共斩贼众四千余人"③。又据《清史稿》卷三一四《雅尔哈善传》记载，雅尔哈善"乃使裨将阎相师将五百人入其垒，若迷途借宿者。夜大雪，相师吹笳，督兵袭其庐。沙克都尔曼吉（济）惊起，其妻与相抱持，至死不释，其众四千余人歼焉"④。这次军事行动显然是一次突袭，而沙克都尔曼济毫无防备，如果沙克都尔曼济"谋叛"，不可能束手就擒。乾隆二十三年（1758），乾隆命雅尔哈善为靖逆将军，出兵天山以南，平定大小和卓的叛乱。雅尔哈善在库车贻误军机，致使小和卓霍集占逃脱，因此获罪革职被杀。沙克都尔曼济叛乱被杀一事才真相大白："自雅尔哈善死，高宗知沙克都尔曼吉（济）无叛状，赋诗斥其杀

---

① 刘尔炘《原任甘肃提督阎桓肃公神道碑铭》，载薛仰敬主编《兰州古今碑刻》，第132—134页。
② 《清高宗实录》卷五一七"乾隆二十一年七月癸巳"条，北京：中华书局影印本，1985年，第534页。
③ 《清高宗实录》卷五二九"乾隆二十一年十二月壬辰"条，第668页上栏。
④ 赵尔巽等撰《清史稿》卷三一四，北京：中华书局标点本，1977年，第10700页。

降。"①乾隆的诗为《忆旧》，因回忆平准故事而写，指出沙克都尔曼济叛乱证据不足："其中略涉疑似者，曰沙克都尔曼济"，其中的夹注更是点明雅尔哈善"杀降受祸"②。诗的尾联"火炎昆冈玉石焚，胤侯佚德戒天吏。用人之失吾岂辞，吁嗟用兵诚可畏"③，表达了乾隆对用人失政和兵祸的内省与警戒。沙克都尔曼济并没有叛乱④，是被雅尔哈善误杀的，但已无可挽回。"莽阿里克"应指莽噶里克。莽噶里克是吐鲁番伯克，原本已归属清朝，被册封辅国公，部众被编为扎萨克旗制。额敏和卓率所属部众从甘肃瓜州返回吐鲁番鲁克察克（鲁克沁）后，两人分治吐鲁番。与沙克都尔曼济事件同时，宁夏将军和起调集莽噶里克和额敏和卓两路兵丁，并征调厄鲁特兵，前往擒拿辉特汗巴雅尔，在辟展被布鲁特台吉尼玛围攻战死。额敏和卓送出了莽噶里克背叛情形的情报。雅尔哈善于1757年2月23日派哈密总兵傅魁、副将丑达、参将阎相师领兵一千名前往鲁克沁会同额敏和卓办理莽噶里克。傅魁率军在盐池地方遇到莽噶里克一行二十一人，全部斩杀。乾隆认为傅魁处置失当，"其中不无别情"⑤，命令押解傅魁回京审讯。雅尔哈善询问丑达等及随去兵丁，最终详情得以披露："称莽噶里克带领二十一人，遇见我兵，告称不堪厄鲁特骚扰，复欲探伊子白和卓信息，是以投内地来。"⑥莽噶里克被错杀基本无疑。由沙克都尔曼济和莽噶里克事件看来，清廷的疆臣边吏在进疆之初，枉杀邀功、贪功粉饰的行径就已经显露端倪了。

阎相师此后跟随兆惠平定大小和卓之乱，史实基本与《清史稿》卷三一六《阎相师传》相同，最终官至甘肃提督。清廷后来"事定功成，写诸功臣像于紫光阁"⑦，效仿汉代云台二十八功臣和唐代凌烟阁二十四功臣的故事，排列了五十功臣及次五十功臣，确有远迈汉唐之实。阎相师名列紫光阁次五十功臣第七位，像赞描述了他的功绩："薄库车门，石著于额。屹不为动，观者舌咋。叶羌之役，虚捣亢批。雄姿伟干，足镇关西。"⑧阎相师所参与的乾隆时期清朝平定阿睦尔撒纳和大小和卓的叛乱，为其后新疆军府制的建立奠定了基础。

---

① 赵尔巽等撰《清史稿》卷三一四，第10701页。
② 弘历《御制诗集》四集卷八二《忆旧》，《景印文渊阁四库全书》第1308册，台北：台湾商务印书馆，1986年，第623页。
③ 弘历《御制诗集》四集卷八二《忆旧》，《景印文渊阁四库全书》第1308册，第623页。
④ 星汉先生指出此为冤案。见氏作《清代临时派遣西域官员诗作论》，载朱玉麒主编《西域文史》第三辑，科学出版社，2008年，第284页。
⑤ 《清高宗实录》卷五三一"乾隆二十二年正月庚申"条，第695页上栏。
⑥ 《清高宗实录》卷五三四"乾隆二十二年三月乙未"条，第732页下栏。
⑦ 钟兴麒等校注《西域图志》，乌鲁木齐：新疆人民出版社，2002年，第43页。
⑧ 钟兴麒等校注《西域图志》，第49页。

二

《重修关帝庙大殿补修二殿碑记》为了纪念功德，开列了修庙施化人的清单：

……自嘉庆七年募化兴工，工将告竣庀工镌石，将施化人等开列于后，以垂不朽。……钦差原任哈密总办大臣佛银贰两。……镇西府奇台古城巡检李泰银肆拾叁两。……钦差伊犁赍诏官佛银贰两。……

嘉庆九年岁次申（甲）子梅月上浣建立①

根据碑文可知，重修关帝庙的工程在1802年动工，1804年4月上旬完工并立碑。

募化人中的"钦差原任哈密总办大臣佛"，根据《哈密志》记载，"办事大臣副都统佛智于嘉庆五年抵任，于六年正月告休回杭"②，确定此人即是佛智。那么佛智返回杭州必经兰州，也许就是此间遇到"本郡信士募化"而捐银贰两。佛智的仕途是从杭州协领迁成都副都统③，先由成都副都统调吐鲁番领队大臣④，再由吐鲁番领队大臣调任哈密办事大臣⑤。募化人中的"钦差伊犁赍诏官佛"，似为时任伊犁领队大臣的佛伦保。佛伦保于嘉庆九年（1804）七月十六日以伊犁领队大臣为镶黄旗汉军副都统⑥，离开新疆回京。佛伦保原是乾清门侍卫，嘉庆五年（1800）十一月赏副都统衔，授伊犁领队大臣⑦。估计佛伦保赴任伊犁经过兰州，巧遇重修关帝庙大殿补修二殿的募捐而捐银贰两。

有清一代，关帝庙的兴建和关帝崇拜极为兴盛，官府祭祀列在祀典。该碑原立于西固河口乡大滩村老爷庙，并非城镇官府所建，主要靠乡村民众维护。内地民众由甘肃入新疆，尤其是甘肃民众自然把自己家乡的关帝信仰带进新疆。"镇西府奇台古城巡检李泰"在所有"施化人"中捐银最多，达到肆拾叁两。虽然不

---

① 佚名《重修关帝庙大殿补修二殿碑记》，载薛仰敬主编《兰州古今碑刻》，第309页。
② 钟方《哈密志》卷二四，台北：台湾成文出版社据民国二十六年（1937）铅印本影印，1968年，第102页。
③ 《清高宗实录》卷一一八一"乾隆四十八年五月戊申"条，第820页上栏。
④ 《清高宗实录》卷一四六九"乾隆六十年正月乙巳"条，第616页上栏。
⑤ 《清仁宗实录》卷五六"嘉庆四年十二月庚戌"条，北京：中华书局影印本，1986年，第743页下栏。
⑥ 《清仁宗实录》卷一三二"嘉庆九年七月壬寅"条，第786页下栏。
⑦ 阿拉腾奥其尔、阎芳编著《清代新疆军府制职官传略》，哈尔滨：黑龙江教育出版社，2000年，第96页。

能确定李泰出于何种原因大笔捐助西固河口的关帝庙，但很可能也参与了奇台古城一代的关帝庙兴建。新疆各城都建有关帝庙，驻扎各城的军府官员主要职责之一就是掌管祭祀，表彰忠节。① 清代新疆乡村兴建了大量的关帝庙②，该碑表明新疆的关帝庙与甘肃的关帝信仰不无渊源。

《重修兰州城碑记》在隆重国家体统的高度记述了重修兰州城的始末，而着意于西域：

> 国家建中立极，法度修明。所在郡邑城廓例得以时葺治。省会之区，金汤尤重，所以慎封守、隆体统也。兰州为陕甘督臣驻节之所，面山为城，倚河为津，形势最要。且自我高宗纯皇帝耆定西域，拓地二万余里，版图日廓，琛赆来同。自回部、准部而外，若哈萨克、布鲁特、霍罕安集延、青海之生番蒙古人等，凡年班入觐者罔弗取道于兰，往来络绎，岁以为常。至则督臣宣布恩德，谕遣北上，归亦饬属，资送出关，其所系于观瞻者犹不同。……康熙二十四年重修，乾隆三年踵而新之……庚午春，仰膺简命，重莅兹土……垣墉高坚，雉堞鳞次，楼橹翼然。……即凡重译远来，缁属庡止者，获睹城之高、池之深，军旅之壮盛，间阎之富庶，莫不怀诚归命，欣欣然向慕而肃敬。是郡城之雄峙维新，固西域往来者之一钜观矣！
>
> 嘉庆十七年岁在壬申八月朔日 ③

碑文撰文并书丹者是那彦成（1763—1833），字绎堂，章佳氏，满洲正白旗人，大学士阿桂孙。根据《清实录·仁宗睿皇帝实录》和《清史稿》卷三六七《那彦成传》，我们可以重现那彦成在新疆的疆臣历练。嘉庆九年（1804），那彦成署理陕甘总督，后调授两广总督。嘉庆十一年正月丁巳（26日），在两广总督任上降蓝翎侍卫，为伊犁领队大臣。嘉庆十二年正月壬戌（26日），赏三等侍卫，为伊犁领队大臣。嘉庆十二年三月丙午（11日），补授喀喇沙尔办事大臣。嘉庆十二年五月乙巳（9日），调喀喇沙尔办事大臣为西宁办事大臣。后由西宁办事大臣擢为江南河道副总河。嘉庆十三年十二月庚申（13日），以荷花塘漫口合龙

---

① 管守新《清代新疆军府制研究》，乌鲁木齐：新疆大学出版社，2002年，第114—117页。
② 齐清顺《清代新疆的关羽崇拜》，《清史研究》1998年第3期。
③ 那彦成《重修兰州城碑记》，载薛仰敬主编《兰州古今碑刻》，兰州：兰州大学出版社，2002年，第127—128页。

后堤坝又发生决口，降副总河二等侍卫，为喀喇沙尔办事大臣。嘉庆十四年二月丁未（1日），调喀喇沙尔办事大臣为叶尔羌办事大臣。嘉庆十四年六月丁未（30日），赏头等侍卫，为叶尔羌办事大臣。嘉庆十四年十二月壬辰（11日），以二品顶戴为陕甘总督。碑文表明那彦成是在嘉庆十五年（1810）春天再次到任兰州。碑文简要回顾了前朝到本朝的兰州城建史，那彦成此次重修，达到了高坚的效果。工程在1811年夏季兴工，1812年秋季告竣，该碑立于1812年9月6日。

那彦成曾为西北地区的封疆大吏，在陕甘、天山南北、西宁等多处任职，体认到朝廷对西陲的控驭是以兰州为中心的。道光六年（1826），和卓后裔张格尔从浩罕侵入阿赖岭边境入卡作乱，那彦成写成了"为谨据愚知通筹军需全局"的奏折。奏折中称颂乾隆"自我高宗纯皇帝底定新疆，分城镇守，棋布星罗，丰功伟烈。不仅在辟土开疆，盖所以重立藩篱，威镇四境"①，与碑文中对乾隆治理西疆的盛况相呼应。那彦成指出了新疆的安定对于国家有着保证"国家体制之尊严"②的战略地位，必须尽快平定张格尔之乱。所有要务中粮饷更为紧要，"兰州省城应设立军需总局，收发粮饷，支放俸装，筹备一切军械"，③恰如碑文所描述的兰州是出关入关、往来西域的枢纽之地。那彦成还观察到新疆边患有日趋紧张的可能，"殊不知我退则彼进，退至何处为止，且卡外之各部落如浩罕哈萨克等夷，若闻风效尤，则边患何所底止"。④那颜成在1828—1829年奉命办理回疆善后事宜，都是以他在新疆与陕甘的阅历和认识为基础的。在19世纪下半叶，由于浩罕、沙俄、英国势力侵略新疆，导致清王朝严重的边疆危机，由此可见那彦成在19世纪上半叶的远见卓识。

《督标后营三圣庙香火碑记》追记祭祀兰州督标后营三圣庙的香火缘起于义学的创设：

> 太子太保陕甘总督、世袭一等男杨公，道光丁亥（1827）冬西征新疆凯旋。念其歼渠魁而奏功者，得督标兵力居多，思欲洪加奖励，益以作其忠义

---

① 那彦成《那文毅公奏议》卷七三，台北：台湾文海出版社据道光十四年（1834）刊本影印，1967年，第8497—8498页。
② 那彦成《那文毅公奏议》卷七三，台北：台湾文海出版社据道光十四年（1834）刊本影印，1967年，第8498页。
③ 那彦成：《那文毅公奏议》卷七三，台北：台湾文海出版社据道光十四年（1834）刊本影印，1967年，第8502页。
④ 那彦成：《那文毅公奏议》卷七三，台北：台湾文海出版社据道光十四年（1834）刊本影印，1967年，第8498—8499页。

之气。俾凡厥子弟嗣乃父兄而入伍者，有勇知方为奔走，为侮克副腹心干城之寄。继继承承，报国万年，道莫要于读书。唯是甘省瘠土边陲，督标兵丁富者百无一二，贫者十常八九，育佳子弟攻读惟艰。公爰捐廉俸，筹办生息银两。戊子岁（1828）于中、左、右、前、后营创设义学各一处。……本营三圣庙……，春秋两祀祭三圣公。……创修向北亭子五间，……顿觉内外森然而庙貌倍增观瞻。……有义民吴秉仁、张大勋二人修盖小铺一间，同心捐舍本庙，取租奉助三圣香火，并勒诸石永垂不朽。

　　道光二十一年岁次辛丑清和月谷旦立①

　　碑刻立于1841年5月。"太子太保陕甘总督、世袭一等男杨公"确指杨遇春。杨遇春（1761—1837），字时斋，四川崇庆人。武举出身，为福康安赏识提拔。道光五年（1825），署陕甘总督，六年，参赞军务随扬威将军大学士长龄入疆平定张格尔叛乱，七年，在收复南疆西四城喀什噶尔、英吉沙尔、叶尔羌、和阗后，加太子太保，先行入关。②杨遇春在兰州得到张格尔入卡作乱的情报后，深知自己的职责所在，立即以五百里奏折上报朝廷。而那彦成的"为谨据愚知通筹军需全局"奏折正是据此而写。果然，朝廷很快就命令杨遇春率领陕甘兵五千驰赴哈密了。道光初期的张格尔之乱，暴露了清王朝在南疆的统治政策和制度存在严重问题。而喀什噶尔参赞大臣永芹的贪功粉饰与喀什噶尔帮办大臣巴彦巴图的妄行杀戮，③破坏了喀什噶尔沿边卡伦布鲁特的内附，助长了张格尔叛乱。碑文中记述了杨遇春平叛返回兰州后在督标军营创办义学的德政，其原由在于督标兵丁在平定张格尔叛乱中出力居多，为奖励忠义，培养人才，所以捐银助学。该碑主要记录了捐银修建校舍及创修三圣庙庙舍和奉助三圣香火的官员、兵丁和义民的功德，甘肃三圣庙也是新疆出现的三圣庙的渊源之一。

　　《甘肃提督周悦胜墓志铭》记载墓主参与了平定张格尔之乱，恢复喀什噶尔地方民生的活动：

---

① 牟簠敬《督标后营三圣庙香火碑记》，载薛仰敬主编《兰州古今碑刻》，兰州：兰州大学出版社，2002年，第164—165页。
② 赵尔巽等撰《清史稿》卷三四七，北京：中华书局标点本，1977年，第11197页。
③ 《清宣宗实录》卷九二"道光五年十二月乙丑"条，北京：中华书局影印本，1986年，第495页；那彦成《那文毅公奏议》卷七三，台北：台湾文海出版社据道光十四年（1834）刊本影印，1967年，第8495、8552—8553页。

……长龄□公率兵进剿，平定喀疆，克复四城。论功赏戴花翎，保升参将。旋即督□□□沙尔城，工告竣，奉□□□□□用先换□□。十年，逆回复入寇，围喀城几殆。公星驰往援，战屡捷，围寻解。授四川绥定□副将，权喀什噶尔总兵，擢凉州镇□□□□□□□□□新疆要冲□□兵燹，烟户寥落。公多方筹划，城外种树十万株，墙濠高广倍于前，糇粮蒭茭云屯山积十验可资。……加太子太保衔……塞外十数载，威信大行回部。……不幸于二十五年新正初四子时薨。距生于乾隆四十年五月十九日卯时，……赐祭葬，谥壮敏。无何羌番复扰诏削前典。①

碑铭中记述周悦胜生于 1775 年 6 月 16 日，死于 1845 年 2 月 10 日。关于周悦胜，还有一通《甘肃提督周悦胜谕祭碑》②，内容是礼部咨发的祭文，有"宣力于天西，冒矢石以前驱"之语，宣示了周悦胜在新疆的戎行劳绩。《甘肃提督周悦胜墓志铭》提到的"诏削前典"事发生在 1845 年 11 月 29 日，周悦胜"饰终之典，著一并撤销。……并著将前赏太子太保衔及赐予谥号，概行追夺"③。由此可确定两通碑铭的立碑大概时间，《甘肃提督周悦胜谕祭碑》当立于 1845 年 2 月 10 日至 1845 年 11 月 29 日期间，而《甘肃提督周悦胜墓志铭》则立于 1845 年 11 月 29 日以后了。

嘉道之际，张格尔曾四次入卡作乱。道光四年（1824）是第二次，当时周悦胜以游击带兵在英吉沙尔防守④。1826 年第三次作乱，南疆西四城破坏严重。周悦胜死里逃生，等到长龄杨遇春率领大军收复西四城，得以保升参将。"□公"缺字为"杨"，当指杨遇春。随后，那彦成来回疆办理善后，恢复被摧毁的城垣衙署兵房。1828 年 7 月，英吉沙尔"著准其移建"⑤新城，碑文记载了周悦胜督建新城的史实。"督□□□沙尔城"缺字可补齐为"督建英吉沙尔城"。1829 年 1

---

① 宁兰森《甘肃提督周悦胜墓志铭》，载薛仰敬主编《兰州古今碑刻》，第 251—253 页。注，原录文中的撰文者署名为"赐进士出身，诰授朝议大夫，甘肃甘州府知府、前署平、庆、泾道，愚弟□兰森顿首拜撰"，撰文者姓氏缺字。根据升允、长庚修，安维峻纂《甘肃全省新通志》卷五二职官志记载："宁兰森，直隶人。道光二十年任，道光二十三年任，道光二十六年任。"而墓主周悦胜死于道光二十五年，宁兰森正当甘州府知府任上。因此可以确定撰文者即为宁兰森。见朱太岩主编《中国西北文献丛书·西北稀见方志文献》第二四卷，兰州：兰州古籍书店影印本，1990 年，第 653 页。
② 礼部《甘肃提督周悦胜谕祭碑》，载薛仰敬主编《兰州古今碑刻》，第 254 页。
③《清宣宗实录》卷四二三"道光二十五年十一月戊午"条，北京：中华书局影印本，1986 年，第 308 页上栏。
④《清宣宗实录》卷七四"道光四年十月乙丑"条，第 186 页上栏。
⑤《清宣宗实录》卷一三七"道光八年六月乙亥"条，第 104 页下栏。

月，英吉沙尔新城已经告竣。① "十年，逆回复入寇，围喀城几殆"，其事指道光十年（1830），张格尔之兄玉素甫带领浩罕军队入侵南疆，围攻喀什噶尔、叶尔羌、英吉沙尔三城。周悦胜以副将领兵进军解围。道光十一年（1831）十月己丑（14日），甘肃凉州协副将周悦胜总兵衔，署喀什噶尔换防总兵官。② 道光十二年二月癸巳（17日），周悦胜补授凉州镇总兵员缺，仍留喀什噶尔换防。③ 玉素甫作乱，烧杀抢掠，造成碑文中所讲"新疆要冲"喀什噶尔地区"烟户寥落"。清廷改变了此前那彦成断绝与浩罕通商关系的政策，重新在喀什噶尔开放通商，并且修筑喀什噶尔等城，并添建满城衙署兵房。而时任喀什噶尔换防总兵官的周悦胜取得碑文中种树、高广城墙和囤积粮草的成绩，在道光十二年十月丁卯（16日），因为喀什噶尔修城通商出力，受到"议叙升赏有差"④ 的嘉奖。但周悦胜的功绩难掩道光年间清王朝在南疆的统治危机。

三

《碧血碑诗》以明末兰州肃王王妃的节义入典，吊古抒怀：

> 明崇正末，流寇陷京师。其党西走陇石（右）破兰垣，肃藩遇害，三妃同时殉节。迄今拂云楼下碑阴渍血犹新。
>
> 殉夫兼殉国，生气凛然存。一代红颜节，千秋碧血痕。乾坤留短碣，风雨泣贞魂。凭吊增悲感，楼头白色昏。同治丁卯
>
> 伊吾使者景廉题。⑤

诗文作者景廉（1825—1885），字秋坪，颜札氏，隶满洲正黄旗。咸丰九年（1859）授伊犁参赞大臣。十年，景廉往鞫前塔尔巴哈台参赞大臣英秀滥保异姓台吉冒袭哈萨克汗案。十一年，景廉往鞫阿克苏办事大臣绵性改征回赋私设盐课案、叶尔羌参赞大臣英蕴苛敛擅杀案。同治元年（1862）四月，调叶尔羌参赞大臣。三年正月初四日，擅自离任启程进口就医。三年十月，在归化被革职发往宁

---

① 《清宣宗实录》卷一四八"道光八年十二月辛未"条，第266页。
② 《清宣宗实录》卷一九八"道光十一年十月己丑"条，第1122页上栏。
③ 《清宣宗实录》卷二〇六"道光十二年二月癸巳"条，第32页下栏。
④ 《清宣宗实录》卷二二四"道光十二年十月丁卯"条，第348页上栏。
⑤ 景廉《碧血碑诗》，载薛仰敬主编《兰州古今碑刻》，第242页。

夏西安将军、督办甘肃军务、署陕甘总督的都兴阿军营听差。四年十二月，接管病故的安徽巡抚翁同书统率的驻扎在甘肃花马池的直晋官兵二千名。五年八月，赏头等侍卫，为哈密帮办大臣。由于"时甘凉道阻，六年冬始募勇得千余人"①，景廉于1867年在兰州招募勇兵，登临兰州北城拂云楼，以"伊吾使者"的笔名留下了墨迹。伊吾是哈密的汉唐古地名，"伊吾使者"当是取意于被朝廷任命的哈密帮办大臣。《碧血碑》原为明代兰州肃王所遗的两通拂云楼下诗碑②。崇祯十六年（1643），李自成农民军攻破兰州，肃王朱识鋐妃子颜氏、赵氏、顾氏以首触先王诗碑而死③，世称碧血碑④。1864年，景廉离开新疆之际，新疆局势大变，天山南北爆发了大规模民变。⑤随后，浩罕军官阿古柏侵入南疆，建立伪政权，英国、俄国趁机介入争逐新疆。景廉想到自己的处境，职责所在的哈密糜烂不堪，不免触景生情，以前朝节义激励自己。

《登拂云楼诗刻》以行草表达了景廉面对烽火边疆茫然的心境：

草罢军书笔暂投，夕阳影里独登楼。万家灯火凭阑见，四面云山入座浮。羌笛吹残边塞曲，大河淘尽古今愁。不堪回首寻前梦，惆怅临风搔白头。遥天如盖草如霜，极目平沙古战场。秦地山川余戍垒，汉家笳鼓重秋防。龙城此日思飞将，狼燧何年靖朔方。两载戎行惭借箸，筹边无计倍傍徨。同治丁卯五月拂云楼戏赋七律一首，□林秋坪景廉。⑥

景廉"世为吉林钜族"⑦，缺字的"□林"当为"吉林"。景廉在受命哈密帮办大臣以后，朝廷谕词严切，迭次催促迅速出关上任。然而手中无兵的景廉，却无法单独赴任完成自己的使命。因此景廉在兰州滞留期间，对前途是"不堪回首

---

① 李慈铭《越缦堂文集》卷八，台北：台湾文海出版社据民国十九年（1930）国立北平图书馆排印本影印，1975年，第253页。
② 张国常纂修《重修皋兰县志》，陇右乐善书局光绪三十一年（1905）石印本，卷一九叶二五正。
③ 左宗棠《烈妃庙记》，载薛仰敬主编《兰州古今碑刻》，第177—178页；张国常纂修《重修皋兰县志》，陇右乐善书局光绪三十一年（1905）石印本，卷二五叶四正。
④ 张维《兰州古今注》，杨建新主编《中国西北文献丛书·西北史地文献》第二十四卷，兰州：兰州古籍书店影印本，1990年，第51页。
⑤ 朱玉麒《〈行程日记〉作者及相关人事考》，《文献》2008年第4期。
⑥ 景廉《登拂云楼诗刻》，载薛仰敬主编：、《兰州古今碑刻》，第251页。
⑦ 李慈铭《越缦堂文集》卷八，台北：台湾文海出版社据民国十九年（1930）国立北平图书馆排印本影印，1975年，第253页。

寻前梦，惆怅临风搔白头"。《登拂云楼诗刻》以汉唐时期的西北边塞为历史典故比拟当时的陕甘新疆局势，透露出了作者从1865年到1867年两年间率领军队，"筹边无计倍傍徨"的心态。景廉率领在兰州招募的勇兵，"骑不满百，持二十日粮，崎岖西进"①，于同治七年（1868）二月驰抵甘州。同治七年正月，行抵玉门，四月驻安西，十月移镇敦煌。同治八年八月，行抵哈密。同治十年五月，俄国侵占伊犁，新疆局势日益恶化。清政府"并闻俄人尚欲带兵前往收复乌鲁木齐"，为免"更难措手"，意图"先发制人，规复乌鲁木齐"，七月十七日谕旨命令景廉带兵经巴里坤收复乌鲁木齐。②同治十年十月，景廉驰抵巴里坤后授乌鲁木齐都统。十二年四月，进驻古城。十三年七月，授钦差大臣督办新疆军务。光绪元年（1875）三月，回京供职。钦差大臣督办新疆军务由左宗棠接手。

《和景廉登拂云楼韵诗》是与《登拂云楼诗刻》相呼应的唱和之作：

> 如胶气味久相投，览胜同登百尺楼。入画山川供眼底，淡怀富贵等云浮。新诗且喜添生趣，浊酒偏能洗别愁。凭眺移时开悟境，去来不碍道头头。宦游十载历星霜，谁是登场想下场。沃野于今多战垒，良谋自古重边防。黄河九曲通佳气，白塔千寻镇朔方。休息吾民何日事，奠安无策几彷徨。③

诗文作者崇保，字峻峰，满洲镶黄旗人。咸丰年间曾任甘肃镇迪道道员，后因事落职回京。同治二年十月，补授西宁道员缺。五年，署兰州道。碑前部小字"同治丁卯夏日和景秋坪星使拂云楼韵"，说明同治六年与流落兰州募兵的景廉交游，就有了这首《和景廉登拂云楼韵诗》。"宦游十载"透露了崇保与景廉的相会，大约是景廉在咸丰九年（1859）赴任伊犁参赞大臣，途经乌鲁木齐，崇保时任甘肃镇迪道道员，迎来送往过往官员而相识。崇保与景廉都曾在新疆任官，同样因事革职，境遇相似，身处边疆乱局，处境相似，心境自然也相似，所以诗中说"气味久相投"。崇保在诗中还表达了与景廉诗中同样的"奠安无策几彷徨"的心态，透露了当时一部分满族官员的深重暮气。此后，崇保的职掌主要是为左

---

① 李慈铭《越缦堂文集》卷八，第255页。
② 《清穆宗实录》卷三一六"同治十年七月乙巳"条，北京：中华书局影印本，1987年，第173页下栏。
③ 崇保《和景廉登拂云楼韵诗》，载薛仰敬主编《兰州古今碑刻》，第244—245页。

宗棠筹兵转饷。同治八年（1869）四月，任甘肃布政使。光绪三年（1877）九月，以新疆后路筹兵转饷出力，予以优叙。光绪五年九月，调甘肃布政使崇保为山东布政使。在左宗棠的奏请下，清廷赏已革浙江巡抚杨昌濬三品顶戴署甘肃布政使，仍帮办甘肃新疆善后事宜。

《嵩武军修天山北路铭》，碑阳为左宗棠的一首七言诗：

> 天山三十又二盘，伐石母木树扶阑。谁其化险贻之安，嵩武上将唯桓桓。利有攸往万口欢，阁靖铭石字龙蟠。戒毋折损毋钻刓，光绪二年六月刊。①

碑铭阳面左宗棠的七言诗原名为"天山扶栏铭"，录文中个别文字有出入。第一句中"又"为"有"，"母"为"贯"，"阑"为"栏"，第四句中"阁靖"应是"恪靖"。② 碑阴为张曜书写的立碑缘起：

> 光绪二年岁在丙子，曜统嵩武军，屯伊吾卢，与古月氏壤相错，中界天山。山之北石径险仄，自巅至麓凡三十有二层，车驼陟降稍涉大意靡不颠踣。时湘阴相国恪靖伯左公督师新疆，驻节酒泉。寓书于曜，属派兵卒修整以利行旅。四十日工竣，左公乃撰铭词勒石以垂不朽，并识缘起于碑末。钱塘张曜书。实际上是张曜对此诗缘起的注释。

张曜（1832—1891），字亮臣，号朗斋，浙江钱塘县人。同治五年（1866），在河南招募团练勇兵创立嵩武军，后河南巡抚李鹤年增募一万余人，由张曜统率与捻军作战。八年，统率嵩武军赴甘肃宁夏与回民军作战。九年二月，授广东提督。十三年十月，驻屯哈密。时钦差大臣督办新疆军务乌鲁木齐都统景廉率军驻古城，正白旗汉军都统帮办军务金顺统军驻巴里坤，伊犁将军荣全在塔城筹办西路军务，陕甘总督左宗棠在兰州督办关外粮饷转运事宜，内阁学士户部左侍郎袁保恒在肃州（酒泉）帮办西征粮台。景廉、金顺、荣全、张曜、左宗棠和袁保恒等同办一事，无法和衷商榷来规划全局，贻误事机。光绪元年（1875）三月乙丑（3日），清廷西征收复新疆的政策做出了重大调整，命"左宗棠为钦差大臣督办

---

① 左宗棠《嵩武军修天山北路铭》，载薛仰敬主编《兰州古今碑刻》，第147页。
② 左宗棠《左宗棠全集》第十七册，第14806页。

新疆军务，金顺调补乌鲁木齐都统，景廉回京供职。……西征粮台已谕左宗棠责成陕西藩司经理。……现在关外兵事饷事，并转运事宜，均归左宗棠督办"。① 左宗棠得以统一指挥在西北的各支兵力，调动粮饷，统筹全局，这成为清廷西征收复新疆的转折。左宗棠在西北诸军中以刘锦棠率领的湘军为主力，确定了先规复北路乌鲁木齐再加兵南路的总体战略。二年三月，左宗棠刘锦棠同驻酒泉，四月刘锦棠进发哈密，准备过天山至巴里坤再西进乌鲁木齐。张曜率领嵩武军在哈密屯田备战，与驻军酒泉的左宗棠书信往来，商讨军务。张曜写信告知左宗棠，天山南路已经修治完善。左宗棠在回信中，建议"北路缭绕狭隘，雪融路滑，重设扶栏之举，诚不可缓。如能由尊处督厅协赶紧修治，功德无量。所需工料，弟当任之"。② 于是，张曜派兵整修四十天后竣工。五月，刘锦棠率湘军逾越张曜伐石贯木树立扶栏的天山山道到达巴里坤，由巴里坤西进古城，六月过阜康克复了乌鲁木齐。

碑文中以汉代地名"伊吾卢"代称哈密，张曜有一首"伊吾庐军次"诗："酒阑乘兴独登台，万幕无声画角哀。塞上羁留频岁月，不堪犹见雁归来。烽火边城羽檄催，旌旗十万下龙堆。年来无复封侯志，一夜湖山梦几回。"③ 其中多用唐代边塞诗的语汇，恰是在哈密驻屯期间的诗作。三年（1877）三月，张曜从哈密东进，与从乌鲁木齐南下的刘锦棠会攻收复吐鲁番全境。六年十一月，署理帮办新疆军务。七年三月，移驻喀什噶尔，妥筹西四城边防善后。八年七月，张曜与刘锦棠、杨昌濬三人会同上奏"遵旨拟设南路郡县折"④，刘锦棠主稿合并，在左宗棠和谭钟麟建省方案的基础上，制定了切实可行的新疆行省成案。光绪十年，新疆建省，刘锦棠被任命为甘肃新疆巡抚。新疆建省后第二年，张曜离开新疆赴山东海防。《嵩武军修天山北路铭》反映了左宗棠统帅刘锦棠、张曜在哈密揭开收复新疆序幕的史事，最终促成了新疆建立行省的政治变革。

四

---

① 《清德宗实录》卷六"光绪元年三月乙丑"条，北京：中华书局影印本，1987年，第156页下栏—157页上栏。
② 左宗棠《左宗棠全集》第十四册，第11978—11979页。
③ 徐世昌《晚晴簃诗汇》八函第60册，北京：中国书店据故宫博物院藏版印行，1985年，卷一五八叶五正。
④ 刘锦棠《刘襄勤公奏稿》卷三，光绪二十四年（1898）长沙刊本，第44—47页。

有清一代兰州碑刻，纵贯乾隆、嘉庆、道光、咸丰、同治、光绪年间，涉及的新疆史事也从清朝统一新疆之初军府统治的奠基，到晚清新疆危机的处置。清代的统治者，从皇帝到疆臣边吏都有超越汉唐的历史自觉意识。清代兰州碑刻表明了甘肃之于新疆的西北边疆一体化，自汉唐以来达到了相当的高度。放眼18—19世纪的世界秩序，清朝面对的是全新的近代民族国家国际关系体系，边疆成为传统王朝国家与近代民族国家最先交往的界面和碰撞的前沿，新疆首当其冲。清代中期以来，传统边疆地带的新疆成为西方近代民族国家英国、俄国侵食的焦点，新疆危机成为中国从传统王朝国家向近代民族国家转型历史进程中的重大事件。新疆危机的处置成功，实现了新疆建省，也就造成了行省的甘肃新疆联称。新疆从传统王朝国家的边疆地带向近代民族国家清晰的国家边界转变，确认了近代民族国家的领土主权，而新疆的行省建制也成为中国从传统王朝国家向近代民族国家转型这一历史进程在边疆地带的开端。

（本文原载《西域研究》2012年第1期，第77—85页）

清代新疆常平仓的发展与管理①

何 荣

仓储是中国古代社会保障体制的重要组成部分,常平仓是仓储保障体系中重要的一环。清代是常平仓发展的重要时期,与此前各代相比,清代常平仓的运作和功能显得更加突出②。清统一新疆后,随着城市建设的高涨,常平仓的建设也在新疆稳步推进。本文试就清代新疆常平仓的发展、仓员人选、仓粮管理及仓政监督等制度管理作初步梳理。

一、清代新疆常平仓的发展

常平仓是官方最重要的储备粮仓,最早设置于西汉宣帝五凤四年(前54)③。此后,隋、唐、宋、明均有常平仓的设置。清代,经康、雍、乾三朝的建设与发展,常平仓"已趋成熟"④。

清代新疆常平仓始于何时,目前尚未见到明确记载。据《清实录》相关史料分析,现存的昌吉宁边城粮仓应建于乾隆二十三年(1758)⑤,这是目前见于记载的新疆最早的粮仓之一。常平仓在新疆的发展大致分为两个时期,主要集中在乾

---

① 基金项目:新疆维吾尔自治区哲学社会科学研究规划基金资助项目"清代新疆社会救济研究"(11BZS076);新疆师范大学民族学博士点资助项目"近代新疆基层社会研究"(MZDD13-01)
② 张岩《论清代常平仓与相关仓类之关系》,《中国社会经济史研究》1998年第4期。
③ 《汉书》卷八《宣帝纪》,北京:中华书局点校本,1962年,第268页。
④ 张岩《试论清代的常平仓制度》,《清史研究》1993年第4期。
⑤ 清代昌吉粮仓的初建时间缺乏具体记载,后人通过《清高宗实录》中有关屯垦的记载判断其初建时间。《清实录》载,乾隆二十三年五月,谕称:"惟于乌鲁木齐一带及噶勒藏多尔济游牧之罗克伦(今昌吉市大西渠一带)等处,极宜相度地亩,广为屯种,以济军食。"详见《清高宗实录》卷五六三,中华书局影印本,中华书局,1986年,第44页。

隆年间和光绪年间。

乾隆年间是常平仓在新疆的初步发展时期。这一时期，常平仓主要设置在乌鲁木齐、伊犁和塔城三个地区。乾隆二十四年（1759），清统一新疆，建立了以伊犁将军为核心的军府制度。为建设军事基地和各级行政中心，天山北路的广大地区掀起了城市建设的高潮。惠远等伊犁九城及巩宁、镇西等北疆十余城相继建成，"二十四年平准噶尔，定伊犁，始于河北罗列九城"①。伴随着城市的建成，驻兵和屯田也同时展开，"筑城设兵以卫农人"，为解决和保障粮食供给，伊犁五城率先设置了常平仓。"伊犁之有仓储也，分建于五城②，岁获之粮，就近交纳，各有专责焉。"③

乾隆二十七年（1762）至四十八年（1783），乌鲁木齐及其周边城市先后设置常平仓。对此，《三州辑略》中有较为详细的记载，详见表1。

表1　乾隆二十七年至四十八年乌鲁木齐及周边常平仓设置一览表

城名	建城时间	常平仓设置情况	备注
巩宁城	乾隆三十七年（1772）建	麦仓一所	乌鲁木齐满城，俗称"老满城"，今新疆乌鲁木齐市沙依巴克区
迪化城	乾隆三十年（1765）建	迪化州大仓一所	乌鲁木齐汉城，今乌鲁木齐
会宁城	乾隆三十七年（1772）建	仓房四所	巴里坤满城，今巴里坤县城东部
镇西城	雍正七年（1729）建	仓廒一所	巴里坤汉城，今巴里坤县城西部
靖宁城	乾隆四十一年（1776）改设	仓廒一所	今奇台县老奇台镇
景化城	乾隆二十九年（1764）建	仓廒一所	今呼图壁县城
康吉城	乾隆四十二（1777）年建	仓廒一所	今玛纳斯县城北部
绥宁城	乾隆四十二（1777）年建	屯仓一所	今玛纳斯县城南部
阜康城	乾隆二十八年（1763）建	仓廒一所	今阜康市
恺安城	乾隆三十七年（1772）建	仓廒一所	今吉木萨尔县城中心
保惠城	乾隆四十二年（1777）建	仓廒一所	今吉木萨尔县城西北部
广安城	乾隆四十六年（1781）建	仓廒一所	今吐鲁番老城
惠徕堡	乾隆四十二年（1777）建	仓房一所	今乌鲁木齐六道湾
育昌堡	乾隆三十六年（1771）建	仓廒一所	今吉木萨尔双岔河村

---

①《新疆乡土志稿》，乌鲁木齐：新疆人民出版社，2010年，第190页。
②《清史稿》卷一二〇《食货志一》，北京：中华书局，1976年，第3501页。
③〔清〕格琫额《伊江汇览·仓储》，载《中国西北文献丛书续编·西北史地文献卷》第六册，兰州：甘肃文化出版社，2006年。

续表

城名	建城时间	常平仓设置情况	备注
时和堡	乾隆三十六年（1771）建	仓廒一所	今吉木萨尔县城西北116公里处柳树河子村
木垒城	乾隆三十七年（1772）建	仓廒一所	今木垒县城
头屯所	乾隆四十二年（1777）建	仓廒一所	今乌鲁木齐市头屯河农场
芦草沟所	乾隆四十二年（1777）建	仓廒一所	今昌吉县二六工乡芦草沟
塔西河所	乾隆四十二年（1777）建	仓廒一所	今玛纳斯县塔西河乡政府所在地
庆绥城	乾隆四十八年（1783）建	仓廒一所	今乌苏市
安阜城	乾隆四十八年（1783）建	仓廒一所	今精河县城
嘉德城	乾隆四十七年（1782）建	仓廒一所	今乌鲁木齐市达阪城区

（资料来源：〔清〕和瑛撰《三州辑略》卷二《仓储门》，台北：成文出版社，第69—79页）

《乌鲁木齐政略》中对迪化等地常平仓的仓廒数有较为详细的记载。迪化城"城内万寿宫及庙宇、衙署、仓厂等项六百一十六间"，阜康城"城内衙署、仓廒一百一十四间"，宁边城"城内衙署、仓廒一百四十六间"，景化城"城内衙署、仓廒一百三十六间"，保惠城"城内衙署、仓廒、兵房共六百六间"，恺安城"城内衙署、仓廒四十五间"，育昌堡"城内衙署、仓廒等项一百一十四间"，时和堡"城内衙署、兵房、仓库等项四百五十四间"[①]。塔尔巴哈台地区在乾隆三十一年（1766）之后也建有仓廒。"管粮厅仓廒一百二十九间，查乾隆三十一年修筑城垣以后，原建仓廒四十六间，陆续添建八十三间，乾隆六十年参赞大臣伍具奏补修仓廒一次。"[②]

从现存的清代昌吉粮仓遗址和巴里坤粮仓遗址中，我们可以窥见当时粮仓房屋的基本结构。粮仓是四合院式的平房建筑，为土木结构，由坐西朝东、坐北朝南，面阔四间的两个单体构成，屋顶为悬山式，每间房均有天窗用以通风。仓体墙壁极厚，地面用厚木板铺设，地下铺着约20厘米厚的木质地板，每仓长6.5丈，宽3.4丈，高1.8丈，内有8根木柱支顶。这种粮仓冬暖夏凉，防潮防热，粮食不易霉变。

光绪年间是常平仓在新疆全面建设的时期。光绪八年（1882），伊犁惠远城内修了两座粮仓。[③] 光绪十四年（1888），置宁远县时，即在宁远城、惠远城、熙

---

① 王希隆《新疆文献四种辑注考述》，兰州：甘肃文化出版社，1995年，第68—70页。
② 《塔尔巴哈台事宜》，台北：成文出版社，1969影印本，第135页。
③ 伊犁哈萨克自治州地方志编纂委员会编《伊犁哈萨克自治州志》，乌鲁木齐：新疆人民出版社，2004年，第622页。

春城建粮仓①。至光绪二十三年（1897），三城共设官仓97间，其中宁远城61间，苏拉宫（今伊宁县潘津乡苏拉宫村）20间，巴彦岱16间，总仓容为3000吨②。光绪二十年（1894）时，塔尔巴哈台也新建仓厂5间，可容粮9万余大石。此外，在库尔喀喇乌苏等地"大都建有粮仓"③。

建省前后，南疆地区也开始设置常平仓。"1883年，阿克苏新城始建，在北门靠城墙处，建有大小十几间粮库，容量约125万公斤。"④光绪十一年（1885），疏勒城南建直隶州粮仓，仓有3间⑤。据《新疆回部纪略》所载，建省后，叶尔羌（莎车）有仓廒60间⑥，和田有仓廒1处，16间房⑦，喀什噶尔建有15座⑧，喀喇沙尔（焉耆）有仓廒27间⑨。

乾隆年间，新疆常平仓主要设置于乌鲁木齐、塔城、伊犁等地，南疆地区没有见到相关记载，这种空间分布格局是清朝在新疆实行"重北轻南"策略的结果。建省后，常平仓的设置由乌鲁木齐、塔城、伊犁等地区向全疆范围推行，这种空间上的延伸是南北疆政治趋于一体化的结果，反映了清政府对备灾救灾格局重视程度的加强，也反映出清朝的国家力量对南疆地区直接管理力度在逐步加强。

二、清代新疆常平仓的管理

1. 管粮仓员的设置

常平仓配有专门的管粮仓员。伊犁地区五城均配有仓员。固勒札（宁远）和惠远分建于乾隆二十七年（1762）和乾隆二十八年（1763），是伊犁地区最早配管粮仓员的地方。故伊犁地区仓员的出现应在乾隆二十七年（1762）左右。乾隆三十四年（1769），惠宁（今伊宁市巴彦岱）城开始设置仓员，"专司绿营、一回

---

① 伊宁县地方志编纂委员会编《伊宁县志》，乌鲁木齐：新疆人民出版社，2003年，第347页。
② 伊宁县地方志编纂委员会编《伊宁县志》，第347页。
③ 伊犁哈萨克自治州地方志编纂委员会编《伊犁哈萨克自治州志》，第622页。
④ 阿克苏市史志编纂委员会编《阿克苏市志》，北京：新华出版社，1991年，第44页。
⑤ 疏勒县地方志编纂委员会编《疏勒县志》，乌鲁木齐：新疆人民出版社，1999年，第511页。
⑥〔清〕慕璋《新疆回部纪略》，载苗普生主编《中国西北文献丛书二编》，兰州：甘肃省古籍文献整理编译中心，2006年，第113页。
⑦〔清〕慕璋《新疆回部纪略》，载苗普生主编《中国西北文献丛书二编》，第144页。
⑧〔清〕慕璋《新疆回部纪略》，载苗普生主编《中国西北文献丛书二编》，第162页。
⑨〔清〕慕璋《新疆回部纪略》，载苗普生主编《中国西北文献丛书二编》，第314页。

屯所交粮石"①。乾隆四十八年（1783），绥定城、塔勒奇城也"各设仓员一员"②。

仓员人选最初从效力废员中挑选，"新疆等处粮员，向系于废员内拣选"③。乾隆四十年（1775），伊犁将军伊勒图认为从效力废员或赏衔人中挑选惠远城仓员不妥当。因为惠远城仓员所管事务众多，涉及银、粮的数额巨大，"各项官兵应得口粮及所贮每岁贸易、哈萨克之绸缎、布匹等件……惠远城仓贮各营官兵俸饷、盐菜银一年共计六十余万两"，这些事务"关系甚重，非别城可比"，仓员责任重大。他建议惠远城仓员应由陕甘总督直接选派，"请嗣后由陕甘两省于满洲同知或通判拣派前来"④，这一建议被清政府采纳。此后，惠远城仓员就改由陕甘总督从陕、甘两省的同知或通判中选派。如道光二十六年（1846）六月到二十九年六月任惠远城仓员的巴达克就是由陕西安边理事同知调派而来的。⑤

惠宁城、固勒札、绥定城、塔勒奇城管仓粮员所管事务相对简单，"专司收放粮石"。仓员最初也是从"效力废员内挑取能办事者"⑥充任，后来也不允许从效力废员内选任，"此项人员，嗣后不准由本处废员奏请管理"⑦，而改由伊犁本地官员中选派，"所遗巴燕岱仓员缺，例应由现在伊犁各章京内拣补"⑧。不过，据道光年间的资料显示，仓员由京城选派而来的也不在少数，"俱由京派员更换"⑨。如道光二十九年（1849），巴燕岱（惠宁）仓员文康任期届满后，萨迎阿推荐的继任人选是刑部笔贴式粮饷处章京桂星，获清政府批准。同年，塔尔奇仓员文兴任期届满后，萨迎阿推荐的继任仓员是礼部笔帖式阿尔祐达，同样获得批准。⑩ 从仓员最初由"废员"中选任到仓员"由陕甘总督直接选派"或"由京直接选派"的变化，反映出清政府对粮仓重视程度的逐渐加强。

---

① 松筠《钦定新疆识略》卷五，载王希隆主编《中国西北文献丛书续编·西北稀见方志文献卷》第一册，兰州：甘肃文化出版社，1999年，第207页。
② 《清宣宗实录》卷一五八，北京：中华书局影印本，1986年，第426页。
③ 《清宣宗实录》卷一五八，北京：中华书局影印本，1986年，第426页。
④ 松筠《钦定新疆识略》卷五，载王希隆主编《中国西北文献丛书续编·西北稀见方志文献卷》第一册，第207页。
⑤ 萨迎阿《伊犁惠远城粮员巴达克期满恳请鼓励折》，载马大正，吴丰培主编《清代新疆稀见奏牍汇编》（道光朝卷），乌鲁木齐：新疆人民出版社，1996年，第474页。
⑥ 松筠《钦定新疆识略》卷五，载王希隆主编《中国西北文献丛书续编·西北稀见方志文献卷》第一册，第207页。
⑦ 马大正、吴丰培主编《清代新疆稀见奏牍汇编》（道光朝卷），第317页。
⑧ 马大正、吴丰培主编《清代新疆稀见奏牍汇编》（道光朝卷），第475页。
⑨ 永保纂《总统伊犁事宜》，载杨建新主编《中国西北文献丛书续编·西北史地文献卷》第六册，兰州：甘肃文化出版社，2006，第317页。
⑩ 马大正、吴丰培主编《清代新疆稀见奏牍汇编》（道光朝卷），第475页。

仓员任期三年，如任期内无过错，则可以"照苗疆例升用"①。《萨迎阿新疆奏稿》中有仓员"升用"的记载。道光二十九年（1849），伊犁惠远城粮员巴达克，"该员系理事同知调补粮员，三年期满，可否照调补留疆官员三年期满以应升之缺。即行升用例，将巴达克遇有应升之缺，即行升用之处，出自天恩"②。关于仓员的薪水，清政府是这样规定的：惠远城仓员每年可领取盐菜银七十二两，公费银一百八十两，口粮一千八百斤。书斗工食银一百零八两，口粮一千零八十斤。惠宁、绥定、塔勒奇、固勒札四仓仓员的薪水相同，即"每员盐菜银八十六两四钱，公费银一百八十两，口粮一千五百二十斤。书斗工食银一百零八两，口粮一千零八十斤"③。从上述仓员职责、任期、薪水等情况分析，惠远城仓员与其他四城的仓员应不存在行政上的隶属关系。

常平仓的仓员人选产生、仓员升迁、仓员薪酬等经历了由无到有、由随意性到制度化的过程。在这一过程中，仓员逐渐由"非官"性质转向"官"性质，最终被纳入政府的正式官僚体系中。这种变化反映了清政府对基层管理加强的趋势，也折射出基层官僚体系渐趋庞大的事实。

2. 仓粮的管理

粮食入仓后涉及仓粮损耗、仓粮盘查、仓粮出粜等一系列过程，这些需要一套相对完整、严密的制度为保障。

首先是仓粮的损耗。粮食入仓后，因气候、鼠耗等原因，在存储过程中有一定程度的自然损耗。对于损耗，清政府的通常做法是新入仓的粮食不计损耗，损耗从入仓之后的第二年计算，连续计算三年。损耗比例根据各地实际略有不同。如乾隆四年（1739）时，浙江永济仓所储粮食，入仓第二年定的自然损耗为每石损耗一升，第三年定为每石损耗五合，"嗣后除春籴本年买补买新米及已经易谷者，不议耗折外，其余米粮，存储一年之后，准其每石销耗一升，至次年每石销耗五合"。同年，陕西、甘肃各州县的收捐之粮及常平仓收储之粮，除本年所收者不计损耗外，第二年起每石损耗定为每年一升，连续计算三年。"至收储次年

---

① 松筠《钦定新疆识略》卷五，载王希隆主编《中国西北文献丛书续编·西北稀见方志文献卷》第一册，第207页。
② 马大正、吴丰培主编《清代新疆稀见奏牍汇编》（道光朝卷），第474页。
③ 永保纂《总统伊犁事宜》，载杨建新主编《中国西北文献丛书续编·西北史地文献卷》第六册，第210页。

以后，三年之内，每石每年准其开耗一升，作正报销，三年之后，不准再减。"①

新疆各县常平仓的粮食损耗也有不同。除塔尔巴哈台地区的粮食损耗与内地多数地区相同外②，其他地区的常平仓都是从入仓后的第一个月后开始计算损耗，如哈密、巴里坤、辟展、托克逊、喀喇沙尔、乌鲁木齐、伊犁、乌什等地。其中哈密地区常平仓的粮食损耗为每年每石一升；巴里坤、辟展、托克逊、喀喇沙尔、乌鲁木齐、伊犁、乌什等地常平仓的粮食损耗为每月每石捌勺叁抄三撮。三年之后都不再计算损耗③，所有损耗均需"造册上报"。

粮食存贮过程中，粮袋保管非常重要。清政府要求各仓及时做好粮袋数量的登记和破损粮袋的修补工作。乾隆四十三年（1778）正月，乌鲁木齐地区各仓统计的粮袋数量为："迪化各仓存夹布口袋四千五百零六条，毛麻口袋一十六条；昌吉县仓存夹布口袋二千二百九十三条，毛麻口袋一百五十八条；阜康县仓存夹布口袋一千八百二十五条；吉木萨县丞仓存夹布口袋二千三百七十四条；玛纳斯县丞仓存夹布口袋一千零七十八条，毛麻口袋（原文缺）；呼图壁巡检仓存夹布口袋（原文缺）。"④对所有破损的粮袋，清政府要求要及时进行修补。"查各城仓内装粮口袋，遇有破损，准期拆修。"破损严重的，视破损程度用二条补成一条或三条补成两条。"破损太甚者，以二条拆修一条；破损稍轻者，以三条拆修二条。"修补粮袋应支付相应的报酬，"每八条为一工，每工价钱八分"⑤。

其次仓粮的定期盘查制度。雍正五年（1727）时，清政府规定每年年底，由政府组织专人对各地仓粮进行盘查，盘查结果造册上报。"五年，定各省常平仓，每年底令本府州盘查。"⑥盘查的主要内容为：是否有春季借粮已超过十月还未归还者、存粮数目是否有亏空、仓粮的谷物是否有霉烂、仓廒是否完好等。

对于借粮超过十月还未归还的或捏造归还的，要"俱行参处，照数追赔"⑦，如果发现有亏空现象，处分更加严厉。对于亏空粮食的，要根据亏空数额的多少定罪。凡亏空贪污千石以上者，拟斩监候，秋后处决，不准赦免。挪移两万石以

---

① 《钦定大清会典事例》卷一九二《户部·积储·仓储耗折》，载《续修四库全书》编纂委员会编《续修四库全书》第801册，上海：上海古籍出版社，2002年，第196页。
② 即一年后开始计算损耗，损耗为每年每石一升。
③ 《钦定户部则例》卷一五《仓庾》，同治十三年（1874），第30页。
④ 王希隆《新疆文献四种辑注考述》，第67—68页。
⑤ 王希隆《新疆文献四种辑注考述》，第67页。
⑥ 《清史稿》卷一二一《食货二》，第3556页。
⑦ 《清史稿》卷一二一《食货二》，第3556页。

上者，斩。①

康熙四十三年，清政府规定，对因管理不善，导致仓粮谷物霉烂者要进行处罚。先革职留任一年，在留任期内，需将霉烂的粮食全部赔补回仓，才能复职。如果一年内不能赔补，就要被解除任职。如果三年之内还不能完成，则要获罪，并以自己的家产抵赔。"四十三年，议定州县仓谷霉烂者，革职留任，限一年赔完复职，逾年不完，解任。三年外不完，定罪，著落家产追赔。"②

新疆各地常平仓的盘查依循清例。"惠远等城各处仓库，存贮粮饷、购买绸缎、布疋（匹）、茶叶等项，前经奏明，酌定章程，于每年封印后，委员会同盘查具奏。"③道光二十年（1840），乌什办事大臣成凯与阿克苏办事大臣法福里曾前往乌什盘查仓库的存贮情况，包括常平仓的存粮情况。"查点仓库存贮一切银钱、粮石等项逐一按款查点，均各足数，并无亏短，随取具该章京无亏印结，存在案。"④

盘查时间最初定在年底，后来为了避免原有库存粮食与新收粮食之间的混乱，将盘查时间提前到了每年的六月，"今酌改九月以前，委员盘查咨部，汇奏后，因各仓七、八月间，正在兑收新粮之际，若委员盘查，未免牵混，各城仓酌改六月间，于未收新粮以前，委员盘查"⑤。

盘查结束后，由各地办事大臣将盘查结果报陕甘总督，再由陕甘总督报户部。"乌什、叶尔羌、喀什噶尔及库车、哈喇沙尔等处钱粮奏销，向系各该处大臣册咨陕甘总督，转送户部核销。"⑥乾隆四十七年（1782），乌什办事大臣绰克托上奏，称粮仓的这种奏报程序费时太长，特别是需要重新核查的，时间更长，"凡有驳查，往返动经年月"。他建议吐鲁番以东地区的粮仓奏报，沿用原有的程序，由陕甘总督转户部，其他地方如乌什、叶尔羌、喀什噶尔、及库车、哈喇沙尔等地的粮仓奏报可以由各地办事大臣直接上报户部，同时也报陕甘总督查核。"嗣后除吐鲁番迤东、设有府厅州县、管理钱粮者，仍造册送总督核转外，其乌什、叶尔羌、喀什噶尔、及库车、哈喇沙尔等处，一切钱粮奏销。请径由各该处

---

① 赵云田主编《中国社会通史·清前期卷》，太原：山西教育出版社，1996年，第410页。
② 《清史稿》卷一二一《食货二》，第3555页。
③ 永保纂《总统伊犁事宜》，载杨建新主编《中国西北文献丛书续编·西北史地文献》第六册，第313页。
④ 马大正、吴丰培主编《清代新疆稀见奏牍汇编》（道光朝卷），第240页。
⑤ 永保纂《总统伊犁事宜》，载杨建新主编《中国西北文献丛书续编·西北史地文献》第六册，第313页。
⑥ 《清高宗实录》卷一一五五，第468页。

办事大臣专摺具奏,再行册送户部,并移咨陕甘总督查核。"军机处答复"应如所奏,从之"①。

除每年例行的常规盘查外,仓员在任职或离职时,要对常平仓进行交接核查。"官员离任时需按正项钱粮交割常平仓谷,新任官三个月内查核奏闻。"② 一些仓员的不法行为在交接过程中暴露出来。道光二十年(1840),乌什粮饷局吏书周殿甲因"丁父忧",需"回籍守制",但交接手续办了两个月,依然没有起程返乡,引起乌什办事大臣成凯等人的怀疑。"查该吏书经手承办不过一切文案奏销,何至交代数月始行呈报,其中恐有通同挪移亏短情弊",于是派人前往核查,结果发现虽然"绸缎、药材、茶叶等项以及仓贮各色粮石俱各足数"外,但在银钱方面却严重短缺,"实亏短银一千四百二十七两零,普尔钱六百六十三串九百一十一文"③。后成凯等人又亲自前往乌什核查,"当即亲赴粮饷局将仓库存贮银钱粮石逐一细加复查",结果是"与该委员等盘查数目均属相符"。乌什粮饷局章京恩祥及吏书周殿甲等人获罪。

最后是仓粮的定期出粜制度。清代常平仓有严格的出粜制度。顺治十七年,户部议定了常平仓的出粜制度。"春夏出粜,秋冬籴还,平价生息,凶岁则按数给散贫户。"④ 正常年份,出粜时间在三月和四月,买新谷还仓时间为九月。"这些仓库粮食,在正常年景里,每年三、四月份一般按市价平粜,五月份将平粜银两尽数解贮道库,九月初旬新谷上市时仍令各州县买谷返仓。"⑤ 出粜原则和数量为:丰年少粜,一般为存七粜三或存六粜四,每石减市价银五分;歉年多粜,可逾额但不得空仓,每石减市价银一钱,米价过昂时,有每石减市价银四钱或减市价银十分之三。⑥ 出粜时的具体价银由各地根据实际情况自行决定,"如遇荒年短缺时,则举办平粜,由各省据情酌减价格",同时将酌减之数上报。买谷时,粮价按当时市价,如遇粮价上涨,入库银两不足,则由政府进行补助。"仓储谷物卖出后,需要买补,以保持仓储定额。买补的粮价按当时的市价而定。如价格上涨,原卖粮之款项不敷补足买补之数,则由政府贴补。"⑦

---

① 《清高宗实录》卷一一五五,第468页。
② 赵云田主编《中国社会通史·清前期卷》,第410页。
③ 马大正、吴丰培主编《清代新疆稀见奏牍汇编》(道光朝卷),第239页。
④ 《清史稿》卷一二一《食货二》,第2555页。
⑤ 谭文熙《中国物价史》,武汉:湖北人民出版社,1994年,第294页。
⑥ 李向军《清代荒政研究》,北京:中国农业出版社,1995年,第42页。
⑦ 谭文熙《中国物价史》,第294页。

新疆常平仓出粜的记载始见于乾隆五十三年（1788）。是年，迪化、昌吉、阜康、绥来、宜禾、奇台、济木萨、呼图壁等地存贮十年以上的粮食已达六万三千余石①。地方官员因害怕粮食发生霉变，遂提出"分三年出粜"，获得批准。在批准出粜的同时，清政府也要求出粜的粮食由当地县官负责在秋季买补，"每年春季所粜之粮，该州县于秋季按数买补还仓"②。凡不能完成买补还仓的官员，依例"照亏空例参处"③。同时还规定对于新疆的常平仓粮食"嗣后如有逾十年之粮，即照此例办理"④。这一规定表明新疆常平仓与内地常平仓一样，也开始实行仓粮的定期出粜制度。目前，尚无相关史料证明新疆常平仓有"存七粜三"或"存六粜四"的出粜定例规定。这可能与新疆常平仓的主要作用是"裕军糈为要"有很大的关系。

3. 纳粮、出粮时的监督制度

纳粮、出粮环节极易滋生腐败。为此，清政府制定了文武官员的相互监督制度。在纳粮、出粮时，除地方官必须亲自到现场外，同城的武官也要到实地监督，由文官和武官共同完成出粮、纳粮过程。"乌鲁木齐所属各厅州县仓粮，凡借放征收之时，均与开仓日起知会同城武职，监散监收，照造花名流水底簿，一体严密确查。"出粮、纳粮结束后，先由地方官"照案通报"，再由武官"加结"，最后才能"呈送备案"。整个出粮、纳粮过程，文官与武官相互制约、相互监督。如果发现一方出现问题，另一方要进行检举。如有包庇行为要严惩。"如有折散折收情弊，该监收武官立即禀参，倘扶同掩饰或事后查出及别经发觉，将朦混出结之员严参或武职藉端挟制，许文员据实揭参。"⑤

常平仓出纳粮食的多少和价格直接影响市场粮价。乾隆三十一年（1766），户部要求，在买粮、卖粮时，粮食价格一般"以市直为准，不得任情增减，所以绝勒价派买之端"⑥。为此，清政府在乾隆五十四年（1789）建立了粮价奏报制度，要求各省每月要进行粮价奏报，以加强政府对粮价的了解和监控。

清统一新疆后，新疆的粮价始终处于低贱水平。乾隆三十三年（1768）到

---

① 和瑛撰《三州辑略》卷二，台北：成文出版社，1968年影印本，第90页。
② 《钦定户部则例》卷一七《仓庚三》，第17页。
③ 《钦定大清会典事例》卷一八九，载《续修四库全书》编纂委员会主编《续修四库全书》第801册，上海：上海古籍出版社，2002年，第157页。
④ 和瑛撰《三州辑略》卷三，第90页。
⑤ 《钦定户部则例》卷一七《仓庚三》，第17页。
⑥ 和瑛撰《三州辑略》卷三，第89页。

三十六年（1771）生活在乌鲁木齐的纪昀曾这样描述当时的粮价："谁知十斛新收麦，才换青蚨两贯余。"他解释道："天下粮价之贱，无逾乌鲁木齐者。每车载市斛二石，每石抵京斛二石五斗，价止一金，而一金又止折制钱七百文，故载麦盈车，不能得钱三贯。其昌吉、特纳格尔诸处，市斛一石，仅索银七钱，尚往往不售。"① 从以上记载可知，当时乌鲁木齐的小麦价格为：市斛一石（当京斛两石五），价钱700文，也就是说京斛一石，价钱仅为280文。而同一时期，陕西西安府小麦每京石的价格是银一两一钱六分，即在西安购买一京石小麦的价格，在乌鲁木齐就可能购买2.37石②，乌鲁木齐的粮价仅相当于西安粮价的42.2%，由此可见新疆粮价的低廉。乾隆三十七年（1772），到西部考察的官员文绶也对巴里坤地区的粮价进行过这样的描述："地广粮贱，谋生甚易。"③

  乾隆三十八年（1773），乌鲁木齐的粮价略有上涨，大致为一两五钱。④乾隆三十八年(1773)后，粮食价格又迅速下跌，比乾隆三十八年前便宜了很多。一些官员就利用不同年份粮价的差异谋取个人利益。乾隆四十七年（1782），乌鲁木齐的采买冒销贪污案即为其中典型例证。⑤官员收购粮食时，以乾隆三十八年之后已经降低的粮价付款，而向国库报销时，是按乾隆三十八年前较高的粮价结算，并不按实际市价上报，"各州县并不照市卖实价报覆"⑥。乾隆三十八年(1773)后，乌鲁木齐地区的粮食价格，"即如小麦，每京石用银不过八九钱至一两九分不等，而州县仍以每石一两八九钱具报"⑦。而《乌鲁木齐政略》中记载的官员呈报的粮价却是，"三十八年，小麦每石不过二两，粟谷每石不过一两二钱，……三十九年，…每石价银二两……四十年，小麦每石价银二两"⑧，这样，官府每收购一石粮食，就可以"剩银三四钱及五六钱"⑨。收购的粮食越多，粮食差价的数目越可观，官员贪污的银两就越多。在乌鲁木齐的采买冒销贪污案中，各级官员

---

 ① 纪昀《乌鲁木齐杂诗》，载王希隆《新疆文献四种辑注考述》，第172页。
 ② 王夏刚《粮贱工贵——清代新疆粮食价格与工钱反差探析》，《大连大学学报》2012年第1期。
 ③ 文绶《敬陈嘉峪关外情形疏》，贺长龄《皇朝经世文编》卷八一，载魏源全集编辑委员会主编《魏源全集》第17册，长沙：岳麓书社，2004年，第431页。
 ④ 齐清顺、周轩《乾隆查处新疆贪污大案述评》，《新疆社会科学》1989年第3期。
 ⑤ 按，乾隆四十七年，乌鲁木齐新任都统明亮上奏称：乌鲁木齐地区存在捏报粮价以图采买冒销的情况，请求朝廷派员会同审办，乌鲁木齐采买冒销贪污案发。后经查实，乌鲁木齐所属各主要军政官员几乎全部与这案件有关。各级官员通过捏报粮价贪污的银两，少则数百两、数千两，多者达数万两。《清高宗实录》卷一一六二，中华书局影印本，北京：中华书局，1986年，第563页。
 ⑥《清高宗实录》卷一一五五，第480页。
 ⑦《清高宗实录》卷一一五五，第480页。
 ⑧ 王希隆《新疆文献四种辑注考述》，第60—61页。
 ⑨《清高宗实录》卷一一五五，第480页。

通过捏报粮价贪污的银两，少则数百两、数千两，多者达数万两。① 由此不难理解，新疆各级官员为何对购粮情有独钟了。

4. 仓廒的定期检查与维修

雍正四年（1726）规定，凡仓廒如果出现渗漏、墙体不坚固等情形，都要进行修缮。如果修补所需的费用数额不多，则由地方官直接进行修补。"凡地方仓廒有渗漏，及墙垣木植不坚者，所需工费无多，该地方官即为修补。"如果仓廒的损毁比较严重，就由地方官上报，找专人对修补的费用进行计算，最后由户部从正项银下支出。"若年久倾坍，砖瓦木植破碎朽坏者，该地方官详明上司，委官估计工费报部，即动支正项修盖。"凡不认真管理仓廒的官员要受到相应处罚。雍正四年谕示："倪州县官漫不经心，因循怠玩，不修补仓廒，不详请修盖，以致米谷霉烂者，照溺职例，革职，限一年内照动帑买补之数赔完。限内不完，照侵蚀钱粮例，以米谷之数，依律治罪。"②

三、结语

常平仓在新疆的设置，为新疆各族人民的生活提供了有力的社会保障，是清政府促进新疆民生建设的重要举措之一。常平仓的普及、发展及相关制度的渐趋完善，既是清代新疆与内地基层行政建置渐趋一致的具体体现，也是清政府对新疆基层社会管理能力不断提升的表现与结果。特别是建省以后，中央加强了对常平仓的建设和制度管理，进一步说明清中央政府对新疆最基层社会管理的高度重视。

常平仓在新疆的设置，体现了清中央政府对新疆各族人民的责任，既是对新疆各族人民的保障和救济，也是中央政府控制新疆基层社会的策略之一，对于维护清代新疆基层社会的稳定，增进各族人民的团结，增强和深化基层民众的国家认同都起到了积极的作用。

（本文原载《新疆大学学报》2014年第2期，第66—69页）

---

① 《清高宗实录》卷一一六二，第563页。
② 《钦定大清会典事例》卷一八九。载《续修四库全书》编纂委员会编：《续修四库全书》第801册，上海：上海古籍出版社，2002年，第147页。

清末吐鲁番养济院研究

赵 毅

清朝统治者在建国初期就关注养济院的建设问题。顺治五年（1648）曾下谕："各处养济院收养鳏寡孤独及残疾无告之人，有司留心举行，月粮依时给发，无致失所。"① 因而各地方官府开始对旧有的养济院进行检查、修复，在没有养济院的地方新建了养济院。到康雍乾时，养济院建设达到了高潮。新疆养济院是乾隆后期开始设立的。乾隆四十四年（1779），清政府为了解决乌鲁木齐地区的孤贫问题，于"乌鲁木齐所属之迪化、宜禾、奇台、昌吉、阜康、玛纳斯等处，各设养济院一所，收养孤贫"②，此后，在新疆各地广泛设置。特别是同光年间，新疆养济院的设置达到顶峰，这似乎和当时新疆战乱不断、需要社会救助机构进行慈善救助有关。对于新疆养济院的研究，张大军在《新疆风暴七十年》中有过涉及③；何荣曾对新疆养济院做过整体研究，然而个案研究情况涉及甚少④。吐鲁番养济院的设置相对新疆其他厅县较早，奎绥担任吐鲁番同知期间创设，是以收养鳏寡孤独残疾为目的的官办社会救济机构，其设立曾为战后吐鲁番地区的社会稳定与发展起到一定的积极作用。本文试图利用新近影印出版之《清代新疆档案选辑》，结合清代其他汉文文献，以清末吐鲁番养济院为例进行探讨，以求教于学界前贤。

---

① 《清世祖实录》卷四一，顺治五年十一月戊辰，北京：中华书局，1985年，第330页。
② 昆冈等纂《钦定大清会典事例》卷二六九《户部·蠲恤》，上海：上海古籍出版社，1995年，第297页下栏。
③ 张大军《新疆风暴七十年》，台北：兰溪出版公司，1980年，第2842—2843页。
④ 何荣《清末民初新疆官办社会救济机构述论》，《新疆社会科学》2007年第4期，第108—113页；及氏文《清末民初的新疆养济院》，《新疆地方志》2010年第4期，第54—57页。

一、吐鲁番养济院的建立

清代吐鲁番养济院的建立和吐鲁番当时的形势有关。同治三年（1864）马濬等焚掠吐鲁番，后妥明（妥得璘）又夺取了吐鲁番，同治九年（1870）阿古柏占据吐鲁番。各种势力在吐鲁番的激烈角逐，使清朝在该区的统治趋向崩溃，据陶保廉《辛卯侍行记》载：

> （同治）九年二月，安集延缠回来争，于是迪化回杀吐鲁番缠回千计。四月安集延帕夏胡什伯克率众数万复仇，扬言助中国讨贼。八月，迪化贼酋遭马仲乞和，复劫帕夏营，帕夏怒，击破吐鲁番诸城，杀迪化贼党殆尽。①

可见吐鲁番民众饱受战争之苦，战乱使该区的社会也造成巨大的破坏。据光绪三年（1877）四月初四日，乡约林元就收回变乱期间被缠民占去的坎井园子禀吐鲁番善后局文称："同治三年，偶遭缠头及客回倡乱，将小的等田地房屋俱行占去，殉难者指不胜屈，存者仅万之一耳，至掳去男妇，概令为奴做婢。"②直到光绪三年三月刘锦棠、张曜等带领清军三道并进克服吐鲁番③，清政府得以恢复对该区的统治。

此时的吐鲁番已是千疮百孔，从奎绂的善后折中可窥一斑。"惟□城房屋，尽遭焚毁，□剩□处，已设善后局，并各军统领营兵驻扎，同知旧署，被安逆拆毁，不□门墙庭堂，破烧无存。"④可见长达十余年的战乱使吐鲁番地区众多建筑夷为废墟，民众逃亡，流离失所，故亟待安抚民众。于是，清政府开始考虑于吐鲁番设置养济院，然而各种汉文文献中，没有关于其设置时间的明确记载。张大

---

① 陶保廉《辛卯侍行记》，刘满点校，兰州：甘肃人民出版社，2002年，第404页。
② 中国边疆史地研究中心、新疆维吾尔自治区档案局合编《清代新疆档案选辑》第六册，桂林：广西师范大学出版社，2012年，第229页。
③ 《左宗棠全集》第六册，长沙：岳麓书社，1996年，第628—631页。
④ 《清代新疆档案选辑》第六册，第268页。据档案可知，奎绂于光绪三年六月初六署理吐鲁番同知（《清代新疆档案选辑》第一册，第8、56页），六年六月十七日卸任（《清代新疆档案选辑》第八册，第121、148页）。曹尚亭、查向军认为光绪三年六月至六年六月十八日期间，吐鲁番同知由善后局道员雷声远代管（曹尚亭、查向军《吐鲁番直隶厅运作史钩略》，《新疆大学学报》（哲社版）2005年第6期，第48页），现据档案材料及《左宗棠全集》（《左宗棠全集》第六册，第660页。载："委狄道州知州奎绂署理吐鲁番同知"）可知其说法误也。其中"□"为笔者未能识别或残缺之字，下文同此。

军认为是在光绪十五年（1889）设立①，其他学者亦是如此认为②，果真如此？现据档案资料看，此种说法有误。为讨论方便，节录如下：

> 宪台札开云云，因奉此伏查，本厅奎绂丞篆，款在老城内，修盖房屋，设立养济院一所，收养吐厅无依贫民，年分男女大小，按每口给膏（高）梁。查饬由本督办吐鲁番善后总局雷，拨给公地收租发给，其不敷□，由其自行补垫。杨市署丞接办时，上因□未到任，特准杨前任，移交养济院，孤贫民男妇大小五十六口。③

此条档案落款为"光绪八年（1882）十二月二十八日，署监督府刘行"，据此推断当为刘嘉德④的行文。其中"奎绂丞篆"当为奎绂，其于光绪三年六月初六至六年（1880）六月十七日期间担任吐鲁番同知；"督办吐鲁番善后总局雷"当为雷声远，于光绪三年四月二十五在吐鲁番开办善后局，于七年（1881）三月初一调任接办库车善后局事务⑤；"杨市署丞"当为"杨大年"，其在奎绂卸任后的光绪六年六月十八至八年八月二十八日期间担任吐鲁番同知。⑥故据此札文推断，奎绂担任吐鲁番同知期间，即光绪三年八月至六年六月十七日期间，已经在此设立了养济院⑦，似乎因为战乱还未来得及上报。故新疆整体收复后，才正式确立在吐鲁番设立养济院。

---

① 张大军《新疆风暴七十年》，第2843页。
② 何荣《清末民初新疆官办社会救济机构述论》，第109页。
③ 《清代新疆档案选辑》第九册，第82—83页。
④ 刘嘉德于光绪八年八月二十九日至九年十一月二十四日期间，担任同知（《清代新疆档案选辑》第一册，第312页）。
⑤ 《左宗棠全集》第六册，第660页。光绪三年四月二十五日条载："委候补道雷声远带同随营文员赴吐鲁番，设局办理抚辑、采运、善后事宜。"然而其何时卸任缺载。据曹尚亭、查向军的研究，认为其于六年六月十八日移交职务（曹尚亭、查向军《吐鲁番直隶厅运作史钩略》，第48页），然而据光绪七年三月初一日，雷声远收到刘锦棠调其接办库车善后局事务的札文看（《清代新疆档案选辑》第一册，第172—173页），当在此之后卸任，故其说法有误。
⑥ 杨大年于光绪六年六月十八至八年八月二十八日，担任吐鲁番同知（《清代新疆档案选辑》第九册，第52、64页）。阿不来提•艾合买提在其硕士论文附录二"吐鲁番厅历任同知表"中把"贵德"作为人名，和杨大年同时署任同知（阿不来提•艾合买提《清代吐鲁番厅研究》，新疆师范大学硕士学位论文，2011年，41页），实为大误也。据档案杨大年由补用知府贵德同知调署吐鲁番同知（《清代新疆档案选辑》第九册，第136页），"贵德"实为青海一厅之名。
⑦ 《吐鲁番市志》："光绪五年（1879），吐鲁番修建济贫所一处，有房40余间，共收养男女大小贫民50名。"（吐鲁番市志编纂委员会编《吐鲁番市志》，乌鲁木齐：新疆人民出版社，2002年，第42页）如果此处"济贫所"为养济院，那么时间上可以吻合，但其收养人数与档案材料有出入。

镇迪道就照皇后行令各省查鳏寡孤独残疾人数设立赡养慈善馆事札吐鲁番厅文（残文）中称：

> 札吐鲁番杨丞，钦命布政使衔兼署乌鲁木齐领队大臣镇迪道福为
> 札饬事案准，甘肃布政使司李，移开案蒙。钦命头品顶戴会办新疆善后事宜护理陕甘总督部堂杨，檄饬案据。署贵德厅叶可信，详称案奉宪台，札开案照，现准部咨崇上。孝贞显皇后谥，行令各省，查明鳏寡孤残废者，设养赡等，……为此札仰该同知，即便查照遵办，仍将收养贫民数目，按旬折报，切切毋违。等因奉此，卑厅遵即选派可靠耆民，协同乡保，将城乡各处无依穷民，并鳏寡孤独残废者，一律查明先期，造册呈报。……如瞽跛残疾老病，步履维艰者，卑职于城内昭忠祠，觅有空房数间，留养居住，免致往返不便。①

此残文，没有日期和署名。其中"吐鲁番杨丞"即吐鲁番同知杨大年；"钦命布政使衔兼署乌鲁木齐领队大臣镇迪道福"，当为"福裕"，任命时间为光绪七年正月，约于八年八月二十二日卸任②；而"甘肃布政使司李"疑为李慎，光绪七年至八年署甘肃布政使③；而"钦命头品顶戴会办新疆善后事宜护理陕甘总督部堂杨"，当为"杨昌浚"，任命时间为光绪六年十一月，七年八月因谭锺麟任陕甘总督而移交④；"孝贞显皇后"之谥号，是光绪七年四月二十四日后，新疆公文中通行书写⑤。由上可推知，此札文的时间当在光绪七年四月至八月间。

---

① 《清代新疆档案选辑》第二四册，第166页。
② "以甘肃镇迪道兵备道福裕兼署乌鲁木齐领队大臣"（《清德宗实录》卷一二六，光绪七年正月戊子，北京：中华书局，1986年，第819页），直到光绪八年八月二十二边俸期满后卸任（《清代新疆档案选辑》第一册，第237页）。同时据《清国史馆传稿·福裕传》中称其光绪七年兼署乌鲁木齐领队大臣，卸任时间不详（国立故宫博物院图书文献处：《清国史馆传稿·福裕传》，70100177号：http://archive.ihp.sinica.edu.tw/ttsweb/html_name/search.php.）。
③ 光绪七年正月二十二日至十月十六间，皆有"甘肃布政使李"出现（《清代新疆档案选辑》第一册，第168、187、192、194页），笔者疑其为"李慎"，其于光绪七年至八年署甘肃布政使（国立故宫博物院图书文献处：《清代宫中档奏折及军机处折件》，121197号：http://archive.ihp.sinica.edu.tw/ttsweb/html_name/search.php.）。
④ 《清德宗实录》（卷一二三，光绪六年十一月戊辰，第772页）、《左宗棠全集》（第七册，第634页）与之时间同。《清史稿》、《清史列传》、《清代七百名人传》等中皆有传，且记载任职时间基本一致。同时据文献可知，光绪七年二月曾国荃被任命为陕甘总督，因病请假三月，未赴任，七月病免。八月谭锺麟任陕甘总督，此时杨昌浚才移交总督事务。
⑤ 《清代新疆档案选辑》第一册，第180—181页。

可见，此时的吐鲁番同知杨大年，把吐鲁番城内昭忠祠的几间空房作为养赡的住所，并上报了收养城乡各处无依穷民鳏寡孤独残废者，虽然没有明说，但似乎是吐鲁番养济院的雏形。然而吐鲁番养济院正式走上正轨，明确建立，当在光绪八年十二月，此时吐鲁番的养济院才得到清政府正式的认可①。吐鲁番养济院一直延续到民国年间，还发挥着积极作用。据张大军民国十九年（1930）调查显示：鄯善县实存经费钱三百四十元，粮五十石，收养三十人；吐鲁番县实存经费钱九十四元，粮四百零七石，收养四十四人。②

二、吐鲁番养济院的经费来源和收养程序

吐鲁番养济院作为官办的社会救助机构，其运行经费主要是由官府承担，同时有严格的收养程序，必须明确造册，经布政使核覆才能通过。

1. 吐鲁番养济院的经费来源

吐鲁番养济院的经费来源主要依靠官府拨款和拨地，现今似乎还未发现来自其他途径的资料。

首先是官府拨款。下文提到养济院的养济方法，房舍、口粮衣物及丧葬费等皆由官府出资承担，每年拨给一定的款项维持其运行。

其次是官府拨地。乾隆年间，新疆设立养济院时规定："循照安西州之例，各垦地二百亩，在于州县以上俸廉内捐建仓房，置办马牛器具，慎选殷实领种经管，秋收扣除工价、籽种之外，其存粮石官为稽查。"③吐鲁番养济院亦是把专项地租作为经费的重要来源，如：

> 查收租田地亩份，宁夏工中地五百一十五亩二分，该交缺水，只种二百四十亩，按中地每亩收租六升，共收三夏四石三斗二升，□秋十石八升，本不敷用。○○现又添补二十七名，□共八十三名，每名无添□□租地，共不敷九□。……光绪八年十二月，署监督府刘行。④

---

① 光绪八年十二月二十八日，吐鲁番同知刘嘉德，把奎绥和杨大年担任同知期间养济院的设立及收养孤贫残废男女数目清册上报（《清代新疆档案选辑》第九册，第83—83、88—89页）。
② 张大军《新疆风暴七十年》，第2842—2843页。
③〔清〕和宁《三州辑略》卷二《建制门》，台北：成文出版社，1968年据嘉庆十年修旧抄本影印，第83页。
④《清代新疆档案选辑》第九册，第83页。其中"○○"为作者省略自己的姓名符号，下文同此，此处考证当为"刘嘉德"。

随着收养人数的增加,租税开始不敷支用。乾隆年间曾定"人数渐多,口粮不敷,亦照安西州之例另筹公项支给"①,故光绪九年三月曾把,"原拨义学官地,改归养济院"②来解决经费紧张问题。实际上,官府拨款和拨地是并行的,款项主要用于每年寒衣花布银的开支,同时似乎还有修缮及丧葬之用,而拨地主要用于供给口粮。

2. 吐鲁番养济院的收养程序

关于吐鲁番养济院的收养程序,杨大年担任同知时提出,吐鲁番刚经战乱,屋宇无多,没有能力全予收养,对于以前有居所、年轻力壮及虽系贫穷而能自食其力者,都不放在留养之列。并对城乡上报之人"报到口数,按名登记,复加点验,定于十月十五日,开办给发,如续有增添,查系实在无依仍随时给发口食,按旬申报"③,从而有了基本的收养标准和程序。此后吐鲁番养济院的收养程序不断完善,据光绪九年十二月二十七日的一件札文载:

> 通饬该管州县,查明城乡,实在惸独残废无依男妇若干名口,就地方公所屋宇,设立养济院,出示招集,报名收院,孤贫男妇若干,造册呈送在案。兹奉前因,除分行外,合行札饬,为札仰该丞,即便遵照办理。此系收养茕黎善举,务须躬亲查切,勿任听书,稍滋弊混,察出大干未便,仍将遵办情形,暨收养人数,刻日先行通报查考,毋违此札。④

可见,需要官员查明收养具体人数,并登记造册,核覆之后才能入院。据下文可知,年逾六十及孤寡残疾贫苦无依者才能入院收养,有缺额随时顶补必须详细登记造册才行,并由布政使核覆。须地方官亲自查验,主要是由各乡的耆民协同乡保查办。而登记造册需要有民族、姓名、年龄、住址、籍贯以及收养原因等方面的内容。⑤

如果核计"男女丁口册式,稍有不合,应饬该厅□□,另造妥册二分,赏可

---

① 〔清〕和宁《三州辑略》卷二《建制门》,第83页。
② 《清代新疆档案选辑》第九册,第162页。
③ 《清代新疆档案选辑》第二〇册,第166页。
④ 《清代新疆档案选辑》第九册,第266—267页。
⑤ 档案中清代吐鲁番养济院的花名清册对此有明确的记载(《清代新疆档案选辑》第九册,第88—89页;第一〇册,第366—369、374—376页;第一一册,第134—137、148—150页;第一五册,第67、72页;第一七册,第75—77、381—382页;第一八册,第69页;第一九册,第107、406—408页;第二〇册,第232页;第二四册,第367—371页)。

存送，以凭备案"①，须重新核实才行。对于有病故及赴他处者，及时禀报开缺，并把每月添补及开缺之人也须详细登记造报。②同时需要造册两份，一份布政使备留，一份吐鲁番同知留存，以备核查之用。

同时，除了地方官查验鳏寡孤独残疾之人而收养入院的方式外，贫苦之民似乎也可自己申请入院。如吐鲁番厅属流犯艾沙等恳请养济院收留的条文曰：

> 具恳禀监犯□坎，并流犯以己尔一、苏唐、加板尔、艾沙、阿哈□尔的等叩禀。
>
> 大老爷案下敬禀者，窃小的等系喀什人，因大兵克服南疆，蒙爵帅刘，将小的等共计二十余口，由喀什送来吐，拨地安置。小的等到吐十余年有奇，亦无地亩耕种，又无生理，空苦无奈，只得投入恩宪设立济命之院，暂为糊口之急。每月恩赏给高粱数升，小的等实受天恩大慈之心，赏给发济贫于无二也。③

这些人通过自己申请的方式，得到官府允许，被收养入院。

三、吐鲁番养济院的收养名额和养济方法

清代养济院是官办的慈善机构，它的职能为"收养鳏寡孤独及残疾无告之人"④。吐鲁番养济院建立时，也是以此为宗旨的。"设立养济院，收养吐鲁番属等，实在悖独无依以及残废男妇。"⑤因而其主要收养对象是鳏寡孤独残疾之人，具体包括贫、蹶、颠、瞽目、孤、寡等几类。⑥

1. 吐鲁番养济院的收养名额

吐鲁番养济院设立之初，其收养名额并没有限制。据档案资料可知，奎绶移交同知时，养济院共收养孤贫民男妇大小五十六名，后刘嘉德担任同知时又添补二十七名⑦，因而光绪八年十二月统计上报时共有八十三名。光绪十一年（1885）

---

① 《清代新疆档案选辑》第一一册，第153页。
② 《清代新疆档案选辑》第二四册，第367—371页。
③ 《清代新疆档案选辑》第二四册，第377页。
④ 《清世祖实录》卷四一，顺治五年十一月戊辰条，北京：中华书局，1986年，第330页。
⑤ 《清代新疆档案选辑》第九册，第88页。
⑥ 《清代新疆档案选辑》第二〇册，第232页。
⑦ 《清代新疆档案选辑》第九册，第83页。

时增加到一百六十一名①，光绪十二年（1886）五月时增加到一百七十名②，黄炳琨六月移交同知时，有一百六十五名③，由此看来最初名额设置上并没有限制，似乎对收养标准执行得不是太严格。光绪十三年（1887）清政府规定"新疆省孤贫额数，照甘肃各属最多之额酌定，通省各属，共孤贫定额一千六百三十二名，作为定额"④。因之，新疆养济院收养名额有了具体的规定。在此政令下，当时新疆布政使魏光焘定下吐鲁番养济院的收养标准：

> 收养孤贫，乃朝廷抚恤无告示惠政，必须年逾六十，及孤寡残疾贫苦无依者，方准收养，例有空额，不得稍涉浮滥，亦按册造（报）。一百六十五名之移查核，多系一家数口，何可谓之孤贫？自应极力核减，以按实在。本司现就来册，核空七十四名，永为空额，以系不增不减，为有缺额，随时顶补，应有该厅造册□。⑤

可见，收养条件必须年逾六十及孤寡残疾贫苦无依者才能被收养，而且系一家之口的不能被收养，收养人数限定为七十四名，永为定额。如果遇到缺额时随时顶补，没有缺额则只能等名额，直到宣统年间七十四名的定额也是如此。⑥

七十四名的限额措施，不能将当地的鳏寡孤独残疾之人尽数收养，真正能够入院的贫民是有限的。据光绪三十一年（1905）吐鲁番厅造报老年贫民花名册统计：三堡共有36名，二堡共有47名，洋海共有30名，胜金共有36名，木头沟共有20名，共计年老穷民169名。⑦这虽然不是吐鲁番厅所辖区域的全部，但贫民的数量已然很大，可见入院的人数，似乎并非取决于鳏寡孤独残疾人的数量。同时这种定额措施也使得一口之家、贫困子女较多的不能全部入院，如光绪二十年（1894）十二月一件札文称：

---

① 《清代新疆档案选辑》第二四册，第367—371页。虽然此花名册残缺，年月不详，然而据文中的"光绪十一年九月二十八日，呈开，养济院乡约宋有贵，报补十月份，添人口数目"条推，当在光绪十一年。
② 《清代新疆档案选辑》第一〇册，第366—369页。
③ 《清代新疆档案选辑》第一〇册，第374—376页。
④ 《钦定大清会典事例》卷二六九《户部·蠲恤》，第299页下栏。
⑤ 《清代新疆档案选辑》第一一册，第138—139页。
⑥ 光绪三十一年后，吐鲁番和鄯善分别造报养济院花名清册，吐鲁番四十四口，鄯善三十口（《清代新疆档案选辑》第一九册，第406—408页）。
⑦ 《清代新疆档案选辑》第一九册，第233—236页。

> 裁草贫民十二名：尼亚子、买札尔（此二名马先之子）、古西拉然、哄买提八亥、哈的尔、买子尔、托平地克思、五肉拉英、□尔沙、色买提八亥、若子来提、托乎的娃奴。①

这部分人被裁掉的原因是"有父母至小孩子"，故不能入院。因而对于那些有男女大小五六丁口的贫困家庭，似乎更是举步维艰，故养济院本身的救助作用就大减折扣。另一个方面，无业和乞丐似乎未被收养，据《新疆图志》载，（吐鲁番厅）"无业一百八十七，乞丐五十八"，（鄯善县）"无业三千五百三十九，乞丐六十八"②。无业和乞丐的数量如此之庞大，然而养济院仅有定额七十四名口，故吐鲁番地区无业民和乞丐并没有纳入养济院之中。③

同时入院之名额有其自身的特点，据档案材料中记载较为详细的光绪八年④和光绪三十一年、三十二年⑤造报养济院花名册，以表格形式做以下分析（见表1、表2）：

表1 吐鲁番养济院收养人数统计　　　　　　　　　　　　单位：人

年份＼类别	缠民、妇	回民、妇	汉民、妇	本地人	外地人	共计
光绪八年	71	10	3			84
光绪三十一、三十二年	56	8	10	58	16	74

表2 吐鲁番养济院人员年龄分布　　　　　　　　　　　　单位：人

年份＼年龄	0—19	20—39	40—59	60—79	80—99	共计
光绪八年	53	5	13	13	0	84
光绪三十一年、三十二年	1	10	28	33	2	74

注：光绪八年的0—19年龄阶段数据，是根据文中的每名成员名下子女丁口数而得。

---

① 《清代新疆档案选辑》第一五册，第67页。
② 王树楠等纂《新疆图志》卷四三《民政四》，上海：上海古籍出版社，1992年，第409页。
③ 马达汉考察日记中曾提到吐鲁番设有收容所，收养了92名乞丐，并指出"他们每年的补给有：冬夏两套服装，120斤粮食，其中一半是小麦，一半是高粱，还有2两银子。发生死亡事件时，发给5两银子作为丧葬费"（[芬]马达汉《马达汉西域考察日记（1906—1908）》，王家骥译，北京：中国民族摄影艺术出版社，2004年，第294页）。何荣认为此处的"收容所"就是养济院（何荣《清末民初的新疆养济院》，第56页），然而马达汉记载的收养对象、收养名额、养济方法以及丧葬费与各种清代汉文文献中的记载出入较大，笔者疑此"收容所"为"冬生所"，以游民和乞丐为主要收养对象。不过笔者翻检档案材料并未发现吐鲁番厅设立其他慈善机构的记载，故此处仍存疑。
④ 《新疆档案选辑》第九册，第88—89页。
⑤ 《新疆档案选辑》第一九册，第406—408页；第二〇册，第232页。由于光绪二十九年（1903）吐鲁番厅所属的辟展巡检升为鄯善县，故吐鲁番与鄯善分治，分别造报花名册，为研究方便而把它们合并在一起。其中鄯善县的族别统计是根据姓名判断，不可避免会出现误判。

据表1我们可以看出，吐鲁番养济院收养的主要是本地缠民和回民，汉民数量较少。光绪三十一年和三十二年的统计中，鄯善县收养的外地人相对吐鲁番比例较大，而且内地籍贯者居多。由表2可以看出，光绪八年0—19岁的丁口比例较大，主要原因是当时的收养人数没有限定，其中大部分是一家几口全部作为收养对象。后在74名以及系一口之家的不能入院的限定下，光绪三十一、三十二年的统计中，这部分的比例几乎很少。同时可以看出吐鲁番养济院收养对象的年龄集中在40—79岁。除此之外，鄯善县的造报中，还有关于收养原因的记载，如30名中，贫民16人、瞽目3人、蹶6人、颠4人、孤1人，依此可推，养济院主要还是以收养贫民为主[①]。

2. 吐鲁番养济院的养济方法

对于收入养济院的鳏寡孤独残疾之人，清政府制定有明确的养济方法。

首先，提供居公之所。光绪八年镇迪道的札文中称，须由"地方公所屋宇，设立养济院一所"[②]进行收养。前述可知，奎绂曾在吐鲁番老城内修盖房屋设立养济院一所，之后缺乏资料，不知其后面规模之发展情况[③]。

其次，拨给口粮衣物。乾隆四十四年（1779），乌鲁木齐所属地区设立养济院时规定"每名日给白面半斤，每冬令给予棉衣一件，于该处垦地存剩粮石内动给。"[④]光绪七年，清政府认为边地不产米，"拟照边民向餐青稞磨面给发，遵照陕西章程，每大口日给稞面仓升六合，新菜钱五文，每小口日给稞面仓升三合，薪菜钱三文，令其自行做食"[⑤]。光绪十三年又规定"新疆各属孤贫口粮，除和阗州每名每日支包谷八合外，其余概照定例日支白面半斤"[⑥]，而"镇迪道属每名岁支花布银一两"[⑦]。

吐鲁番养济院建立之初，奎绂按每口给予高粱作为口粮，光绪九年正式规定"按定例，孤贫每名岁支口粮面二百八十斤，扣建核给，冬令照理每名各给棉衣

[①] 《清代新疆档案选辑》第二〇册，第232页。
[②] 《清代新疆档案选辑》第九册，第78页。
[③] 如果前所述"济贫所"为养济院之说成立，那么设立之初，似有房40余间。
[④] 昆冈等纂《钦定大清会典事例》卷二六九《户部·蠲恤》，第297—298页。
[⑤] 《清代新疆档案选辑》第二四册，第166页。
[⑥] 昆冈等纂《钦定大清会典事例》卷二六九《户部·蠲恤》，第299页下栏。
[⑦] 昆冈等纂《钦定大清会典事例》卷二六九《户部·蠲恤》，第300页上栏。

一件，以免冻馁"①，形成定例。光绪十三年，限定收养额数后，养济标准也转向固定。"吐城养济院，孤贫男妇大小七十四名口，应领十四年分，寒衣花布银一两，共应领库平银七十四两，每两扣除六分减平外，实应领库平银六十九两五钱六分。"②据此，清政府每年拨给吐鲁番养济院每名收养人员寒衣花布银一两，而不再发放棉衣。根据档案资料的记载，这种养济标准似乎再未变化。

另外，养济院人员病故，发放丧葬费。虽然关于该方面的资料缺乏，但我们可以从一则材料中窥其一斑。光绪九年十二月，吐鲁番同知刘嘉德的移折中称："计开，一发胡大克幼女棺木银壹两伍钱，一发缠妇相面棺木银壹两伍钱，一发乌买提棺木银壹两伍钱，一发和金安棺木银叁两，乡约总共发棺木银柒两伍钱。"③由此可知，每名病故者大约以"一两五钱"为准，和金安似乎是个例外。

四、小结

通过以上分析可以得到以下几点共识。

首先，吐鲁番养济院当在奎绂担任同知的光绪三至六年间设立，似因战乱未及上报。后于光绪八年正式设立，并得到清政府的认可。

其次，吐鲁番养济院以官府拨款和拨地作为主要的经费来源，自施行定额制之后，历年的经费开支也趋于固定，同时官府制定有严格的收养程序。

再次，吐鲁番养济院的收养名额，从不限额到光绪十三年后的七十四名的定额，同时制定了一定的养济标准。也正是这种限额的规定使得养济院的社会功效折扣大减，不如同时期基层义仓的作用明显。

鉴于清代新疆养济院资料的匮乏，故对清末吐鲁番养济院的个案研究，价值不同寻常。

在此，特别感谢施新荣教授给予的宝贵建议。

（本文原载《清史研究》2015年第1期，第126—132页；略有增补）

---

① 《清代新疆档案选辑》第九册，第266页。
② 《清代新疆档案选辑》第一二册，第187—188页。
③ 《清代新疆档案选辑》第九册，第265页。

《抄本奏议》与清末新疆新政之筹备

王启明

关于清末新疆新政的研究，有学者指出该领域不仅成果较少，而且对其历史意义和认识也有待进一步提高和商榷①。不仅如此，以往学者较多关注各项新政内容的具体实施情况②，但对新政的前期筹备情况则明显关注不足。本文从考证《抄本奏议》的具奏者入手，明确其为清末伊犁将军长庚所奏，进而围绕长庚的活动，试图从筹备新政的角度进一步探讨清末新疆新政的开展情况。

一、《抄本奏议》作者考

《抄本奏议》一册收录在边丁主编的《中国边疆行纪调查记报告书等边务资料丛编》（初编）第39册中③，又名《查新疆司库银圆、砂金、条金折稿奏议》（以下简称《奏议》），版心有"奏稿"及"松古斋"字样，可知纸本为当时琉璃厂松古斋书店专用稿纸，因无署名，该丛书编者也未考其作者，做"佚名"处理。《中国边疆研究资料文库·边疆史地文献初编·西北边疆》第二辑第3册也收录了该《奏议》④，但亦未能考知作者。

据《奏议》，可知具奏者为一官员，并屡屡自称"奴才"，具奏时间为"光绪三十三年（1907）十二月十八日"⑤，所奏内容系"奏为新疆司库实存银圆、砂金、

---

① 齐清顺《清代新疆史的研究现状及其应注意的一些问题》，朱玉麒主编：《西域文史》第五辑，北京：科学出版社，2010年，第157页。
② 赵云田《清末新疆新政述论》，《新疆大学学报》1997年第1期；齐清顺《论清末新疆"新政"——新疆向近代化迈进的重要开端》，《西域研究》2000年第3期。
③ 香港蝠池书院出版有限公司，2009年。
④ 北京：中央编译出版社，2011年。
⑤ 《中国边疆行纪调查记报告书等边务资料丛编》（初编）第39册，第157页。

条金,拟请留备新疆抚臣办理各项新政之用"①,并附有两份库存清单。且该大臣具有"钦奉谕旨所有新疆地方文武以及兵饷一切事务均归节制"的权力,可见其职位甚高。据此查阅史料,光绪年间只有第二次出任伊犁将军的长庚曾被"赏加兵部尚书衔,节制新疆地方文武及兵饷一切事务"②。《奏议》附有光绪三十四年二月初六日朱批:"着照所请,该部知道。"③《清德宗实录》光绪三十四年二月壬戌(初六):"伊犁将军长庚奏,新疆司库实存元砂金、金条,请留备本省办理各项新政之用,如所请行。"④因此,可知该奏议的具奏者确为时任伊犁将军长庚。该《奏议》主要在于筹办新疆新政,以及为此所做的财政调查,即《奏议》中的两份藩库库存清单,但《清德宗实录》中也仅见前文所引少量文字而已,并无具体库存数字记载。

长庚(1843—1914)⑤,字少白,伊尔根觉罗氏,满洲正黄旗人。道光二十三年(1843)生于甘肃山丹县其父廨署,出生前夜,母亲梦见有星穿过室内,落于西北,比较惊慌,有一老人告知此乃金星,遂以之为名。太平天国运动时,族人男妇子女共六十三口俱死于难,长庚时在甘肃为官的父亲的廨署,所以得以幸免。同治三年(1864),新疆变乱,乌鲁木齐被围时,长庚正在守城,其所著《乌鲁木齐守城纪略》即是对当时清军守城情况的记载。城陷后,长庚突围而出,后又跟随署伊犁将军荣全、乌鲁木齐都统景廉、伊犁将军金顺办事,并在收复新疆的战事中屡建功勋,至光绪六年(1880)已被授予伊犁副都统之职。待母亲病逝后,他辞官守孝近两年,随后进京面圣,条陈西北边情,光绪帝多有称赞。此后,他还历任驻藏大臣、伊犁将军、成都将军、兵部尚书及陕甘总督等职。宣统三年(1911),武昌起义爆发,长庚曾极力镇压革命党人的起义,至宣统逊位后,长庚将总督之印交给布政使赵惟熙而去,三年后去世,谥恭厚。长庚两次出任伊犁将军,凡16年,任内贡献颇多,如收回被俄国租借的巴尔鲁克山区、购置机器、开设工厂、办武备学堂、编练新军等。其平生著述,除

---

① 《中国边疆行纪调查记报告书等边务资料丛编》(初编)第39册,第158页。
② 《光绪朝硃批奏折》第51辑,北京:中华书局,1995年,第548页。《清德宗实录》卷五四八"光绪三十一年八月甲寅"条,北京:中华书局影印本,1986年,第277页。
③ 《中国边疆行纪调查记报告书等边务资料丛编》(初编)第39册,第165页。
④ 《清德宗实录》卷五八七"光绪三十四年二月壬戌"条,第756页。
⑤ 关于长庚的生卒年有分歧,此处采用苏奎俊、孟楠的研究成果,见氏作《伊犁将军长庚评述》,《伊犁师范学院学报》2005年第2期。其研究成果实际上也得到了长庚之子培元的映证,见《少白府君行述》(中国社会科学院近代史研究所近代史资料编辑部编《近代史资料》第89期,中国社会科学出版社,1996年)第257页。

《乌鲁木齐守城纪略》之外,还有《温故录》①。而其事迹详见其子元培所撰《长白府君行述》②。

长庚虽于光绪三十一年(1905)六月被任命为伊犁将军③,却迟迟未能到任,关于其到任时间,各书记载不一,如《新疆图志》载长庚"(光绪)三十四年由陆军部尚书复任,宣统元年六月调任"④,不过"复任"之说到底是指被任命为伊犁将军,还是指抵达伊犁将军之任,都显得有些模糊不清;章伯锋《清代各地将军都统大臣等年表》一书认为长庚于光绪三十一年六月被任命,光绪三十三年到任,宣统元年调任⑤;而《新疆通志·人物志》则认为"光绪三十四年正月到任"⑥。那么长庚到底是何时抵达任所的?

长庚于光绪三十四年(1908)六月十七日的奏折中明确表示:"于本年(光绪三十四年)正月初八日由省起程,道经库尔喀喇乌苏厅……旋于四月二十五日行抵伊犁,二十七日,准兼署伊犁将军、副都统广福派委印务章京景熙、署军标中军副将陈甲福将同字第十四号总统伊犁等处将军银印一颗、令箭十二枝并各案卷齐送前来,即于是日恭设香案,望阙叩谢天恩,祗领任事。"⑦可见,长庚的确切抵任时间为光绪三十四年四月。那么,从三十一年六月被任命伊犁将军到三十四年四月抵任,在这将近三年的时间里,长庚之所以迟迟不能到任,主要在于其为新疆新政的开展,沿途进行财政调查和筹划准备等。当其于光绪三十一年六月初八日被任命为伊犁将军,首先"请假一个月回江宁本旗修墓。事竣,取道楚、豫、秦、陇,以至于新疆省城"⑧。具体情况是他"乞假一月,回宁修墓,道经武昌,与张文襄公之洞筹商要政。小住兼旬,遍阅各军队,考查兵工、纺织、工艺、造币各局厂,俾抵新疆籍可仿办","抵南京,晤张安帅人骏,参观南洋海陆各军队、各学校"⑨。长庚此次上任,意在全面推行新政,为此,他必须统一事

---

① 见阿拉腾奥其尔《清代伊犁将军论稿》,北京:民族出版社,1995年,第188页。
② 培元著、张秀清整理《少白府君行述》,《近代史资料》第89期,第256—277页。
③ 《清德宗实录》卷五四六"光绪三十一年六月庚戌"条,第249页。
④ 《新疆图志》卷二七《职官六》,东方学会重校本,第24叶。
⑤ 章伯锋《清代各地将军都统大臣等年表:1796—1911》,北京:中华书局,1965年,第58—60页。
⑥ 新疆通志编委会《新疆通志》卷八五《人物志·第二篇》,乌鲁木齐:新疆人民出版社,1996年,第508页。
⑦ 《光绪朝硃批奏折》第51辑"光绪三十四年六月十七日"奏折,第548页。
⑧ 《光绪朝硃批奏折》第51辑"光绪三十四年六月十七日"奏折,第548页。
⑨ 培元著、张秀清整理:《少白府君行述》,《近代史资料》第89期,第268页。《申报》第一万二千六百二十五号"光绪三十四年二月二十三日"第十版"伊犁将军长庚奏练兵购械兴学兴牧商务工艺情形折"。

权，以便名正言顺地办理新政；其次办理新疆各项事宜，必须款有着落，所以还需落实新政之饷。

二、长庚筹备新疆新政考

1. 获得节制之权

新疆建省后，巡抚基本上节制全疆事务，而伊犁将军的权限被局限在伊犁、塔城两地的军事事务，随着伊塔道的设立，巡抚与将军又开始争夺伊塔道的行政权，并成为两者之间的矛盾。①这一矛盾一直持续到清朝灭亡。至长庚第二次出任伊犁将军时，针对这种矛盾，他"密陈伊犁将军事权不属，办事为难，谓各省关协饷，历年积欠甚巨，若欲就地筹款，则地方文武均归新疆巡抚管辖，非将军权力所及。以事权不属之官，办理边防重务，诚恐呼应不灵，遇事掣肘，转无以报答圣主倚畀之恩"②。因此，清廷一改往日将军、巡抚各司其职的格局，谕令"所有新疆地方文武及兵饷一切事务均归该将军节制"③，以期达到全疆事权的统一，这就一反新疆巡抚主政全疆事务的惯例，不得不使人联想到建省前伊犁将军总统天山南北的故事。但随着宣统元年（1909）长庚的内调，以及随后清朝的灭亡，从总体上来说，新疆巡抚主政全疆事务的历史趋势已不可改变④。不过此番长庚获得"节制新疆文武及兵饷一切事务"的权力，确实方便了其新疆新政的开展，这也反映在《奏议》当中。

2. 落实新政之饷

光绪三十一年（1905）十二月，长庚奏："新疆地方，隐患勘虞，请催欠饷解新，俾练兵购械，以筹久远。"光绪批："得旨，著即悉心经画，妥筹办理，以固边疆，所需饷项，著户部议奏。"⑤后户部令其盘查新疆库款，亦即《奏议》中"请旨饬令行抵新疆，就近盘查库储，以昭核实等因，于光绪三十二年二月初四日奉旨依议，钦此，钦遵在案"⑥。但长庚认为要盘查新疆库款，"必先清查甘肃底案，前在兰州已稽时日，嗣因沿途预筹应办各事，胪陈一切，又于肃州耽延

---

① 邓媛《伊塔道研究》，新疆师范大学硕士论文，2009 年 6 月。
② 培元著、张秀清整理《少白府君行述》，《近代史资料》第 89 期，第 271—272 页。
③ 《清德宗实录》卷五四八"光绪三十一年八月甲寅"条，第 277 页。
④ 齐清顺、田卫疆《中国历代中央王朝治理新疆政策研究》，乌鲁木齐：新疆人民出版社，2004 年，第 320 页。
⑤ 《清德宗实录》卷五五三"光绪三十一年十二月癸丑"条，第 330 页。
⑥ 《中国边疆行纪调查记报告书等边务资料丛编》（初编）第 39 册，第 158—159 页。

至今，屈计程途，尚须月余始抵新疆省城"①。可知其沿途都在从事清查库款事宜。不久长庚提出更加详细的新政方案，即"豫筹新疆应办事宜，一练兵、二蕃牧、三商务、四工艺、五兴学，亟应次第举行"②。但这些项目样样需款，长庚随即上奏——"新疆改练新军，举行新政，请准提用封存，免认赔款"③，所以长庚沿途开始对甘肃底案进行清查和了解④，为新疆新政的开展寻求有着之款。此后长庚未到达伊犁之前，就电商广福在当地购买马牛羊，择地分别设立牧场，用以推广他所主张的新政之一"蕃牧"，而所需价银十万两，正是从甘肃关内的封存银四十万两中动支⑤。长庚于光绪三十二年十一月初一日到达吐鲁番厅，并获准刊刻"兵部尚书衔总统伊犁等处将军节制新疆地方文武兼理兵饷事务之关防"⑥，此后一直到接准伊犁将军任之前，长庚都用此印。长庚对吐鲁番实地考察后，上奏道："吐鲁番每年产棉数百万斤，俄人购运织布，仍售中国，获利无算。现拟购办机器，设局自制，以挽利权。"⑦足见其留心地方建设与争夺利权之心。

据《奏议》所述长庚于光绪三十三年三月初三日亲临省城藩库，以及"光绪三十三年二月二十六日在新疆省城途次"⑧的记载来看，长庚应该在光绪三十三年二月下旬抵达省城，再据前文，其离开省城前往伊犁则是在次年正月初八日，可知长庚在这十余月的时间里一直待在省城乌鲁木齐，其目的就是为详细了解当时藩库的存储情况，以便计划新政可行的经费方案。

三、藩库清单考

长庚仔细清查了藩库所存银两，并将截止到光绪三十三年二月二十三日的库存清单详细汇报给朝廷，现依《奏议》所附两份库存"清单"提供的数据整理如表1：

---

① 《光绪朝硃批奏折》第50辑"光绪三十二年八月二十日"奏折，第492页。
② 《清德宗实录》卷五六三"光绪三十二年八月乙酉"条，第453页。
③ 《清德宗实录》卷五六四"光绪三十二年九月壬子"条，第466页。
④ 因为480万两库平"甘肃新饷"是按照湘平银支给官兵的，因而可以划扣20万两湘平银，而其中一半留在甘肃藩库封存备用，这也正是长庚调查的目的。
⑤ 高健、李芳主编《清三通与续通考新疆资料辑录》下册，乌鲁木齐：新疆大学出版社，2007年，第873页。
⑥ 《光绪朝硃批奏折》第50辑"光绪三十二年十一月初九日"奏折，第551页。
⑦ 《清德宗实录》卷五六八"光绪三十二年十二月辛巳"条，第519页。
⑧ 《光绪朝硃批奏折》第50辑，第749页。

表1

	库存类型	数额（两）	用途
清单一	库平银	57237.922	
清单二	湘平文银	59439.1127	
	库平银	113881	改练新军、举办新政等
	宝尔吉湘平银	1452.66	
	银圆	147500	新政
	官票	120000	
	张聚星堂股票	3000	
	湘平砂条金	10420.61525	新政
	红钱	71320.965	

以上便是光绪三十三年二月二十三日止新疆藩库的家底，表1中所列门类繁多，此处还需略做说明。首先，库平银与湘平银之区别，实际上是清朝当时两种不同的平砝。库平是当时清政府征收各项租税所使用的官平，但各地大小也不完全一致，《马关条约》规定中央政府的库平一两位，即37.31256公分（克）[①]；湘平银流通于湖南等地，后随湘军入疆，属于一种地方平砝，比库平要轻，约为36.13克[②]；"宝尔吉湘平银"不知何项银两，但光绪二十三年，新疆巡抚饶应祺曾开办科布多属宝尔吉银矿[③]，后由于办理毫无成效而于光绪二十六年停办[④]，所以该项银两应为湘平计算的宝尔吉银矿出产的银两。银圆，新疆所铸银元不同于内地省份，内地一枚重量为七钱二分（一元）、三钱六分（五角）、一钱四分（二角）、七分（一角），取例西方，而新疆银元一枚重五钱、三钱、二钱和一钱四种，取例天罡（一种阿古柏时期的打制钱币）；内地银圆采用元、角、分制，新疆则采用两、钱、分制等。[⑤]官票，系新疆官钱局发行，因而命名为官钱票，即官票。由于最早发行的官票是用白布做料，用木板将墨色印在白布上，再用桐油浸渍而成，所以称为"油布贴"。又因其系用优美的纸质，正面边框印有双龙戏珠图，民间习称"老龙票"，这种纸币很大程度上是替代红钱使用的。[⑥]张聚星堂股票，尚不清楚其来历，但清末新疆迪化有三家经营汇兑的金融机构，如蔚丰厚票号、天成亨票号和协同庆票号，都属于晋商。[⑦]如果张聚星堂股票也是省库持有的一

---

① 魏建猷《中国近代货币史》，合肥：黄山书社，1986年，第32页。
② 黄志刚主编《丝绸之路货币研究》，乌鲁木齐：新疆人民出版社，2011年，第241页。
③ 《清德宗实录》卷四〇九"光绪二十三年八月癸未"条，第342页。
④ 《清德宗实录》卷四七五"光绪二十六年十一月癸巳"条，第264页。
⑤ 《新疆通志》第59卷《金融志》，乌鲁木齐：新疆人民出版社，1994年，第92页。
⑥ 张建功《清代新疆钱荒与官钱票》，《新疆钱币》2009年第4期；《新疆通志》第59卷《金融志》，第108页。
⑦ 《新疆通志》第59卷《金融志》，第141—143页。

种票号，那么此股票对清末新疆的金融业研究便提供了新的材料和信息。红钱，即建省前南疆流通的一种普尔钱①，因系红铜铸成，所以称红钱。仿照制钱而铸，圆形，中间方孔，正面有汉文"通宝"二字，背面有汉文、满文、维吾尔文，均为铸造局名称，最早铸于乾隆二十五年（1760），建省后在全疆流通②。据上，我们可以看出新疆省库存款的多元多样性，其实也是一种地方性特色，这也见证了新疆建省后货币逐步走向现代化的步伐。

如果我们忽略以上存款之间的换算差异，那么当时（光绪三十三年二月二十三日止）省库存有584252.275两，即58万多两。而光绪后期新疆所需的协饷最少也在300万两以上③，换言之，省库的存款约占正常协饷的1/5。但据齐清顺先生的研究，光绪二十七年各省拨解到新疆的实际协饷只有165万余两，欠饷额在100万两以上④。清朝收复新疆后，为了恢复地方生产，协饷收到后，依惯例也会向伊塔道库提存5万两、塔城厅库提存4万两⑤，虽然如此，但可以确定的是，表1中藩库大约58万两的存储即便按光绪二十七年所解实际到款来看，也占实饷的1/3强，况且随着时间的推移，实际所获协饷的数额可能要少于光绪二十七年的数字，这从光绪三十四年陕甘总督升允为甘肃编练新军缺少协饷发愁一事可以看出⑥。长庚也在《奏议》中指出新疆协饷困难的情形，如"查外销之款，内地各省皆有，奴才奉旨盘查库款，若不据实奏明，无以仰对朝廷，但新省进款无多，若不留备外销支用，则恐办公拮据"⑦，但"伏思新疆办理新政需款同殷，必须有统筹兼顾之心，始能收和衷共济之益，在新疆谊不容悉所，在国计须留有余，奴才现筹改练新军并举办新政各事，业经部臣指拨有款，纵有不敷，为数无多，尚可另行奏请。所有前项银圆、砂金、条金拟即毋庸动拨，留作新疆抚臣联魁办理各项新政之用"⑧。长庚所言改练新军及举办新政等专款即《奏议》清

---

① 普尔（pul），察合台语意为"钱"。
② 齐清顺《清代新疆的协饷供应和财政危机》，《清代新疆研究文集》，第225页。
③ 齐清顺《清代新疆的协饷供应和财政危机》，《新疆社会科学》1987年第3期。此据氏著《清代新疆研究文集》，乌鲁木齐：新疆人民出版社，2008年，第225页。
④ 齐清顺《清代新疆的协饷供应和财政危机》，《清代新疆研究文集》，第225页。
⑤ 《申报》第六千九百十三号，第十三版，光绪十八年六月十八日京报全录，"头品顶戴甘肃新疆巡抚臣陶模跪奏为援案估计光绪十九年分新疆等处新饷恩饬部指拨以济要需恭折仰祈圣鉴事"。
⑥ 《光绪朝硃批奏折》第64辑"光绪三十四年三月十二日"奏折，第328—331页。
⑦ 所谓"外销之款"，指各省在奏销册中并不开列那些不在条例之内的一些收入与支出，其收入一般来自对国家法定税收的附加征收，详见史志宏《清代户部银库收支和库存统计》，福州：福建人民出版社，2009年，第60页。
⑧ 《中国边疆行纪调查记报告书等边务资料丛编》（初编）第39册，第162—163页。

单二下所列的库平银 113881 两,而留作新疆巡抚联魁办理各项新疆新政之用的银圆、砂金条金,据上表可知约计 16 万两。换言之,长庚和联魁用于新政的费用约有 27 万余两,尤其在当时经费非常紧张的情况下,这两笔款项约占当时省库款项的 46%,这还不算前文所提伊犁开办牧政的 10 万两。如果以上分析不误,我们可以认为长庚此次前往新疆办理新政的绝对经费投入是比较高的,这也从另一种角度有助于说明和理解长庚、联魁等人在清末新疆积极开展新政是建立在比较坚实的财政基础上的,否则巧妇也难为无米之炊。

四、结语

综上,《抄本奏议》的具奏者是清末第二次出任伊犁将军的长庚,且由于其取得节制"所有新疆地方文武及兵饷一切事务"的权力,所以他筹划经费,沿途一路盘点甘肃、新疆库存,根据实际了解到的财政情况提出比较可行的办理各项新政的计划,并且在当时财政已十分不景气的情况下能为朝廷所批准,这正是其迟迟不能抵达伊犁将军任所的原因,也是其办理新疆新政的调查和筹划阶段。当长庚盘查完藩库,在前往伊犁的途中随即提出自己将在伊犁的新政方案,即"豫筹伊犁应办各事,分为练兵、购械、兴学、牧政、商务、工艺六端"。朝廷也很快给出回复,"著即分条认真筹办,速收实效,勿得徒托空言"[1]。稍后,长庚又前往博尔塔拉办事[2],待其到任后,便迅速投入到新政的实施阶段,这也是众多学者热心探讨的话题,此处不再赘言。总之,长庚为新政所做的筹备工作在清末新疆新政的开办过程中处于重要的一环,我们应该给予更多的关注,基于此,《抄本奏议》有着其不同寻常的史料价值。

(本文原载《文献》2014 年第 1 期,第 21—27 页)

附记:本文发表后,偶然发现清末《政治官报》光绪三十四年二月初八日收有"伊犁将军长庚奏盘查新疆司库历年封存银数折"五千五百余字,阅读方知此折比《抄本奏议》的内容更为全面系统,是研究清末新疆新政筹备的重要史料,提示信息于此,希望引起学人注意。

---

[1]《清德宗实录》卷五八七"光绪三十四年二月己巳条",第 762 页。
[2]《光绪朝硃批奏折》第 51 辑,第 548 页。

民国年间新疆的工会探析[①]

贾秀慧

众所周知，工会是工人阶级的群众组织，是工人阶级的代言人。工人是构成工会的成员，伴随着近代工业的发展而产生。宏观地看，民国三十八年间，新疆整体上政局动荡，战乱频仍，经济落后，这一时期的工业以手工业为主，大多是作坊式手工业，有少量机器工业。在杨增新、金树仁主新时期（1912—1933）出现了一批重要的近代工业，如阜民纺织公司、裕新土产公司等。盛世才主新时期（1933—1943），在"开发西北"的热潮下，新疆的经济达到了民国以来最好的发展水平，出现了一批近代工矿企业。特别是抗战年间，由于新疆是大后方，在各方进步力量的共同努力下，新疆许多领域出现了欣欣向荣的景象。新疆从1937年起实施两个三年计划（1937—1942），地方工业大兴。以省会迪化为例，迪化电灯厂、迪化第一印刷厂、迪化修理汽车机件总厂、迪化第一锯木厂、迪化皮革厂、迪化机制面粉厂、迪化榨油厂等在这一时期纷纷出现。特别是1940—1942年，为新疆近代工业发展最快时期，纺织、电力、采矿、机械修理、制革、木料加工业、印刷、食品工业都得到了一定发展。截至1942年，全省共有母机118架，如刨床、电焊机、锯木机等，各种机器马力总数为2257匹马力[②]。

到了国民党治新（1944—1949）时期，由于三区革命爆发，社会动荡，新疆工业裹足不前，甚至严重衰退。据统计：1949年，新疆工农业总产值6.84亿元，其中工业总产值只有0.98亿元，仅占总产值的14.3%。当时全省工业企业有363个，其中私营手工作坊和个体手工业小型企业就有347个。当时全省有机床17

[①] 本文系作者承担的2010年度国家重点社科基金委托项目《新疆通史》（05&ZD060）辅助研究类《晚清民国时期新疆社会近代化变迁》（项目编号：XJTSB111）的阶段性成果。

[②] 李溥霖《十年来新疆的经济建设》，中国国民党新疆省党部新新疆月刊社编《新新疆》第一卷第一期，1943年4月12日出版，新疆日报社印，第63页。

台，发电机 14 台，磨粉机 5 台①。

民国年间，新疆的工人阶层主要分布在加工制造业、采矿业、建筑业、交通运输业、城市公共事业及传统手工业等行业中，由从事体力劳动的人和具有一定操作技能的人所构成。据统计，1944 年，新疆十个行政区内的工人约有 14.8612 万人②，而当年全疆总人口根据新疆省警务处的统计为 401.1330 万③，工人仅占全疆总人口的 3.7%。近代新疆全省各种机器马力总数的 36%④集中在迪化（现乌鲁木齐）。可见，省会迪化的机器工业相对发达些，工人人数也比新疆其他地方多。据迪化市总工会 1945 年的不完全统计，当年迪化有各行工人 1 万人以上，涉及 40 多种行业，分为产业工人和职业工人⑤。1945 年迪化建市时，人口为 70910 人⑥，工人约占全市总人口的 14%，这一比例远远高于全疆 3% 的比例。1947 年迪化市的工人类别有：泥瓦工、木工、铁工、油漆裱糊工、印刷工、鞋帽工、成衣工、金饰工、机械技师、汽车司机、造纸工、厨师、浆洗工，共 13 类⑦。

一、新疆工人的生产生活条件与收入状况

民国时期，新疆工厂和手工业作坊的生产设备原始陈旧，工人多系手工操作。纺织、机械、冶煤、砖瓦、陶瓷、玻璃等行业工人的劳动条件非常恶劣，经常在高温、尘霉、烟雾的侵害下，从事异常繁重的体力劳动。每天工作时间长达 10 小时以上，有的甚至长达 16 小时。一些私营作坊，加班加点的情况十分普遍。每逢年节，除机关团体、一些官办企业有规定假期外，其他工厂职工的休息完全由雇主决定。

如 20 世纪 20—30 年代的伊犁皮革厂，厂里的工人每天干 18 个小时的活，

---

① 《新疆通志》编撰委员会《新疆通志·群团志·工会》，乌鲁木齐：新疆人民出版社，2004 年，第 13—14 页。
② 该数据根据陈澄之的《新疆的面积和人口》一文计算而得。见甘肃省图书馆书目参考部编《西北民族宗教史料文摘》（新疆分册上），甘肃省图书馆，1985 年，第 112 页。
③ 《新疆省各县市局宗族人口统计表》，见甘肃省图书馆书目参考部编《西北民族宗教史料文摘》（新疆分册上），第 100 页。
④ 李溥霖《十年来新疆的经济建设》，中国国民党新疆省党部新新疆月刊社编《新新疆》第一卷第一期，第 63 页。
⑤ 张大军《新疆风暴七十年》（第 11 册），台北：兰溪出版社有限公司，1980 年，第 6427 页。
⑥ 乌鲁木齐市党史地方志编纂委员会编《乌鲁木齐市志》第 1 卷，乌鲁木齐：新疆人民出版社，1994 年，第 221 页。
⑦ 新疆自治区档案馆：政 3-1-171，"迪化市总工会造资 1947 年月份工资月报表"。

夜里挤在阴冷潮湿的木棚里，饿死、病死、冻死者屡见不鲜。许多工人50多岁还是单身①。又如1938年的新疆日报社，设备破烂不堪。有简陋的铸字机和小化铅炉，炉里成天冒出浓浓的黑烟，车间工人"像囚犯一样在那里劳动"②。

到了40年代，工人的生存状况依然没有得到较大改善。1941年，工人每天工作时间通常是12—14小时。在煤矿，任意支配劳动力、体罚、长期奴役等农奴制的剥削方式继续存在③。

工资是工人阶层的最主要收入，但工资微薄。据有关资料统计，1916年，新疆雇佣工人的日工资，男工最多0.4元，最少0.26元④。按照一个月30天计算，男工月薪最多12元。这与1914年"伊犁镇守使经费及副使中将衔充任者月支洋五百元，少将四百元公费"⑤有天壤之别，政府官员的工资是工人工资的50倍以上！另外，1919年，新疆政府给金夫"发面不给工钱，交金课（四分）"而给"哨官月薪二十两"⑥，这又是一个鲜明的对照。

在"男尊女卑"的社会中，有工作的妇女（一般是工厂中的女工），其薪金待遇较男工低。如1916年，新疆的制丝厂、织染厂、毛织物厂、制革厂等工厂，平均男工日工资最多为0.25元，最少为0.17元；女工最多为0.20元，最少为0.16元。⑦也就是说，当男、女工能拿到最多的日工资时，女工工资只能到男工工资的80%。

到了抗战初期的1938年，乌市工人（勤杂人员）的月薪为4.5万两（省票），而当时县政府三等科员的月薪为7万两，二等科员为8万两，一等科员为9万两，科长、秘书均为12万两。⑧当年的物价是一个鸡蛋500两省票，买一件衣料要用马车拉一车钞票。计算后可知，工人的月薪只够买90个鸡蛋。可见，工人的工资之低，生存之艰。

1939年7月1日，时任财政厅长的毛泽民在新疆实行了币值改革，将以

---

① 宋岭等编《新疆近代经济技术开发》，乌鲁木齐：新疆科技卫生出版社，1993年，第139页。
② 空军党史资料征集委员会编《天山风云录》，北京：人民出版社，1986年，第41页。
③ [苏]库特鲁科夫著，李琪译《1944—1949年新疆民族解放运动是中国人民解放运动的一部分》，载《"双泛"研究译丛》第一辑，新疆社会科学院，1991年，第139页。
④ 陈真《中国近代工业史资料》第1辑，北京：三联书店，1957年，第22页。
⑤ 张大军《新疆风暴七十年》第4册，第1925页。
⑥ 杨增新《训令迪化道属招募金夫开采阿山矿文》，《补过斋文牍·辛集三》，台北：文海出版社，1965年，第2758页。
⑦ 张大军《新疆风暴七十年》第4册，第2206页。
⑧ 刘德贺《毛泽民主管新疆财政时的措施和贡献》，新疆自治区财政厅编《抗日战争时期在新疆财经战线上的中国共产党人》，乌鲁木齐：新疆人民出版社，1993年，第189页。

"两"为单位的旧省币改为以"元"为单位的新省币。工人的月俸开始以元为单位发放。从1942年起,新疆财政每况愈下,关金券输入。1942—1944年,粮、油、肉类价格上涨了四五倍,煤炭上涨了20倍。1942年冬,新疆杂工月薪60元,1943年春涨到150元①。1942年11月20日的粮食价格为,每石面粉140元,每石大米220元②,根据1石=400老斤、1老斤=1.1428市斤进行换算,每公斤面粉约为0.6元,每公斤大米约为0.96元。按照1942年的杂工月薪60元计算,只可买100公斤面粉。而当时省政府下属机关的一般公务员(如科员)的月薪是二三百元③。可见,政府一般工作人员的工资是工人的5倍以上!官员的工资就可想而知了。

国民党从1944年起在军事上基本控制了新疆的局面,但政治上却不能驾驭时局。三区革命爆发后,为镇压革命,国民党军队不断调入新疆,致使军费浩繁,财政收支赤字巨大。同时,由于战争致使社会动荡,严重影响了生产,粮食、肉类等生活物资大量减产。为解决财政极端困难的情况,国民党一方面变本加厉地对各族人民进行盘剥;另一方面反动当局从1945年起开始发行大面额纸币,百万元、千万元、亿元④。导致新疆通货膨胀,纸币毛荒,物价飞涨,财政经济接近崩溃。据1947年迪化市总工会统计,当年5月5日各类工人的日工资:浆洗工7万元,鞋工15万元,大厨师20万元,铁工(大工)35万元,最高的是机械技师(大工),为60万元⑤。而当月一份新疆日报就要卖到70元⑥,而当年8月每50公斤面粉要6.8万元,每斤清油要2200元,每斤白糖3200元⑦。

根据苏联人的研究,认为20世纪40年代"新疆工人的状况惨不忍睹。工人没有任何权力。剥削工人的程度已登峰造极。所得生活费用不仅不敷度日糊口之

---

① 新疆自治区档案馆:政1-1-218,"平衡物价,调整炭价"。
② 《新疆日报》1942年11月20日,第3版,"平委会根据市场实情,从新调整各种粮价"。
③ 《新疆通志》编撰委员会《新疆通志·人事志》,乌鲁木齐:新疆人民出版社,2002年,第98页。
④ 按,自清末以来,货币发行权极为分散,各省官钱局(民国后为各省银行)拥有纸币发行权,已形成风气。发行纸币的准备金由各发行机构自行保管,准备金不足的现象十分普遍。针对这种状况,1935年国民党政府实行币制改革,统一了货币发行权,规定以中国、中央、交通三银行所发行钞票定为法币。而新疆由于政局不稳,情况复杂,至1949年10月1日新中国成立以前,一直未能实现与内地币制统一。新疆省币对法币的比率为1:5。
⑤ 新疆自治区档案馆:政3-1-171,《迪化市总工会造资1947年月份工资月报表》。
⑥ 《新疆日报》1947年5月5日,第1版,标价。
⑦ 新疆维吾尔自治区供销社联合社、新疆维吾尔自治区档案馆合编《民国时期新疆合作社档案史料选编(新疆档案增刊)》,自治区供销联社史志编辑室,1987年,第561—562页。

用，反而成为企业家的终身债户"①。

因为收入的微薄，生活水平的低下，对工人的衣、食、住产生了重要影响。在新疆日报社工人中曾流行过这样一首歌谣："我们吃的是黏饭，我们穿的是褡裢（粗土布），我们瘦成骨头架子，饿死了没人管。"②这歌谣形象地说明民国时期的新疆工人只有简单的生存，根本谈不上闲暇娱乐和社会交流。

二、新疆的工会产生

我们知道，中国本土的产业工人本是随着工业化的发展而在近代城市中出现的群体。在半封建半殖民地的旧中国，新兴工业发展并不顺利，直到第一次世界大战时，中国的工业发展迎来了黄金时代，产业工人才有了巨大的发展，到1919年时，人数已达200万之多，但随着第一次世界大战的结束，外国资本主义重新加强了对中国的侵略，中国弱小的民族资本主义工业又开始呈现萎缩。

面对工人阶层的日益庞大，为有效加强对这个阶层的管理，建立相应的组织成为必然。因此，广州国民政府于1924年11月公布了《大元帅公布工会条例》③，承认工人有权组织工会，有言论、出版、罢工等自由。

后南京国民政府1928年颁布《工会组织条例》，1929年10月21日又正式颁布《工会法》，共8章53条，11月1日起施行。《工会法》规定：工会以保障劳工权益、增进劳工知能、发展生产事业、改善劳工生活为宗旨。1930年6月颁布《工会法实施法》，对工会的名称、设立、区域、会费、职员、会议、经费、监督、基层组织、联合组织等各方面均有严格规定。1943年、1947年又分别对《工会法》进行了修正颁布。

《工会法》的颁布，确定了工会在国家政治、经济、社会生活中的地位，规定工会的权利和义务，是为工会活动提供法律依据和法律保障的法律。这部法律一方面宣称保护集会结社之自由，另一方面又对工会活动加以种种限制，力图使之完全控制在国民党政府之下。如规定工会职员或会员集会、对资本家进行怠工、暴力反抗资本家等，要处以罚款；工会的主管官署有权解散工会等，显示其

---

① [苏]库特鲁科夫著、李琪译《1944—1949年新疆民族解放运动是中国人民解放运动的一部分》，见《"双泛"研究译丛》（第一辑），新疆社科院出版发行（内部资料），1991年，第139页。
② 中国人民政治协商会议乌鲁木齐市委员会文史资料研究委员会编：《乌鲁木齐文史资料》（第13辑），乌鲁木齐：新疆青少年出版社，1988年，第32页。
③ 广州国民政府档案，见中国第二历史档案馆编《中华民国史档案资料汇编》（第4辑·上），南京：江苏古籍出版社，1986年，第101页。

限制和剥夺工人民主自由的一面。

新疆尽管孤悬塞外，信息十分闭塞，但通过进步知识分子的活动，资产阶级的民主思想在近代新疆也得到一定程度的传播。由于20世纪初，在剧烈的社会变革和内外压力中，清政府颁布的《宪法大纲》中写明人民有集会结社的自由，从而以法律形式肯定了集会结社的合法性。据统计，到辛亥革命前中国各城市所出现的公开性社团就达600多个①。在新疆最早出现的社会团体，是诞生于清末的商会，也是最具近代特征的团体。晚清年间，新疆境内还成立了一些政事社团，开展政论集会及一些讲演活动，新疆省政府对此专门颁布了《结社集会律》35条②，对其活动加以种种限制。

进入民国后，新疆境内的各类社团如雨后春笋般纷纷涌现。先后出现了同业公会、工商联合会、农会、工会、教育研究会、建设协会、作家协会、音乐研究会、美术研究会、戏剧研究会等涉及社会各个阶层的民众社团。据统计，到1948年7月底，全疆各县经过登记的社会团体共计190个。③

新疆的工会是在国民党新疆省党部的直接督促、指导下产生和发展的。由于新疆社会环境封闭，机器工业极端落后，加之国民党新疆省党部在新疆合法活动时间较晚，所以新疆的工会产生时间也较晚，具体时间未见明确记载。笔者根据时代背景及档案资料分析，推测产生时间应该在盛世才统治时期，即1934年以后。金树仁主新期间，除在原来杨增新政权的基础上稍有发展外，也改变了一些做法，其中一点就是建立和加强国民党新疆省党部，以巩固其统治，国民党在新疆的活动从此合法化。到盛世才治新晚期，国民党新疆省党部的活动得到进一步增强④。1934年的一份档案也印证了这点。新疆省党务指导委员会1934年颁布了《县市总工会组织准则》15条，规定："以增进生产智能、办理互助事业、调度劳资纠纷、促进工人团结、提高民族意识为宗旨。以县或市行政区域内各个产业工会、职业工会为基本组织。"⑤产业工会与职业工会的区别在于：同一产业内由各

---

① 张玉法《清季的立宪团体》，台湾"中央研究院"中国近代史研究所1971年，第90—144页。
② 〔清〕袁大化修、王树楠等纂《新疆图志》卷四二《民政三》，民族文化宫图书馆据志局书复印，1983年，第19—22页。
③ 新疆维吾尔自治区地方志编纂委员会《新疆通志·民政志》第24卷，乌鲁木齐：新疆人民出版社，1992年，第252页。
④ 按，杨金时代虽有所谓的国民党新疆省党部，但这是杨增新、金树仁割据新疆应付南京国民政府的一种点缀。1943年1月，国民党新疆省党部在迪化重建，为国民党新党务活动的迅速展开提供了重要的组织基础。省党部是国民党在新疆推行其统治策略的指挥部，也是国民党在新疆工作人员的大本营。
⑤ 新疆自治区档案馆：政2-2-437，"县市总工会组织准则"。

部分不同职业之工人所组织者为产业工会；联合同一职业工人所组织者为职业工会。其实，世界发达国家的工会是以产业组织为主的，但由于旧中国的大部分工业是手工业，而新疆这一点尤甚，整体工业发展的水平、规模、结构都具有落后性和滞后性，时人说，"新疆工业幼稚，无可讳言"[①]，所以在新疆这样的经济土壤上只能产生较多的职业工会，而产业工会很少。

1934年新疆颁布了《县市总工会组织准则》后，由于新疆落后的手工业及社会动荡、战乱频仍，所以全疆各县设立总工会的情况一直进展缓慢。到1943年南京国民政府修正颁布的《工会法》对成立县市总工会的条件又做了进一步明确规定：同一市县区域内之产业工会、职业工会，合计满七个单位，或不满七个单位，而会员总数超过五千人，并经单位三分之一以上发起，方得申请组织县市总工会。国民党于1944年全面控制新疆后，新疆的各级工会组织才迅速发展起来。近代新疆唯一的一个市级的总工会——迪化市总工会，于1945年3月16日正式成立，在文光剧社召开第一届代表大会，参加者除了有各行工界代表数百人，还有迪化市政、军政代表[②]。自1945年迪化市总工会诞生后，因"各行工人流动甚大，不能经常集中或操固定职业，"于是"总工会下设工会，工会下设分工会，分工会下设支部，支部下设小组，凡4人即为1小组，总会直接指导所属各工会"[③]。截至1946年12月底，迪化市总工会共组织成立了各业工会15处，分会10处，还有直属小组4个、产业工人联合会1处，共计29个，全数理监事共296人，全体会员共4968人。[④] 具体为：东山炭产职业工会、食品职业工会、缝纫职业工会、木作业职业工会、泥瓦职业工会、印刷职业工会、造纸职业工会、铁器制成品职业工会。产业工人联合会1处，为西山瓷炭产业工人联合会。此外，还有直属职业分会，分别为磨房、皮革、金属首饰制成品。还有一个镶牙照

---

① 王云五、李圣五主编《新疆与回族》，上海：商务印书馆，1933年，第20页。
② 《新疆日报》1945年3月18日，第3版"本省总工会正式成立，召开第一届代表大会"。按，此处报纸的标题有所省略，正确理解应为迪化市总工会。另外，《新疆通志·群团志·工会》一书第13页认为该天为新疆省总工会的诞生日，有误。原因如下：(1) 法律方面：南京国民政府颁布的《工会法》经过多次修正。1929年初次颁布时，规定不得成立地方性总工会。1943年11月修正颁布的《工会法》第11章规定：省区内的同一产业或职业工会，经主管官署同意后可组织该业省工会联合会。可见，1943年开始只能成立省产业联合会或省职业联合会。1947年6月修正颁布的《工会法》第10章第51条规定：省区内的县市总工会已达半数，并经三分之一以上单位发起，经主管官署同意可组织省总工会。可见，1947年开始才允许成立省总工会，且省内的县市总工会已成立过半数。(2) 新疆的政治环境：1944年后，国民党才开始全面控制新疆，新疆境内的工会才逐渐发展起来。所以从法律和社会环境两方面结合来看，1945年的新疆根本就不具备成立省总工会的条件。
③ 张大军《新疆风暴七十年》第11册，第6427页。
④ 新疆自治区档案馆：政3-1-153，"新疆省迪化市总工会公函"。

相小组。到 1948 年，迪化市总工会下辖的各业工会已达 30 个，具体有：轮车、食品、金银首饰、营造、造纸、熟铁、缝纫等①。

南京国民政府 1947 年修正颁布的《工会法》规定：省区内成立的县市总工会达半数后，才可组织成立省总工会。1948 年新疆 10 个专区共下辖 78 个县、1 个市（迪化市）②，除迪化市总工会外，新疆还有 30 多个县纷纷建立了工会③，如若羌县工会（1936 年 6 月成立）④、疏附县工会（1945 年 5 月成立）⑤等。尽管 1948 年 9 月 29 日，召开了新疆省总工会第一次筹备委员会议⑥，并拟定《新疆省总工会组织章程》共 6 章 31 条⑦，1948 年 11 月，新疆省政府社会处又要求迪化市及外区县各工会呈报各自的理监事名单，以便为即将成立的新疆省总工会提供候选人⑧，但直至 1949 年新疆和平解放前，新疆一直没有正式成立全省性质的总工会。

三、新疆工会的组织结构及管理运作方式

首先，会员是工会的基本组成单位。工会法对会员的身份、年龄都有限制。1948 年，迪化市长屈武批示：根据"工会法第 3 章第 12 条规定：凡在工会组织区域内，年满 16 岁之男女工人，均应加入其所从事的同一产业或职业工会为会员"⑨；但已加入产业工会者，不得加入职业工会。屈武要求把这个规定登报通告，让工厂各机关周知。

工会会员都拥有会员证。如 1945 年 6 月，新疆各产职业工分会陆续组织就绪后，迪化市各业"工友大多数均已先后陆续入会领到会员证"⑩。又如，1947 年召开的迪化市总工会第 17 次理监会议上，决定"更换会员证。因为以前会员证已发 2 年多，中间遗失破烂者在所难免，交 2 张 2 寸半照片办理新会员证"⑪。截

---

① 新疆自治区档案馆：建 1-1-44，"新疆省总工会第一次筹备委员会议决议事项"。
② 段锟等人主编《新疆与内地关系史》，乌鲁木齐：新疆人民出版社，1992 年，第 52 页。
③ 新疆自治区档案馆：建 1-1-44 卷，"新疆省总工会第一次筹备委员会议决议事项"。
④ 若羌县地方志编纂委员会编，李双城主编《若羌县志》，乌鲁木齐：新疆大学出版社，1992 年，第 24 页。
⑤ 疏附县地方志编纂委员会编《疏附县志》，乌鲁木齐：新疆人民出版社，1999 年，第 30 页。
⑥ 《新疆日报》1948 年 10 月 1 日，第 4 版，"省总工会筹备成立"。
⑦ 新疆自治区档案馆：建 1-1-44 卷，"新疆省总工会第一次筹备委员会议决议事项"。
⑧ 《新疆日报》1948 年 11 月 4 日，第 4 版，"筹组总工会，社会处饬各区县报理监事名单"。
⑨ 新疆自治区档案馆：政 3-1-172，"拟电请登报通告本市工人无论公私之工友均应参加工会一案"。
⑩ 《新疆日报》1945 年 6 月 11 日，第 1 版，"通告迪化市各业工友"。
⑪ 新疆自治区档案馆：政 3-1-172，"迪化市总工会呈责第 17 次理监会会议记录"。

至 1947 年 5 月底，迪化市总工会共收会员证工本费为 40.2 万元①。

会员加入工会后，享有一定的权利和义务。权利包括发言、表决、选举、被选举权等。全体会员组成会员大会，会员大会为工会的最高权力机构，对重大会务有最终决策权。早在 1934 年颁布的《县市总工会组织准则》规定：会员代表大会每半年召开一次，职权有：①选举及罢免理监事；②修订组织简章；③接纳理监事的报告并决议其提案；④审核经费之预算、决算，并确定征收标准。南京国民政府 1943 年颁布《工会法》又明确规定：会员或代表过半数出席，才能开会员大会；非有会员或代表半数之同意，不得议决。1943 年颁布的《工会法》还将会员大会有权议决的事项做了进一步的细化规定，具体有：工会章程的变更；经费的收支预算；事业报告及收支决算的承认；劳动条件的维持或变更；基金的设立管理及处分；会内公共事业的创办；总工会或工会联合会之组织；工会的合并或分立。如迪化市总工会在文光剧社于 1945 年 3 月召开的第一届代表大会②，除讨论会章外，还推选该会的理监事，选举方式由各行代表票选，当场表决通过③。又如，1945 年 4 月中旬，迪化市金银首饰制成品职业工会召开全体工友大会，"当场选定阁福臣为常务理事，计理监事共 14 人"④。

会员义务有遵守章程、缴纳会费、服从工会的命令及各种议决案等。缴纳会费是会员的重要义务之一。会费分为两部分，首先工会会员首次入会要交入会费。如截至 1947 年 5 月底，迪化市总工会共收入会费 49.56 万元。⑤其次，成为会员后，还须按月缴纳常月费，称为"经常会费"。经常会费的征收标准，按照工会法第 24 条规定，按月收入不超过 2%征收。所以，1945 年 6 月，迪化市总工会要求"工友自当年 3 月起，每月每人应缴经常会费新币 100 元"⑥。但到了 1947 年，迪化市总工会认为"各工友工资不一律，如分别以月收入征收，则数目参差不齐，颇费周折"，所以，"为统一手续起见，应照现在工友所得工资最低数 3 万元计算，每月应收会费新币 600 元，比去年增加了 2 倍"⑦。截至 1947 年 5 月

---

① 新疆自治区档案馆：政 3-1-178，"为呈报去年 9 月至本年 5 月底经费收支情形及报告表祈备查由"。
② 《新疆日报》1945 年 3 月 18 日，第 3 版，"本省总工会正式成立，召开第一届代表大会"。
③ 《新疆日报》1945 年 3 月 16 日，第 3 版，"迪化总工会筹备就绪，主席拨给国币 10 万元"。
④ 《新疆日报》1945 年 4 月 20 日，第 3 版，"本市各行工会陆续组织就绪"。
⑤ 新疆自治区档案馆：政 3-1-178，"为呈报去年 9 月至本年 5 月底经费收支情形及报告表祈备查由"。
⑥ 《新疆日报》1945 年 6 月 11 日，第 1 版，"通告迪化市各业工友"。
⑦ 新疆自治区档案馆：政 3-1-172，"迪化市总工会呈责第 17 次理监会会议记录"。

底，迪化市总工会共收经常会费134.78万元。①

其次，新疆的工会在管理运作上，实行规范化的理监事制度，一些县市工会的理监事还佩戴相应的证章。如1947年，迪化市总工会制作了30枚"银质白底蓝字……曰迪化市总工会"②的徽章，发给理监事佩戴。

1934年的《县市总工会组织准则》规定：县市总工会设理事7—11人，监事3—7人。由各该县市代表大会依法选举产生。理事组成理事会，每星期开会一次。理事会设秘书一人，并酌情设置组织科、训练科（掌管所属工会会员训练及纠纷调处事项）、宣传科（掌管全部宣传并指导所属工会之宣传事项）、经济科（掌管工人福利及合作储蓄职业介绍等事项）、总务科。理事会的职权为：①处理会务；②执行代表大会决议；③办理召集代表大会事宜；④接纳、执行会员的建议；⑤调解处理劳资间及各业工会间纠纷等。监事们组成监事会，每月开会一次。职权为：①稽核经费的出入；②审核各种事业的进行情况；③考核职员工作的勤惰及会员的言论行为；④有向理事会咨请复议的权利③。如1947年6月，迪化市总工会统计自1946年9月—1947年5月底的各项收支情形，要备"列表凭证"，以便"监事会逐项审查"④。

最后，工会的经费来源。根据1943年、1947年修正颁布《工会法》规定，具体有：①会员入会费及经常会费。②特别基金。③临时募集金。以迪化市总工会为例，其经费来源构成：①会员的入会费和经常会费。⑤②包工批料的手续费。这条符合工会法规定的特别基金。从1947年3月起，该会请准征收包工批料2%的手续费，截至当年5月底，共收手续费109.9730万元。⑥③演戏募捐和私人捐助。这条符合工会法中的临时募集金。1945年3月31日，迪化市总工会分别在文光剧社和西北剧院，组织了票价为50元的募集基金的戏曲演出，包括白马坡、玉堂春等经典曲目，共12场。⑦截至1946年底，演戏募捐这部分除去戏价及各

---

① 新疆自治区档案馆：政3-1-178，"为呈报去年9月至本年5月底经费收支情形及报告表祈备查由"。
② 新疆自治区档案馆：政3-1-171，"为呈请制作新证章以资佩带，旧徽章作废请核示由"。
③ 新疆自治区档案馆：政2-2-437，"县市总工会组织准则"。
④ 新疆自治区档案馆：政3-1-178，"为呈报去年9月至本年5月底经费收支情形及报告表祈备查由"。
⑤ 此项前文已有叙述，这里不再赘述。
⑥ 新疆自治区档案馆：政3-1-178，"为呈报去年9月至本年5月底经费收支情形及报告表祈备查由"。
⑦ 《新疆日报》1945年3月31日，第4版，"迪化市总工会募集基金"。

种开支，净得107.047万元。① 个人捐助有：1945年3月，迪化市总工会刚成立时，建设厅余厅长捐助国币2.5万元，作为办公经费。② ④政府补贴。如1945年，迪化市总工会成立之初，吴忠信主席鉴于该会经费困难，为鼓励该会员工，特拨款国币10万元，作为该会经费。③

四、工会的功能

（一）经济功能

1. 维护工人权益

1929年南京国民政府颁布的《工会法》规定工会的任务为："介绍职业，调处会员之间纠纷、劳资之间纠纷，设立储金组织、简单医疗机构等经济范围内的活动，工会集体合同的缔结、修改与废除"，"雇主或其代理人在劳资纠纷之调解仲裁期间内不得解雇工人"等，可见，这些条例有维护工人利益的方面，一定程度上保护了劳动者的积极性、主动性和创造性，有利于推动社会经济发展。

成立于1945年的迪化市总工会，对自己任务的规定，充分体现了工会法的精神。内容如下：

> 会员如失业或衰老残废不能工作者，由本会介绍职业或救济。
>
> 为改善或提高工友物质生活，凡对工人有福利之事业，如会员储蓄、劳工保险、医院诊治所之举办，生产消费购买等各种合作社组织均应先后举办，……。
>
> 为提高工人文化生活，得举办识字教育或国民教育，在各区域设立俱乐部游艺场所，使工友有公共娱乐之机会。
>
> 为加强生产效能，提高工人技术水准，对会员业务之指导、技术研究与检查等事项本会负责举办。
>
> 为便利业主与工人互相协调，紧密合作，以发展生产事业，对各产业职业各工会或会员间纠纷事件及劳资间纠纷事件，本会负责调处。④

---

① 新疆自治区档案馆：政3-1-178，"为呈报去年9月至本年5月底经费收支情形及报告表祈备查由"。
② 《新疆日报》1945年3月16日，第3版，"迪化总工会筹备就绪，主席拨给国币10万元"。
③ 《新疆日报》1945年3月16日，第3版，"迪化总工会筹备就绪，主席拨给国币10万元"。
④ 张大军《新疆风暴七十年》第11册，第6427—6428页。

1947年，新疆的政权更迭，物价飞涨，新疆省政府先后发行了面额从2000元到300万元的省票。政府相应地增加了公务员的补助。当时办事员月收入（月薪＋补助）在25.8万—28万元，咨议在30万—39万元。面对这种经济状况，各业工人的工资也应该随之调整，以便适应生活需要。为此，迪化市总工会分别组织缝纫职业工会、皮毛革职业工会召开了常务会议。这两个职业工会都通过了"决议本行业内10月份工资价目的议案"①。又如：1948年8月，每天的物价都在飞涨，如8月23日，面粉每百斤已达400万元，羊肉每老斤20万元，清油每斤18万元②。面对这种情况，迪化市总工会为了"彻底执行工价管制，配合国家经济政策"，分别召集迪化市各同业工会负责人，议定各工种的工价，经物管会执行处核准实施。下述工价跟前文提到的1947年相应工种的工价提高了不少：浆洗工，每天20万元。厨师、鞋帽工，每天30万元。铁工、油漆裱糊工，每天大工70万元。机械技师，大工每天100万元。此外，泥瓦工、木工，每天大工70万元，小工40万元。铁工、油漆裱糊工，每天大工70万元。印刷工、成衣工，每天大工60万元③。

2. 维护经济秩序

经济秩序是关于市场的法律、法规、政策、计划等对经济活动规范的全体。为有效规范市场主体和市场交易行为，达到规范和调整市场主体经济利益关系，达到使市场有序运行的目的，建立良好的经济秩序称为必然；而良好的经济秩序，对于发展经济，维护社会稳定，无疑具有重要作用。

此处以1945年迪化市总工会维护建筑领域的经济秩序为例。当年，迪化市的工程建筑领域，有"各机关法团的大量土木工程及其它大小零碎活计，均系雇工包作，其间难免有投机取巧者，假名包工与工人不度量力、图利冒包及不按规定按期完工或将所领包工款挪作他用"，以致影响整个工程等种种情事，而业主亦或间有不顾工资物料之昂低，导致"滋生纠纷"。为维护建筑领域的正常秩序，使各机关法团"不致受损失与便利业主及工人互相协调起见"，迪化市总工会召开了第2次理监事联席会议，根据会章中有关规定，决议："各业工人包工合同得由敝会证明，方为有效。"④1947年，该会又重申：凡有工人向各机关订立包工

---

① 新疆自治区档案馆：政3-1-157，"为呈赍迪化市总工会10月份工作情形月报表祈备查由"。
② 新疆维吾尔自治区供销社联合社、新疆维吾尔自治区档案馆合编《民国时期新疆合作社档案史料选编（新疆档案增刊）》，第561—562页。
③《新疆日报》1948年8月26日，第4版，"市总工会议定本市各业工资"。
④《新疆日报》1945年4月14日，第4版，"迪化市总工会通告"。

批料的合同,为了"避免转包层层剥削之流弊","必须由迪化市总工会盖章证明,方为有效"。如果有工人不履行此项办法,那么总工会就会要求工商局追缴已发的包工证,取消其包工资格①。到1947年3月,迪化市总工会获准向包工批料者征收2%的手续费②。

(二)社会功能

1. 创办福利事业

南京国民政府制定的《县市总工会组织准则》于1934年在新疆颁布后,虽然各县市也开始遵照推行,但工会发展一直很缓慢。直到1944年国民党治新,并于1945年3月成立迪化市总工会后,有关工人的各项福利事业才逐步开展起来。

其实,早在1934年9月,国民党中央执行委员会民众运动指导委员会就曾号召全国各省成立涉及人力车夫的"福利会或俱乐部"。因为他们从事的体力劳动异常艰苦,国民党中央执行委员会民众运动指导委员会认为:"若长此任其散漫而无组织,殊失本党扶植劳工之旨,且将影响当地秩序……(故)人力车夫,应准组织工会。如各地有限于环境,事实确有困难者,得令暂缓组织。"但当地党部应协同政府、社会热心公益人士,"筹设人力车夫福利会或俱乐部,以谋该项车夫生活之改善及知识之增进"③。据时人记载,新疆首府迪化直至1933年时,普通人出行一般"均藉骑行,或乘北方通行之骡车,富者则备有俄国马车。汽车只省府及邮务局有之,私人自备者,舍此实未之见"④。另据时人回忆,民国年间迪化城中主要的交通工具是马车、驴车、马拉四轮槽子车、六根棍马车,以及马拉皮包车。⑤由于没有人力车夫,所以新疆没有创办针对人力车夫的职业工会或俱乐部。

民国时期,新疆经济凋敝、财政拮据、物价飞涨。为维持生计,省政府1935年成立迪化公务员消费合作社,以廉价配售给公务员粮食及日常生活必需品,来解决生活困难。一些省营企业和地县政府也纷纷行动起来,成立平价性质的合作

---

① 新疆自治区档案馆:政3-1-172,"迪化市总工会呈责第17次理监会会议记录"。
② 新疆自治区档案馆:政3-1-178,"为呈报去年9月至本年5月底经费收支情形及报告表祈备查由"。
③ 新疆自治区档案馆:政2-2-437,"应迅为筹设人力车夫福利会或俱乐部以谋该项车夫生活改善知识增进通达查照由"。
④ 吴绍璘《新疆概观》,南京仁声印书局,1933年,第130页。
⑤ 乌鲁木齐市政协学习文史委员会编《民国旧事札记——感悟乌鲁木齐》,乌鲁木齐:新疆人民出版社,2007年,第308页。

社，为民众谋取福利。如：1945年省营制酸厂成立员工消费合作社[①]，1941年乌什县成立了民众平抑合作社[②]。面对这种情况，"为改善工人生活，调整各业工作，举办保健，倡兴福利计"[③]，1945年6月迪化市总工会也决定成立"各业工人产销合作社，……以新币400百万元为资金，每股以新币400元为股本"[④]。该社业务方面设置3个部门，分办各项业务。具体为：①生产部：供给一切工业用品及建筑材料以及制造金属、木作之器物与缝纫、皮革、靴鞋等制成品等业务。②供销部：供给米、面、油、盐、布及日常生活必需品，并办理各项生产品之运销及储存等业务。③保健部：办理社员之疾病医疗，供给药品及慈善救济等事项[⑤]。

此后，迪化市总工会在1947年1月召开的第8次理监事会议上，又决定成立工友福利社，并颁布了《工友福利社章程》[⑥]。该社的宗旨是：改善工友生活、调整各业工作与联系，助长其经济利益，谋全体工友之福利。该社成立的基金由迪化市总工会计划筹备省币2000万，并发动各业工友入股。这个福利社有生产部、供应部、保健部、文化部、服务部五个部门。这些部门的主要业务内容为：生产部供应一切工业用品、建筑土木、金石材料与缝纫皮革，靴鞋衣帽的制造业务。供应部供给米、面、油、盐、布匹及日用必需品，并办理各项工业品的销售业务。保健部办理药品，聘请专医供应会员及免费治疗贫困工友的救济事项。文化部办理书报室、出刊室、工人壁报、工友俱乐部、会员恳亲会、科技研究会、消防会等，各项娱乐设置。服务部办理工友寄宿舍、工友理发社、工友成衣社、工友食堂等。最后，还规定了盈利分配情况。以20%为社内人员的奖励金；以40%为公积金；另外的40%为公益消耗金。

因为资金一时难以筹办齐全，遂决定先成立工友理发社3处[⑦]，工友成衣社3处，工友弹棉社3处。工会会员只要持有会员证，到这三个福利社理发、做衣服、弹棉被，都按照市价享受8折优惠。实际落实情况为，截至当年10月，工

[①] 档案资料，"省营制酸厂员工消费合作社章程"，见新疆维吾尔自治区供销社联合社、新疆维吾尔自治区档案馆合编《民国时期新疆合作社档案史料选编（新疆档案增刊）》，第533页。
[②] 新疆维吾尔自治区供销社联合社、新疆维吾尔自治区档案馆合编《民国时期新疆合作社档案史料选编（新疆档案增刊）》，第532页。
[③] 新疆维吾尔自治区供销社联合社、新疆维吾尔自治区档案馆合编《民国时期新疆合作社档案史料选编（新疆档案增刊）》，第553页。
[④] 新疆维吾尔自治区供销社联合社、新疆维吾尔自治区档案馆合编《民国时期新疆合作社档案史料选编（新疆档案增刊）》，第554页。
[⑤] 新疆维吾尔自治区供销社联合社、新疆维吾尔自治区档案馆合编《民国时期新疆合作社档案史料选编（新疆档案增刊）》，第558—559页。
[⑥] 新疆自治区档案馆：政3-1-157，"为呈赍福利社章程及组织理发社等祈备查由"。
[⑦] 新疆自治区档案馆：政3-1-157，"为呈赍福利社章程及组织理发社等祈备查由"。

友理发社和成衣社都按照原计划成立了3处，只有弹棉社成立了2处①，比原计划少了1处。1949年5月3日，迪化市总工会附设的新新理发社正式开业，工会工友来理发一律半价优待②。

到了1947年8月，"为健全组织，加强团结工友与谋工友幸福起见"，经迪化市总工会与各分会理监事联席会议决议："在迪化老君庙院内成立迪化市总工会工友俱乐部。建筑费预算为省币2000万元，并决定每月初一、十五各演义务戏或电影一天，免费招待工友，以符提倡正当娱乐及团结工友之本旨。"③1949年4月15日，迪化市总工会召开理监事会议，决定成立诊疗所，使会员"均可保证免费看病"④。

民国年间的"五一劳动节"，是工人们的节日。当天新疆的工会与政府部门合作，也会举行庆祝活动，并对工人提供一定的福利。如1949年4月18日，为纪念五一劳动节，经省府社会处、宣委会、市警局、警备司令部、邮务工会、迪化市总工会等机关团体开会决定：届时在迪化和平广场举行游艺活动，五一当天各工厂作坊放假一天，市府发动各戏院义务表演佳剧。晚间各影院免费或半价招待工人。⑤

早在1945年3月迪化市总工会的成立大会上，工会主席宋振禄曾说："工会的成立，就是为了提高工友的文化水准、改善工友们的生活。"⑥迪化市总工会上述一系列为工人谋福利的行为，相对于政府设立的公务员消费合作社为公务员谋福利的深度与广度上而言，不具有可比性；但作为一种民间社团，一定程度上还是为改善工人的生活，做了一些好事。

2. 参政议政

民国时期的新疆，政治生活领域虽然充斥着黑暗闭塞和独裁专制，但伴随着全国形势的变化，还是出现了较大的政治近代化变迁。特别是民国年间成立的一些社团组织，如参议会、商会、工会等，都积极活跃地参与社会政治活动，对于反映民意、维护公众利益，推动新疆民众参与社会监督和管理，发挥了有益作

---

① 新疆自治区档案馆：政3-1-157，"为呈赍迪化市总工会10月份工作情形月报表祈备查由"。
② 《新疆日报》1949年5月5日，第2版，"迪化市总工会附设新新理发社开幕启事"。
③ 新疆自治区档案馆：政3-1-194，"为拟成立工友俱乐部请核示由"。
④ 《新疆日报》1949年4月16日，第2版，"市总工会决定设理发馆·诊疗所"。
⑤ 《新疆日报》1949年4月19日，第2版，"纪念五一劳动节，办法昨已决定，各厂工人均将放假一天"。
⑥ 《新疆日报》1945年3月18日，第3版，"本省总工会正式成立，召开第一届代表大会"。

用，一定程度上推动了新疆的政治近代化进程。

作为一种社团组织，新疆的工会积极参与一些政治公共事务，起着沟通政府与民众的中介作用。如1936年，因国民政府公布了《国民大会代表选举法》，新疆应选出的国民代表大会名额是12个。5月14日，新疆为此划分为3个选举区进行选举，此外新疆还产生农会代表1名、工会代表1名、商会代表1名[①]。

又如新疆和平解放前夕，包括迪化市总工会在内的一些社团，四处活动，积极促进新疆和平解放。如1949年9月11日，迪化市总工会、市参议会、市商会、县参议会、伊斯兰商会等各族人民团体，举行和平问题座谈会，决定成立全省拥护和平促进会。当天迪化市总工会、商会、参议会等社会团体通过的决议中还决定印制各种文字的宣传品，向人民广泛宣传包尔汉关于和平起义的主张[②]。

五、评价

民国年间新疆的工会作为代表新疆工人阶级的社团组织，虽然发挥了一定的经济功能和社会功能，但就其自身而言，存在诸多不足之处。

首先，在维护工人阶级中的弱势群体方面，如临时工、童工、女工等，新疆的工会没有发挥自身该起的作用，往往由上级主管部门——1945年3月正式成立的新疆省政府社会处[③]进行这方面的督导。如1946年新疆的工厂雇佣工人时，"往往不论工作性质及期间如何，多称为临时工人"。新疆省政府社会处为此指令迪化市总工会知照：这种"劳资纠纷亟应予以纠正"，雇佣的临时工人"不得超过该厂工人总数的10%"[④]。针对新疆工厂雇佣童工、女工的情况，1946年颁布的《新疆省政府施政纲领》中专门强调："促进劳资协调，改善劳动条件，并保护童

[①] 蔡锦松《新疆近代史事记》，见《新疆烈士传通讯》1993年第1期，31—32页。
[②] 《新疆日报》1949年9月12日，第2版，"拥护主席和平号召，各族团体开座谈会并通过三项重要决议"。
[③] 新疆省政府社会处的职权范围包括行政工作、福利与救济、社会调查三方面。行政方面工作包括：指导人民团体的组织与活动，并策其发展；促进劳资协调，发展生产事业；实施职业团体之管制等。社会福利与救济方面，针对工人的工作主要是促进劳工福利，推行职业介绍，提高工作兴趣。社会调查方面的工作包括调查生活费指数、编制工资指数等。见张大军：《新疆风暴七十年》（第11册）台北兰溪出版社有限公司，1980年，第6418—6419页。另外，1943年颁布的《工会法》第1章第5条规定：工会之主管官署，在中央为社会部，在省为省政府，在县市为县市政府。——作者注。
[④] 新疆自治区档案馆：政3-1-153，"为奉令工厂与工人订立工作契约启用临时工人释例函请转饬所属知照由"。

工、女工。"①其实，早在1932年12月，南京国民政府颁布的《工厂法施行条例》中，就有关于雇佣童工的规定：如"凡未满14岁之男女，工厂不得雇佣为工厂工人"；"14岁以上未满16岁者为童工，只准从事轻便工作"；"童工每日工作时间不得超过8小时"；"童工不得从事如下危险工作，如高压电线之衔接，处理有爆发性、引火性或有毒质的物品"。关于雇佣女工的规定："女工在分娩前后应停止工作共8个星期。其入厂工作6个月以上者，假期内工资照发。不足6个月者，工资减半发给。"为此，新疆省政府社会处于1947年5月通知卫生署等相关部门，要求按照工厂法中有关童工女工工作时间及保障健康的条文，"随时调查（新疆）境内各工厂，协同指导改善为要"②。

其次，新疆工会创办的福利事业，成效不大。如在物价飞涨的年代，针对公务员的福利机构——迪化公务员消费合作社1935年就成立了，以实现公务员的生活"米面充裕、油盐无缺"③为目标。1942年底市面的面粉价格"每百斤要40—50元"④，当年11月，公务员消费合作社售给社员的"白面120斤，合4.8元"，比市场价便宜了十倍之多。而针对工人的福利机构——工人产销合作社等，1945年才成立，且具体目标落实不佳。1947年迪化又成立了工友福利社，但由于资金困难，最后仅成立了理发社、成衣社、弹棉社这三个方面的福利机构；和工人生存攸关的米、面、食用油等方面的福利问题，始终没有解决。

最后，经费短缺，运转困难。以迪化市总工会为例，该会的经费来源虽然有四项，即会员入会费及经常会费、包工批料的手续费、募捐及私人捐助、政府补贴，但仍然"经费支绌"。1946年9月间"涓滴无入，一直亏欠员役及债（务）150万元"，后经"演戏募捐，以资弥补，共募集新币216万多元"，但除发员役薪饷外，仍欠"50余万"。到1946年底，又"积欠员役3个月薪饷100余万元"。该会申请银行贷款无果，不得不召集理监事联席会议，向每位理监事暂借"新币3万元，凑齐50余万元"。另由职业工会私垫50万元，"始得应敷过年"⑤。该会声称，若"以本年建筑工程估计，倘能按照请准包工批料者征收2%的手续

---

① 张治中《从迪化会谈到新疆和平解放》（新疆文史资料选辑第21辑），乌鲁木齐：新疆人民出版社，1987年，第62页。
② 该自然段中引号中的文字均见新疆自治区档案馆：政3-1-178，"为呈送卫生署准社抄发工厂法中有关童工女工工作时间及保障健康条文呈请查照办理由"。
③ 《新疆日报》1942年8月9日，第3版，"公务员消费合作社半年来工作概述"。
④ 《新疆日报》1942年11月14日，第4版，"公务员消费合作社的一日"。
⑤ 新疆自治区档案馆：政3-1-178，"为呈报去年9月至本年5月底经费收支情形及报告表祈备查由"。

费,则工会经费毫无困难,且绰绰有余"。唯该项"手续费征收困难,以致无法弥补"① 经费亏欠一事。

同时,新疆工会与同一时期祖国内地的工会相比,也存在较大差异。其一,新疆的工会成立时间晚。虽然新疆省党务指导委员会于1934年颁布了《县市总工会组织准则》,但工会发展一直很缓慢。直至1944年国民党治新后,才迅速发展起来。如1946年3月,迪化成立了车驼运输工会,有会员200多名②。当年4月,迪化又成立皮毛革职业联合工会,有会员100多人③。而内地省份自南京国民政府1929年颁布《工会法》后,国民党就在各地纷纷设立自己控制的工会。1935年,国民党还在上海成立了具有全国性质的总工会——中国劳动协会(简称中国劳协),成为联合全国各地工会的中心力量。

其二,新疆的工会组织自产生之日起,就完全由国民党控制,具有合法性、稳定性、官办性,是国民党政府维护自身统治的工具④。南京国民政府1943年修正颁布的《工会法》明确规定:工会的主管官署,在中央为社会部,在省为省政府,在县市为县市政府。主管官署有如下权力:工会之选举或决议,有违背法令或章程时,主管官署得撤销之;政府主管官署有解散工会的权力;工会理事、监事有违背法令或失职情事时,主管官署得将其解职或予以警告。而民国时期的祖国内地既有共产党领导、创建的工会⑤,也有国民党控制、组建的工会组织⑥。

由于新疆孤悬塞外,交通不便,种族复杂,工业落后,政治环境特殊,新疆的工会在国民政府的号召下诞生,并于1944年国民党治新后发展起来。如1945

---

① 新疆自治区档案馆:政3-1-178,"为呈报去年9月至本年5月底经费收支情形及报告表祈备查由"。
② 新疆自治区档案馆:政3-1-157,"为呈报组织车驼运输工会成立日期及选定理监事名单祈备案"。
③ 张大军《新疆风暴七十年》(第12册),台北兰溪出版社有限公司,1980年,第7208页。
④ 新疆的红色地下工会不多,仅见于资料记载的是1945年11月,新疆的地下革命组织战斗社成员王怀品在新疆日报社工人中组建的地下工会,但随着王怀品离开新疆去解放区,这个地下工会遂于1946年4月停止了活动。该地下工会记载见《乌鲁木齐文史资料》第13辑,第33页。——作者注。
⑤ 1921年共产党成立后不久,就领导并创建工会,还成立了全国工人运动的领导机构——中国劳动组合书记部,发动了第一次工运高潮。如共产党领导的1923年京汉铁路工人大罢工,又称"二七大罢工"。1925年,在广州成立共产党领导的中华全国总工会。1927年"四一二"反革命政变后,中国共产党领导下的上海总工会和各工会被查封,都转入地下。——作者注。
⑥ 按,近代上海工业相对发达,工人数量较多,为了有效控制工运活动,1927年国民党南京政府成立后,国民党先后在上海成立了工会组织统一委员会(工统会)、工人总会(工总会)、工会整理委员会(工整会),作为控制工人运动的工具。1931年12月,在国民党上海市党部的支持下又成立了上海市总工会。1935年,国民党在上海成立的中国劳动协会(简称中国劳协),是全国性工会,它作为劳工文化团体由国民党中央社会处管辖。1938年,中国劳协以中国工会全国总组织的名义,加入国际工会联合会。

年迪化市总工会①成立的第一届代表大会上，理事为宋振禄、殷伯平、张鸿典等7人，孙志堃、陈尚礼、玉赛音3人为监事。首届工会主席宋振禄在大会上发言："政府拨给巨款派员指导，（才）筹备告成。"来参加会议的新疆省党部代表谢处长讲道："本党素来重视工人，国民党对工人生活的改善有很多的计划……大家一定能够把政府的一切法令一切实施执行得很好。"②可见，新疆的工会虽然名义上是工人的组织、并为工人服务，但其组织建设始终处于国民党当局的监督控制之下。

抗日战争及解放战争期间，国民党政府颁布的《非常时期工会管制暂行办法》（1941年）以及1943年、1947年先后两次颁布修正的《工会法》，都以强调战时非常时期为名，加强了对工人运动的控制。如《非常时期工会管制暂行办法》规定：县市政府或直隶市的社会局有权指导建立基层工会组织；有权调整或变更工会理事与监事；有权委派工会书记等。1943年、1947年先后两次颁布修正的《工会法》又规定：在非常时期，不得以任何理由宣布罢工。

由于新疆的工会组织始终处于国民党的监督之下，再加上国民党对工人运动的控制，所以民国时代的新疆，很少爆发大规模的工人运动。唯一一次较大规模的工人运动发生于1946年9月17日，新疆日报社工人为讨回被拖欠的两个月工资而罢工3天，这次罢工是在当时新疆的一个地下革命组织——战斗社③成员的领导下进行的。该次罢工使各种汉、维、哈等文字版的《新疆日报》停刊3天，迫使国民党省政府代表刘孟纯答应了工人提出的全部条件，取得了罢工的全面胜利。

我们知道，成立工会组织的主要意图，是为了维护工人权益，可以与雇主谈判工资薪水、工作时限和工作条件，等等。由于国民党倡导新疆工会成立的目

---

① 按，《乌鲁木齐市志》（第5卷，政治）一书第91页认为：迪化市总工会是由工业资本家和手工业主组成的属于同业行会性质的团体。该书作者没有搞清工商同业公会与工会的区别。工会的会员必须是工人，1943年《工会法》第3章第13条对此有明确规定，"同一产业或职业之被雇员役，除代表雇主行使管理权者外，均有工会会员资格"。所以工业资本家、手工业主、经理人按照相关法律规定是不能加入工会的，他们只能加入工商同业公会（见拙文《民国后期新疆的工商同业公会刍议》，《西域研究》2010年第4期）。

② 《新疆日报》1945年3月18日，第3版，"本省总工会正式成立，召开第一届代表大会"。

③ 按，原名"新疆共产主义者同盟社"（曾在1947年与"三区革命民主青年团"合并为"新疆民主革命党"），是一个反对国民党的地下革命组织。1944年11月7日成立于乌鲁木齐。该社以信仰共产主义为政治主张，选举韩世翼为社长，张志远、李玉祥任组织委员，赵普林、王笃任宣传委员，到1946年该社成员已由最初的8名发展到了34名。1948年11月开始出版地下周刊《战斗》，由此，该组织也被称为"战斗社"。

的是最大限度地缓和社会矛盾，巩固自身统治，所以新疆的工会维护工人权益的作用相当有限。但这一时期新疆的工会将分散的工人联系起来，形成新的社会力量，成为工人阶层积极参与社会公共事务管理，反映民意、维护民生的一个重要渠道，如协调劳动关系（涨工资）、稳定社会经济秩序、参政议政等方面，新疆的工会承担了一些社会管理方面的职能，发挥了一定的有益作用。

（本文原载《西域研究》2013年第4期，第39—48页；又全文收入中国人民大学书报资料中心复印报刊资料《工会工作》2014年第1期。略有增补修改）

史前"青铜之路"与中原文明

刘学堂　李文瑛

序

　　石器时代东西方人群的远距离迁徙①，初步奠定了内陆欧亚人类及文化分布的基本格局。进入青铜时代后，东西方人群的迁徙更加频繁、规模渐大、人群文化深度接触与交融，文化传播的途径与方式也有了深刻的变化。这一时期，欧亚大陆西东向的文化交流可以用史前"青铜之路"来概括，东西向的文化交流可以用史前"彩陶之路"来概括，关于后者我们将另文介绍。与汉代开始形成的丝绸之路并非单指东方丝绸的西向传播，而指的是以丝绸为主要媒介的东西文化交流一样，史前"青铜之路"涵盖的内容也很多。起源于欧亚西部的青铜技术西东向传播不仅发生的时代早，传播过程中还具有持续广泛、对沿途文化的影响全面和深刻等重要特征，所以我们将青铜时代西东向文化交流传播的道路称为史前"青铜之路"。近年来，随着中亚和中原新的考古发现和多学科研究突破，学术界对史前"青铜之路"有了全新的认识，研究领域不断拓展。从目前的研究看，随着史前"青铜之路"的开辟，至少还有小麦的种植技术、羊和牛的驯养技术西东向的传播，这些都构成了史前"青铜之路"研究的内容。相信随着史前"青铜之路"概念的确立和相关研究的推进，史前"青铜之路"的内涵将会不断得到丰富。

　　史前"青铜之路"的形成和繁荣时期，正是中原文明起源与发展的关键阶段。中原文明的起源是多种因素碰撞交融与发展的结果。20世纪末到21世纪初，中亚的东部、特别是新疆地区以及中原黄河流域，田野考古和科技考古一系列

---

① 刘学堂《石器时代东西方文化交流初步研究》，《新疆师范大学学报》2012年第4期。

的新发现和研究上的突破，使学术界强烈地意识到，在中原文明的起源过程中，外来因素也起到了举足轻重的作用。这些外来因素引发了中原地区的"青铜革命"①，"青铜革命"对推动中原文明起源进程，起到了某种杠杆作用。所以，史前"青铜之路"的研究，对探索中国早期文明起源所具有的重要意义不言而喻。

一、青铜器技术西东向传播

内陆欧亚的青铜技术最早发生在这一区域的西南部，然后向周围传播，其中南北向和西东向的传播是青铜技术传播的主要方向和途径。

（一）中亚西部早期铜器的发现

冶铜术的发明及青铜器的制作和使用，是人类文明史上具有划时代意义的一件大事。土耳其东南部的卡育努（Çayönü Tepesi）遗址出土有50余件天然铜制品，时代约在公元前7000年，是目前所知世界上最早的铜器。公元前第5千纪，人工冶炼的铜制品开始在西亚两河流域和伊朗高原出现，标志着冶铜术已经诞生②，并开始向周边区域流布。

青铜技术东向传播首先进入中亚南部绿洲区。中亚南部绿洲区新石器时代安诺遗址（Anau）的文化层中发现了少量纯铜器，均为锻造，器形有小铜片卷成铜珠的半成品。同一区域的纳马兹加遗址（Namazga）有很厚的文化堆积层，表明这一史前聚落连续使用了数千年。在属于铜石并用时代的文化层中，出土了少量铜针和别针、作为工具使用的厚重铜片以及用铜片锻打的凿形器物等。其后，纳马兹加遗址文化层中自下而上铜器数量不断增多，器类逐渐丰富，有尖头的双刃刀、锥和别针，不少的边刃器，如镰和斧，还有用金属丝围成的环饰，以及铜镜等，出现了内外范合铸成的有銎斧。位于上部属于青铜时代的文化层，绝对年代为公元前3000年前后，青铜制器技术达到新的高度，青铜文化出现全新面貌。这一时期发现的装饰品有铜环和特征突出的双螺旋别针；武器中有短匕首、短剑和有銎斧，另外还出现风格一致的金属印章。双螺旋别针和金属印章的出现，明显是西亚传统的青铜文化因素流布中亚的结果。青铜时代以后，中亚南部许多重要的遗址普遍发现青铜制品。伊朗东北希萨尔遗址（Hissar）出土有锛、凿、单刃刀等工具，短剑、矛、管銎斧等武器，菌状首别针、双螺旋别针、顶部有立

---

① 韩建业《略论中国的"青铜时代革命"》，《西域研究》2012年第3期。
② 梅建军《中国的早期铜器及其区域特征》，待刊稿。

兽装饰的别针、环饰构成的手镯、有柄铜镜等装饰品，还有碗盆类、杯、单把罐、高颈罐与瓶等生活中常用的青铜容器；卡尚地区的锡亚尔克遗址（Sialk）出土的铜器中有斧、凿、双刃尖头刀、锥、针、别针等工具和武器，珠子、环饰等装饰品，另外还有较多的金属容器。西亚的中亚南部最早发展起来的青铜冶制技术，快速在北方的欧洲草原和亚洲草原传播，总的来看，亚洲草原金属器的出现要晚于欧洲草原。青铜器在中亚北部草原的传播线路比较清楚。位于亚洲西部草原加林—波尔文化（Garin-Bor）的发现表明，这里在公元前3千纪初普遍发现青铜器，类型有柄刃分界不明显的双刃刀，形态非常原始的空首斧，圆牌和卷曲状的青铜装饰品。青铜器沿着欧亚北部森林草原向东分布，公元前3千纪中叶到公元前2千纪初的阿凡纳谢沃文化和奥库涅沃文化中普遍发现青铜器。阿凡纳谢沃文化中有形体很小的工具和武器，以及弹簧状的装饰品；奥库涅沃文化的工具有嵌入式刀和锥，武器中有柄刃分界明显的短剑，銎孔锻打的矛，装饰品主要是环饰[1]。青铜冶制技术经中亚南部绿洲区的东向传播，应该也是一条重要通路，只是我们目前对这条线路的情况了解还不多。

虽然中亚西部不同区域进入青铜时代的绝对年代不完全一致，但总体来看，公元前5千纪是青铜文化的初创期，公元前4千纪是青铜文化的发展期，公元前3千纪是青铜文化的成熟和繁荣期，公元前2千纪进入青铜文化逐渐衰落的晚期阶段。

（二）新疆地区发现的早期铜器

与中亚西部毗邻的新疆地区，可能在公元前的3千纪开始就陆续有了青铜器，只是目前很少发现属于这一时期的青铜文化遗存。公元前3千纪末到公元前2千纪前半叶，成熟和繁荣的青铜文化突然出现在天山的部分区域。

1973年，新疆天山的乌帕尔苏勒巴俄遗址采集有17件铜器，其中12件是小铜块，看不出器形，4件为残细棒，1件是小铜珠。这是一处细石器遗址，同时还采集到夹粗砂的红陶片和非几何形的细石器等。发现者观察了遗址中铜器、石器和陶器的埋藏关系，认为三者是夹杂在一起被风吹出来的，局部还半掩埋在沙层中。发现者认为其文化内涵与中亚公元前第4000年至第3000年末的克尔捷米纳尔新石器文化相似，进而推测乌帕尔苏勒巴俄铜器的年代在公元前第3000年左右。[2] 如果这一看法无误，这是新疆地区发现的年代最早的铜器。1979年，在

---

[1] 杨建华、韶会秋《中国早期铜器的起源》，《西域研究》2012年第3期。
[2] 王博《新疆乌帕尔细石器遗址调查报告》，《新疆文物》1987年第3期，第3—15页。

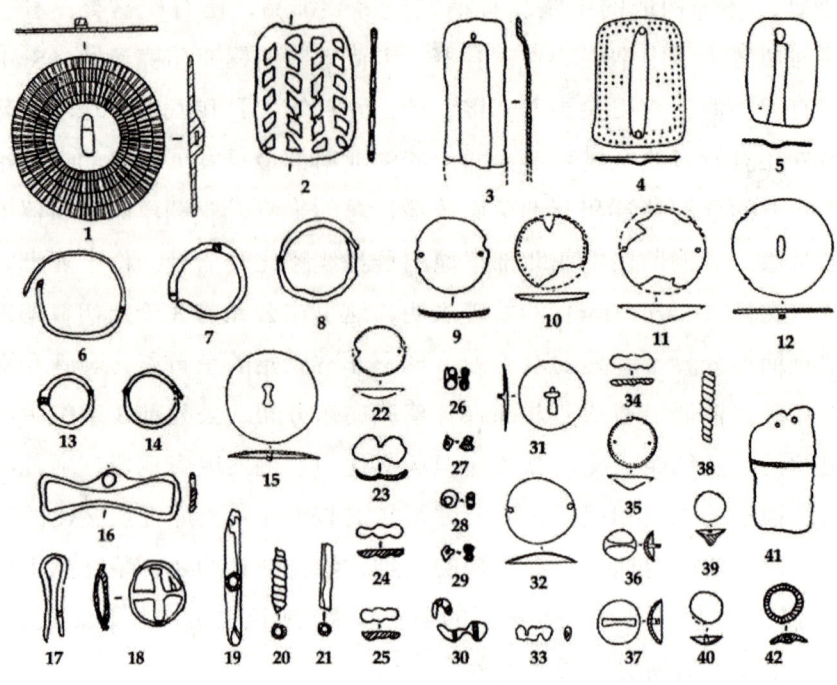

图 1 新疆哈密天山北路墓地出土铜装饰品

1 镜 2 镂孔牌饰 3—5、41 长方形牌饰 6 手镯 7、8、13、14 耳环 9—11、15、18、22、31、32、35—37、39、40、42 扣饰 12 镜形饰 16 亚腰牌饰 17 别针 19—21、38 管饰 23—30、33、34 连珠饰

罗布淖尔孔雀河古墓沟墓地发掘的 42 座墓葬,只见有零星的小铜件,不过出土的大量木器上遗留有明显用金属工具砍削过的印迹①,暗示了当时青铜工具的广泛存在。1934 年,瑞典人贝格曼调查罗布泊小河五号墓地时未见陶器和铜器②。

2002—2005 年考古工作者对这一墓地的全面发掘表明,小河人掌握着先进的冶铜和制铜技术。在墓地木棺前竖立的反映生殖崇拜的男神、女阴立木的顶部,具有与上天沟通意味的高大涂红木柱(高 4—5 米)的根部常常嵌入小的铜片,墓主人身下也常见小铜片随葬。另外还发现有带銎铜镞、具钮的圆形铜镜、耳环等。③孔雀河古墓沟墓地和小河墓地属于同一考古学文化——小河文化。据

---

① 王炳华《新疆地区青铜时代考古文化试析》,《新疆社会科学》1985 年第 4 期,此据氏著《丝绸之路考古研究》,乌鲁木齐:新疆人民出版社,1996 年,第 148 页。
② [瑞典] 贝格曼《新疆考古记》,王安洪译,乌鲁木齐:新疆人民出版社,1997 年,第 93 页。
③ 新疆文物考古研究所小河考古队《罗布泊小河墓地考古发掘的重要收获》,《吐鲁番学研究》2005 年第 1 期。

所测的碳十四数据,小河文化的年代在公元前 3 千纪末到公元前 2 千纪前半叶①。

20 世纪 80 年代,新疆东部天山哈密盆地天山北路墓地发掘的 700 余座青铜时代早期的墓葬中出土了大量铜器。1998 年,笔者对这一墓地 290 座墓葬中出土的铜器进行了统计,有 500 多件,因此推测整个墓地出土铜器的总数当以千计。天山北路墓地一座墓葬内经常出土数件甚至数十件青铜器。这里的青铜器主要为装饰品,其次是生活用具和生产工具。装饰品中常见有耳环、手镯、簪、牌饰、扣、珠、管、镜、铃铛等。生产工具和武器中最多的是铜刀,还零星发现有斧、剑、锥、镞等。天山北路墓地是目前为止中国境内早期青铜器出土数量最多、类型丰富、青铜技术相对发达的重要文化遗存,对研究史前"青铜之路"形成与发展提供了重要材料。将墓地出土的大量彩陶器的类型和特征与河西走廊马家窑文化马厂类型和四坝文化同类器物比较,发现它们之间存在密切联系,结合碳十四数据分析,天山北路墓地使用的年代在公元前 3 千纪末到公元前 2 千纪中叶②。

(三) 甘青地区发现的早期青铜器

1975 年,甘肃东乡林家马家窑遗址出土一件青铜刀,是甘青地区目前所见最早的一件成型的铜器,年代不早于公元前 3 千纪③。此后甘青地区马家窑文化马厂类型的个别墓葬中,发现属于公元前 3 千纪下半叶的零星铜器④。进入公元前 2 千纪初以后,青铜冶制技术突然在这一地区的四坝文化和齐家文化中快速发展起来,出现了数量多、类型丰富、特征明显的青铜器群。

分布在河西走廊西部的四坝文化,年代在公元前 2 千纪前半叶的范围内⑤。四坝文化的墓葬和遗址中普遍发现青铜器。1976 年和 1990 年发掘的四坝文化玉门火烧沟墓地的 329 座墓中,有 123 座墓出有铜器,总数超过 200 件。1987 年,民乐东灰山清理的 249 座四坝文化墓葬中出土铜器 16 件,同年酒泉干骨崖清理

---

① 王炳华《孔雀河古墓沟发掘及其初步研究》,《新疆社会科学》1983 年第 1 期;伊弟利斯·阿不都热苏勒、李文瑛等《罗布泊地区古代人类活动》,载夏训诚主编《中国罗布泊》,北京:科学出版社,2007 年,第 390—447 页。

② 刘学堂、李文瑛《中国早期青铜文化的起源及其相关问题新探》,《藏学研究》第三辑,成都:四川大学出版社,2007 年。

③ 甘肃省文物工作队等《甘肃东乡林家遗址发掘报告》,《考古学集刊》第 4 集,北京:科学出版社,1984 年,第 111 页;孙淑云、韩汝玢《甘肃早期铜器的发现与冶炼、制造技术的研究》,《文物》1997 年第 7 期。

④ 梅建军《关于中国冶金起源及早期铜器研究的几个问题》,载北京科技大学冶金与材料史研究所、北京科技大学科学技术与文明研究中心编《中国冶金史论文集》第四辑,北京:科学出版社,2006 年,第 11—24 页。

⑤ 李水城、水涛《四坝文化铜器研究》,《文物》2000 年第 3 期;李水城《中国西北地区的早期冶铜业及区域文化的互动》,《吐鲁番学研究》2002 年第 2 期。

的 105 座墓葬中出土 48 件铜器。此外，安西县鹰窝树的四座四坝文化墓葬发现 7 件铜器、民乐西灰山四坝文化遗址发现残铜器 2 件、甘肃永靖秦魏家 138 座墓中有 3 座出土铜器 3 件，秦魏家遗址和灰坑中还出土有铜锥、小铜斧和铜饰等。据最近的统计，四坝文化出土铜器近 300 件。① 四坝文化青铜器类型主要有环首刀、锥、削、泡饰、连珠饰、扣饰、四羊首权杖头、耳环、手镯、镞、穿銎斧、匕、斧、凿、镰、管、钏、钿丝、耳环、鼻饮、圆形铜饰等，这些青铜器有相当一部分与哈密天山北路墓地所见类同，说明两者之间存在着关系。

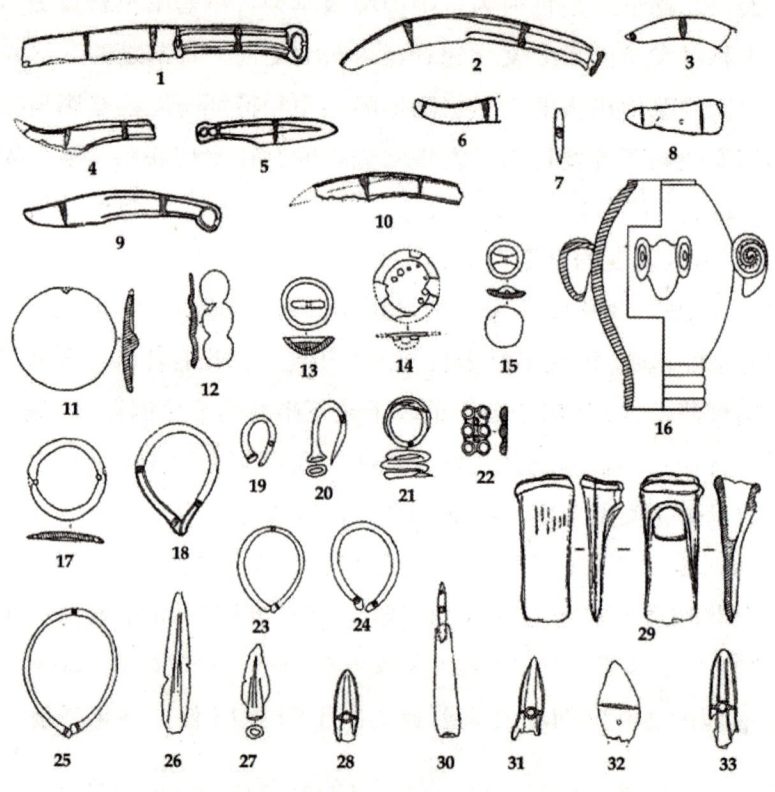

图 2　火烧沟遗址出土的铜器

1、5、9 环首刀　2、3、4、6、10 刀　7、30 锥　8、32 削　11、17 泡饰
12、22 连珠饰　13—15 扣饰　16 四羊首权杖头　18—21、23、24 耳环　25 手镯
26、28、31、33 镞　29 穿銎斧

甘青地区的齐家文化，被认为是中原龙山文化向外扩张涟漪中的外环。齐家文化广泛分布在甘青的东部地区，年代范围在公元前 22 世纪到公元前 18 世纪。齐

---

① 李水城《中国西北地区的早期冶铜业及区域文化的互动》，《吐鲁番学研究》2002 年第 2 期。

家文化铜器发现地点较为散乱,不少铜器为采集品。据张忠培先生的分期,齐家文化的铜器集中在这一文化第三期的 7、8 段,即齐家文化发展的最后阶段。① 据李水城统计,至 2005 年齐家文化发现和刊布的铜器共有 118 件,器类主要有斧、刀、铜牌饰、扣、镯、人面匕首、双耳斧等。② 他还指出,过去被定为齐家文化的一些形态进步、个体较大的铜器,如青铜矛等,很可能晚到了卡约文化。③ 2008 年,甘肃临潭陈旗乡磨沟遗址发掘的属于齐家文化的 346 座墓葬中,出土铜器 100 多件,接近此前齐家文化已知铜器的总和。这一墓地出土的铜器器类有铜削、耳坠、扣、泡、牌饰、管、项饰、钏、菱形饰、铜片等。其中耳坠、铜管、项饰等,多为青铜制成④。磨沟遗址出土的青铜器是近年来齐家文化青铜器的重要发现。

除铜器外,近年来在河西地区发现三处与早期冶铜有关的遗址,引起了学术界的关注。一处是甘肃张掖黑水国南城冶炼遗址,遗址上采集 17 件残铜标本、

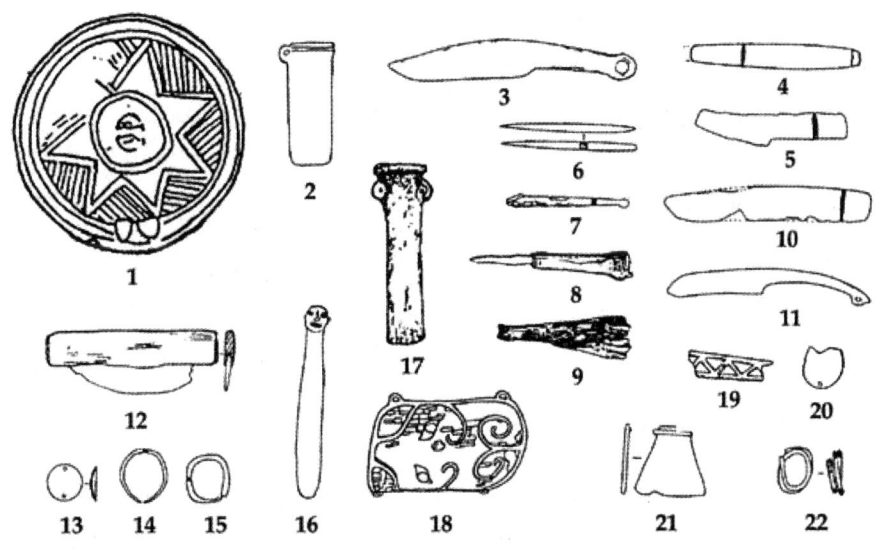

图 3 齐家文化发现的铜器

1、15、22 镜、耳环、耳环(青海贵南尕马台) 2 斧(青海岷县吉林) 3 刀(甘肃康乐商罐地) 4、8、9、10、11、19 刀、骨柄铜刀等(青海互助总寨) 5 刀(甘肃永靖大河庄) 6、20、21 刀、铜片、斧(甘肃永靖秦魏家) 7 钻(甘肃武威皇娘娘台) 12 骨柄铜刀(甘肃临夏魏家台子) 13、14 扣、镯(甘肃积山新庄坪) 16、17 人面匕首、双耳斧(广河齐家坪) 18 铜牌(甘肃天水)

---

① 张忠培《齐家文化研究》(下),《考古学报》1987 年第 2 期。
② 李水城《西北与中原早期冶铜业的区域特征及交互作用》,《考古学报》2005 年第 3 期。
③ 李水城《中国西北地区的早期冶铜业及区域文化的互动》,《吐鲁番学研究》2002 年第 2 期。
④ 钱耀鹏、周静等《甘肃临潭磨沟齐家文化墓地发掘的收获与意义——"2008 年度全国十大考古新发现"之一》,《西北大学学报》2009 年第 5 期,第 5—9 页。

16件炉渣。一处是甘肃玉门古董滩遗址,年代略晚于四坝文化,遗址内采集2件青铜残块。还有一处是甘肃玉门市砂锅梁遗址,遗址内采集的12件残铜标本,年代略晚于四坝文化。①

(四)中原地区发现的早期铜器

黄河流域最早的一件铜器出自陕西临潼姜寨第一期文化遗址的29号房址,是一件残的黄铜片,属于仰韶文化早期的半坡类型,据碳十四测定,这件铜片的年代为公元前4675±135年。然而,对这件铜片的存在以及在中国冶金史上具有的意义,学术界还存在争议。②仰韶文化晚期的个别遗址中偶见有残铜,如山西榆次源涡镇仰韶文化晚期遗址中出土的一块陶片上发现铜渣,山东泰安大汶口文化晚期遗址骨凿上发现铜锈,它们的年代都被定在公元前3000年左右。③公元前3千纪后半叶,黄河中下游及华北地区进入新石器时代晚期的龙山时代④,各地报道出土铜器的遗址点相对多了起来,但相对于这一时期其他地区的考古发现而言,仍是零星发现。明确见有铜器的遗址点有山东境内的胶县三里河的铜锥、诸城呈子的铜片、西霞杨家园的残铜锥、长岛县长山岛店子的残铜片、日照王城安尧的铜炼渣;河南境内的登丰王城岗龙山灰坑中的铜片;河北境内唐山大城山的铜牌等。中原地区到公元前2千纪开始的夏代,除二里头文化外,其他的考古文化中铜器的发现仍然零散:主要有山东牟平照格庄、山东泗水尹家城、河北唐山小官庄、天津蓟县张家园、北京昌平雪山、北京房山琉璃河、河北大厂大头坨头等遗址出土的铜耳环、铜镞、铜刀、铜碴等。⑤这一时期比较重要的发现是山西陶寺遗址M3296中一件浇铸成形的铃形铜器,和M11墓主人手臂上的一件铜齿

---

① 北京科技大学冶金与材料史研究所等《中国早期冶金术研究的新进展》,《科技考古》第三辑,北京:科学出版社,2011年,135—154页。
② 安志敏《中国早期铜器的几个问题》,《考古学报》1981年第3期;北京钢铁学院冶金史组《中国早期铜器的初步研究》,《考古学报》1981年第3期。
③ 严文明《论中国的铜器并用时代》,《史前研究》1984年第1期。
④ 由于铜器发现地点增多,学术界或认为这一时期进入了铜石并用时代。严文明《论中国的铜器并用时代》,《史前研究》1984年第1期。苏秉琦主编《中国通史·铜石并用时代》,上海:上海人民出版社,1994年,第211—246页。
⑤ 中国早期铜器的出土情况,许多研究论著中进行过综述,这里不再重复。参考文献主要有北京钢铁学院冶金史组《中国早期铜器的初步研究》,《考古学报》1981年第3期;严文明《论中国的铜石并用时代》,《史前研究》1984年第1期,第37页;安志敏《中国早期铜器的几个问题》,《考古学报》1981年第3期,第272页;安志敏《试论中国的早期铜器》,《考古》1993年第12期,第1110—1119页;张忠培《中国早期铜器的发现与研究》,氏著《中国北方考古文集》,北京:文物出版社,1990年,第231—239页;彭造凡《中国冶铜术起源的若干问题》,《考古学研究——庆祝邹衡先生七十五寿辰暨从事考古研究五十年论文集》(五),北京:科学出版社,2003年,第312—329页;梅建军《关于中国冶金起源及早期铜器研究的几个问题》,《吐鲁番学研究》2001年第2期。

轮形器，其年代在公元前2000年前后。①

中原地区青铜文化真正发展起来，是到了二里头文化的中晚期，且集中发现于河南洛阳偃师的二里头遗址，其他地区二里头文化遗址中的铜器依然只是偶见。二里头遗址是夏文化的大型聚落址，据统计，在二里头遗址所出铜器有18个品类104件，分别属于二里头文化一期的2件、二期的7件、三期的43件、四期的50件。一、二期的器物为刀、铃、锥、牌饰等，三期开始，不仅青铜器数量激增，青铜器也呈现出崭新面貌，除戈、锛、钺等工具和武器外，出现了用于礼制的容器爵，第四期鼎、爵等礼制容器的种类增多，开始形成中原传统的青铜器体统。②据碳十四测年，二里头文化第一、二期为公元前19世纪到公元前17世纪，第三、四期的年代在公元前17世纪末到公元前16世纪中叶。③拟合后的数据，第一期的年代不早于公元前1735年，第三期的年代大致在公元前1585—前1545年，第四期的年代则在公元前1565年—前1530年。④所以，近来有学者甚至把中原地区进入青铜时代的年代定在公元前16世纪的商代早期。⑤

（五）砷青铜的发现

砷青铜是人类冶金史上出现最早的合金。伊朗Susa发掘出土的公元前4000年前后的19件铜器中有6件铜器的含砷量为1%；属于公元前3900—前3500年的一处遗址出土的18件铜器中，有11件是砷青铜，含砷量高达5%，被认为是人类最早使用砷青铜的具有典型意义的实例。公元前4000年前后，砷铜广泛传播，在许多地方逐渐取代红铜而成为最重要的金属。公元前3500—前3000年的叙利亚、巴勒斯坦、以色列、埃及、希腊及东南欧部分地区均使用过砷铜制品，公元前3000—前2000年的意大利、伊比利亚及高加索出现过砷铜器，公元前2500—前2000年印度的哈拉帕文化也发现了砷铜器。锡青铜大约在公元前第4千纪在近东地区出现，但真正替代砷铜是到了公元前2千纪初期。在早期青铜时代（EBA）和中期青铜时代（MBA），砷铜仍占有统治地位，到了晚期青铜时

---

① 张岱年《陶寺文化与龙山时代》，载《庆祝苏秉琦考古五十五年论文集》，北京：文物出版社，1989年；中国社会科院考古所山西队《山西襄汾陶寺遗址首次发现铜器》，《考古》1984年第12期；国家文物局《2001中国重要考古发现》，北京：文物出版社，2002年，第24—27页。
② 李延祥、许宏《二里头遗址出土冶铸遗物初步研究》，《科技考古》第三辑，北京：科学出版社，2011年，第60—65页。
③ 夏商周断代工程专家组《夏商周断代工程1996—2000年阶段成果报告》（简本）表二十一，北京：世界图书出版社，2000年。
④ 方燕明《早期夏文化研究中的几个问题》，《中原文物》2001年第4期。
⑤ 蒋晓春《中国青铜时代起始时间考》，《考古》2010年第6期。

代（LBA），锡青铜才取代砷铜成为最重要的金属合金。① 亚欧草原西部是发现早期砷青铜的最重要地区，青铜时代的中期，欧亚大陆交界处的乌拉尔一带就出现了砷铜的重要生产中心。俄罗斯考古学家切尔尼克认为，砷铜代表的是欧亚草原中西部乌拉尔山一带的技术传统，这种技术其后向中亚传布。阿巴舍沃文化的铜器以砷铜为大宗，据切尔尼克统计，在353件塞伊玛—图比诺的金属器物中，砷铜（包括含锑的砷铜）有125件，占36%。切尔尼克认为，砷青铜在阿尔泰地区的出现反映了这一技术由西向东传播。②

新疆地区，最初在鉴定哈密五堡墓地青铜器时，发现2件含砷量在3%—5%的砷青铜。天山北路墓地最初检测出一件含砷量在2%的锡砷青铜，后来又在这一墓地的89件铜器中发现了10件砷铜。小河墓地出土有少量含砷的青铜器，其中一件铜镞的含砷量达7.1%。甘青地区，最初在四坝文化民乐东灰山墓地检测出几件砷铜制品，但当时并未意识到它们的出现与早期中西文化的交流有关③。后来在检测四坝文化火烧沟墓地的65件铜器时，找到5件含有少量砷的青铜器，再后对29件样品进行检测时，又找到了13件含砷量超过了2%的含砷铜器，确定为砷铜器④。最初对甘青地区齐家文化铜器检测时没有发现砷铜，后来检测齐家文化同德宗日遗址出土的铜器时，在7件铜器中发现了3件砷青铜，尕马台齐家文化的8件铜器中找到1件砷青铜。近年对甘肃临潭磨沟遗址的46件铜制品做无损分析时，找到22件含砷铜器，至少1件可以确定为砷青铜。甘肃玉门古董滩青铜冶炼遗址采集的2件残铜标本，均为砷青铜。玉门砂锅梁熔铜遗址采集的12件标本中有4件为砷青铜⑤。中原二里头遗址和各期有限的铸铜遗物样品中发现少量含砷的锡（铅）青铜。但研究表明，"不排除二里头遗址存在单独配制砷

---

① 潜伟、孙淑云、韩汝玢《古代砷铜研究综述》，《文物保护与考古科学》2000年12卷第2期。
② 参见梅建军、高浜秀《塞伊玛—图比诺现象和中国西北地区的早期青铜文化——兼评帕尔青格教授"塞伊玛—图比诺现象和西伯利亚动物纹饰的起源"一文》，《新疆文物》2003年第1期。
③ 如张忠培先生在解释东灰山出土的砷铜器时认为，这种制铜"技术来自西方说在此遇到了困难，因为和地理上位于它的西方的同一文化、同一时期的居民已经迈进了青铜时代。同样，也不能把东灰山居民的砷铜器或其制造技术解释为来自东方，因为与东灰山同时的东方居民也已跨进了青铜时代的门槛，而且他们的先民从未经历过使用与制造砷铜的历史阶段"，因此"东灰山是一个使用或制造砷铜的孤岛"。见张忠培《东灰山墓地研究》（载张忠培《中国考古学：走向与推进文明的历程》，北京：紫禁城出版社，2004年）第272页。
④ 潜伟、孙淑云、韩汝玢《古代砷铜研究综述》，《文物保护与考古科学》2000年第2期；孙淑云、韩汝玢《甘肃早期铜器的发现与冶炼、制造技术的研究》，《文物》1997年第7期。
⑤ 北京科技大学冶金与材料史研究所等《中国早期冶金术研究的新进展》，《科技考古》第三辑，第135—154页。

铜的可能性。①

中国早期的含砷青铜集中发现在新疆的东天山地区，在甘青地区的四坝文化、齐家文化较为普遍地发现，二里头文化只有少量发现。中国境内的早期砷青铜器，西部发现的数量多、时代早，越向东砷铜器发现的越少，以至于偶见。欧亚西部砷青铜器向欧亚东部传播的线路十分清楚，至黄河流域中原体系的青铜器形成后，砷青铜也就跟着消失了。

（六）青铜技术的西东向传播

最早出现在西亚的青铜冶铸技术，随着时间的推移不断向周围传播。特别是南北向和西东向的传播途径比较清楚，在传播过程中，不同区域先后形成过不同的青铜冶铸中心。②

至少在公元前3千纪初，中亚西部多数地区进入了青铜文化发展的繁荣阶段。公元前3千纪前后，零星的青铜器出现在中亚东部的新疆、甘青和中原个别区域，直到公元前3千纪中叶结束，中原地区虽然各种手工业技术高度发展，也只在个别区域偶见有青铜器残片。公元前3千纪是欧亚西部早期青铜技术向东部传播的初始阶段。20世纪80年代以来哈密天山北路墓地、罗布泊小河墓地等新疆史前考古的重要发现，与半个世纪以来甘青地区四坝文化和齐家文化考古的重要发现表明，至少到公元前3千纪末开始，掌握着先进冶铜技术的西来人群大规模地进入新疆天山一带，特别是进入东部天山后，很快与这里的地方文化进行交流与交融，使这一区域的青铜文化异军突起。源于西方的冶铜和制铜技术并未在东天山地区停下脚步，而是继续向东传播到河西走廊及甘青地区的黄河上游一带，被当地的四坝文化和齐家文化的人群所接受。四坝文化和齐家文化的青铜器虽各有地方特征，但总体上与新疆东天山早期青铜器从制作技术、器物类型等方面有着千丝万缕的密切联系，从而共同形成了中国西北青铜文化圈③，这一阶段欧亚西部青铜器向东的传播进入了频繁期。公元前3千纪后半期，中原地区龙山文化中偶见的青铜器残片，其来源目前还不清楚，也很可能与这一时期青铜制品的东传有关。公元前2千纪前后，西东向青铜冶制技术的传播进入高潮期，中亚东部形成了冶铜制铜中心，并很快进入中原腹地。公元前19世纪以后，二里头文

---

① 李延祥、许宏《二里头遗址出土冶铸遗物初步研究》，《科技考古》第三辑，第60—65页。
② E.H.切尔内赫《欧亚大陆北部的古代冶金：塞伊玛—图尔宾诺现象》，王博、李明华译，张良仁审校，北京：中华书局，2010年。
③ 刘学堂、李文瑛《中国早期青铜文化的起源及其相关问题新探》，《藏学研究》第三辑，成都：四川大学出版社，2007年。

| 西域历史与文献论丛

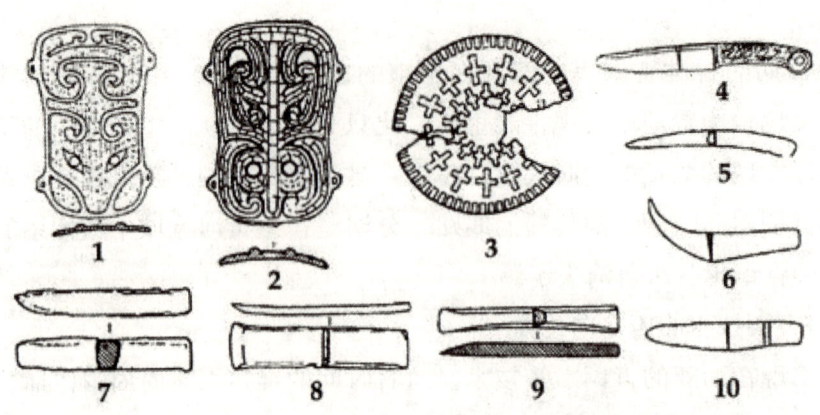

图4 二里头遗址铜器中的西来因素

1、2 牌饰 3 "十"字镂孔圆牌饰 4 环首刀 5 锥 6 直柄刀 7、8 锛 9 凿 10 刀

化一、二期偶见的刀、铃、锥、牌饰等,也都是在西北地区早期青铜文化中首先发展起来的青铜文化因素,特别是二里头遗址中的长方形和圆形牌饰、环首刀等类器物,尤具浓郁的西北早期青铜文化圈风格;二里头遗址发现的青铜戚(斧)①和青铜戈,也有学者认为它们与西方青铜文化传统有密切关系,或者受到了哈密天山北路文化有銎斧的影响而产生。②在中原地区,直到公元前17世纪以后的二里头文化三、四期,成组的青铜礼器青铜鼎、爵、斝、盉等才突然出现在二里头遗址,并很快形成了中原青铜器的传统,这些造型复杂的青铜礼器在中原均有传统的陶器原型,且源头深远。③随着中国西北、中原和中国北方早期青铜文化圈的形成,完全有别于欧亚西部的欧亚东部早期青铜器系统的格局基本形成④。

二、人工栽培小麦的西东向传播

随着史前"青铜之路"的开通,人工栽培小麦技术也从西方进入中亚的东部,继而传入中原腹心地区,改变了中原地区传统的粟类农业作物为主的农业经济结构。这种高产农作物在中原的迅速普及,为中原早期文明的发生提供了物质基础。

---

① 林沄《夏代的中国北方系青铜器》,《边疆考研研究》第1辑,北京:科学出版社,2002年,第1—12页。
② 韩建业《略论中国的"青铜时代革命"》,《西域研究》2012年第3期,第66—70页。
③ 韩建业《略论中国的"青铜时代革命"》。
④ 刘学堂、李文瑛《中国早期青铜文化的起源及其相关问题新探》,《藏学研究》第三辑,第1—63页。

(一)中亚西部地区早期小麦的发现

小麦和大麦的人工栽培,是距今 1 万年近东西亚"新石器革命"的重要成果[①],这些区域被称为新月沃地(fertile crescent)[②]。中亚西南部早在公元前 1 万年后不久,就学会了小麦种植技术,发展出早期农业。中亚西部的南土库曼斯坦和伊朗东北部,从新石器时代的哲通文化到青铜时代的纳马兹加文化的早期聚落遗址中,多次发现有麦类遗存。公元前 3 千纪前后克什米尔山谷布尔扎洪(Burzahom)遗址的文化层中,发现有小麦、大麦和小扁豆的标本。[③]

(二)新疆地区早期小麦的发现

公元前 3 千纪内小麦种植技术已传入新疆。孔雀河古墓沟墓地的墓葬中常随葬草编小篓,篓内装有小麦粒,数量从 10 余粒到 100 粒不等[④]。小河墓地是目前东亚地区早期小麦标本出土最为集中的遗存。小河墓地墓葬中死者的胸腹部和身下多撒有小麦,在一儿童身上几乎撒满了小麦;每墓必备的随葬品——小草篓内都装有数量不等的谷物,谷物中有小麦;小河人身裹的毛织斗篷边缘都扎有小布包,内包麻黄草枝、小麦粒和黍粒[⑤]。哈密天山北路墓地出土大量彩陶,彩陶图案有一类是绘在陶器腹部的"松枝纹",图案很像是对麦子作物的摹写,类似的纹样在美索不达米亚公元前 3000 年的泥版文书中见到过,公元前 2400 年,"大麦"的楔形文字仍延续这样的图形[⑥]。在一陶器双器耳上绘出男女人物形象,人物的头呈禾苗状,下垂的双手绘成穗状,疑为作物神。这一墓地的青铜牌饰中,有一类长方形镂孔牌饰,镂孔的图案很像并排的麦穗,一端有钮可以悬挂在衣服上。[⑦] 这些文物都可能与麦粒农作物的祭祀活动有关。除古墓沟墓地和小河墓地外,公元前 1500 年至公元前 1000 年天山地区史前墓地广泛发现麦类遗存,小麦成为天山河谷绿洲区域最常见的农作物。其中重要的发现有:哈密五堡墓地墓室

---

① V. 萨里亚尼迪《呼罗珊与外阿姆河地区新石器时代食物生产聚落以及其他聚落:东伊朗、苏联中亚及阿富汗》,载《中亚文明史》第一卷,北京:对外翻译出版公司,2002 年,第 72—86 页。
② 近东西亚从尼罗河向东北延伸到底格里斯河,向东南伸展至波斯湾,是一条弧形狭长地带,犹如一弯新月,这里是世界新石器革命的最早发源地,学术界称其为"新月沃地"。
③ M. 沙里夫、B.K. 撒帕尔《巴基斯坦及北印度的食物生产聚落》,载《中亚文明史》第一卷,第 86—97 页,。
④ 王炳华《古墓沟人社会文化生活中的几个问题》,《新疆大学学报》1983 年第 2 期,此据氏作《丝绸之路考古研究》,乌鲁木齐:新疆人民出版社,1996 年,第 203 页。
⑤ 伊弟利斯·阿不都热苏勒、李文瑛《罗布泊地区古代人类活动》,载夏训诚主编《中国罗布泊》,第 390—447 页。
⑥ 李水城《中国境内考古所见早期麦类作物》,载科技部社会发展科技司、国家文物局博物馆与社会文物司《中华文明探源工程文集·环境卷 1》,北京:科学出版社,2009 年,第 195—196 页。
⑦ 参见哈密博物馆编《哈密文物精萃》,北京:科学出版社,2013 年。

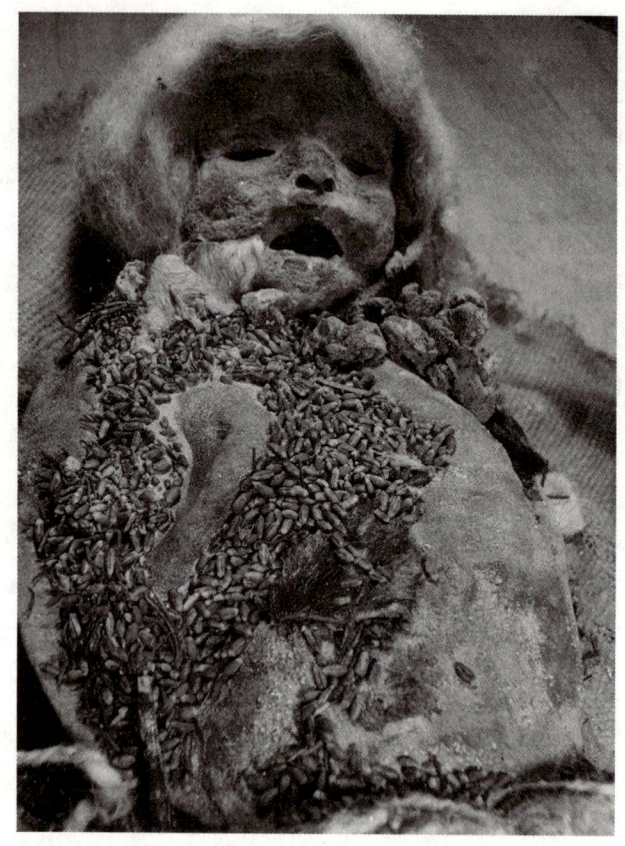

图 5　小河墓地幼儿身上撒的小麦

口上覆盖着大麦穗植株,株上有保存完好的麦穗和青稞(大麦)穗壳①,一些墓葬的墓内填土中有大麦穗、谷穗等农作物。②巴里坤兰州湾子遗址的巨型石结构建筑内,发现若干炭化小麦粒。③帕米尔高原下板地 A Ⅱ 号墓地部分墓葬的墓底铺一层草,草中见有麦草。④

(三)甘青和西藏青铜时代小麦的发现

1975 年到 1989 年五次在甘肃民乐东灰山遗址发现有小麦类遗存⑤,据研究其

---

① 新疆维吾尔自治区博物馆、新疆社会科学院考古研究所《建国以来新疆考古的主要收获》,载《文物考古工作三十年》,北京:文物出版社,1978 年,第 172 页。

② 新疆文物考古研究所《哈密五堡墓地 M151、152 号墓葬》,《新疆文物》1992 年第 3 期,第 1—10 页。

③ 王炳华等《巴里坤县兰州湾子三千年前石构建筑遗址》,《中国考古学年鉴(1985)》,北京:文物出版社,1985 年,第 255—256 页;"哈密文物志"编辑组《巴里坤兰州湾子三千年前石构建筑遗址》,《哈密文物志》,乌鲁木齐:新疆人民出版社,1993 年,第 22 页。

④ 新疆文物考古研究所:《塔什库尔干县下坂地墓地考古发掘报告》,《新疆文物》2004 年第 3 期。

⑤ 李水城《中国境内考古所见早期麦类作物》,载科技部社会发展科技司、国家文物局博物馆与社会文物司编《中华文明探源工程文集·环境卷 1》,第 195—196 页。

时代在公元前 3 千纪初到 3 千纪中叶①。除此以外,近年来在青海省互助县的封台遗址浮选出小麦②,年代判断为公元前 2 千纪中叶到公元前 1000 年前后;西藏昌果沟遗址的 H2(灰坑)堆积中获取 3000 粒炭化植物种子料,据碳十四测定年代在公元前 1370 年③。

(四)黄河中下游中原早期小麦遗存的发现

20 世纪 80 年代陕西武功赵家来遗址一间房址的泥皮中鉴定出小麦秆印痕④,年代约公元前 2400—前 2000 年。此后,在黄河中下游龙山文化中晚期的遗址中不断发现有小麦类遗存,其年代均在公元前 2500 年至公元前 2000 年前后。重要的发现有山东日照两城镇龙山文化遗址⑤、山东聊城校场铺遗址⑥、山东胶州赵家庄遗址。⑦公元前 2000 年以后进入二里头文化时期,中原地区小麦遗存的发现更为普遍。重要的发现地点有河南洛阳关林皂角树遗址⑧、河南焦作西金城遗址⑨、河南禹州瓦店遗址⑩、二里头文化遗址⑪等。由于考古发掘过程中植物浮选工作全面推进,近年来植物学家从多处属于夏商周时期的遗址中发现了炭化小麦遗存,说明小麦进入中原后便很快普及开来。⑫

(五)考古发现小麦的遗传学研究

植物遗传学的研究表明,距今 1 万年前近东和西亚发现的小麦是原始的二倍体小麦,后来又育化出四倍体小麦,四倍体小麦是二倍体小麦染色体加倍得来

---

① 李水城、莫多闻《东灰山炭化小麦年代考》,《考古与文物》2004 年第 6 期,第 51—60 页。
② 李水城《中国境内考古所见早期麦类作物》,载科技部社会发展科技司、国家文物局博物馆与社会文物司编:《中华文明探源工程文集·环境卷 1》,第 195—196 页。
③ 傅大雄《西域昌果沟遗址新石器时代农作物遗存的发现、鉴定与研究》,《考古》2001 年第 3 期,第 66—74 页。
④ 黄石林《陕西龙山文化遗址出土小麦(秆)》,《农业考古》1991 年第 1 期,第 118 页。
⑤ 凯利·克苏福德、赵志军等《山东日照市两城镇遗址出土龙山文化植物遗存的初步分析》,《考古》2004 年第 9 期。
⑥ 赵志军《两城镇与教场铺龙山时代农业生产特点的对比分析》,《东方考古》第 1 集,北京:科学出版社,2004 年。
⑦ 靳桂云、王海玉等《山东胶州赵家庄遗址龙山文化炭化植物遗存研究》,《科技考古》第三辑,第 36—49 页。
⑧ 洛阳市文物工作队编《洛阳市皂角树——1992—1993 年洛阳市皂角树二里头文化聚落遗址发掘报告》,北京:科学出版社,2002 年。
⑨ 王青、王良智《河南发现龙山文化城址》,《中国文物报》2008 年 3 月 28 日。
⑩ 赵志军《公元前 2500 年—公元前 1500 年中原地区农业经济研究》,《科技考古》第二辑,科学出版社,2007 年。
⑪ 赵志军《公元前 2500 年—公元前 1500 年中原地区农业经济研究》,《科技考古》第二辑,第 9 页。
⑫ 赵志军《植物考古学及其新进展》,《考古》2005 年第 7 期。

的。西部欧亚地区一直以种植四倍体小麦为主。六倍体小麦是由四倍体小麦和山羊草杂交而成，又分有壳的欧洲斯贝尔托小麦和无壳的普通面包小麦。

新疆古墓沟墓地发现的小麦属于典型的普通小麦，也有的小麦背部紧接胚处有一驼峰状隆起，是四倍体的圆锥小麦。① 小河墓地出土的小麦是无壳六倍体的普通面包小麦，又称裸小麦。在西部欧亚地区一直以种植四倍体小麦为主，直到距今2000年前后，六倍体的面包小麦才成为该地区主要类型的小麦。四倍体小麦的耐旱性要比六倍体小麦强，而传入新疆的不是耐旱性较强的四倍体小麦而是六倍体小麦，这是一个很值得再思考的问题。② 甘肃民乐东灰山的炭化小麦分为大粒型、普通型和小粒型三类。大粒型属于普通栽培小麦中的大穗大粒型。普通小麦型发现最多，是当时栽培较广的一种普通小麦。小粒型属于普通小麦中的密穗型。③ 后来以色列魏兹曼科学院结构生物学家辨识出东灰山出土的炭化麦粒很像是球粒小麦属的籽粒，这种六倍体的小麦是从普通小麦单一突变而来，现今主要栽培在印度和巴基斯坦一带，距今5千纪以来就为这一区域的居民种植，而在以色列所在地中海东岸从未发现过。④

（六）麦类作物的东传

中原地区小麦的起源很早就有外来说和本地起源说之争。本地起源说以李璠为代表，1975年由他参加编写的《生物史》一书收集当代中国境内小麦品种3万余份，理出6000多个类型，分属86个变种，用以说明我国是栽培小麦起源的最大变异中心。"中国的普通小麦起源于黄河长江两流域、特别是中上游的西北和西南地区。中国是现在已知的普通小麦发源地，同时也是世界栽培小麦的最大变异中心之一。"⑤ 甘肃民乐东灰山小麦遗存发现后，李璠认为这是普通小麦和栽培大麦起源于中国的主要证据。⑥ 受此影响，有的学者甚至提出了中国是六倍体小

---

① 王炳华《新疆农业考古概述》，《农业考古》1983年第1期，第102—121页。
② 李春香《小河墓地古代生物遗骸的分子遗传学研究》，吉林大学博士论文，2010年，第66—72页。
③ 李璠《甘肃省民乐县东灰山新石器遗址古农业遗存的新发现》，《农业考古》1989年第1期，第56—69页。
④ 李水城《中国境内考古所见早期麦类作物》，载科技部社会发展科技司、国家文物局博物馆与社会文物司编《中华文明探源工程文集·环境卷1》，第200—201页。
⑤ 李璠等《生物史》（第五分册），北京：科学出版社，1978年，第21—28页。
⑥ 李璠《甘肃省民乐东灰山新石器遗址古农业遗存的新发现》，《农业考古》1989年第1期，第56—69页；《从东灰山新石器遗址古农业遗存看黄河流域五千年传统农业文化的起源和发展》，载《黄帝与中国传统文化学术讨论会文集》，西安：陕西人民出版社，2001年，第167—182页。

麦的独立起源地。① 新疆古墓沟墓地的小麦发现后，王炳华主张中国小麦有可能最早在新疆种植，新疆地区存在不少野生的节节麦，据说它与圆锥小麦进行自然杂交可形成普通小麦，他引用四川农大颜济教授的观点，认为圆形、多花类型的中国特色的普通小麦可能是这样产生的。② 任式楠认为，"如果说20世纪80年代初武功赵家来发现龙山时期小麦秆印痕尚属于孤证，那么，近年黄河中下游地区龙山时期及夏商西周时代的小麦已被多次发现，又对照新疆（中亚的一部分）、甘青一带已发现的早期小麦，都不能从时间和路线上显示小麦依次由西亚向东传播的迹象。至少目前缺乏有力物证，不能肯定黄河流域地区最早小麦即骤然来自中亚西亚"③。

持小麦外来说的学者比较多。1964年，竺可桢先生从气候和农作物的关系角度强调中国"华北地区若无灌溉设施，小麦产量年年要受干旱的威胁……所以，若无灌溉设施，华北地区种麦是不适宜的"④。1977年，美国学者何炳棣肯定中国不是小麦的故乡。他提到甲骨文中"麦"与"来"是一个字，商周时期中原居民认为麦为天神所赐，"可以有把握地说，大麦和小麦很可能是在公元前2千年期间一起被引入中国的"⑤。1988年，中国著名考古学家安志敏认为"小麦原产于西亚，商周以来才输入中国"⑥。2004年，冯时先生在分析"甲骨文中'来'字具有归来的独特意义"后指出，"或许正暗示着麦类作物西来的史实"，"中国西部地区恰恰可以作为麦类作物由其初生起源地西亚东传的中间地带"⑦。近年来，麦类农作物的考古新发现和古DNA研究的新突破，使得欧亚东部区域麦类作物由西亚"新月沃地"传入的观点逐渐被大家所接受⑧。2009年，李水城系统论述了早期麦类遗存在欧亚东西部的发现与研究现状，提出"中国境内的麦类作物大体上是沿着中亚—新疆—河西走廊—陕西—中原这一途径自西而东逐渐传入的。约当

---

① 曹隆恭《关于中国小麦的起源问题》，《农业考古》1983年第1期；陈恩志《中国六倍体普通小麦独立起源说》，《农业考古》1989年第2期，第74—84页。
② 王炳华《孔雀河古墓沟发掘及其初步研究》，《新疆社会科学》1983年第1期，第117—127页。
③ 任式楠《史前农业考古的新进展》，载中国社会科学院考古研究所编著《新世纪的中国考古学——王仲殊先生八十华诞纪念文集》，北京：科学出版社，2005年，第77—80页。
④ 竺可桢《论我国气候的几个特点及其与粮食作物生产的关系》，《地理学报》1964年30卷第1期。
⑤ 何炳棣《中国农业的本土起源（续）》，马中译，《农业考古》1985年第2期，第72—125页。
⑥ 安志敏《中国的史前农业》，《考古学报》1988年第4期，第375页。
⑦ 冯时《商代麦作考》，南京师范大学文博系编《东亚考古（A卷）》，北京：文物出版社，2004年，第212—223页。
⑧ 赵志军《植物考古学及其新进展》，《考古》2005年第7期。

公元前 2500 年或更早，小麦进入了新疆至河西走廊一线。公元前 3 千纪后半期或稍晚，传至关中及邻近地区。至二里头文化阶段（相当于夏代），进入中原内地"①。

内陆欧亚地区的麦粒考古发现和近年古代植物遗传学的研究，表明最早由新月沃地培育的麦粒作物很早就开始了西传过程。至少在公元前 3 千纪内传播到中亚的东部，继而进入中原腹地，很快普及并迅速改变了中原地区传统农作物的结构、饮食习惯。目前需要讨论的问题是，中国境内、特别是西北干旱区发现的早期小麦为何均为特殊的六倍体普通面包小麦，而不是广泛分布于西部欧亚的有较强抗旱性能的四倍体小麦？小麦在种植过程中会因当地植物环境的不同而不断发生变异。六倍体小麦在东亚和印度西北地区的广泛种植，很可能是新石器时代早期人工栽培的四倍体小麦向外传播过程中再度与野生山羊草杂交培育的结果，这一变异的发生既可能是自然杂交的结果，也可能是人工培育而成。目前六倍体小麦起源地，还无法由考古发现断然而定，但有可能最早是在印度的西北，也可能是在小麦西传至新疆和中原的过程中出现的。

三、黄牛与羊等家畜的西东向传播

黄牛与羊等家畜也随着史前"青铜之路"的开辟，经中亚进入中原腹地。中原地区传统畜养的动物主要是猪、鸡等，牛和羊畜养技术的引入，引发了中原畜类食物生产的巨大变革。

（一）中亚西部地区黄牛和羊的驯养

黄牛与羊也都是新月沃地"新石器革命"的重要成果，时代约在公元前 12 千纪和 11 千纪。里海南部中石器时代的阿里特佩岩洞遗址的发掘表明，这一地区在一万年前的中石器时代就开始了家畜的驯养。进入新石器时代，在里海南部史前农业中心的古代聚落遗址，不断发现有驯养绵羊和山羊骨骸，如科彼特达格山北麓公元前 10 千纪到公元前 7 千纪间的杰贝遗址、旦旦查什马遗址，这些驯养动物的技术当是西来的。其后在哲通文化较广的分布范围里，发现更多相对成熟的农业聚落遗址，研究表明畜牧业是这些农业部落经济生产的重要支柱。牧人放养和家畜的主要是绵羊、山羊和牛，还出现了牧狗。畜牧技术在西亚绿洲区形

---

① 李水城《中国境内考古所见早期麦类作物》，载科技部社会发展科技司、国家文物局博物馆与社会文物司编《中华文明探源工程文集·环境卷1》，第 202 页。

成了中心,并不断向北和东部传播。塔吉克斯坦山地新石器时代希萨尔文化的居民畜养动物,兴都库什山北麓公元前7千纪到公元前3千纪新石器时代的原始居民畜养绵羊和山羊。公元前2千纪前半叶巴达赫尚达雷库尔岩洞里,因发掘出埋有三个山羊和儿童的祭坑而被称为圣山墓葬。这一发现说明这一时期存在着用羊祭祀的现象①。在巴基斯坦和北印度区域著名的梅尔加赫遗址表明,公元前7千纪到5千纪这里的居民就驯养了牛羊。巴基斯坦基达市北新石器时代的乞力古尔穆罕默德遗址的第一层见有畜养的绵羊、山羊和黄牛骸骨,年代在公元前5千纪。克什米尔的布尔扎洪遗址,年代在公元前3千纪,这里发现有各种家畜的骨骼,常见的是绵羊、山羊,从陶器装饰牛头等现象看,当时居民存在牛崇拜信仰②。

(二)欧亚东部地区驯化绵羊遗存的发现

青铜时代早期开始,新疆阿尔泰和天山地区的古代居民就畜养山羊和绵羊。这一地区保存条件较好的墓地都有羊骨,特别是塔里木盆地等干旱地区的青铜时代墓地中,出土大量保存完好的羊毛纺织品、羊皮制器和其他羊制品等。罗布泊小河墓地与羊相关的遗存发现得最为集中。小河人掌握着成熟和发达的羊毛纺织业和羊皮革加工业,人们的衣着主要用羊毛织成,墓地出土大量用羊毛织成的腰衣、斗篷等。墓地高大胡杨祭祀柱的根部多置放一把芦苇、骆驼刺等干旱区植物草束。草束中夹一根粗芦苇秆和一小捆羊腿骨,旁边放一件草篓。小河墓地北区北端有一座墓地中规模最大的木房式墓葬,墓室扰沙中出土百余件牛头和羊头。小河人死者身上放置的动物耳尖中,有的用羊耳切成,身上撒的用动物筋拧成的小短绳,推测有的是用羊筋拧成。③

甘青地区公元前3千纪以后的极个别遗址中零星见有驯养骨殖。甘肃天水师赵村遗址马家窑文化石岭下类型墓葬的M5和青海民和核桃庄马家窑文化墓葬中发现随葬羊下颌或骨架的现象。④ 属于马家窑文化石岭下类型的甘肃武山傅家门遗址发现多件羊卜骨,在天水师赵村五期墓葬中有以羊肩胛骨随葬的习俗。甘肃武威磨咀子遗址、甘肃广河的齐家坪遗址、甘肃永靖大何庄、秦魏家齐家文化墓

---

① V. 萨里亚尼迪《呼罗珊与外阿姆河地区新石器时代食物生产聚落以及其他聚落:东伊朗、苏联中亚和阿富汗》,载《中亚文明史》,第72—86页。
② M. 沙里夫、B.K. 撒帕尔《巴基斯坦及北印度的食物生产聚落》,载《中亚文明史》,第86—97页。
③ 伊弟利斯·阿不都热苏勒、李文瑛等《罗布泊地区古代人类活动》,载夏训诚主编《中国罗布泊》,第390—414页。
④ 中国社会科学院考古研究所《师赵村与西山坪》,北京:中国大百科全书出版社,1999年,第53页;青海省考古队《青海民和核桃庄马家窑类型第一号墓葬》,《文物》1979年第9期。

图 6 小河墓地棺前草束内夹的羊骨

葬和甘肃民乐东灰山四坝文化遗址中都发现有绵羊。①

中原地区未发现早于公元前 2500 年的绵羊骸骨，此后这里的绵羊畜养突然变得相当普遍。属于龙山文化的河南汤阴白营遗址和山西夏县东下冯遗址都发现被捆绑后埋葬的绵羊骨架。② 河南登封王城岗遗址龙山文化晚期和二里头时期的遗址层中，绵羊的数量明显增加。河南新密新砦遗址自龙山文化到二里头晚期的文化层中，绵羊的数量从早到晚也有一个明显增加的过程。③ 属于二里头文化的河南郑州洛达庙遗址则发现几个兽坑，兽坑中分别埋葬多头完整的牛和羊，研究者认为这些都和祭祀有关。④ 中国新石器时代的遗址中常见用整个猪或猪的特定部分作为牺牲或进行各种祭典活动，到了商周时代，中原地区多改用牛、羊祭祀，特别是用羊祭祀的现象不断增多，日渐普遍。

(三) 欧亚东部驯化黄牛遗存的发现

新疆地区最早发现的黄牛也集中在小河墓地，阿尔泰岩画发现有黄牛形象，也可能早到青铜时代。小河墓地部分墓葬墓室前端立的高大祭祀柱的顶部悬挂

---

① 周本雄《师赵村与西山坪遗址的动物遗存》，载中国社会科学院考古研究所《师赵村与西山坪》，第 335—339 页；中国科学院考古研究所甘肃工作队《甘肃永靖大何庄遗址发掘报告》，《考古学报》1974 年第 2 期；中国科学院考古研究所甘肃工作队《甘肃永靖秦魏家齐家文化墓地》，《考古学报》1975 年第 2 期；祁国琴《东灰山墓地兽骨鉴定报告》，见《民乐东灰山考古——四坝文化墓地的揭示与研究》，北京：科学出版社，1998 年，第 184—185 页。

② 李有恒、韩德芬《陕西西安半坡新石器遗址中之兽类骨骼》，《西脊椎动物与古人类》第 1 卷第 4 期，1959 年。

③ 袁靖、黄蕴平《公元前 2500 年至公元前 1500 年中原地区动物考古学研究——以陶寺、王城岗、新砦和二里头遗址为例》，《科技考古》第二辑，第 13—33 页。

④ 王宜涛《紫荆遗址动物群及其环境意义》，《环境考古研究》，北京：科学出版社，1991 年。

一牛头，是作为向太阳献祭的牺牲。小河人的木棺上均盖有刚宰杀的湿牛皮，一口棺上最少一张，最多覆盖五六层牛皮，可见当时每举行一次丧葬仪式，都要宰杀数头牛。小河墓地北区北端那座墓地规模最大的木房式墓葬，墓室的外壁蒙多层牛皮，牛皮上敷杂草，墓室前壁两侧碎泥块上垒放7层牛头。小河人死者身上放置的动物耳尖中，一些是用牛耳切成，身上撒的用动物筋拧成的小短绳，推测多是用牛筋拧成。①西北甘青地区的甘肃武威磨咀子遗址、甘肃广河的齐家坪遗址都有黄牛遗骸的发现。

中原地区新石器时代遗址中发现的黄牛是野生的。驯养黄牛遗骸

图7 小河墓地祭祀柱上悬挂的牛头

多发现在公元前2500年到公元前1500年期间。公元前2500年—公元前2100年左右的河南柘城山台寺遗址，发现有9头黄牛集中在一起埋葬的现象。②属于龙山文化的河南平粮台遗址发现有单独埋牛的现象。③这些有意识的埋葬现象，很可能表明当时牛已经是家畜中的成员了。山东茌平教场铺遗址有牛和羊，河南禹州瓦店遗址有黄牛和绵羊。中原地区随着牛和绵羊的引入，猪在家畜中的绝对优势地位有所下降。二里头遗址一到四期家养动物都以家畜为主，绵羊和黄牛从早到晚有一个大致增多的过程。④

（四）中国境内绵羊和黄牛遗存的动物遗传学研究

---

① 伊弟利斯·阿不都热苏勒、李文瑛等《罗布泊地区古代人类活动》，载夏训诚主编《中国罗布泊》，第390—414页。
② 张长寿、张光直《河南商丘地区殷商文明调查发掘初步报告》，《考古》1997年第4期。
③ 河南文物考古研究所、周口地区文物局文物科《河南淮阳平粮台龙山文化城址试掘》，《文物》1983年第3期。
④ 袁靖、黄蕴平等《公元前2500年至公元前1500年中原地区动物考古学研究》，《科技考古》第二辑，第1—32页。

小河墓地出土大量羊骨，遗憾的是，遗传学工作在对小河墓地羊骨、毛皮样本进行 DNA 分析时，试图对 3 个绵羊和 3 个山羊的样本进行 DNA 提取，均告失败。小河墓地牛的骨骼，从测量数据看，形态更接近欧洲黄牛，与中原黄牛有别。对 17 个黄牛样本进行 DNA 提取，成功获得 14 个样本的 DNA 序列，结果显示小河出土的牛的遗传构成与近东牛非常接近，暗示驯化牛在小河的存在很可能是西部欧亚地区驯化牛向东传播的结果。对青海西宁市大通县的长宁遗址、内蒙古赤峰西南部喀喇沁旗的大山前遗址出土的羊骸骨 DNA 研究成果，结合年代相近的陕西陶寺和河南二里头遗址羊骨样品分析，结果发现"中国绵羊的驯化既有本地因素，也有外来因素，而驯化技术的传播可能是其主要动力"①。结合新疆罗布泊的小河墓地出土黄牛遗骸分子考古学研究的结论认为，中国北方的黄牛起源于普通牛，并具有复杂的母系来源，既有来自近东地区黄牛世系，也有本地驯化的黄牛世系。②

（五）人工驯养黄牛、绵羊的西传

与青铜器和小麦西东向传播一样，新石器时代中亚西部居民普遍畜养黄牛和绵羊。生活在新疆塔里木盆地中下游的小河居民，牛羊不仅是其生活资料的主要来源，也是其举行各种祭祀活动时供奉神灵的祭品。小河墓地丧葬祭礼过程中广泛使用牛，表明小河人原始宗教文化中存在对牛的崇拜，很可能牛对于小河氏族或部落人群来讲，具有图腾意义和作用。③这些发现表明牛羊的畜养至少在公元前 3 千纪内就传到了新疆地区。因在克什米尔地区很早就有牛羊的畜养，因此牛羊的畜养技术传入新疆的途径，有可能是穿过帕米尔的山涧通道进入塔里木盆地。同时，"考虑到新疆地区地理环境较为复杂，多山系和风沙，很可能是人类迁徙中最后占据的地方之一，而在新疆北部有着广阔的草原，因此近东牛向东扩张也可能是通过新疆北部地区的南俄草原完成的"④，并由新疆很快传入中国西北的甘肃和其他北方地区，并继而传入黄河流域的中原腹地。

四、中原地区的青铜革命与文明的起源

---

① 蔡大伟、汤卓伟等《青海大通长宁和内蒙古赤峰大山前遗址青铜时代古绵羊分子考古学研究》，《科技考古》第三辑，第 107—112 页。
② 蔡大伟、汤卓伟等《中国北方地区三个青铜时代遗址黄牛遗骸分子考古学研究》，《科技考古》第三辑，第 100—105 页。
③ 刘学堂《新疆史前宗教研究》，北京：民族出版社，2009 年，第 80—88 页。
④ 李春香《小河墓地古代生物遗骸的分子遗传学研究》，吉林大学博士论文，第 66—72 页。

考古发现与研究表明，距今 5000 年或更早，中国北方的红山文化和南方的良渚文化，已经迎来文明的曙光。不过，这两支局限一隅的有神权至上特质的文明很快衰落。从公元前 3 千纪中叶开始，多种文明因素向中原黄河流域汇聚的趋势明显，出现方国林立的初期文明形式，到公元前 2 千纪初期前后，随着多元文明因素的汇聚与交融，文明因素的碰撞与整合，中原早期文明的内涵有了质的升华，出现夏文明[①]。对于中原夏文明出现的原动力或者说机制问题，是近年来中国历史考古学界关注与争议的焦点。

（一）中原文明起源过程的技术因素问题

中原文明起源的探讨，长期以来学术界聚焦于两个方面。一是中原等地的以早期城址为轴心的聚落考古研究[②]，二是以墓葬规模、随葬品的多寡来分析墓葬主人的社会地位及变化，以此来确定社会秩序。[③] 近年来，有考古学家从礼制的发生、发展与完善等角度，试图全景式地揭示中原文明的特质和形成过程，引起了学术界的关注。[④] 聚落考古在文明起源研究中具有标志性、概括性意义，在文明起源研究中有着无法替代的重要意义。

中心聚落、城市的发展，是日益复杂的社会组织结构对居住形式的要求，它们的形成过程凝聚了内在的传统文化，是文明起源过程的显性表现，是文明起源研究的重要方面。不过文明起源是一个极为复杂的体系工程，大型聚落和城市只是文明起源过程中的一个结晶。在文明形成过程中，聚落和城市可以理解成文明体的表层结构，是文明的结果与呈现。支持表层结构进步与改变的，是与生产直接相关的技术因素的发展——特别是导致集约化生产出现的关键性技术因素的突变，以及由此引起的基础社会结构的变迁和建立在其上的社会文化形态的形成。

技术因素在文明起源过程中，提供了原生动力，是文明起源的内因。技术因素、基础社会结构与文化变迁，可以理解成驱动文明这辆马车前行的两轮，相互支持，互为表里。从世界文明史发展的视野看，决定不同区域文明特质的常常是那些文明体的表层结构，而驱动文明马车前行的技术因素在不同文明体中通过交流存在明显互动性，存在着趋同现象。另外，物质的、技术的因素是文明起源途径中持续的活跃因素，对文明进行的推动作用是直接和明显的。所以，近年来一

---

① 刘学堂《拓宽中华文明起源研究的视野》，《光明日报·国学》，2012 年 2 月 20 日。
② 参见王震中《中国文明起源的比较研究》，西安：陕西人民出版社，1994 年；王震中等《中国古代文明与国家形成研究》，昆明：云南人民出版社，1997 年；钱耀鹏《中国史前城址与文明起源研究》，西安：西北大学出版社，2001 年。
③ 参见张忠培《中国考古学：走向与推进文明的历程》，北京：紫禁城出版社，2004 年。
④ 卜工《文明起源的中国模式》，北京：科学出版社，2007 年。

些学者开始关注中国早期文明雏形出现的关键区域、关键阶段,各种技术因素的来源、积累与突变。① 这对中原早期文明起源的动力学研究提供了重要途径。

（二）史前"青铜之路"与中原早期文明的起源

与其他事物的发生发展和成熟一样,夏文明体的出现并非偶然,是外因和内因交互作用的结果。公元前3千纪下半叶开始以来,四方文明因素向中原地区汇集的步伐加快,使这里演变成文化的接触与交融的旋涡地带。整个公元前3千纪的下半叶数百年间,中原文明已经孕育了深层的变革,至2千纪初前后,夏文明就像骚动于母胎的婴儿、东方地平线上喷薄欲出的太阳,终于诞生了。

公元前3千纪下半叶四方文化因素向中原频繁汇集,更多学者不断举出南方以水稻种植文化的北传和对黄河流域农业文化产生的深刻影响来进行说明②；源于中国境外更多的文化因素在这一时期传至中原,对中原文明形成所具有的重要意义和所起的作用,一直未受到应有的重视。实际上,这些外来文化因素引起中原地区的社会变化更为深刻,甚至是革命性的,所以近来有学者立足于青铜技术西东向传播的历史史实,用"青铜革命"来概括这一时期社会的变化。

如前所述,引发中原地区青铜革命的外来因素不仅仅是青铜技术的传播,还包括小麦、牛羊的畜养技术,以及其他相关的文化因素。由于考古发现与研究的局限性,目前我们尚不能环环相扣地将史前"青铜之路"上诸文化要素传播的途径和细节都清晰地勾勒出来,一些空白环节还需要未来的考古发现进行填补,但它们传播的方向和趋势是确定的,它们的传播途径、方式和互相影响会随着考古发现与研究,越来越清晰。

考察史前"青铜之路",青铜技术传播研究处于十分重要的位置。青铜技术是文明起源的重要标志之一,这是因为每一件——哪怕是微不足道的——青铜器都需要找矿、开矿、选矿、熔炼、设计、锻造和铸造等系列工序,如果是合金,一件铜器的产生就需要更复杂的程序,这无疑需要严密有效的基础社会组织才能实现。

其次是小麦,小麦是一种高产农作物,中原地区夏代或略早突然开始普遍种植的小麦,不仅对当时社会经济文化产生了巨大影响,还引发了更深层的学术问题。由于小麦是需要灌溉的农作物,因此它的大面积种植需要公共管理系统对水源进行分配与调节。国际学术界曾站在水利资源分配的角度,探究过西亚两河流域

---

① 相关研究参见科技部社会发展科技司、国家文物局博物馆与社会文物司《中华文明探源工程文集·环境卷》、《中华文明探源工程文集·经济与技术卷》,北京：科学出版社,2009年；中国社会科学院考古研究所科技考古中心《科技考古》第三辑。

② 莫多闻、赵志军《中华文明探源工程环境课题主要进展》,科技部社会发展科技司、国家文物局博物馆与社会文物司《中华文明探源工程文集·环境卷》,第1—28页。

以及埃及文明出现的动因，认为相应的水利灌溉与水源管理知识体系的应用，与中原夏代文明机制的不断成熟必然存在内在关系。

牛羊类动物牲畜传入中原内地对中原早期文明发展所起的作用也不可低估。牛羊人工畜养传入中原内地后，不仅大大改变了当地传统的以猪肉为主的肉食结构，丰富了人类的营养，增强了人类体质，而且，牛羊与猪相比，是食草动物。大多野草人类无法直接作为粮食下肚，而畜养牛羊，对于农业民族来讲，极大地开拓了未曾利用的食物生产资源，不仅如此，羊牛对社会生活的贡献一点都不比猪逊色，这主要指对牛羊毛、皮和乳产品的利用。而猪的食物与人类的食物有很大的同质性，与人类争食，是人类食物的竞争者。夏代以前新石器时代中原居民主要用猪来进行各种祭典和祭祀，而夏代以后逐渐用牛和羊进行祭祀活动。夏商时代，中原地区猪的畜养由多渐少，相反牛羊的畜养快速增加，从而成为重要肉食来源。在商代甲骨文中多次提到的"太牢"和"少牢"等祭祀活动中，主要使用的牺牲就是牛和羊。外来的牛羊家畜突然加入中原畜类阵营，这一过程对中原文明起源所起的作用需要更深一步的认识。

结　语

史前东西文化交流与中国早期文明起源之间存在着深刻的内在联系，随着这方面研究的深入，会极大地拓展我们探索中原早期文化起源的动力和内在原因的视野。除史前青铜之路涵盖的各种技术因素外，与之关联的外来社会组织管理体系和知识，以及附着在技术物质上的相关精神层面的因素，也可能对中原早期文明产生过影响，只是这种影响不像技术层面的因素那样显性，因此难以从考古学遗存直接寻找和观察。不过，在中原地区由石器时代积淀的深厚的礼制文化[①]土壤中，到了夏代一朝脱胎出礼制与王权互为里表的上层建筑的突变过程中，确实也让我们感觉到了后一方面因素存在的影子，这也是一个需要继续深入探讨的问题。

（本文原载《新疆师范大学学报》（哲学社会科学版）2014年第2期，第79—88页；略有修改）

[①] 卜工《文明起源的中国模式》。

从"异族同俗"的演变看北庭的意义[①]

盖金伟

北庭地区作为天山北路的中心地带,先后有月氏、乌孙、姑师、匈奴、汉、柔然、高车、铁勒、鲜卑、突厥、粟特、回纥、吐蕃等众多民族在这里生存和交往,在漫长的历史发展中具有十分重要的影响。北庭地区古代民族关系的内容十分丰富,其中"异族同俗"是颇具特色的表现之一,从"异族同俗"的演变或可进一步明确北庭地区的特殊地位。

一

《史记·大宛列传》有这样一些记载:

> 乌孙在大宛东北可二千里,行国,随畜,与匈奴同俗。""康居在大宛西北可二千里,行国,与月氏大同俗。
> 奄蔡在康居西北可二千里,行国,与康居大同俗。
> 大月氏,在大宛西可二三千里,居妫水北。其南则大夏,西则安息,北则康居。行国也,随畜移徙,与匈奴同俗。
> 大夏在大宛西南二千余里妫水南。其俗土著,有城屋,与大宛同俗。
> 自大宛以西至安息,国虽颇异言,然大同俗,相知言。其人皆深眼,多须髯,善市贾,争分铢。俗贵女子,女子所言而丈夫乃决正。[②]

[①] 本文为2010年教育部人文社会科学规划项目《文化对话与和谐新疆建设研究》(10XJJA850002)的阶段性成果。
[②]《史记》卷一二三《大宛列传》,北京:中华书局,1959年,第3161、3164、3174页。

在这段简短的文字中,提到了若干曾经活动在西域地区的主要民族,这些不同民族之间有着密切的联系,即"异族同俗"。他们的对应关系如下:

乌孙——匈奴;康居——月氏;奄蔡——康居;月氏——匈奴;

大夏——大宛;大宛——安息。

上面的"同俗"关系可分为两个中心:"匈奴"(前四组)和"大宛"(后两组)。

《史记》又曰:

> 天子既闻大宛及大夏、安息之属皆大国,多奇物,土著颇与中国同俗,而兵弱,贵汉财物。①

可见,大宛、大夏、安息——中国"同俗"。所以,"匈奴""中国"是更大的两个中心。这两个中心的差异是游牧社会与农耕社会。②

如众所知,在汉唐时期,有很多民族活动在天山北部地区,限于史料,我们虽然不能完全厘清他们的先后顺序和相互关系,但通过围绕"匈奴"与"中国"两个中心展开的"异族同俗"演进历史,或许可以给我们提供一条线索或一个视角。

二

历史上的民族关系是建立在一定的地理区域中的具体的联系,因而,特定的地理环境成为民族关系形成的自然基础。

天山北路,后称北疆,北有阿尔泰山,南有天山山脉,两山之间是广袤的准噶尔盆地,盆地东西长约1100公里,南北最宽处有800公里,面积达38万平方公里。盆地呈不规则三角形,地势东高西低,平均海拔400米。准噶尔盆地主要由草原和沙漠构成,其边缘则是山麓和绿洲。位于准噶尔盆地中央的古尔班通古特沙漠是中国第二大沙漠,面积4.88万平方公里,与塔克拉玛干沙漠不同,它不是那种寸草不生的流动沙山,而是固定和半固定的沙丘,沙丘上生长着梭梭、红柳和胡杨,沙漠下蕴含着丰富的矿产资源。北庭地区位于天山北麓东端,准噶尔

---

① 《史记》卷一二三《大宛列传》,第3166页。
② [美]拉铁摩尔著,唐晓峰译《中国的亚洲内陆边疆》,南京:江苏人民出版社,2005年,第321页。拉氏的观点强调"草原特性"与"中国特性"。

盆地东南缘，东邻奇台县，西与阜康市接壤，北越卡拉麦里岭和阿尔泰地区富蕴县相连，南以博格达山分水岭同吐鲁番地区、乌鲁木齐市为界。

北庭地区气候条件独特，四季分明，年平均气温 6.5℃，平原地区无霜期 170 天，山区无霜期 145 天，年平均降雨量 212 毫米，水资源较为丰富。南部山间盆地为天山北坡独有的逆温带气候，年降雨量 355 毫米左右，生物资源丰富而独具特色，适宜农作物种植；中部平原地势平坦开阔，后成为绿洲农业区，盛产玉米、小麦等；北部为荒漠型自然生态区域。北庭地区的自然条件适宜于牧业和农业。

天山北路地区在史前时期就有人类的活动。如木垒的四道沟氏族公社遗址、呼图壁康家石门子的大型岩画等都是典型的代表。[①] 这里在先秦时期是北方游牧民族生息繁衍的重要区域之一，两汉以降，随着屯田的发展，也成为重要的农业区域。

北庭地区自古就是北疆地区的交通枢纽地带，也因此成为众多民族交往与对话的舞台。

三

北庭地区特殊的地理位置，使之成为众多北方游牧民族迁徙与交往的必由之地。"异族同俗"的历史就是在这一重要区域演进发展的。

第一，匈奴是游牧社会的代表。秦朝时期，北方的格局是"东胡强而月氏盛"[②]，南有秦，匈奴处于三大势力之间，力量偏弱。匈奴太子冒顿"质于月氏"。后冒顿自立为单于，东胡凭借强盛，向冒顿索要千里马、单于夫人、土地，冒顿大怒，向东袭击东胡，"大破灭东胡王，而虏其民人及畜产。既归，西击月氏，南并楼烦、白羊河南王。……控弦之士三十余万"[③]。匈奴走向强盛，北方的浑庾、屈射、丁零、鬲昆、薪犁等归属匈奴，南与中国为敌。汉匈"白登"战后，汉朝处于劣势，与匈奴"和亲"罢战。匈奴向西发展，灭月氏，定楼兰、乌孙、呼揭及旁二十六国，势力达到鼎盛，匈奴游牧社会的影响范围急剧扩大。

月氏先于匈奴强盛，匈奴"质于月氏"，即以匈奴太子为月氏人质。冒顿时

---

① 新疆社会科学院考古研究所编《新疆考古三十年》，乌鲁木齐：新疆人民出版社，1983 年，第 33、44 页。
② 《史记》卷一一〇《匈奴列传》，第 2887 页。
③ 《史记》卷一一〇《匈奴列传》，第 2889、2890 页。

期，匈奴崛起，西击月氏，月氏败，向西迁徙。《汉书》也曰："大月氏本行国也，随畜移徙，与匈奴同俗。……本居敦煌、祁连间。"① 月氏人在河西走廊到东部天山一带的活动通过巴里坤东黑沟遗址考古发现，得到证明。②

乌孙人早期活动在河西至天山北部一带。③ 根据孟凡人先生的考证，乌孙与月氏活动区域并非一致，乌孙在月氏之西，即东部天山北麓一带，而且中心地区即在北庭地区。④ 公元前177—前176年间，冒顿单于进攻月氏。月氏战败西迁，后匈奴老上单于与乌孙昆莫猎骄靡合力进攻迁往伊犁河流域的月氏，月氏不敌，南迁大夏境内，乌孙便迁至伊犁河流域与留下来的塞人、月氏一道游牧。从此乌孙日益强大。《汉书》记载乌孙历史也说："随畜逐水草，与匈奴同俗。"⑤

匈奴、月氏、乌孙三个不同民族群体，在自河西走廊到天山以北的广大区域有长期的交往，有联合，也有战争。匈奴是其中的中心，故以匈奴作为参照，描述月氏、乌孙的生产、生活方式。三者的共同点就是游牧社会，也因此成为"异族同俗"的典型代表。

第二，汉朝是农耕社会的典型代表。汉朝在西域的经略是在与匈奴的争夺中展开的，但在客观上加速了农耕社会在西域的拓展和影响，同时也加速了对天山以北游牧社会的改造。

汉初的休养生息和对匈奴的"和亲"政策，使汉朝赢得了发展的时机。到汉武帝时期，汉朝国力强盛，与匈奴的争夺由此展开。汉朝北击匈奴获胜，并遣使通月氏、大夏、乌孙，"以分匈奴西方之援国"⑥。又于公元前108年，攻灭城郭之国楼兰，打通西域通道，屯田楼兰。公元前104、前102年两次攻伐大宛，威震西域，沿途城郭诸国纷纷投汉。天山以南的农耕社会交往日益频繁，汉朝在南疆农耕社会的中心地位也得以确立。公元前99年，汉匈开始争夺战略要地车师，前后凡五次。公元前59年，匈奴分裂，日逐王降汉，车师纳入汉朝管辖范围。汉朝设置西域都护府，"汉之号令班西域矣"⑦。汉朝开始在车师屯田，农耕社会的

---

① 《汉书》卷九六上《西域传上》，第3890页。
② 高梅等《东黑沟，月氏与匈奴人的古家园》，《新疆都市报》，2008年12月18日。
③ 学界对于《史记》、《汉书》中"祁连山"的位置问题有两种主要观点：一是今张掖、酒泉一带的现祁连山，如王明哲、王炳华《乌孙研究》等；一是天山，如岑仲勉《汉书西域传地理校释》、孟凡人《北庭史地研究》等。鉴于近30年的考古发现，持后说的较占主流。
④ 孟凡人《北庭史地研究》，乌鲁木齐：新疆人民出版社，1985年，第16页。
⑤ 《汉书》卷九六下《西域传下》，第3901页。
⑥ 《史记》卷一一〇《匈奴列传》，第2913页。
⑦ 《汉书》卷七〇《郑吉传》，第3006页。

生产、生活方式也开始在天山以北地区广泛推行。汉昭帝时，屯田已经到达金满即后代北庭地区。随着屯田在天山以北地区的不断扩大，大量汉人进入西域，天山以北以匈奴为中心的游牧社会也在发生着明显的变化。

从此，吉木萨尔、吐鲁番、哈密一线成为游牧民族与农耕民族争夺交往的交界地区。匈奴不甘心失败，在天山以北地区与汉朝激烈争夺。东汉时期的"三绝三通"就是具体体现。魏晋南北朝时期，北方民族纷纷崛起，匈奴一统天下的格局崩溃，匈奴、鲜卑、羯、氐、羌以及柔然、高车、突厥等都十分活跃。西域也进入纷争阶段。天山以北地区逐步形成了以车师前王国、车师后王国、乌孙为中心的割据局面，尤其车师后王国一度强大，成为天山北麓霸主。之后，鲜卑北魏、柔然、高车等曾控制天山以北主要地区，促进了民族同化与融合。在吐鲁番地区，以汉族为主体的高昌王国建立，主要区域位于车师前王国的领地。这是农耕社会在天山以北区域不断发展、改造北方游牧社会的具体表现。

第三，突厥兴起后游牧社会与农耕社会的再次较量。公元6世纪，突厥人逐步摆脱柔然的控制，迅速发展起来。552年，北方游牧社会再次在突厥人的努力下逐步完成统一，游牧社会的力量再次壮大。西域，尤其是天山以北地区也再次成为游牧民族的领地。西突厥成为这一区域最强的政治力量。583年，东、西突厥汗国分裂，较为脆弱的游牧经济难以维持强大的政权。突厥汗国开始衰弱。618年唐朝建立。630年唐朝开启了统一西域的序幕。630年攻灭东突厥。不久，伊吾降唐，唐设置伊州。640年，唐灭高昌王国，设置西州，并设安息都护府，治在交河城。到唐高宗658年，西突厥所属全部归唐，唐朝设置安息大都护府及安西四镇，统一管理西域广大区域。农耕社会再次居于优势地位。后天山以北地区设置北庭都护府，治在庭州。吉木萨尔一带的农耕生产生活方式逐步占据主要地位。至此，北庭地区的开发和建设进入新的历史阶段。农耕与游牧交叉运行的格局逐步形成，军府、州县制度的推行逐步使农耕社会占据主导地位。

四

北庭地区众多民族的交往与对话的基础当然是民族发展的需要，包括生存空间、生活资源、社会发展、政治关系等方面的客观需要，正是这种迫切的需要，导致各个民族在漫长的历史进程中出现在北庭地区这个历史舞台上，有的发展了，有的进化了，有的繁荣了，有的消亡了。

从"异族同俗"的演进中我们不难看出,天山北路地区,尤其是北庭地区在汉唐时期是游牧社会与农耕社会的分界线。当然,这条界线不是一开始就是如此,而是随着匈奴与汉朝的发展与变迁而变化的。

匈奴自公元前2世纪强盛之后,以匈奴为代表的游牧社会方式在广大的范围得以推广,天山北路地区也是其中重要组成部分。月氏、乌孙等曾经活动在天山以北地区的众多民族不仅在政治上隶属于匈奴,在风俗上也逐步与匈奴相同,从而构成了游牧社会的强盛局面。

汉朝自武帝开始,随着国力的强盛,转变了与匈奴交往的政策和方式。北击匈奴成为强大汉朝的重要变化。西域经略成为断匈奴右臂的具有战略性的重大举措——张骞出使西域,消灭楼兰,攻取车师,建立西域都护府。从此,农耕社会的方式和影响不断向北推移,同时也是匈奴代表下的游牧社会方式的退缩,北庭地区开始具有了分界线的历史地位和价值。

因而,我们认为北庭地区是古代民族迁徙与交往的中心地带,是游牧社会与农耕社会角逐的分界线,在北疆成为新疆政治中心、经济中心历史变迁中产生过重要影响,甚至具有决定性影响。所以,北庭历史与文化研究无论从总体史,还是从区域史的角度来说,都具有极为重要的意义。

(本文原载新疆师范大学历史与民族学院主编《新疆民族研究论集》(一),北京:民族出版社,2012年,第252—259页)

岑参诗中西域地名语音流变例释

夏国强

岑参西域诗篇中涉及历史地名众多，大多有实据可考，诸家常引为信言。由于某些地名因中古音系与现代语音之间的差别而造成记音汉字古今读音不同，以至存在误解。

我们知道，唐代语音体系和今天的语音体系有所不同。隋代陆法言的《切韵》为我们昭示了隋唐时期的语音面貌。邵荣芬《切韵研究》指出，切韵的基础音系为北方洛阳音系，吸收了南方方音"金陵士大夫读书音"的特点[1]。岑参为河南南阳人，发音必然和洛阳音系的《切韵》相同或相近。我们用以《切韵》《广韵》为代表的中古音系来分析岑参诗中的"地名"的语音问题，更容易突破记音汉字形体的束缚，发现记录的语音原貌。

前辈学人在进行研究考察时，非常注意这一变化，如岑仲勉《吐鲁番一带汉回地名对证》[2]、柴剑虹《岑参边塞诗地名考辨》[3]、李志敏《关于萨毗播仙部族的几个问题》[4] 等文章常常借助对音与古今音变化规律解决问题，彰明其流变过程，为史地研究提供旁证，纠正偏误，使论证更为合理。今效法前贤，试从岑诗中举两例以明之。

一、"走马"与"且末"

"走马川"为"且末河"一说曾见于朱东润主编《中国历代文学作品选》中

---

[1] 邵荣芬《切韵研究》，北京：中国社会科学出版社，1982年，第1页。
[2] 岑仲勉《吐鲁番一代汉回地名对证》，《历史语言研究所集刊》第十二册，上海：商务印书馆，1947年。
[3] 柴剑虹《岑参边塞诗地名考辨》，《学林漫录》第七辑，北京：中华书局，1983年。
[4] 李志敏《关于萨毗播仙部族的几个问题》，《喀什师范学院学报》1996年第4期。

篇第一册,林庚、冯沅君《中国历代诗歌选》等注释中。邓新跃《岑参诗中的"走马川"不是"左末河"》一文提出反对意见:"'且末'为译音词,'且'应念作'jū',与'居'同音。'且末'在史籍中因译音不同,也作'左末''沮末',但与'走马'读音并不相近。"①"且"的"jū"音,是《切韵》声母系统中"精"[ts] 组字颚化的结果,这一变化要到近代才完成。因此,"且"和"左、走"在声母上的联系是非常明显的。而"且末"与"走马"乃至"车尔臣"之间也的确存在语音流变关系,试对这些字的"声韵母"关系略做分析。

（一）"且"与"走"

"且"字中古音为精母的有三个韵:精母鱼韵、精母马韵、精母姥韵（上古音精母鱼部）,拟作 [tsǐo]、[tsǐa]、[tsu],齿音②,与今天的同音字"居"字声母并不相同。"居"中古音见母鱼韵,拟作 [kǐo],为喉音。

反观"左"字中古音精母哿韵,拟作 [tsɑ];"沮"字中古音精母鱼韵,拟作 [tsǐo]。两字声母、韵母相同或相近,可以与"且"通转。因此"且末"能记音成"左末"、"沮末"。

再看"走"字,中古音精母厚韵,拟作 [tsəu],上古音精母侯部 [tso]。可以看到,"走"与"且"声母同属"精"母。而在韵母方面,古今语音存在后高元音变化原则,即 [u] 在语音变化过程中会在前头出现 [ə],即"o（上古）> u（中古前期）> əu（中古）"③,这意味着,"走"字的韵母无论选用中古音 [əu],还是上古音 [o],与"且"字韵母姥韵 [u] 都存在相近关系。据此可以判断,两字声韵在中古音上有相同的可能。

（二）"马川"与"末"

"马"字中古音明母马韵,拟作 [ma];"末"字中古音明母末韵 [muɑt]。"马"与"末"声母相同。但韵母存在问题,虽然二者的主要元音相近,但一个是阴声韵,一个是入声韵,通押的可能性不大。

"川"字,中古音昌母仙韵,根据上古音至中古音声母变化原则,昌母为照组三等字,上古音声母归在端（知）组,拟音为 [tʻǐwen]。这种变化可参看以下例:

《汉书·匈奴传上》云:"匈奴谓天为撑犁"。"樘"中古音徹母庚韵,刘义

---

① 邓新跃《岑参诗中的"走马川"不是"左末河"》,《语文知识》2001 年第 8 期。
② 拟音采用郭锡良《汉字古音手册》,北京:北京大学出版社,1986 年。下同。
③ 潘悟云《汉语历史音韵学》,上海:上海教育出版社,1992 年,第 62、172 页。

棠把这种语音变化描述为：chan=chang=tang=dank，展现了 ch 和 t 之间的音转过程[①]。那么，经过这一变化的"川"字声母恰好与"末"字的入声韵尾 [t] 相近。

这为我们提供了另一种可能性，虽然"马"与"末"语音上的关系较远，但是"马川"和"末"在语音却有相近之处："马川"连读，拟音为 [mɑdwən]；"末"拟音 [muɑt]。

在声母上，"末"的主要元音和"马"字接近。在韵母上，"末"的辅音韵尾 [t] 与"川"的声母接近。

同时，"末"的辅音韵尾为入声，发音时爆破不完全。但在对音过程中，往往把爆破不完全的韵尾转成呼读音。如岑参诗中多次提到的"赤亭"，对音为"齐克塔木"："赤"字中古音昌母昔韵，入声字，以辅音韵尾 [k] 结尾，拟音为 [tɕʰǐɛk]，对音时则爆破完全，呼读为 ke，与"齐克""七克"音同。根据这一变化原则，"末"的辅音韵尾可以发为 da。

唐代，汉语与突回语的对音中，还有一种现象，即鼻音 n、ng 有时会省略[②]。换言之，"da"可以由"dan"变化而来。这种变异，在对音中表现明显。我们可以在《大唐西域记》卷十二中找到它的痕迹："从此东行六百余里，至折摩驮那故国，即沮末地也。"

"折摩驮那"之"驮"，声母与"末"字的入声韵尾 [t] 相同，全字爆破发音完全，可读为 da，加上被省略的鼻音韵尾，变成 dan，衍生而出的浊声母"n"再次呼读为 na。从而音转为"驮那"。

土古舍娃《玄奘传回鹘文译本残卷》中"折摩驮那"作"Sarmadan"[③]。把此中的"dan"独立出来，即为"驮那"，其发音与上古音端母元部字相近。"川"字上古音昌母文部，"端母"与"昌母"古读相近，"文元"韵母旁转。"驮那"和"川"在古音上是近似的。

把这些演变连缀起来，可以构成以下演化模式：

Sarmadan=zomodan（折摩驮那）=zumuadan

=zumod（且末）=zumodan=zoumachian=zoumachuan（走马川）

---

① 刘义棠《中国西域研究》，台北：正中书局，1997年，第19页。
② 刘义棠《中国西域研究》，第31页。
③ 季羡林等校注《大唐西域记校注》，北京：中华书局，1985年，第1032—1033页。

二、"桂林"与"洿林"

柴剑虹《"桂林"、"武城"考》提到岑参《与独孤渐道别长句兼呈严八侍御》中有"桂林蒲桃新吐蔓"一句,从出产葡萄的角度考证了"桂林"是"洿林"之误①,诚是。现从语音流变角度补充证明之。

上古音研究中,谐声虽然不能作为读音相同的证据,但使用同样声旁的字符间大部分具有音近关系,反映了一定的语音联系②。《说文解字·水部》:"洿,从水夸声。"《大部》:"夸,从大于声。"依照谐声关系,"洿、夸、于"三字在语音应该有相近关系:

"洿"字中古音影母模韵,拟作 [u],上古音影母鱼部,拟作 [a]。"夸"字中古音溪母麻韵 [kʻwa],上古音溪母鱼部 [kʻoa]。"于"字中古音云母虞韵 [jĭu],上古音匣母鱼部 [γĭwa]。

三字上古音韵母相同,只是在声母上存在"影、溪、云"的分别。根据潘悟云的研究,影母上古音可拟作小舌塞音 [q],可以音变成 [k] 和 [kh],如《汉书·西域传上·鄯善国》中"扜泥"对音"kuhani"或"khvani",其中"扜"就是影母字。云母上古音可拟作 [g-],在发音上与牙音溪母 [kh] 部位接近,牙喉音为邻纽,可以音转③。"桂"字中古音见母霁韵 [kiwei],上古音见母支部 [kiwe]。声母是见母"k-",与"溪母"同是牙音,发音部位相近,也就可和"云母、影母"邻纽双声。因此,"桂、洿"在声母上的联系较为明显。

韵母上,"桂、洿"两字上古音分属"鱼部"和"支部",按照王力先生的划分,"鱼部"和"支部"都是甲类韵,"支鱼"旁转是语音流变的常式之一④。今天上海金山话中读"跪"为"巨",读"亏"为"祛",仍能体现出这一原则。

那么,《梁书·高昌传》所载之洿林之"洿",发音近似于 ku 或 ka,与上古音"之部"字"龟兹"的对音"kucha"之"ku"类似。而"桂"字上古音 [kiwe] 与"龟"上古音 [kʻiwe] 相近,对音时会音转为 ku。"洿"、"桂"上古音声母相

---

① 柴剑虹《"桂林"、"武城"考——岑参边塞诗地名考辨之一》,《武汉师范学院学报》(哲学社会科学版)1981 年第 2 期。
② 潘悟云《汉语历史音韵学》,上海:上海教育出版社,1992 年,第 119 页。
③ 潘悟云《汉语历史音韵学》,第 333—334 页。
④ 王力《同源字典》,北京:商务印书馆,1982 年,第 13—16 页。

近，韵母旁转。中古时期语音渐变，这种关系仍然保留在对音之中，进而表现在记音汉字之上。

（本文原载《唐代文学研究》第十五辑，桂林：广西师范大学出版社，2014年，第477—480页；略有增补）

从吐鲁番到敦煌

——"Turpan"（吐鲁番）一名语源、语义考①

阿布力克木·阿布都热西提

Turpan（吐鲁番）是位于丝绸之路咽喉要道的历史古镇，是历史上印欧语系、阿尔泰语系和汉藏语系居民的聚居之地，也是东西方文明的交汇之处。Turpan②（吐鲁番）一名的语义、语源一直以来都备受关注，但因为汉文材料限制已很难再向前推进，而相关的非汉文史料为此提供了非常关键的补充材料，从而使我们能够对此问题展开新的讨论。笔者拟在总结前人研究的基础上，结合汉文文献和西域古代文书的记载，试图从语音、语义、地理、史实等方面对"吐鲁番"一词进行考察，并做进一步探讨和补充说明，以期有所突破。

一、有关"Turpan"（吐鲁番）一名的先行研究

对于 Turpan（吐鲁番）一名的语源、语义问题，由于史籍记载不明，学界至今众说纷纭，莫衷一是。有关 Turpan（吐鲁番）语源的突厥语说、蒙古语说、匈奴语说，在黄盛璋先生的《"吐鲁番"的胡汉名称与语源新探》一文中早已被讨论过。③ 此外，还有一些学者对 Turpan（吐鲁番）一名做了个别分析和探讨，均属于零星研究，由于篇幅有限，在此不再赘述。有关语义方面的前期研究主要可以

---

① 本文为新疆师范大学优秀青年教师科研启动基金项目《新疆少数民族语地名研究概况》（项目编号：XJNU0803）的研究成果之一。

② 在大多数讲突厥语的民族语言中，吐鲁番称作 Turpan（塞音 p），并非 Turfan。学术界普遍认为在突厥语族诸语言的辅音系统中 f 是专门用来拼写外来借词的辅音。然而，吐鲁番在汉文、西文和阿拉伯波斯文献中多作 Turfan（唇齿擦音）。

③ 黄盛璋《"吐鲁番"的胡汉名称与语源新探》，《吐鲁番学研究》2005 年第 1 期，第 7 页。

从以下几个方面予以归纳。

（一）艾尔肯·尼亚孜先生受到伯希和的影响，考证《世界境域志》（Ḥudūd al-'Ālam）[①] 所记 طفقان//Tafqān 为 Turpan（吐鲁番）一词的对应词。该作者指出，طفقان//Tafqān 与匈奴语 Teŋri（天）一词有联系，只是由于时间的推移发生音变，最终定型为 Turpan（吐鲁番）；Turpan（吐鲁番）中的 tur- 在雅库特语中表示"天"，-pan 在波斯、粟特和突厥语中表示"神圣、伟大"之意[②]。然而，上述观点不足之处在于，按照突厥语及其他语言的语音规律对 Turpan（吐鲁番）一名进行词源学解释，即 Tafqān → Tufqān → Turfan → Turpan 具有一定的关联这一看法，在语言学材料中无从考证。因为在现有的突厥和匈奴语言材料中很难找到 q → f，a → u，f → r 的音变规律实例，且作者在文中也未交待资料所出，故笔者认为，这是一种牵强附会的词源学解释。

（二）米诺尔斯基（V. Minorsky）认为《世界境域志》中出现的 Tafqān(طفقان) 为 Turpan（吐鲁番）之讹写。然而，这种说法显得有点笼统，未能对讹误产生的原因给出合理的解释。笔者以为，《世界境域志》的作者当记述 Tafqān(طفقان) 时似乎没有犯下任何转写讹误。原因有二：一是假如该名中确有 -f- 这一个音，那么我们由此可以推测，Tafqān(طفقان) 当来自非突厥口语。因为，如上所说，在突厥语族诸语言的辅音系统中，-f- 是专门用来拼写外来借词的辅音。因此，该词很可能是讲非突厥语的当地人对 Turpan（吐鲁番）一名的异写或另一种称谓。这也反映一个实事，即一定数量的非突厥语族居民仍在此地活动，他们很可能是吐鲁番、敦煌一带的粟特移民的后裔。二是 Tafqān(طفقان) 所指的恐怕不是吐鲁番，而是敦煌一带。值得注意的是，今新疆吐鲁番、鄯善、哈密的维吾尔族民众称"敦煌"为 Duqan/Duhan。Duqan/Duhan 同 Tafqān(طفقان) 的读音非常接近，只是差了一个 -f- 音。在语音学中，一般认为 -f- 音属于弱音，随时有被同化、脱落的趋势。如果我们接受米氏的观点，那么我们很难用实例来解释 -f- 和 -r- 交替的语音规律，再者，在阿拉伯字母系统中 -f- (ف) 和 -r- (ر) 交错使用的可能性非常小，除非作者完全不熟悉这种字母系统。

（三）Turpan（吐鲁番）一名源自吐蕃的说法主要是从 Turpan(吐鲁番) 和"吐蕃"二者的汉语读音相似性出发而提出的。牛汝晨先生认为，"吐蕃"

[①] *Ḥudūd al-'Ālam*(*The Regions of the World*).trans. by Vladimir Minorsky. Luzac，1970，p.195.
[②] 艾尔肯·尼亚孜《吐鲁番一名及高昌一名的历史演变》，载维吾尔文版《吐鲁番学研究》2004 年第 1 期，第 47 页。

之"蕃"读作 -pan，Turpan（吐鲁番）一名源自"吐蕃"。"吐蕃"何以被变为 Turpan，不得其解。据牛汝晨先生分析，为了便于突厥语发音，在 Tu-pan 中间插入 -r 音，Tupan 变为 Turpan[①]。于维诚先生亦同意这一观点。笔者认为，上述说法是不能成立的。因为"吐蕃说"存在以下疑点：首先，从包括维吾尔语在内的突厥语系诸语言的语音规则来看，恰恰与牛汝晨先生的观点相反，辅音 -r 之脱落是一种常见的语音现象，如 Karghiliq(叶城) 在口语中读作 Kaghiliq、Yarkant(莎车) 读作 Yakan、Kiriya(于阗) 读作 Kiyi、Taxkorghan(塔什库尔干县) 读作 Taxkoghan。其次，"吐蕃"之"蕃"字的实际读音是一个悬而未决的学术难题，至今已有数十篇文章专谈此"蕃"字，且在"蕃"字读如 –pan、或 -fan、或 -bo、或 -po 的问题上始终未能达成一致[②]。安才旦教授在其《"吐蕃"一称语源及含义评述》一文中对"吐蕃"之名称来源问题以及"蕃"字的读音做了详细的考证，认为"吐蕃"一名与鄂尔浑突厥碑铭所见族名 Tüböt 有关[③]。基于以上原因，笔者认为牛汝晨先生的"吐蕃说"尚有疑问，故不能成立。

（四）尼亚孜·克里木解释 Turpan 为波斯语地名。在其论证中，将 Turpan 与 turfandaliq 联系起来，解释 Turpan 为"水果早熟的地方"[④]。然而，我们知道，所谓的波斯语地名 turfandaliq 的正确读音应该是 tarvand，意为"偷窃、撒谎"[⑤]，而不是 turfandaliq。tarvand 一词以 trap、terefyāt 的形式见于阿维斯陀 (Avesta，即

---

① 牛汝晨《新疆地名概况》，北京：中央民族大学出版社，1994 年，第 121 页。
② 关于"吐蕃"一词的读音问题，相关论文和著作有很多，此处仅列出以下研究：伯希和（Paul Pelliot）《汉译吐蕃名称》，载冯承钧译《西域南海史地考证译丛二编》，北京：商务印书馆，1962 年；张绍臣《关于"吐蕃"之"蕃"的读音问题》，《湖北大学学报》1987 年第 6 期；安瓦尔·巴衣图尔克由木·霍嘉《关于"吐蕃"一词的语源考证》，《新疆社会科学》1982 年第 3 期；姚良柱《也谈"吐蕃"的"蕃"字应读"番"》，《新疆教育学院学报》1988 年第 2 期；吕一飞《谈谈"吐蕃"一词》，《历史研究》1993 年第 1 期；祁振纲《吐蕃起源及其读音问题试探》，《中央民族大学学报》1996 年第 2 期；张济川《"吐蕃：读 tǔbō 还是 tǔfān"》，《中国藏学》2000 年第 2 期；朱文旭《"吐蕃"考》，《中国藏学》2000 年第 2 期；朱宏一《"吐蕃"的读音》，《语文建设》2001 年第 12 期；谢仁友《"吐蕃"音辩》，《中国语文》2003 年第 6 期。
③ 安才旦《"吐蕃"一称语源及含义评述》，《藏学研究》1988 年第 4 期。此外，法国学者巴赞 (Louis Bazin) 和哈密屯 (James Hamilton) 二人合写的《吐蕃名称的起源》(L'originie du nom Tibet)，试图参照"吐谷浑"一名的对音变化，利用阿尔泰语系语言学的资料论证"吐蕃~Töpän~Tübüt"的演变、迻译过程，可供参考。
④ 尼亚孜·克里木、孜维达·沙塔尔《新疆部分地名研究》，北京：民族出版社，2005 年，第 115—118 页。
⑤ 北京大学东方语言文学系波斯语教研室编《波斯语汉语词典》，北京：商务印书馆，1997 年，第 569 页。

《波斯古经》)语,其巴列维语形式为 tarfanīdan①。因此,无论从语音还是从语义来看,turfandaliq 很难和 Turpan 对应起来。再者,波斯人所说的"水果早熟的地方"的地理、气候特征和 Turpan(吐鲁番)这一地名之间很难建立一种逻辑关系。因此,笔者认为以上说法离实事甚远,显然不能说明问题。

(五)依明·吐尔逊先生认为 Turpan(吐鲁番)一名的出现不会早于 13 世纪,从而将《突厥语大词典》(以下简称《词典》)所见 Taban(一个突厥部落名称)与 Turpan 堪同。笔者对依明·吐尔逊先生的论证持否定态度,因为,Turpan(吐鲁番)这一地名已见于10—11世纪时期的经济文书中。此外,在敦煌出土的9—10世纪时期的回鹘文文书中亦见 Turpan(män turpanliγ"我是吐鲁番人")一名②。需要指出的是,在当时社会意识形态和宗教热情的影响下,作者麻赫默德·喀什噶里在其著作《突厥语大词典》中很少顾及当时吐鲁番在内的非穆斯林地区③。麻赫默德·喀什噶里的有些描写总是摆脱不了宗教情绪的影响,因而在作者之笔下有的非穆斯林地区及其居民始终得不到应有的记述。因此,Turpan(吐鲁番)名称源于《突厥语大词典》所记 Taban 的说法无论从语言学上,还是从历史文献的角度来说,都是不合理的。

(六)黄盛璋先生在《"吐鲁番"的胡汉名称与语源新探》一文中对 Turpan (吐鲁番)一名语言成分等一些基本问题上提出了卓见。黄先生从历史地理学、文献学和语言学的角度考证 Turpan(吐鲁番)地名的非汉语言形式即 Turpan,并对有关 Turpan(吐鲁番)之语源的突厥说、蒙古说、吐蕃说、车师说等观点进行逐一分析,最终认为,Turpan 一名很大可能源于焉耆—高昌语(即甲种吐火罗语),次为粟特语④。持同样观点的还有法国著名学者哈密顿(James Hamilton),他假设 Turpan ∥ Turfan 为吐火罗语地名⑤,但他对 Turpan(吐鲁番)一名的语源却一笔带过,未做详论。而黄盛璋先生却未能提示与 Turpan(吐鲁番)有关的非汉文史料,仅是从语言学的角度辨析其语源。

---

① Paul Horn.*Grundriss der Neupersischen Etymologie*.Strassburg:Verlag von Karl J.Trübner,1893.p.86.
② 李经纬《回鹘文社会经济文书研究》,乌鲁木齐:新疆大学出版社,1996年,第273页。
③ 作者麻赫默德·喀什噶里在《词典》中说:"我在本书中只收录了穆斯林突厥人所居住的地区的山脉、戈壁、盆地、河流和湖泊等的名称,因为这些都是经常出现于言谈话语之中的,但我也仅仅收录了著名的,舍弃了不很著名的。同时还选录了非穆斯林突厥人地区的一些地名,而有一些则未收录,因为收录这些是无益的。"参见麻赫默德·喀什噶里《突厥语大词典》(汉译本)第一卷,民族出版社,2002年,第30页。
④ 黄盛璋《"吐鲁番"的胡汉名称与语源新探》,《吐鲁番学研究》2005年第1期,第7页。
⑤ James Hamilton.*Manuscrits Ouïgours du IX-X Siècle de Touen-Houang*,*Textes établis*,traduits,et commentés,Tome 1.Paris:Peeters france,1986,p.91.

二、"Turpan(吐鲁番)"之语言归属

现存的有关 Turpan(吐鲁番) 一名的语言资料虽然为数不多，但我们仍可以对 Turpan(吐鲁番) 一名的语言归属做大体判断。在研究新疆古代地名时可以发现一种共同特点，即包括 Turpan 在内的 Khotan(和田)、Kroran(楼兰)、Miran(米兰)、Charchan//Cherchen(且末)、Niran(尼雅，今和田地区民丰县)、Yotkan(约特干)、Pichan(鄯善) 等诸多新疆古代地名均以 -an 结尾。类此地名亦见于伊朗和中亚等地，如 Zanjan(今伊朗之赞詹)、Wakhan(瓦汗)、Suman(在中亚乌浒河北支卡菲尔尼甘河上游，今杜尚别附近)、Parwan(今阿富汗喀布尔以北之帕尔万)、Munjan(蒚章，今巴达克山之南，科克恰河及葛格达什脱河两源之间)、Khotlan(在瓦克什与喷赤二河之间)、Kerman(今滨临波斯湾之克尔曼)、Kashan(今伊朗伊斯法罕北之卡善)。① 巴托尔德在《蒙古入侵时期的突厥斯坦》一书中列出了散见于萨木阿尼（Samāni–Abū Sa'd）及雅库特的《辞书》所记而未被早期地理学家所著录的中亚 238 个村庄的名称②，据笔者统计，其中以 -an 结尾的地名多达 57 个，占总数的 30%。据历史地理学、语言学的研究，以上所述中亚和古代新疆地名和田、米兰、疏勒、楼兰、龟兹、焉耆在其语源上都与印欧语系的诸语言有关。③

从语言属性的角度来看，上述地名与 Turpan(吐鲁番) 一名具有共同的语言特征。表示地点、场所意义的词尾 -an 在古波斯语中作 -ana，现代波斯语中变为 -an。带有类似表示地点、场所的词缀 -an 亦常见于中西亚许多地名中。如 Iran 即伊朗一名由 Arya+an 两个部分组成，前者表示"雅利安人"，后者则表示"地点、场所"，意思是"雅利安人居住的地方"。那么，我们有充分的理由认为 Turpan（吐鲁番）之 -an 也具有同样的语法和语义功能。我们现有的材料虽然难以为这个假设提供直接的证据，但从历史语言学的角度可以推断带有 -an 之地名

---

① 以上中亚和伊朗地名转引自冯承钧原著，陆峻岭增订《西域地名》(增订本)，北京：中华书局，1982年。
② [俄] 巴托尔德《蒙古入侵时期的突厥斯坦》，上海：上海古籍出版社，2007年，第140—155页。
③ 关于和田、疏勒、龟兹、焉耆、尼攘（尼雅）等地名请参看以下研究：Harold.W.Bailey:*The Culture of Sakas in Iranian Khotan*, New York, 1982, pp.3—10；依布拉音·穆提义《塔里木绿洲若干地名溯源》，《西域研究》1997年第2期；余太山《古族新考》，北京：中华书局，2000年，第69、73页注释⑮；伯希和《库车、阿克苏、乌什之古名》，载冯承钧译《西域南海史地考证译丛一编》，北京：商务印书馆，1962年，第1—7页；黄盛璋《试论所谓"吐火罗语"及其有关的历史地理和民族问题》，《西域史论丛》(第二辑)，乌鲁木齐：新疆人民出版社，1985年，第228—268页；王北辰《"大唐西域记"中的靓货逻、折摩驮那、纳缚波故国考》，《西北史地》1985年第3期。

与 Turpan（吐鲁番）之间的语义共性，从而确定 Turpan（吐鲁番）一名的语言归属，即属印欧语系的古代地名。

三、从吐鲁番到敦煌

斯坦因获得的敦煌粟特文文书中记载了以下几个地名——Kč"n（龟兹）、Kr'wr'n（楼兰）、Sm'rknδh（撒马尔罕？）、C'nstn（西州？）和 δrw"n[①]。记有 δrw"n 一名的粟特文文书（编号为 III，16½×9¾，写于 δrw"n）出土于敦煌以西沙丘[②]，是有关 Turpan（吐鲁番）一名语源的最为重要的资料。笔者认为，该文书中出现的 δrw"n 一词的来源对澄清 Turpan（吐鲁番）一名的语义是至关重要的。许多研究者认为，该词是指今天甘肃省境内的敦煌，但是，这种观点并非一成不变。这里需要辨清一个问题，即史籍中的敦煌∥敦薨与今天的地名 Turpan（吐鲁番）是否存在关系？从种种迹象来看，答案是肯定的。笔者假定，敦煌∥敦薨、δrw"n 与 Turpan（吐鲁番）实为同名异译。

《汉书·地理志》敦煌郡条下应劭注："敦，大也。煌，盛也。"[③] 唐李吉甫撰《元和郡县图志》则进一步发展其说，云："敦，大也，以其开广西域，故以盛名。"[④] 据此，有的学者推断，"敦煌"一直以来是指今天的敦煌一带。但是，严格来说，这条材料尚不足说明敦煌一名的语源，不能当为最后结论。许多研究者认为"敦煌"为粟特文古信札中所见 δrw"n。李并成认为，"敦煌"即"敦薨"的音转，δrw"n 是塞语地名。[⑤] 王宗维先生认为，"敦煌"=δrw"n 是"吐火罗"一名的音译词[⑥]。两位学者的解释虽然正确，但在这里需要指出两个问题：首先，无论

---

① Hans Reichelt.Die *Soghdischen Handschriftenreste des Britischen Museums*, in Umschrift und mit Übersetsung, Teil II.Heidelberg:Carl Winters Universitätsbuchhandlung, 1931, p.4.

② 斯坦因（M.A.Stein）于 1905 年在敦煌以西 T.XIIa 号烽燧下发现了九封古粟特语信札，其年代当在 312 年或 313 年。信札的作者是行踪到达洛阳、长安、故臧、敦煌等地的粟特商人，他们写报告给故国撒马尔罕和布哈拉的主人汇报经商的情况和困难。参见张广达《唐代长安的波斯人和粟特人——他们各方面的活动》，《张广达文集·文本、图像与文化流传》，桂林：广西师范大学出版社，2008 年，第 62 页。

③《汉书》卷二八《地理志》，北京：中华书局点校本，1962 年，第 1614 页。

④《元和郡县图志》，北京：中华书局点校本，1983 年，第 1026 页。

⑤ 余太山认为"敦煌"[tuən-huang]郡应得名于"敦薨"[tuən-xuəng]，"敦薨"与"大夏"同名异译。参见余太山《古族新考》第 6 页。李并成推测《山海经·北山》中所记"敦煌"在今敦煌地区，一时塞人等民族统治过敦煌，"敦薨"是他们赋予这一地区的名称。见李并成《"敦煌"一名溯源》，《地名知识》1989 年第 5 期。

⑥ 王宗维《"敦煌"释名——兼论中国吐火罗人》，《新疆社会科学》1987 年第 1 期，第 61 页。

是"敦煌"还是 δrw"n，其后半部很难与"吐火罗"相对应起来。其次，"吐火罗"一名又以 tuγur、toγər、θογαρα、ttaugara、T'oγr、tuγr、Thod-kar、Tukhāra、Tókharoi、tuṣāra、土豁罗、吐呼罗、覩火罗、覩货逻等多种形式见于东西方文献中[①]，与其相应的究竟是哪一个，两位学者在文中都未明确指出。

笔者从以下两方面对敦煌//敦薨、δrw"n 与 Turpan（吐鲁番）的统一性问题进行论述。

首先从历史地理学的角度来看，敦煌、δrw"n 在历史上的范围似乎不仅在今天的甘肃境内，其所指范围应当更广一些。"敦煌"这一名称首先见于《史记·大宛列传》，其中引张骞的报告"始月氏居敦煌、祁连间"一语[②]。关于"敦煌""敦薨"的地理位置史籍有明确记载。《山海经·北山经》载："大咸之山，无草木，其下多玉。是山也。……又北三百二十里，曰敦薨之山，……敦薨之水出焉，而西流注于泑泽。出于昆仑之东北隅，实惟河源。"《水经注笺》曰："大河又东，右会敦薨之水，其水出焉耆之北。"《山海经》又注："敦薨之水出焉，而西流注于泑泽。……二源俱道两源东流，分为二水，西南流，出于焉耆之西，经流焉耆之野。屈而东南流，注于敦薨之渚。右水东南流，又分为二，右左焉耆之国，城居四水之中，同注敦薨之浦。……又东南注于敦薨之薮。"[③]

关于"敦薨之水"、"敦薨之山"的地理位置问题，学界直至今日仍各执一词。李并成认为，《山海经》之"敦薨之水"只能是指今疏勒河，"敦薨之山"应为今祁连山脉西段疏勒南山一带[④]。

在文献研究和历史地理研究上，"敦薨之水""敦薨之山"在西域的证据更多。近代史学家和地理学家普遍认为，上述地名中之焉耆是指今之新疆焉耆；泑泽，又称盐泽，则指今之罗布泊。据此，大致上可以推断，"敦薨之水"当发源于巴伦台北的天山山脉南侧，所谓"敦薨之山"即在此。此山流出之水，今分别称为清水、开都河[⑤]，先后会于博斯腾湖，南流经库尔勒，与西来之塔里木河相

---

① H.W.Bailey."Ttaugara".Bulletin of the School of Oriental Stusies，Vol.8，4，1937.pp.883—921.
② 《史记》卷一二三《大宛列传》，北京：中华书局点校本，1959 年，第 3162 页。
③ 以上均转引自王国维《水经注校》（上海：上海人民出版社，1984 年）第 41—43 页。
④ 李并成《"昆仑"地望考》，载《丝绸之路民族古文字与文化学术讨论会文集》，西安：三秦出版社，2007 年，第 502 页。
⑤ 据岑仲勉先生的研究，"敦薨之水"是指《新唐书》之二大河，二大河则谓是海都河及龟兹东川。参见岑仲勉《汉书西域传地理校释》（北京：中华书局，2004 年）第 430 页；《山海经》中的"敦薨之山"可能指天山，"敦薨之水"指开都河。参见钮钟勋《我国古代对中亚的地理考察和认识》（北京：测绘出版社，1990 年）第 4 页。转引自徐文堪《吐火罗人起源研究》（北京：昆仑出版社，2005 年）第 12 页注⑤。

汇，东流入盐泽（罗布泊）。上述"敦薨之水""敦薨之渚""敦薨之浦""敦薨之薮"所包括的范围应为今巴伦台以南，包括焉耆、库尔勒，再向东直至罗布泊方圆数千里的地方。综上，我们可以做出初步结论，史书中所谈到的"敦煌"即"敦薨"的历史位置和今之地理范围显得完全不一致。从汉文文献中的记载来看，"敦薨"//"敦煌"所指的地理范围不在今之甘肃境内，而很可能在新疆境内，与今之吐鲁番一带更为接近。看来，"敦薨"//"敦煌"一称就时代而言，不是很固定的，其范围无严密之限定，特别是在古代西域的人们的视野中，其地理位置并非固定不变。

在这里需要特别指出的是，同名异地是中亚和西域地名中常见的现象，在此不再赘述。"敦煌"//"敦薨"和 Turpan（吐鲁番）以及 δrw"n 的不同，源于时间的差异。其实，古时二地没有严格地区别开来，尤其是在西域人的视野中 Turpan（吐鲁番）和敦煌相距不远，往往以同名呼之。这在一定程度上为我们进一步考究"敦煌"//"敦薨"和 Turpan（吐鲁番）之间的内在联系提供了间接的历史地理线索。

其次，我们通过历史比较语言学的方法能够在"敦煌"//"敦薨"和 Turpan（吐鲁番）以及 δrw"n 之间建立起一定的语音对应关系。按照现代汉语的读音，"敦煌"之"敦"读作 dun，中古汉语读音为 twən。据《广韵》所言，"敦"和"屯"为同音词①。这与 Turpan 之齿尖送气音 -t 是相一致。古时，非汉语之齿尖浊音 -t 在汉语中时以 -t、时以 -d 表示，如达干（Da-gan）是 Tarkan，可敦（Ke-dun）是 Qatun 的汉语译音词②；汉语与非汉语之间 n⇌r 语音交替现象，已为近代学者的研究所证实。例如，伯希和深入细致地研究了早期汉文译者用 -n 来表示非汉语中的 -r 音的现象③。也就是说，汉代用以 -n 收声的阳声字译写他族语言中含尾辅音 -r 的音节。如中亚古国"安息"是伊朗语地名 Aršak 的对应词；"大宛"（Da-yuan）对应的是 *Taxwar④。虽然，此 n⇌r 译法后来改用具有齿音尾声之字，但在唐代及后来仍有这种译例，如摩尼教教主摩尼之母 Marayam，在汉文摩尼教

---

① 《宋本广韵》。此外，关于"敦煌"和"敦薨"二字的古今读音演变及二者之间的语音对应关系，参见李正宇《"敦薨之山"、"敦薨之水"地望考》，《敦煌研究》2011 年第 3 期。
② 韩儒林《穹庐集》，上海：上海人民出版社，1982 年，第 19 页。
③ 伯希和《吐火罗语与库车语》，载冯承钧译《吐火罗语考》，北京：中华书局，1957 年，第 79 页。
④ 蒲立本著，潘悟云、徐文堪译《上古汉语的辅音系统》，北京：中华书局，2008 年，第 138 页。

经典中作"满艳"①。当我们再举"罽宾"和 kapira②，不难看出这种 r⇌n 对应关系的普遍性。据此，我们有理由推测，Dun-huang(敦煌)和 Turpan 以及 δrw"n 之间的语音对应关系。这一推测早已被学者所提及。③ 然而，δrw"n 在语音上，与 Dun-huang(敦煌)较之，更接近于 Turpan。与 Turpan(吐鲁番)有关的早期汉语地名"单桓"早即被学者所关注。④ 笔者认为"单桓"很可能是 Turpan（吐鲁番）一名在不同地点、不同时间的一个变音。

综上所说，无论从地理位置、历史渊源，还是在语音对音关系上而言，Turpan(吐鲁番)和"敦煌"为同名异译是毫无疑义的。我们从中可以推测：敦煌（敦薨）一名最初并非专指今之敦煌，而是一个泛称，其所指范围比现在的地域更加广泛；δrw"n 为 Turpan 的粟特化形式；δrw"n 是 Dun-huang(敦煌)的等同词，按照 r⇌n 和 d/t⇌t 的语音交替规律可以推知，Dun-huang(敦煌)一词当为 Turpan 的汉文形式。笔者认为，"敦煌"或"敦薨"是 Turpan（吐鲁番）一名的汉文译音转写无疑，只是很难确定"敦煌"或"敦薨"和 Turpan 这两个名称的出现时间孰先孰后。

四、"Turpan(吐鲁番)"语义考

黄盛璋先生在《"吐鲁番"的胡汉名称与语源新探》一文中指出，Turpan（吐鲁番）一名的语源应与焉耆－龟兹语（即吐火罗语）有关。这一点同文献资料、现代人类学研究和考古学研究的成果相吻合。笔者虽然赞同黄先生的观点，但同时也认为仍有一些补充的余地。

据研究，中古时期已有 21 种语言和文字流行于吐鲁番地区。⑤ 至于中古时期吐鲁番地区早期居民所使用的语言的情况，学者们存在着不同的看法。有的学者

---

① 刘迎胜《西北民族史与察合台汗国史》，南京：南京大学出版社，1994 年，第 6 页。
② 沙畹、烈维著《罽宾考》，载冯承钧译《西域南海史地考证译丛》第 2 卷，第 58—67 页。
③ 日本学者高田时雄指出："敦煌"一名早在托勒密的《地理指南》中即已出现，写成于 4 世纪的粟特文"古信札"中，"敦煌"被写作 δrw"n[Thurwan]，但难以确定该名源自何种语言。他还说道，有此事实不能忽视，"敦煌"很可能是汉语以外的其他语言地名的音译。参见高田时雄著，锺翀等译《敦煌·民族·语言》，北京：中华书局，2005 年，第 3 页。
④ 岑仲勉先生将《汉书》所见"单桓"比定为 Turpan，即认为 tturpaṃ 单桓之遗音及遗族。参见岑仲勉《汉书西域传地里校释》，第 444—445 页。笔者非常赞同此说。蒲立本还原构拟"单桓"之"桓"为 van（蒲立本著，徐文勘译《上古汉语的辅音系统》第 28 页），这与 Turpan 之 -pan 相合。
⑤ Dough Hith. "Special Status of Turfan".Sino-Platonic Papers，Number186，2009.p.1.

认为是甲种吐火罗语①，有的则说是吐火罗语乙种方言。②值得注意的是，据科格（H.Dough）的推测，吐火罗语甲方言可能是从焉耆一带传入吐鲁番地区的，这与讲吐火罗语居民的迁徙密切相关。③近代在新疆东部地区进行的考古挖掘所获得材料以及相关的历史研究表明，大约于公元前后在吐鲁番地区活动的原始居民的确与吐火罗人有关系。④

英国伊朗学专家贝利（Harold Bailey）教授对粟特文"古信札"所见δrw"n一名做了颇为详细的考释，并认为δrw"n一名由 *druva+pāna 演变而来，意思是"安全的住所、围墙"⑤。这一研究为澄清 Turpan 一名的词源提供了至关重要的线索。受其启发，笔者在此基础上对 Turpana 一名进行了一番语言学分析。我们推测 Turpan 一名与印欧语系——尤其是与吐火罗语——密切相关。在乙种吐火罗语中有 -trenk（甲种吐火罗语为 -tränk）一词，意思是"加固、使结实"，其梵文变体为 -dhryati，原始印欧语作 -dhergh，也有"加固、使结实"之意。此外，与 Turpan（吐鲁番）相对应的词亦见于于阗塞语词汇中。于阗塞语 -druva 一词有"坚固、结实、牢固"之意，其在《阿维斯陀》（Avesta，即《波斯古经》）的形式为 -dra、-drvatāt，在琐罗亚斯德巴列维语中为 -drōt，作形容词最高级。⑥-drōt 的新波斯语形式 durust 亦见于新波斯语中，也作形容词最高级。⑦-druva 的另一种语音变体是 -durāhe，意为"安全、完好"[safe，perfect]，然而，-dru 和 -dur 之间虽有语音交替现象，但其意义却未发生变化。⑧在语义上与 -druva 相应的 -tturä 一词也见于于阗塞语词汇，据贝利的解释，该词和具有"强大、强劲"[strong]

---

① Kraus Thomas. *Tocharisches Elementarbuch*, Band I, Grammatik [M].Heidelberg:Carl Winter Universitätverlag, 1960, p.37.

② Werner Winter. *Studia Tocharica*, Selected Writings·Ausgewählte Beiträge [M].Poznan:Wydawnictwo Naukowe Uniwersytetu, 1984, p.15.

③ Dough Hith. *Sino-Platonic Papers*, "Special Status of Turfan".Number186, 2009.p.1.

④ 参见 Annemarie Von Gabain, *Das Leben im Uigurischen Königreich von Qoco* (850—1250), Wiesbaden, Otto Harrasowits, 1973; 林梅村《吐火罗人的起源与迁徙》，《西域研究》2003年第3期，第9页；杨富学《吐火罗与回鹘文化》，《龟兹学研究》第二辑，乌鲁木齐：新疆大学出版社，2007年，第72—93页；W.B.亨宁著，徐文勘译《历史上最初的印欧人》，《西北民族研究》1992年第2期，第31页。

⑤ Harold Bailey. *Dictionary of Khotan Saka*.London:Cambridge University Press, 1979.p.161.

⑥ E.G.Pulleyblank. *Journal of Chinese Linguistics*, "Central Asia at the Down of History" 27 (1999), p.168.

⑦ 北京大学东方语言文学系波斯语教研室编《波斯语汉语词典》（商务印书馆，1997年）第1008页。durust 一词在现代维吾尔语、哈萨克语、柯尔克孜语等诸语言中也作形容词，义为"正确、完好"，应为波斯语借词。

⑧ Harold Bailey. *Dictionary of Khotan Saka*.London:Cambridge University Press, 1979.p.161.

之意的 -tura 是同一词。-tturä 是由 -tura 演变而来的，其词根为 *-taura 或 *-tura①。

假如我们仔细地观察分析并在上述 -tränk、-trenk、-dra、-drvatā、-druva、-tturä 之间进行一番语音对比就不难发现，它们之间似乎存在着一定的音义对应关系。

我们在甲乙种吐火罗语中也可以发现与 -pan 音义相同的 -wänd 一词，意为（味）"围绕、包围、围墙"，其在古代（原始）印欧语中的形式（变体）是 -endh。在哥特语中作 biwindan，意思是"包围、包住"②。笔者认为在波斯语中的 bänd 很可能是其对应词③。据笔者分析，与 -wänd 相对应的词亦见于现代德语，作 Wand，义为"墙、围墙"④。同时，在于阗塞语载有与 Turpan 之 -pan 同音的一词，读如 -vāna，意为"居住地"。其词根是 -van，具有"围绕、包围、围墙"之意。此词又以 -vāna 形式出现在《阿维斯陀》（Avesta，即《波斯古经》）中。该 -vāna 又以 -vānk 的形式译为古代亚美尼亚语，意为"被遮盖的地方、寺院"⑤，在现代亚美尼亚语中写作 -auan，意思是"村庄、农村"⑥。

综上所说，我们将 *-tura、-druva 或 -dur（坚固、结实、安全）与 -vāna（居住地、围墙、墙）相结合，就得到 *tura-van 或 *dur-van 的结论，可引申为"坚固的围墙、完好的围墙、安全住所"。

下面我们再看汉文文献所提供的相关信息。虽然在《梁书》、《宋书》、《周书》、《魏书》等史籍都提到"高昌"一名，但《魏书》所记更为详细一些。《魏书》云：

> 高昌者，车师前王之故地，汉之前部地也。东西二千里，南北五百里，四面多大山。或云昔汉武遣兵西讨，师旅顿弊其中，尤困者因住焉。地势高敞，人庶昌盛，因云"高昌"。亦云其地有汉时高昌垒，故以为国号。东去长安四千九百里，汉西域长史、戊己校尉并居于此。晋以其地为高昌郡，张轨、吕光、沮渠蒙逊据河西，皆置太守以统之。⑦

---

① Harold Bailey. *Dictionary of Khotan Saka*. London: Cambridge University Press，1979. p.132.
② E.G.Pulleyblank..*Journal of Chinese Linguistics*，"Central Asia at the Down of History"27(1999), pp.146—174.
③ F.Steingass. *A Comprehensive Persian-English Dictionary*. London: Routledge & K.Paul，p.201.
④ 张才尧等《朗氏德汉双解大词典》，北京：外语教学与研究出版社，2000年，第1931页。
⑤ Sten Konow. *Saka Studies*，Oslo: Glückstadt and Hamburg，1932，p.192.
⑥ Harold Bailey. *Dictionary of Khotan Saka*. London: Cambridge University Press，1979:383
⑦《魏书》卷一〇一《高昌传》，北京：中华书局点校本，1974年，第2243页。

"高昌"和 Turpan(吐鲁番)之间的语义对应关系几乎没有被学者所关注。需要指出的是,虽然我们没有与此相关的直接书面文字材料,但综合以上各家之言,将 Turpan(吐鲁番)一名在印欧语系,更确切地说,吐火罗语中所拟语义"结实的围墙、坚固的围墙、安全住处"和《魏书》所言"地势高敞,人庶昌盛、高昌壁、高昌磊"等描述相结合分析,我们就可以发现它们之间似乎存在着一定的语义对应关系。由此可以推测,"高昌"很可能是 Turpan(吐鲁番)一名的汉译对应词。的此说能否成立,尚待推敲,但从 Turpan(吐鲁番)和"高昌"都含有"高达、结实、坚固的城堡"之意,可推断二者应指同一语义的地名。

五、结语

综上所述,Turpan(吐鲁番)是个具有悠久历史的古代西域地名。正如以上所说,利用突厥语、蒙古语和吐蕃语言材料无法对 Turpan(吐鲁番)一名进行语源、语义考释。Turpan(吐鲁番)一名在语源上与西域古代居民吐火罗人有关。从语音上可以推测,西域地名 Turpan(吐鲁番)、"敦煌"即"敦薨"是同音异地,或许"敦煌"("敦薨")一名是 Turpan(吐鲁番)的语音变体。其语义为"结实的围墙、坚固的围墙、安全住处"、"高大的城墙",这与汉文史料所记"地势高敞,人庶昌盛、高昌壁、高昌垒"等记述相合。

(本文原载《中央民族大学学报》(哲学社会科学学版)2014年第3期,第143—150页)

古今维吾尔语马具术语及其语言透视

艾克拜尔·吐尼亚孜

在我国北方游牧民族的畜牧文化中，马都占据着独特的地位。据学者研究，约在公元前 2000 年后期到公元前 1000 年的早期阶段，中亚细亚就出现了游牧畜牧业，畜群主要有马和羊。[1] 在新疆发现的最早的距今约 3000 年前的岩画中就有马的图案。[2] 马不仅用于乘骑、驮运和贸易往来，而且还用于战斗，因此在经济、生活、军事方面都具有重要意义。

马成为家畜已经有几千年的历史。我国南北朝及隋唐时期的汉文文献中也记载了诸多有关突厥、铁勒、回纥等古代游牧部族的马文化信息。在突厥、回纥与中原王朝的"互市"中，绢马贸易构成最重要的内容。《唐会要》卷七二云："突厥马技艺绝伦，筋骨合度，其能致远，田猎之用无比。"[3]

《唐会要》也记载了构成古代回纥部落联盟的铁勒诸部的居住区域、马匹饲养地及马匹印记[4]。维吾尔族的部分先民自古以来从事畜牧业生产，终年生活在游牧环境中，对畜牧尤其是对马有着强烈的感知及细微的观察力和分辨力，因而形成了独具特色的马文化。敦煌藏经洞中发现的用古代突厥文 n 方言写成的小册子《占卜书》(*Irq Bitig*) 也多处透露出了有关马文化的信息。写本年代似属于公元 9—10 世纪，内容由 65 段 (封) 占卜文组成，为摩尼教徒所抄写、使用。写本所用字母与新疆米兰、吐鲁番出土的古代突厥文写本残卷基本相同[5]，也与 8—9

---

[1] 阿拉腾奥其尔《突厥语蒙古语词汇与畜牧业文化的联系》，《民族语文》1990 年第 5 期。
[2] 王明哲《新发现的阿勒泰岩刻画考述》，《新疆社会科学》1986 年第 5 期。
[3] 《唐会要》卷七二《诸蕃马印》，北京：中华书局，1955 年，第 1306 页。蔡鸿生《唐代九姓胡与突厥文化》，中华书局，1988 年，第 187 页。
[4] 《唐会要》卷七二《诸蕃马印》，第 1305—1308 页。杨圣敏《回纥史》，伊明·阿哈迈提译，维吾尔文，新疆人民出版社，1998 年 199—203 页。
[5] 耿世民《古代突厥文碑铭研究》，北京：中央民族大学出版社，2005 年，第 285—286 页。

世纪突厥汗国和回鹘汗国的碑铭语言基本相同。古代维吾尔语文献《突厥语大词典》中也有很多有关马与马文化的信息。

综上所述，马作为重要的生活、生产、战争及交通工具，在维吾尔族先民心目中占有特殊的地位，因而形成了大量表示马及马具名称的术语。虽然现代维吾尔族是定居民族，但是在语言与文化中仍然有深刻的马文化烙印。在古今维吾尔语里有诸多表示马具名称的术语，这些术语具有特殊的语义内涵。

一、《突厥语大词典》所记载的马具术语及其语义内涵

在古代维吾尔语文献里，记载马具术语较为全面的是 11 世纪的维吾尔族学者麻赫穆德·喀什噶里编写的《突厥语大词典》。

《突厥语大词典》约包含了 7500 词条，采录的范围非常广泛。为了诠释突厥语词的意义，作者还引用了许多谚语、格言、诗歌。书中引用了各种体裁、各类题材的文学作品的片段 242 节，谚语 200 余条。这部分内容可以称得上是一部相当珍贵的中古时期突厥语文选。词典以当时回鹘—葛逻禄语为基础的哈卡尼耶中央地区居民语言（以喀什噶尔为中心的喀喇汗王朝的文学语言）为主，其他操突厥语部族的语言为辅，提供了当时与物质及文化生活有关的重要材料①。其中就包括马具术语。在《突厥语大词典》作者麻赫穆德·喀什噶里生活的 11 世纪，畜牧业仍是重要的经济产业。《突厥语大词典》的作者记载：

tarar kimiŋ yklisɛ bɛglik aŋar kɛrgɛ jyr，tarar sazip qalip bɛg ɛrɛnsiziŋ ɛmgɛ jyr.

谁的牲畜增多，谁就适宜治理国家，伯克失去牲畜，就会陷入失去民众的痛苦境地。②

从《突厥语大词典》记录的材料来看，当时畜养的牲畜有马、牛、羊、骆驼、骡子、驴、牦牛等。而马在整个牲畜中占有头等重要的显赫地位。正因为如此，"马"在《突厥语大词典》中看作是与国家等量齐观的概念。作者记载：

---

① 麻赫穆德·喀什噶里《突厥语大词典》（汉文版）第一卷，北京：民族出版社，2002 年，第 3—5 页。
② 邓浩《从〈突厥语大词典〉看回鹘的畜牧文化》，《敦煌研究》1995 年第 1 期。

at：马。如谚语中所说的：quʃ qanatin ɛr atin 鸟凭翼，人靠马①。

el：马的别称。由于马是突厥人的翅膀，故又称马为"el"。饲养马的人叫作"el baʃi"。从字面上看，虽有"地方长官"之意，但实际上是指饲养马匹的人。②

当时人们对养马是十分重视的，畜养的马的品种繁多，《突厥语大词典》中共有108个有关马的专名、品种、颜色、性别、特性及用具的一系列词语③。当时养马业是很发达的，这表现在《突厥语大词典》中有一批词是专门用于指马及其活动以及各种马具的，这是人们养马、牧马经验的高度概括和生动体现。然而对其进行详细的探讨偏离本文的主题，因此，我们仅以《突厥语大词典》（以下简称为《词典》）提供的马具术语为线索，探讨马具术语及其语义内涵。

（一）马鞍及其相关用具的语义内涵

ɛzɛr：马鞍（鞍子）。这似乎是马鞍的统称④。ɛzɛrlɛmɛk 是由 ɛzɛr 派生出来的动词，动词词干为 ɛzɛrlɛ。ɛzɛrlɛdi：鞴鞍。ɛr at ɛzɛrldi 人给马鞴了鞍子（词典，卷一，第320页）。japitaq：没备鞍子的。japitaq at 没备鞍子的马。ol atin japitaq myndi 他骑了没备鞍子的马（词典，卷三，第46页）⑤。ɛr atin japitaq myndi 人骑光背马了，即马上不放毡子，也不备鞍子（词典，卷三，第173页）。jaʁir：鞍疮。牲畜背上的鞍疮。jaʁirliʁ at：有鞍疮的马（词典，卷三，第7页）。

ɛzɛrlik：放置马鞍的架子（词典，卷一，第163页）。

køk：鞍子的小木板。这个词在谚语中是这样使用的：ɛr søzi bir ɛzɛr køki ytʃ 男儿一句话，鞍子三条板。男子汉的标志是一言既出，绝不食言；鞍子的小木板有三条，如果铆眼增多了，鞍鞒要坏，铆眼若少于三个，只有其两个便不能负荷起人。这则谚语劝诫人要信守其诺言（词典，卷二，第292页）。

tɛrlik：汗垫子。为了吸汗在鞍垫下面放的一层毡子（词典，卷一，第502

---

① 麻赫穆德·喀什噶里《突厥语大词典》（汉文版）第一卷，第39页。
② 麻赫穆德·喀什噶里《突厥语大词典》（汉文版）第一卷，第55页。
③ 阿不都克力木·热合曼《〈突厥语大词典〉中的马和马文化》，《新疆大学学报》（哲学社会科学维吾尔文版）2010年第4期。
④ 图尔逊纳依·沙克木编译《从〈突厥语大词典〉看喀喇汗王朝的社会状况》（维吾尔文版），北京：民族出版社，2002年，第544页。
⑤ 在《突厥语大词典》汉文版第三卷第46页"japitaq"一词被释为"设备鞍子的"。japitaq at"被释为"设备鞍子的马"。ol atin japitaq myndi"被译为"他骑了设备鞍子的马"。这也许是印刷错误（也许将"没"印成"设"），论文作者根据该著其他版本进行纠正。

页）。一般用于吸收马背上面的汗水。[①]

azrim：鞍下的毡垫（词典，卷一，第 115 页）。

itʃlik：鞍垫。垫在鞍子最下面的衬毡（词典，卷一，第 110 页）。这个词在谚语中是这样使用的：izlik bolsa ɛr uldimas itʃlik bolsa at jaʁrimas 脚穿皮窝不受罪，马有鞍垫不伤背。这则谚语劝人做事要考虑后果（词典，卷一，第 113 页）。

关于上述"azrim"与"itʃlik"的区别，没有详细的记载。

jaliʁ：鞍子前边和后边的鞒。为了将其区分，便将前鞒称作"øŋdynki jaliʁ"，后鞒称作"kɛdinki jaliʁ"（词典，卷三，第 12 页）。

japi：鞍形枕头。契格勒语（词典，卷三，第 21 页）。"japi"一般放在马鞍的上面，乌古斯人将它称为"køptʃyk"（词典，卷一，第 504 页）。[②]

ømzyk：前后鞍鞒（词典，卷一，第 113 页）。

ørtyk：苫单，覆盖物。如，鞍罩。后来人们将大人物墓上覆盖的绸缎以及类似的东西也叫"ørtyk"（词典，卷一，第 112 页）。

tʃiktɛn：马鞍罩（词典，卷一，第 459 页）。麻赫穆德·喀什噶里将"tʃiktɛn"也注明为鞍罩。这也许是比鞍形枕头大一点的，骑马时盖在鞍形枕头上面的一块布罩。这表明作者所处的 11 世纪在马鞍上面铺盖鞍罩的习惯极为普及。[③]

al：国王制作旗帜、伯克制作马鞍罩用的粉红色或浅红色丝织品（词典，卷一，第 88 页）。

马鞍除有上述用具之外，还有一系列附件。

quzurʁun：后鞘（词典，卷一，第 541 页）。为了防止马鞍向前拖动而系在马尾底下扣环的皮带，这个词在现代维吾尔语里的变体为"quʃqun"。

otʁun：马鞍系肚带扣环的宽皮带（词典，卷一，第 116 页）。

kømyldyryk：攀胸（词典，卷一，第 553 页）。其基本形状是一条带子，一头连接在鞍子前面的一侧，使用时将带子的另一端兜住马的胸前固定于鞍子的另一侧，与后鞘、肚带配合防止鞍子移位。这个词在现代维吾尔语里的变体为"kɛmɛldyryk"。

[①] 图尔逊纳依·沙克木编译《从〈突厥语大词典〉看喀喇汗王朝的社会状况》（维吾尔文版），第 544—547 页。

[②] 图尔逊纳依·沙克木编译《从〈突厥语大词典〉看喀喇汗王朝的社会状况》（维吾尔文版），第 544—547 页。

[③] 图尔逊纳依·沙克木编译《从〈突厥语大词典〉看喀喇汗王朝的社会状况》（维吾尔文版），第 544—547 页。

qismaq：镫带。镫两边的皮带。镫就在这皮带之间（词典，卷一，第 500 页）。

ystɛm：装饰马鞍、腰带等物之金银饰物。乌古斯人称作"saxt"（词典，卷一，第 115 页）。通常经济条件好的人使用这种饰物。①

kybɛn：驼鞍、马鞍、鞍鞯等牲畜套具。乌古斯语（词典，卷一，第 426 页）。

qolan：肚带，鞍带。qolan ɛti 马系肚带的部位（词典，卷一，第 426 页）。

（二）马笼头及其相关用具的语义内涵

jygyn：马笼头。这个词在现代维吾尔语里的变体为"jygɛn"。kywytʃ jygyn 小嚼子（词典，卷三，第 158 页）。jygyn yigi 笼头上的嚼子（词典，卷三，第 138 页）。

jular：（套马的）笼头。这个词在谚语中是这样用的：jund baʃin jularlap kɛŋildi 给马戴上笼头再吃。如果你想煮马肉吃，为了不让它跑掉，先要给它戴上笼头。（词典，卷三，第 7 页）。jularliʁ：有笼头的。jularliʁ at：有笼头的马，套上笼头的马（词典，卷三，第 47 页）。

qawa：突厥式嚼子上与马鼻子接触的皮条（词典，卷三，第 232 页）。

tuluŋ：环。嚼子上的一种环子。它在马耳朵的下面，马的头部和额头的皮条由它连接。将这说成"jygyn tuluŋi 嚼环"（词典，卷三，第 361 页）。

tulun：马嚼子左右两侧贴鬓处的物件（词典，卷一，第 423 页）。

tʃɛtkɛn：扯手（词典，卷一，第 468 页）。

tin：（马的）扯手，缰绳（词典，卷三，第 133 页）。tin tizgin 嚼子扯手（词典，卷一，第 357 页）。

（三）马鞭及其相关用具的语义内涵

q amtʃ i：马、牛、骆驼的鞭，这个词多表示"at qamtʃisi 马鞭"（词典，卷一，第 441 页），bɛrkɛ 也多指"马鞭"。②

qamtʃi：鞭子。qelitʃ qamtʃi 带马刀的鞭子（词典，卷一，第 441 页）。"qamtʃi"一词在现代维吾尔语里的变体为"qamtʃa"。

---

① 图尔逊纳依·沙克木编译《从〈突厥语大词典〉看喀喇汗王朝的社会状况》（维吾尔文版），第 544—547 页。

② 图尔逊纳依·沙克木编译《从〈突厥语大词典〉看喀喇汗王朝的社会状况》（维吾尔文版），第 544—547 页。

tʃawiʁ:（马的）鞭梢。tʃawiʁ tʃɛrmɛlmɛk 是由 "tʃawiʁ" 一词构成的动词，有辫鞭梢之义，动词词干为 "tʃawiʁ tʃɛrmɛl"。tʃawiʁ tʃɛrmɛldi 鞭梢被辫好了（词典，卷二，第 235 页）。

（四）其他用具及其语义内涵

talas：赛马和打马球时，在赛场边上拉的绳子（词典，卷一，第 384 页）。

montʃuq：挂在马脖子上的宝石、狮爪或护身符之类的东西（词典，卷一，第 502 页）。

ma ntʃuq：搭在马鞍上的褡裢、袋子之类的东西（词典，卷一，第 502 页）。

køsryk：绊索。køsryk tuʃaʁ 缚在马前蹄的绊索（词典，卷一，第 504 页）。

tuʃaʁ：马绊。马前蹄绑的绊索（词典，卷一，第 434 页）。

ørk：马绊。牲畜的系绳（词典，卷一，第 48 页）。

tɛkyzlik：（马的）玉顶。这个词在谚语中是这样用的：at tɛkyzliki aj bolmas 马的玉顶并非月亮。这则谚语用来指那些小题大作的人（词典，卷一，第 531 页）。

jip：马的长绳。细绳也说成 "jip"（词典，卷三，第 1 页）。

jɛly：拴马驹的绳索。在草原上，给牝马挤奶时，需要用这种绳索把马驹拴起来，因为这时马驹总在周围转悠（词典，卷三，第 23 页）。

《突厥语大词典》中列出的上述马具术语表明马是当时维吾尔族先民重要的生产、生活工具，马畜养得好坏直接关系到人民的利益。在长期的牧马生活中，人们学习并使用着自己制造的各种役使马的工具，这反映了牧马业的发达和牧马技艺的精湛。

二、现代维吾尔语里的马具术语及其语义内涵

维吾尔族在相当长的历史发展过程中逐渐演变为定居民族，但是现代维吾尔语仍然体现出历史悠久的马文化信息，其中就包括以马具术语为词干而派生的词语，以及与马具术语相关的成语、谚语、俗语。

（一）taqa：马掌。taqilimaq 是由 "taqa" 一词派生出来的动词，动词词干为 "taqila"，意义为钉马掌。钉马掌也可以说成 taqa qaqmaq，是在 "taqa" 一词后面加表示 "钉" 义的 "qaq" 这一动词而构成。tokur atqa tømyr taqa, ɛski tʃapanʁa søsɛrjaqa 瘸马配铁马掌，破衣配紫貂皮领子（有身份不符之意）。

（二）toqum：鞍垫。"toqum"还有厚、过错、过失等引申义。例如，toqumdɛk kitab 像鞍垫一样的书（很厚的书），toqum bolup kɛtti 成鞍垫了（太厚了），toqum tikmɛk 本义为织鞍垫，引申义为罗织罪名。例如，baʃqilarʁa toqum tikmɛk 给别人织鞍垫（给别人罗织罪名）。øziniŋ toqumini baʃqilarʁa artmaq 把自己的鞍垫挂在别人身上（给别人罗织罪名）。

维吾尔语里还有很多由"toqum"（鞍垫）一词构成的成语、谚语及俗语。例如，toqumni qarniʁa almaq 把鞍垫放在怀里（恼羞成怒，气急败坏）。

"toqum（鞍垫）"一词有时也做量词。例如，bir toqum kigiz 可做一个鞍垫的毡子（厚厚的一沓子毡子）。

（三）towra：（系在马或其他牲畜嘴上的）饲料袋。维吾尔语里有由该词构成的谚语和俗语。例如，qalmaq eti boʁuz jemɛs, boʁuz jesɛ towra teʃɛr 卡尔梅克的马不会轻易吃饲料，如果吃的话就会撕破饲料袋（比喻部分人的贪婪）。[①] at hɛm oqurdin hɛm towridin jɛr 马既吃槽里的饲料又吃饲料袋里的饲料（暗含两者兼顾之意）。[②]

（四）quʃqun：（后）鞧，纣棍。quʃqun jan beʁi 后鞧系到（马）车辕上的部分。quʃqunʁa poq qisilʁandɛk（成语）鞧（纣棍）里掺杂着屎似的（狗拿耗子，多管闲事），quʃqunʁa olturmaq（成语）坐在后鞧上（打退堂鼓，裹足不前）。这个术语也有"qujuʃqan"（鞧革）这一变体。

（五）tizgin：缰绳。tizgin sijrimaq（马）奋力朝前跑。

"tizgin"一词还有权柄、控制权、控制等引申义。例如，tizginini baʃqilar niŋ qoliʁa tutquzup qojmaq 把自己的缰绳交到别人手里（受别人控制），idariniŋ tizginini øz qoliʁa almaq 把单位的缰绳拿到自己手里（把单位的控制权掌握在自己手里），tizginini tartmaq 拉住缰绳、勒住（马）之意。例如，jar lewidin atniŋ tizginini tartmaq 悬崖勒马。这一短语还有管束、约束等引申义。例如，uniŋ tizginini tartip qojmisa qiŋʁir jolʁa ketip qalidu 不拉住他的缰绳，他会走上弯路的

---

① "qalmaq"（卡尔梅克）原来指没有信奉伊斯兰教的蒙古人。14世纪中叶起，居住在中国新疆、中亚及俄罗斯南部的成吉思汗次子察合台与长子术赤的后裔及其部民开始信奉伊斯兰教，逐渐融入维吾尔、鞑靼（塔塔尔）、乌兹别克、哈萨克等诸民族。他们将留在蒙古草原、未信奉伊斯兰教的蒙古人称为"qalmaq"（卡尔梅克）。这个词的词干为"qal"（有留下来之义），有坚持非伊斯兰教信仰及留在原地（发源地蒙古草原）之义。后来，在察合台语文献里该术语多指与上述诸民族毗邻居住的卫拉特（ojrat）蒙古人（明代文献里被称为"瓦剌"）。

② 在吐鲁番、哈密土话中"towra"被称为"toʁra"。

（你不约束他，他会走上邪路的）。tizginini tʃiŋitmaq 勒紧缰绳（暗含严加管束之意），tizginini qojuwɛtmɛk 放开缰绳（暗含放任、放纵之意），tizginsiz 没有缰绳的亦即脱缰的。tizginsiz at 没有缰绳的马亦即脱缰之马（暗含没有约束的人之意）。

在维吾尔语里还由"tizgin"一词派生出动词"tizginlimɛk"，动词词干为"tizginlɛ"，原意为扯缰绳。现有控制、操纵、牵制、治理等引申义。例如，nopusni tizginlimɛk（控制人口），mal bahasini tizginlimɛk（操纵物价），sajlamni tizginlimɛk（操纵选举），dyʃmɛnniŋ hɛrikitini tizginlimɛk（牵制敌人的活动），qumni tizginlimɛk（治沙），tarim dɛrjasini tizginlimɛk（治理塔里木河），ʃorni tizginlimɛk（治碱），haʃarɛt apiti tizginlɛndi（虫灾被控制住了）。

维吾尔语里也有由"tizgin"一词构成的谚语及俗语。例如，ɛqil tizginlik at，tizginini hɛr tʃaʁ bilip turup tart 理智就是一匹有缰绳的马，任何时候都把握时机拉住缰绳（暗含做任何事情都要头脑清醒，要有理智）。

（六）tʃulwur：缰绳。atniŋ tʃulwurini tʃiŋ tartmaq 拉紧马的缰绳，tʃulwurluq at 有缰绳的马。"tʃulwur"一词也有命运、自由等引申义。例如，uniŋ tʃulwuri idarɛ baʃliqiniŋ qolida 他的缰绳在局长手里（他的命运掌握在局长手里）。uniŋ tʃulwurini tartip qojajli 我们把他的缰绳拉一拉吧（我们约束一下他吧，暗含严加管束）。

tʃulwurlimaq 是由"tʃulwur"派生出来的动词，动词词干为"tʃulwurla"，有系缰绳之义，也有控制或约束（某人）之义。例如，u atni tʃulwurlidi 他给马系缰绳了，biz ularni tʃulwurlap qojajli 我们给它们系上缰绳吧（我们约束一下它们吧）。

（七）ʁandʒuʁa：（鞍上系东西用的）梢绳。

"ʁandʒuʁilimaq"是由"ʁandʒuʁa"派生出的动词，动词词干为"ʁandʒuʁila"，有用梢绳将某物系在马鞍上之义。例如，ow kijiklirini etiʁa ʁandʒuʁilimaq 把猎得的黄羊系到马上。ʁandʒuʁida køryʃmɛk（成语）在梢绳上相见（来世再见。源于民间故事，兔崽长大后，母兔告别说，猎人把我们猎去，系在梢绳时再相见。后转为死后相见）。

（八）noxta：（马的）笼头。例如，noxtisiz 未戴笼头的，无羁的（暗含不受约束的）。noxtisiz at 未戴笼头的马（暗含无人约束的人）。noxtisiz bala 未戴笼头的孩子（无人管教的孩子）。

"noxtilimaq"或"noxta salmaq"是由"noxta"派生出的动词，动词词干为"noxtila"或"noxta sal"，有戴笼头、套笼头之义，也有控制、约束、操纵之意。例如，atni noxtilimaq 给马套上笼头，ularni noxtilimaq 或 ularʁa noxta salmaq 给他们套上笼头（约束他们），atniŋ noxtisi eʃɛkkɛ toʁra kɛlmɛptu(谚语) 马笼头套不到驴上（牛头不对马嘴），eʁizniŋ noxtisi joq tilniŋ søŋiki(谚语) 嘴上没笼头，舌头没有骨头（暗含随便说话）。

（九）jygɛn 同 noxta：马勒，有（马的）笼头之意。

jygɛnlimɛk 和 jygɛn salmaq 是由"jygɛn"派生出的动词，动词词干为"jygɛnlɛ"和"jygɛn sal"。有套上笼头、戴上笼头之意，也有控制、治理等引申义。例如，atni jygɛnlimɛk 或 atqa jygɛn salmaq 给马套上笼头，xuaŋxe dɛrjasini jygɛnlimɛk 给黄河套上笼头（治理黄河），jygɛnsiz 无笼头的亦即脱缰的。"jygɛnsiz"一词也有不受约束、难以控制、难以驾驭、桀骜不驯等意思。例如，jygɛnsiz at 无笼头的马亦即脱缰的马（也有不受约束的人之意），jygɛnsiz bala 没有笼头的孩子（不受约束的孩子），jygɛnsiz dɛrja 没有笼头的河流（难以控制的河流）。

维吾尔语里也有由"jygɛn"一词构成的谚语和俗语。例如，jygɛnsiz atni palwan minmɛs 好汉不骑没有笼头的马（好汉不吃眼前亏）。atni satsaŋ jygɛnni qaldur 卖马要留笼头（做买卖应留点本钱）。at beʃiʁa kyn kɛlsɛ jygɛn bilɛn su itʃɛr，ɛr beʃiʁa kyn kɛlsɛ øtyk bilɛn su ketʃɛr 马落难的话戴嚼子喝水，男子汉落难的话用靴子蹚水（比喻迫不得已做某件事）。

（十）øzɛŋgɛ (yzɛŋgɛ)：马镫。øzɛŋgilik(yzɛŋgilik) 马镫的登脚处，øzɛŋgɛ(yzɛŋgɛ) soquʃturmaq(成语) 碰马镫（唱对台戏，分庭抗礼），attin tʃyʃsimu øzɛŋgidin(yzɛŋgidin) tʃyʃmɛslik(谚语) 下马时也不会从马镫上挪动脚（失去地位之后放不下架子）。

（十一）eʁizduruq：马嚼铁的两端系马勒。

（十二）qamtʃa：（马）鞭子。qamtʃa jemɛk 吃鞭子（挨鞭子），qamtʃa ojnatmaq（挥舞鞭子），qamtʃisiman 鞭状的，qamtʃa tyk 鞭毛，qamtʃisidin qan tammaq 鞭子淌血（形容残暴），qamtʃisiʁa tykyrmɛk 吐在鞭子上（跃跃欲试，摩拳擦掌）。

"qamtʃilimaq"是由"qamtʃa"派生的动词，动词词干为"qamtʃila"，有鞭打、抽、鞭挞之意，也有催促、鞭策之意。例如，atni pat-pat qamtʃilimaq 不时地抽马，zulmεtlik kona ʤamijatni qamtʃilimaq 鞭挞黑暗的旧社会，dεrt bizni qamtʃilap jurtimizdin muʃu jεrgε elip kεldi 苦楚催促我们，使我们从老家赶到这里，øzymni daim qamtʃilap bilimniŋ bipajan deŋiziʁa sεkrεjmεn 我时常鞭策自己，投身广阔的知识海洋。

维吾尔语里还有由"qamtʃa"一词构成的谚语和俗语。例如，bir at bir qamtʃa 一马一鞭（比喻轻装外出）。at dyʃmini qamtʃidur, qolda turup bilinmεs, εr dyʃmini xotundur, janda turup bilinmεs 马的宿敌是鞭子，因在手里而不易发觉，男子的宿敌是老婆，因在身边而不易发觉（比喻身边的敌手）。zalim qamtʃisini taʃlap alim boptu 暴虐的人放下鞭子成为学者（比喻改邪归正）。jaxʃi atqa bir qamtʃa, jaman atqa miŋ qamtʃa 好马只需抽一鞭，坏马需要抽千鞭（有赞美人的自觉性之意）。etiŋ tulpar bolsimu qamtʃaŋni taʃlima 即使你的马是骏马，你也不要扔掉鞭子（比喻以防万一之意）。

（十三）egεr：马鞍，鞍子。egεr-toqum 鞍鞯，egεr-jabduq 马具，egεrtʃi 是由"egεr"附加词缀 tʃi 构成的词语，意思为制售鞍具者。egεrtʃilik 马具业，egεrlik 有鞍子的，egεrlik at 有鞍子的马，egεrlimεk 是由"egεr"派生出的动词，动词词干为"egεrlε"，有备鞍、备马之义。atni egεrlimεk 备马。

维吾尔语里还有一部分由"egεr"一词构成的成语、谚语和俗语。例如，at egεrlεklik 马已备好（比喻一切就绪，万事俱备）。atqa egεr kerεk, egεrgε εr kerεk 马应配鞍子，鞍子应配好汉（比喻勇敢）。altunʁa dεssεp tuxum oʁrilaptu, egεrgε dεssεp toqum(oʁrilaptu) 踩着金子偷蛋，踩着马鞍偷鞍垫（形容愚昧、无知）。jalʁan gεpniŋ at egiri toquqluq 谎话总是备有马鞍（谎话总是有借口）。attin ajrilsaŋmu ajril, egεr-toqumdin ajrilma：你即使失去马，也不要失去鞍鞯（比喻不能失去珍贵之物）。at ølsε egiri qalar, adεm ølsε atiqi（qalar）马死会留下鞍子，人死会留下名声（比喻应留下好的名声）。at alsaŋ egεr al, eʃεk alsaŋ toqum（al）买马应买马鞍，买驴应买鞍垫（比喻应谙于经商之道）。

（十四）qaptal：（牲畜或马鞍的）侧部，鞍翅。

（十五）saqalduruq：兜口（腭带）。

（十六）kεmεldyryk：镫胸。

（十七）salma：套马索。salma taʃlimaq 甩套马索。

（十八）ulaŋ：（马）肚带。ulaŋ tartmaq 上肚带（勒肚带），ulaŋni tʃiŋitmaq 勒紧肚带，ulaŋni boʃatmaq（放松肚带）。

通过上述马具术语及例子，我们可以看到马具术语在漫长的历史发展过程中已经渗透到维吾尔人日常生活的方方面面，反映出维吾尔人历史悠久的马文化信息。

（本文原载《语言与翻译》2013 年第 3 期，第 41—46 页）

《福乐智慧》中诚信观对维吾尔族
社会交往的启示

艾扎木·艾拜都拉

《福乐智慧》是 11 世纪由玉素甫·哈斯·哈吉甫（以下简称玉素甫）用回鹘语即古代维吾尔语写成的一部带有伊斯兰文化特色的长诗。玉素甫在《福乐智慧》中通过国王日出、大臣月圆、月圆的儿子贤明和修道士觉醒四个具有象征意义的人物形象间的对话，描述了当时喀拉汗王朝的社会生活形态。重要的是，诚信在此书行文中不断闪现，突出了其在作者思想中的重要位置，我们甚至能够将诚信称为他为学、为人、为政思想观点的理论前提。

诚信不仅是衡量一个人品格高尚与否的标准，也是人类社会交往中必不可少的精神要素。《福乐智慧》中的诚信思想对于维吾尔族诚实信用文化传统的形成，有着极为重要的影响，同时，它在经济领域、政治领域和不同的社会生活层面都发挥着重要的作用。在物质文明、精神文明和政治文明极为发达的今天，维吾尔族群体当中社会诚信缺失现象，如拐卖儿童、明抢暗偷、不务正业、尔虞我诈、谣言惑众、坑蒙拐骗、阿谀奉承、弄虚作假已经到了触目惊心的地步，成为愈加突出的问题，人与人之间的信任感不断降低。因此，弘扬诚信思想对实现社会风气的根本好转，维护社会秩序的正常运行有重要的作用。

一、《福乐智慧》中诚信观的主要内涵

人离不开交往，良好的交往能力既能使我们取他人之所长，又可以使我们能很好地与人交往。然而良好的交往能力是建立在诚信的基础上，唯有诚信，才会

赢得别人的尊重和信任。作者在《福乐智慧》中所提及的"诚"即忠诚、诚实、正直;"信"即讲信用、信任、遵守诺言。"诚"与"信"相互统一,"诚"是做人的核心,"信"是做人的根本。如果在社会交往中,缺少了诚信,社会的各种交往关系便会"散架"而无法进行。

(一) 治国：兴衰之根在于诚信

玉素甫劝谕国君时写道,"对广大的庶民要心怀仁慈,要仁爱关怀,要保护人民"①。并告诫君王要正直,"须知正义乃社稷之基石,君王正直,社稷才能永存"②。而君王要施行仁政,诚信是重要的内容和手段之一。作者还特别重视和强调君王对诚信原则的遵从,认为诚信是治国的根基,国家要是失去了诚信,那么亡国的命运也就在所难免,因此君王应当以身作则,信守承诺,为百姓做出表率。"国君要语言真诚,行为完美,才能永存富贵,深得民心。"③"要说真话,要言而有信,贵人食言就会失去民心。"④"国君倘若食言,会失信于民,若失信于民,财物也难久存。"⑤纵观历史长河,大多数时期都是治国者权倾天下,而黎民百姓则处于被统治和无权的地位,但这并不意味着治国者的为所欲为会长久,历史总会在某个时期清算和惩罚他们的罪恶。千百年来,王朝倾覆,皇冠落地,沧海桑田,此起彼伏,屡见不鲜。导致最终这种恶果的原因显而易见,治国者并没有得到民心,所谓得民心者得天下,而民心是靠诚信来换取的,治国者只有得到了百姓的信任和拥护,江山才会坐得稳,国家才会繁荣昌盛。

(二) 为人：荣辱之分在于诚信

对个体而言,诚信是高尚的人格力量,是做人的基本准则。针对这一点,玉素甫认为诚信是人之所以为人的重要道德标准,是因为"信义是处事为人之本⑥;讲人情、守信用、慷慨之人,必会报答他人衣食之恩"⑦。可见做人必须言而有信,只有有了诚信,才能在社会上立足,才能得到别人的尊敬,才能使他人信服。对那些说谎、虚伪、食言的人作者斥为"言而无信者危害他人,危害他人者,即是

---

① 玉素甫·哈斯·哈吉甫《福乐智慧》,郝关中、张宏超、刘宾译,乌鲁木齐：新疆科学技术出版社,2012年,第2170页。
② 同上,第819页。
③ 同上,第2038页。
④ 同上,第2324页。
⑤ 同上,第2812页。
⑥ 同上,第2040页。
⑦ 同上,第2321页。

畜生。别指望食言者会有信义，这句话曾得到岁月的证明①；谎言欺人者不是好人，言而无信者更是孬种"②。行为和语言一样，都能清晰地反映一个人的品德，人若失去了诚信品德的支撑，就谈不上做人之道。同时，作者还强调"你若正直，生活会幸福美满，愿你在福乐中永享太平③；口心一致，表里如一，这样的人方为正直之士"④。在这段诗文中，作者指出正直也是诚信中的一种相当重要的因素，它是一种对人诚恳的坦荡态度，是人性中最珍贵的部分。正直和诚信情同手足，密不可分，一个人要获得别人的尊重和爱戴，其前提是自己要诚信正直，别人的尊重和爱戴是对自己诚信行为的最好奖励。因此在人与人之间的交往中，最重要的莫过于言而有信，口心正直。

（三）经商：成败之本在于诚信

诚信是经商之本，从某种意义上来说，诚信又是企业和经商者的无形资产。以诚待人，以诚经商，终究会得到长久的利益；靠搞欺诈、蒙骗等手段取不义之财，虽然会尝到一点小甜头，但继之而来的肯定是更大的损失。从古至今，凡是成功的经商者都十分重视诚信问题。基于此作者认为，"做生意要讲和气公道，缺什么东西定能找到⑤；正直是本钱，善心是利息，这利息会给你带来永恒的乐趣"⑥。作者鲜明地指出，和气理财、买卖公平、诚信无欺才是商业道德的重要规范。而在经济活动中善待别人其实最终是为自己创造机会，获得收益的也是自己，只有以诚信待人，赢得别人的信用，才能为今后的发展谋求更宽的途径。对利益的追求，是商业、经济活动的重要目标，作者在肯定人们正当合理的利益追求时，同时也提出"谋求私利者怎算得是人，真正的人应该造福于他人"⑦。他主张用合乎道义的手段去谋取利益，如果在追求利益和谋取利益的过程中不顾道义、不择手段，那他便不是一个合格的商人。

二、诚信在社会交往中的作用

日裔美籍思想家福山（Yoshihiro Francis Fukuyama）在《信任——社会道德

---

① 玉素甫·哈斯·哈吉甫《福乐智慧》，郝关中、张宏超、刘宾译，第 2041 页。
② 同上，第 5077 页。
③ 同上，第 2759 页。
④ 同上，第 863 页。
⑤ 同上，第 2806 页。
⑥ 同上，第 2756 页。
⑦ 同上，第 393 页。

与繁荣的创造》一书中说过:"信任是一个社团之中,成员对彼此常态、诚实、合作行为的期待。"① 他强调在人与人之间建立的社会关系或社会网络中,诚信代表着社会风尚和民族精神的那种和谐的人际关系。但是在构建和谐社会的过程中,随着社会现代化与信息化程度的提高,人们之间的社会交往和经济活动日益频繁的情况下,维吾尔人有失诚信的事情却不绝于耳。因此,继承和弘扬《福乐智慧》中的诚信思想,挖掘传统诚信资源,确立正确的诚信观,对于和谐的人际关系的建立,对于克服社会交往中信用危机和失信现象有着重要的意义。

(一)诚信是个人在社会交往中为人处世的根本准则

第一,诚信是一种长远的投资。《福乐智慧》中写道:"要口心正直,行为端正,幸运和财富会向你降临。"② 说实话、办实事,有可能意味着吃亏,但是这种吃亏就像是储存中的零存整取一样,在未来的某一天肯定会给你带来巨大的财富和回报。人们因为你的谦卑、不计回报的处事方式而相信你,便会自愿与你合作,也愿意在危难时帮助你。所以,诚实会给一个人带来长远的利益,它是一种取之不尽、用之不竭但用金钱无法对等换取的东西。

第二,诚信还会带来"品牌效应"。对此《福乐智慧》中提到"对可信之人应当无话不谈,可信之人说什么,你要奉行③;莫交拨弄是非之人,要躲远"④。由此看来,人只要诚实,就会有信誉、有佳名、有道义上的优势。而那些满嘴谎言者,早已臭名远扬,大家都唯恐避之而不及,更不会与之做真心的朋友了。这就好比是商业中的品牌,知名品牌、优质品牌其本身就有价值,只闻其名,无须看货,便知道是好产品,在市场上自然就畅销,有长久的生命力。

第三,个人是维吾尔族群体中的一员,个人的行为或多或少地影响着维吾尔族群体的行为,个人的形象或强或弱地塑造着维吾尔族群体的形象。《福乐智慧》说道:"人之所以变好或是变坏,可以从他的交往找到的原因。"⑤ 在一个群体中,个人交往对象的素质水准高,诚信成为公认的准则,自然有助于提升群体的信誉。如果在一个群体中,彼此之间尔虞我诈,相互戒备,人人都不以诚信为本,这样的群体是很难成为诚信群体的。

---

① [美]佛兰西斯·福山《信任:社会道德与繁荣的创造》,李宛蓉译,呼和浩特:远方出版社,1998年,第42页。
② 玉素甫·哈斯·哈吉甫《福乐智慧》,郝关中、张宏超、刘宾译,第2759页。
③ 同上,第5621页。
④ 同上,第4212页。
⑤ 同上,第886页。

(二)讲求诚信有助于建立和谐的社会交往

第一,诚信是社会交往的基础。个人在社会交往中与他人的接触,有些是一次性的,有些是重复性的。在重复性交往中,不讲诚信就无法把这种关系继续下去,就不能使这种交往重复进行;在一次性交往中,不讲诚信可能会一时获利,但如果个人诚信信息能够记录并传播,那么也会在其他交往活动中付出代价。基于此《福乐智慧》指出,在与他人相互交换时要有良好的信誉,讲道德,以诚信为本,服务周到,信守诺言,才会赢得市场,最终获得最大的效益。随着社会的发展,在维吾尔族群体中产生了道德失范、背离诚信、对物质利益贪婪追求等现象。例如,不久前发生的切糕事件,由于卖切糕的商人不诚实,强买强卖促使双方引起争执,引发了一系列事件。经此事件后,切糕生意惨淡经营。不难看出,正是因为卖切糕人为了贪图一时获利,没有讲诚信,从而断绝了自己的谋生之路。

第二,人生需要友情的慰藉。"朋友"包涵了多种意义,其核心就是友情中存在的高度的相互信任感,也正是诚信架起了友谊的桥梁。一个没有朋友的人,一方面是由于对他人的不信任,另一方面也能够说明其对他人失去诚信。我们在《福乐智慧》中能够看到,只有交往建立在诚信的基础上,人与人之间才能坦然相处,才能建立起良好的社会关系。与那些正直诚实、宽容谦逊、博学多识的人交往可以受到他们良好品德的熏陶和感染,而与那些口是心非、花言巧语的伪善之人交往是非常有害的。由此看来,在人们的社会交往中只有诚实守信,才能确保一个社会拥有和谐的社会关系和良好的秩序。

(三)诚信在社会交往中可以满足个人的安全需要

在《动机与人格》一书中,马斯洛把安全需要解释为对生活环境的确定,其次是生活秩序的稳定,再次需要社会交往可靠、可依、安危相处。《福乐智慧》中对诚信所持的观点,与马斯洛所说的安全需要不谋而合。在《福乐智慧》中作者呼吁统治者不要和社会的每个阶层、职业者敌对,不要你争我斗,不要弄虚作假,应该确保他们生活有规律、无后顾之忧、和睦相处,只有这样才能确保人与人之间和谐交往。不同阶层和不同职业者的个人安全需要的满足是在社会和集体中获得的,因此良好的社会交往不但可以降低挫折感、宣泄痛苦和压抑,而且可以缓解内心的冲突;不但可以增强自我价值感,而且可以满足安全的需要。但是良好的社会交往必须建立在诚信的基础上,因为只有诚信才能满足人们的安全需要,才能使社会处于一种稳定而祥和的状态。

人与人的交往只有诚实守信,才能保证一个社会拥有和谐的关系。诚实守信不仅能促进人与人之间的沟通与合作，还有助于形成一种令人放心、满意的社会环境①。近几年维吾尔族中小企业迅速发展，有些商家虽然表面上打着由本企业制造的口号，贴着维吾尔语商标，但实际上这些商品并非是他们企业制造的，而是委托内地的厂家制造和加工的，加工完后再贴上维吾尔语商标，进而在新疆市场上销售。一个企业不讲信誉不但会破坏整个社会的信用机制，而且会损害企业的名誉，因此这些企业不仅加大了它们成功的成本，还无法得到维吾尔族群体的诚信。因为得不到安全感，因此每个人都得提高警惕，消耗大量的人力物力防止被欺骗。最终导致每个人都生活在压抑和紧张的气氛之中，生活的幸福指数大幅度地降低。与此同时，诚信被破坏，经济不能正常地持续增长，人类社会就不能健康地发展，因此个人也很难顺利地达到成功。

（四）诚信是构建和谐社会严峻而又迫切的任务

第一，加强法制建设，优化法律和制度环境。有关法律《福乐智慧》中提及"正道直行，执法公正，只有如此，社稷才能鼎立长久"②。由此看来，只有把法律和制度作为维护诚信的保证，建立健全惩罚失信行为的机制，使那些不讲诚信、失信的个人或组织感到惧怕，使他们为自己的失信行为付出沉重的代价，才能持续有效地打击失信，切实保障诚信者的利益。

第二，加强舆论监督。《福乐智慧》虽然没有直接谈及舆论监督，但是作者提及，若看到人们卑劣无耻的行为时要"规劝人们弃恶扬善，阻止人们的邪恶行径"③。通常情况下，人们都是很在意别人对他的看法和评价的，因此社会舆论的好与坏，会对人们的观念和行为产生很大影响。基于道德对人的自律性约束，舆论既可以发挥重要的教育作用，也可以发挥重要的约束作用。因此利用舆论宣传诚信知识，普及诚信观念，是进行诚信教育的一个相当有效的途径。

第三，改善社会交往关系，优化交往环境。《福乐智慧》认为"飞鸟都懂得同类而结伴，人与人交往更应该有挑选④；莫与坏人为友，应当回避，坏朋友会把你引入歧途"⑤。每个人都有自己的社会交往圈，为了自己的利益，每个人都应该改善交往关系、优化交往环境。而优化交往关系的最根本方法就是"择优而处"，要把那些诚实守信、忠诚老实的人纳入自己的交往圈，把那些不老实、不讲信

---

① 焦国成《关于诚信的伦理学思考》，《中国人民大学学报》2002年第5期。
② 玉素甫·哈斯·哈吉甫《福乐智慧》，郝关中、张宏超、刘宾译，第5170页。
③ 同上，第6472页。
④ 同上，第4200页。
⑤ 同上，第4194页。

用、奸诈狡猾的人剔出自己的社会交往圈。另外还要经常主动地对身边的人进行帮助、教育，用自己的诚信观念、诚信行为影响他们。在社会各个领域只要我们有了"优化诚信环境，人人有责"的意识，自觉地从我做起，相信我们社会的诚信环境会变得越来越好。

结　语

《福乐智慧》诚信思想的内容是非常丰富的，诚信的道德要求遍布社会生活的各方面。诚信是一个民族综合素质的体现，一个民族或国家一旦丧失和弱化了诚信意识，各种不道德和腐败现象的产生就是必然的了。随着社会主义市场经济体制的逐步建立，社会对诚信的认识越来越明晰，对诚信的呼唤也越来越紧迫。因此，我们只有诚信，才能建立正常的生活和经济秩序。人与人的社会交往中只有诚实守信、无欺无诈，才能互相信任，和谐共存。这些我们可以从玉素甫的诚信思想中得到借鉴。

（本文原载《贵州民族研究》2014年第1期，第81—84页）

吐鲁番敦煌出土古代维吾尔语谚语解析

巴克力·阿卜杜热西提

一、引　言

　　吐鲁番敦煌出土的古代维吾尔语文学文献中有一定数量的神话、寓言、民歌、史诗和谚语等民间口头文学作品。虽然其中的谚语残片数量不多，可在民间口头文学作品中占有非常重要的地位。谚语是民众的丰富智慧和普遍经验的规律性总结，是人们的观念意识、生活体验、实践经验等的集中体现，也是维吾尔民间文学最古老的文学形式之一。从这个角度来看，整理、研究古代维吾尔语谚语具有重要意义：一方面，这些谚语属于古代文学遗产，可以为我们全面认识并更加深入研究古代维吾尔人的世界观、自然观、人生观等思想意识形态提供第一手资料；另一方面，对最古老的民间文学体裁的谚语的大量整理与分析，不仅加深我们对维吾尔古典文学根源的理解，更重要的是为我们从历史整体性的角度对维吾尔文学遗产进行研究分析提供证据。

　　本文主要对吐鲁番敦煌出土的现分别收藏于德国柏林勃兰登堡科学院吐鲁番研究所、巴黎国立图书馆东方写本部和大英图书馆斯坦因特藏品中的编号为U05600、P2969、Or.8212-74、Or.8212-78等残片中记载的谚语进行解读与释译。与此同时，对这些残片中反复出现的部分行句进行了适当的整理。

二、谚语残片的转写与汉译

A.U5600 的转写[①]　　　　　　　　**A.U5600 的汉译**

A01　buyanlıq kiši burqanl(a)r birlä tüz　　　有功德的人好比佛父，

A02　ärür buyansız kiši boq baqır birlä　　　无功德的人好比废佛。

A03　tüz ärür ärdämlik kiši ärd(i)nibirlä　　　有德行的人好比珍宝，

A04　ärdämsiz kiši ätük ičintäki ulyaq bilä tüz ol　　无德行的人好比靴垫子[②]。

A05　kimning tamırı yoğun bolsar qanağı [yängil]　谁若血脉大，谁的血液流得畅。

A06　y(ä)mä türk savında bar är　　　　还有突厥常言道：男人的

A07　qutı bäling suv qutı täring　　　　本色在于无畏，水的价值在于深。

A08　bägimsinmäyük bäg bo(l)sar bältir　未当过官的当官后在每个路口

A09　sayu bärgä salar[③] ataqımsınmayuq　放上鞭子，未出过名的

A10　atığ bulsar art sayu mayaqayur　　出了名后在每座山坡上拉粪[④]。

这些谚语最主要的主题是赞美智慧、赞美德行。谚语简练深刻，语言朴素亲切、凝练精悍，其中大部分谚语形式为双行诗。这类双行诗谚语在维吾尔中广为流传。

原文中 A10 之后还有一段文字，即 "bars yil säkizynč beš y(i)girmi bu bitig kälürti"。其译文为"虎年 8 月 15 日，这本书完成了"。很明显，这句是该文献的题记。不过，因为这个残片中除了"虎年 8 月 15 日"这个时间外，没有其他可追溯其具体年代的可用信息，无法确定文献书写的确切时间。我们只能根据文献书写的半草书体文字特点来推测，该残片可能属于 10—11 世纪。

---

① 柏林收藏的编号为 U5600 的这篇文献有 U5600-01a、U5600-02a、U5600-06a、U5600-07a 等四个残片，共 17 行。原文中有部分谚语重复，有些不全。本文将以上四个残片中的谚语以内容整体性为准进行适当调整，把全部谚语整理于总编号 U5600 之下。

② 上四句译文根据耿世民教授《古代维吾尔诗歌选》，乌鲁木齐：新疆人民出版社，1982 年，第 45 页。

③ Arat, R., Türkische Turfan-Texte Ⅶ, APAW, Berlin, 1936. 耿世民《古代维吾尔诗歌选》：salur。

④ Arat, R., Türkische Turfan-Texte Ⅶ, APAW, Berlin, 1936. 耿世民《古代维吾尔诗歌选》：刻上记号。

⑤ 杨富学《敦煌出土回鹘语谚语》，《社会纵横》1994 年第 4 期：toran quš。

	B.P2969 的转写	B.P2969 的汉译
B01	y(ä)mä savda bar toğan quš⑤	还有常言道：隼鸟
B02	oğlı toquz bolur toquzı[n]	有九雏，九中有
B03	bir tuğun bolur toğanı	一只当旗帜①。（它们）会为隼鸟
B04	üčün tutğan bolur qadırı	当控制者，对于残忍的（敌人）
B05	üčün qapğan bolur bäglär	会变成抢夺者②。国君
B06	oğlı tuğa bilgä bolur③	之子生来就有学问。
B07	ördäk oğlı tuğa suvu④	鹅鸭之雏生来就会
B08	bulur	找水。
B09	sansız tümän yıl boltı	数万年以来，
B10	mängigü⑤ t(ä)ngri yer yava[š]	大神之地永久平安。

从以上谚语中我们不难看到古代维吾尔人的谚语具有很高的艺术水平，而且用词生动，形象鲜明。这首谚语诗中 B01—B06 的内容还出现于大英图书馆所藏编号为 Or.8212-116 的残片中⑥。杨富学认为，谚语中的九雏可能为回鹘部落中的九个氏族，而其中当旗帜的那只雏（杨氏将其译作"白雏"）可能指的是该部落中出可汗的药罗葛氏⑦。

	C.Or.8212-74 的转写	C.Or.8212-74 的汉译
C01	tanuqluğ s(a)v tamğalığ	有证据的话是印有章子的书信。
C02	bitig.ešidmištä körü	耳闻不如目见。
C03	körmiš yig.ming kiši yü-	认熟千人之面不如

---

① 杨富学《敦煌出土回鹘语谚语》，：白雏。
② 杨富学《敦煌出土回鹘语谚语》将这一句译作"隼是贪婪的，
③ 杨富学《敦煌出土回鹘语谚语》：orlı tora bilga bolur.
④ 杨富学《敦煌出土回鹘语谚语》：suwur.
⑤ 杨富学《敦煌出土回鹘语谚语》：mangiqu.
⑥ Hamilton, J., Manuscrits Ouigours Du IX-X Siec DE Touen-Houang, Paris, 1986, No. 17.
⑦ 杨富学《敦煌出土回鹘语谚语》，第 53 页。

C04	zin bilginčă bir kiši at-	硬记一人之名。
C05	ı[n] bilgü.azmazun tep	为了避免迷路，
C06	yerči yaratı yangılmazun t-	就有了向导；为了避免失误，
C07	ep biligig uratı.azmaz y-	就造就了知识。没有不会迷失的
C08	erči yangılmaz bilgä unıt-	向导、不犯错的哲人、不忘账的
C09	maz ötügči yangılmaz bitkä-	债户和不犯错的记录员。
C10	či (bolmaz).bilgilig yangılmaz ye-	有知识的人不会犯错，有向导的行人
C11	rčilig azmaz.yangılmasar	不会迷失。如不犯错，
C12	bilgä bol[maz] azmasar ye[rči bolmaz]	当不成哲人；如不迷失，当不成向导。

Or.8212-78 的转写　　　　　　Or.8212-78 的汉译

D01	y(ä)mä türk savınta	还有一句突厥格言道：
D02	bar yer üzä yol	大地之上有道路，
D03	budun üzä [bäg]	民众之上有君臣。

《突厥语大辞典》收有一则意思与该谚语基本相同的谚语 yär basruqı tağ, bodun basruqı bäg "镇住大地的是山岳，镇住百姓的是伯克"[1]。这则谚语表示，大地有山岳而平稳，百姓有伯克才安宁。因为伯克引导百姓走上轨道[2]。从意义和形式上的这种相似性，我们可以看到维吾尔文学一脉相承的历史继承关系。

除了以上四组谚语格言外，早在 1936 年由著名突厥学家 R.R. 阿拉特研究刊布的《突厥语吐鲁番文献》(Türkische Turfan-Texte VII)[3] 和 1965 年出版的《古代突厥诗歌》(Eski Türk Şiiri)[4] 中还收录了以下的部分谚语。

E01	qoču tağınt(a) qaplan yoq, quduğ suvında balıq.	高昌山上无豹子，井水中无游鱼
E02	tağta uz yoq, say yazınta bäl yoq.	山上无平坦，平原无山坡。

---

① 杨富学《敦煌出土回鹘语谚语》将这则谚语译作"大地上是山，民众上是官"。
② 马赫默德·喀什葛里《突厥语大辞典》(汉文版) 第一卷，北京：民族出版社，2002 年，第 492 页。
③ Arat, R., Türkische Turfan-Texte VII, APAW, Berlin, 1936, p.54.
④ R. Arat, Eski Türk Şiiri, Ankara, 1965.p.274.

E03	ıt qarı bolsar, yatıp ürür.	狗犬若老，就会躺着叫。
E04	tävä qarı bolsar, bunqal bolur.	骆驼若老，会容易迷路。
E05	ud qarı bolsar, murančın bolur.	牛若老，就会易怒。
E06	qız qarı bolsar, qıčın körgü.	姑娘若老，就会见 qıčın[①]。
E07	qoynčılar qarı bolsar, irčin bolur.	牧羊人若老，会易伤感。
E08	är qarı bolsar, kärčin bolur.	男人若老，会变得固执。
E09	yağmur yağsa qapung bolsun yabınğu kärgäk,	下雨的时候有雨衣要穿上，
E10	yavuz kiši yaqın kälsä abınğu kärgäk	敌人接近的时候要提防。

三、注释

A10 mayaqa-：意为"拉粪"。该词由名词 mayaq"粪便"派生（Clauson 1972:772b）。然而，Arat（1936）和耿世民（1982）均将该词译作"刻记号"。

B02—B05 杨富学将原文中 toquzı[n]bir tuğun bolur toğanı üčün tutğan bolur qadırı üčün qapqan bolur 错误地译作"九中有一白雏。隼是贪婪，兽是寄生的"。而句中的 tuğ, tutğan 和 qapqan 分别意为"旗帜（带头），控制者和抢夺者"（Clauson 1972:464a；Erdal 1991:384）。故本文将该句译作"九中有一只当旗帜[②]。（它们）会为隼鸟当控制者，对于残忍的（敌人）会变成抢夺者"。关于该句翻译参见 Erdal（1991:384）。

B09—B10 两句与上面的谚语没有意义上的联系，可能是其他内容的残部。

E04 bunqal：该词意思不详。《突厥语大辞典》收录了"mungqardı"一词（第三卷第 389 页），解释其为"使忧愁，使苦闷"。Erdal（1991:231, 323, 802）当解释 munuk, munduz, muntur 等词条时指出，这些词均由词根 mun- 派生，意为"迷失，糊涂"。《金光明经》中出现的 mungqul 一词也表示"不合逻辑，不合规

[①] "qıčın" 一词词意不明。
[②] 杨富学《敦煌出土回鹘语谚语》：白雏。

矩"的意思。可以看出,《突厥语大辞典》中 mun- 和本文出现的 bun- 是同源异型词根。因此,本文把 tävä qarı bolsar, bunqal bolur 译作"骆驼若老,会容易迷路"。

E05murančın:该词词意不详。《古代维吾尔语词典》收有 buranč 一词,并解释其为"不舒服"(第 101 页)。Erdal(1991:596)将 burčın- 一词解释为"发脾气,发怒"。由此推测这两词很可能是由动词 bur- 派生出来。至于其中的构词后缀 +čın,Clauson(1972)指出,该词成分功能不详。而 Erdal(1991:118)指出,构词成分 +čık/+čın 是构词称法 +čI 的扩展形式,其功能是"表示某种特点或习惯了的某种行动特性"。根据这些语言资料,本文把 ud qarı bolsar, murančın bolur 译作"牛若老,就会易怒"。

E06qıčın:该词词意不明。

附件:谚语残片影印

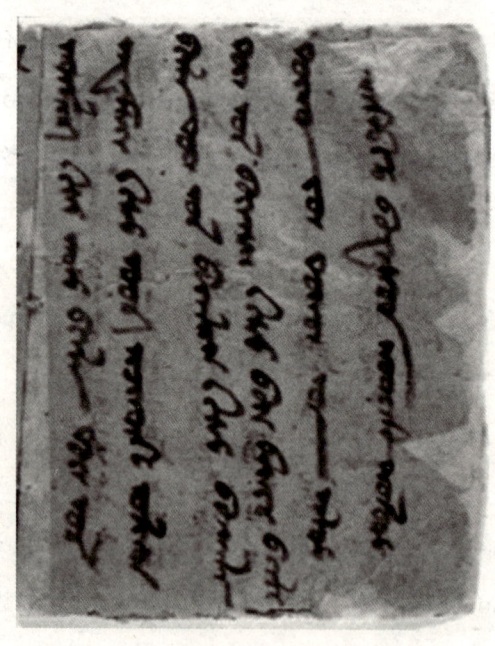

U056002 (A03–A05)

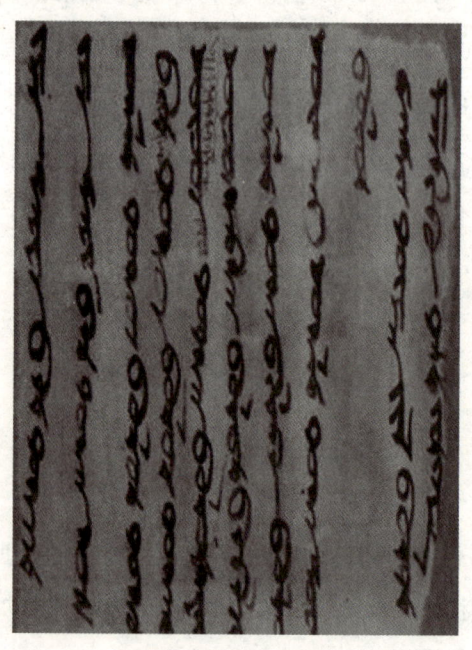

P2969 (B01–B10)

吐鲁番敦煌出土古代维吾尔语谚语解析

Or.8212-74 (C01-C12)

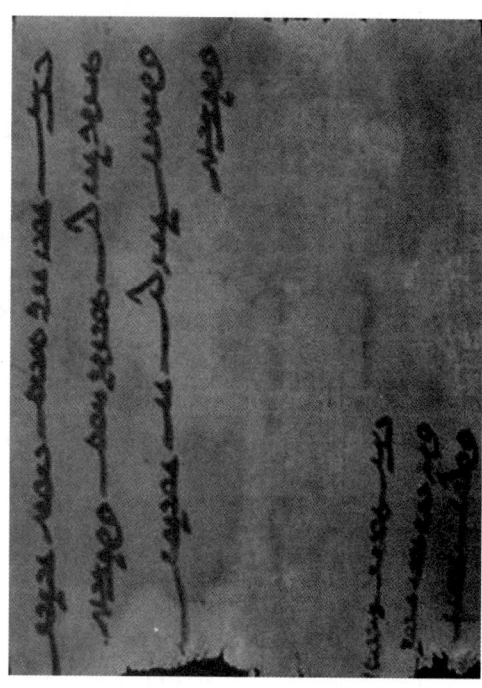

Or.8212-78 (D01-D03)

（本文原载维吾尔文学术期刊《源泉》（布拉克）2013年第1期，第93—100页）

"略如汉氏故事"
——《三国志》"西域撰述"探微①

马晓娟

三国时期，曹魏与西域的关系，正如西晋史家陈寿在《三国志·乌丸鲜卑东夷传》里所言，"略如汉氏故事"。这说明二者关系与前代有联系，有相似性；同时，"略如"二字又表明比之前代有变化。与之相关的是，既然曹魏与西域有"略如汉氏"的关系，但《三国志》却没有像《汉书》一样立有"西域传"。这成为多年来有关《三国志》②和正史"西域传"研究所探讨的话题。虽说《三国志》对有关的西域史没有集中性的撰述篇章，类似如"西域传"或人物传，但这并不是说它对此没有相关的记载，只是记述形式表现为分散性兼融合性，也即将相关西域史内容分散地融合在相应的纪传之中。虽然这些撰述记载很有限，却也反映了鲜明的时代内容与思想意识。

一、《三国志》未立"西域传"之原因

为了能更好地认识理解"略如汉氏故事"的《三国志》"西域撰述"③，兹首先从《三国志》未立"西域传"原因说起。

自司马迁《史记》为中原周边民族立传以来，这一创举为历代纪传体史书

---

① 本文为国家社科青年基金项目[中国统一多民族发展中的历代正史"西域撰述"研究（11CZS001）]与教育部人文社科研究青年项目[正史"西域撰述"与统一多民族关系史的反映（10YJC770066）]阶段性成果。
② 陈寿《三国志》，裴松之注，北京：中华书局，1975年。
③ 指《三国志》中有关西域的撰述记载。

所继承。从《汉书》到《东观汉记》再到陈寿《三国志》均不例外。问题在于，三国时期与三大政权交往的民族颇多，而陈寿《三国志》除《乌丸鲜卑东夷传》外，均未为其他民族，包括西域诸国、诸族立传，这一点历来受到史家的争议，可以说成为千年的聚讼。聚讼无非体现在正反两方面。非议者，从裴松之的《三国志注》到今日学者缪钺的《三国志选注》①，在补充少数民族史内容时，均认为《三国志》对少数民族传的缺失是该书的一个不足。反之，就此为陈寿鸣不平者，则认为这种非议不合理或者说值得商榷，继而会通过例证来揭示陈寿如此做的缘故，其中就包含了《三国志》没有为西域立传的原因。一部分学者，从史家立场出发，如日本学者冈田英弘提出，陈寿之所以要写《东夷传》是为了炫耀司马氏向东扩张的武功，而不写《西域传》则是因为对西域的扩张乃曹真、曹爽的业绩②。司马氏晋代与曹魏一脉相承，从《三国志》正统观本身看，不乏"宣魏"思想，这种说法显然过于主观，甚至是肤浅。一部分学者，从《三国志》撰写原则与精神出发，认为此是陈寿"尚简"的体现，无可厚非③。那么"尚简"就一定意味着对少数民族缺乏传记吗？这个说法显然有些笼统或者说牵强。在此基础上，一部分学者认为，这是陈寿不愿"重复"前人旧典传记的缘故④，持这种观点者都会以陈寿这样一段话为例，即《三国志·乌丸鲜卑东夷传》序曰："及汉氏遣张骞使西域，穷河源，经历诸国，遂置都护以总领之，然后西域之事具存，故史官得详载焉。"这确实是一个原因，不过在中国史学史上，一代之史至数十家的情况颇多，换言之，中国历代史家在撰写历史方面并不怕"重复"前人前著，即便是陈寿撰写《三国志》之前已有不少关于三国史的著作问世，陈寿照样没有害怕"重复"。然从非常规与史学角度看，这是个史学原因，但它不是根本原因。从史学根基也可以寻找到突破口，有些史家确实看到了这一点，即客观历史决定史学内容，反之，后者又反映前者。正是基于此，有个别学者在看到史学原因后，又从客观历史角度出发，代表性的如李纯蛟在其著作《三国志研究》中点出：中国与西域诸国的关系大致"如汉氏故事"，也就是说，西域各族不是影响中央王朝

---

① 北京：中华书局，1984年。
② 参见《日本史论集》（生活·读书·新知三联书店出版）载张生振文《魏志倭人传中邪马台国的地理方位辨》，转引自李纯蛟：《三国志研究》，成都：巴蜀书社，2002年，155页。
③ 宋志英《删繁就简著青史——漫谈〈三国志〉的"尚简"思想》，《群言》，2007年第12期；吴金华：《陈寿详略之笔与〈三国志〉的繁简之处（上）》，《文史知识》，2013年第5期。
④ 参见刘范弟《〈三国志〉四夷传偏缺原因试探》，《长沙水电师院社会科学学报》，1994年第3期；李纯蛟：《三国志研究》，成都：巴蜀书社，2002年，第155页。

政治的重要因素，既然没有什么新特点新情况，再为其立传也就没什么必要了①。或许限于著作内容要求，李先生并没有对他的这种说法展开具体论述，也没有对史学原因与客观原因做个定位，即对这个问题是附带性的论述而已。就笔者所见，到目前也没有专文对此问题进行过探讨。综合来看，这些附带性的考察结果有同有异。

　　基于此，笔者意在前人研究基础上拾遗补阙，兹对此问题做一个专门梳理与具体探讨。其中有两点原因是比较肯定的：一是与客观历史发展有关。从当时内地大的形势来看，曹魏处于三国鼎立的局面下，也就是一直处在与东吴和蜀汉的较量与对峙当中，因此，比之两汉，其自身力薄；且存在时间又短，仅仅前后不到五十年。因此，虽然西域与曹魏交往密切，但曹魏在经营前者的广度和深度上远不及两汉。就当时北方形势来说，与两汉略有不同，北方草原游牧政权力量相对薄弱，其势力影响对西域也颇小，所以这一时期基本上没有介入曹魏与西域二者正常关系中。这使得西域诸国与曹魏之间交往较平和、稳定。两者关系主要体现在朝贡与赐封，这就"如汉氏故事"。而关于这些有限的民族关系史内容，《三国志》在相关的纪、传中大都有记载和反映，这是一方面。另一方面，当时西域诸国风土人情及政治、经济等，比之两汉时期，虽有变化但不多，且时人已多有记载，如裴松之《三国志注》引《魏略·西戎传》里的西域内容。因此，基本说来，这两方面客观现实的存在，就成为陈寿《三国志》没有为西域单独立传的一个首要因素或者说直接因素。正像他在《三国志·乌丸鲜卑东夷传》序中所说："及汉氏遣张骞使西域，穷河源，经历诸国，遂置都护以总领之，然后西域之事具存，故史官得详载焉。魏兴，西域虽不能尽至，其大国龟兹、于寘、康居、乌孙、疏勒、月氏、鄯善、车师之属，无岁不奉朝贡，略如汉氏故事。"

　　二是与史家注意力有关。就笔者所见，前人研究中虽有折射，但大体都没有正面谈到这一点。而这一点却至关重要。史家的注意力往往是史家撰写某方面历史的一个重要方向。从古今中外历代典籍来看，史家在史书中多记社会（包括政治矛盾在内）比较突出的历史内容。曹魏时民族问题比较突出的是乌丸、鲜卑、东夷问题；而由上第一点论述可知，西域在曹魏时，二者关系基本上不存在什么突出的矛盾。这同前代两汉与西域关系情况有所不同，此即是陈氏所言的"略如汉氏故事"中"略如"二字之内涵：它表明曹魏与西域关系比之前代，在相似的

---

① 参见李纯蛟《三国志研究》，成都：巴蜀书社，2002年，第161页。

同时也有变化。因而，一般说来，这即是陈寿为前三者乌丸、鲜卑、东夷立合传——《乌丸鲜卑东夷传》，而没有为后者西域立传的一个基本因素。这一点可由两汉书《西域传》内容为证，二者核心记载多为两汉与匈奴对西域的争夺情况。这主要缘于两汉时匈奴势力为四夷之首，是两汉最大的边患，也是两汉周边民族问题和矛盾最突出的。诚如《乌丸鲜卑东夷传》中所言："秦、汉以来，匈奴久为边害。孝武虽外事四夷，东平两越、朝鲜，西讨贰师、大宛，开邛笮、夜郎之道，然皆在荒服之外，不能为中国轻重。而匈奴最逼于诸夏，胡骑南侵则三边受敌。"所以两汉与匈奴通过争夺西域互相牵制削弱对方，成为两汉历史上一项重要内容；反映到史学上，就成为两汉书对有关西域史详细记载的一个核心而又主要的因素。两汉书《西域传》记载各种民族关系史也多以波动性内容为主，这就更说明了史家相似的注意力所在。曹魏时北方草原旧的匈奴势力已衰弱，取而代之的主要是乌丸、鲜卑，但此二者势力远不及两汉时的匈奴。而且，在曹魏时其势力影响还未完全较广地延伸到西域，进一步说，就是没有通过控制西域，较大范围地威胁曹魏政权。反之，曹魏经营西域原因众多，其中之一也免不了是为了防止历史重演，即出现类似"匈奴右臂"之事的发生。历史事实证明，到取而代魏的西晋及后来之时，类似的历史又发生了重演。这就是后之诸多正史，根据不同历史阶段中原王朝与西域民族关系发展的内容，因而立有多寡不同、名目稍异的"西域传"[①]之主要原因了。

从上述考察的客观与主观合成因素来看，《三国志》中未出现集中篇章来记有关的西域史，即"西域传"，亦在情理当中；不过，关乎西域书中却也有不少分散记述。而这些都与陈寿所言的"略如汉氏故事"有着直接联系。这既是客观历史决定与影响的结果，又是史学发展过程中史家记述历史的注意力与着眼点的反映。这从侧面更表现出一个史学思维与传统，即历史撰述者常以记历史发展中矛盾较突出的问题为中心。这一点尤其体现在政治关系中。无可厚非，这也是史家所处时代和阶级立场所决定的。了解这一点，从史学理论上，有助于理解史学内在的发展规律性；从史学实践上，对于深层次地探讨像《三国志》未立"西域传"等这样的具体问题也是有帮助的。

---

① 可参看中华书局版二十四史之《晋书·西戎传》、《魏书·西域传》、《梁书·西北诸戎传》、《周书·异域传下》、《隋书·西域传》、《旧唐书·西戎传》、《新唐书·西域传》、《新五代史·四夷附录三》、《宋史·外国列传六》、《元史·西北地附录》、《明史·西域传》等篇相关内容。

二、《三国志》有关西域的记述

上文已提到，有关西域的内容，《三国志》是分散兼融合地放到了相应的纪、传之中。其相对集中的行文也不少，如上文考察"原因"时所引内容。这表明陈寿是将西域问题放在整个曹魏历史发展的过程中来考察的。

（一）西域与曹魏"略如汉氏"关系的反映

从《三国志》有关西域的记载来说，陈寿所云"略如汉氏故事"，从历史角度来看，反映了两汉经营西域的历史影响；就三国时而言，表现了西域对曹魏的朝贡，及曹魏对西域有如"汉氏"的经营方式和策略。简言之，就是体现在民族关系双向互动的内容中。

就西域各地向曹魏贡献方物而言，在相关篇章中多有记载。概括性的行文，如上文所引："魏兴，西域虽不能尽至，其大国龟兹、于阗、康居、乌孙、疏勒、月氏、鄯善、车师之属，无岁不奉朝贡，略如汉氏故事。"这句话在一定程度上既反映出西域各地对前代民族关系的认同，也体现出西域的内附意识。这些在有关篇章之具体内容中体现得更鲜明。《文帝纪》载：黄初三年"二月，鄯善、龟兹、于阗王各遣使奉献，诏曰：'西戎即叙，氐、羌来王，诗、书美之。顷者西域外夷并款塞内附，其遣使者抚劳之。'是后西域遂通，置戊己校尉"。《三少帝纪》曰：景初三年"二月，西域重译献火浣布，诏大将军、太尉临试以示百寮"；咸熙二年九月，闰月庚辰"大宛献明马，归于相国府以显怀万国致远之勋"。与此同时，还有从侧面反映的，《苏则传》云：文帝"问（苏）则曰：'前破酒泉、张掖，西域通使，敦煌献径寸大珠，可复求市益得不？'则对曰：'若陛下化洽中国，德流沙漠，即不求自至；求而得之，不足贵也。'帝默然"。除此，还有相关遣侍子的记述，《明帝纪》载：魏明帝太和元年十月丙寅"焉耆王遣子入侍"。这些记载不仅反映了西域的内向性与内附意识，也体现出曹魏政权对西域各地来朝入贡的重视，包括对二者宗属关系的历史认同和现实认可。行文中同样渗透着，陈寿意在表现曹魏的怀远之志和大一统思想。在诸多有关曹魏经营西域的内容记述中更能反映出这一点。

就曹魏经营西域策略和具体情况而论，以上所述实际上多少已涉及。《三国志》对此具体反映，主要体现在对官吏设置的记载中。曹魏时在西域主要设有西域戊己校尉、西域长史、西域校尉、宜禾伊吾都尉等职。《三国志》里主要是有关西域戊己校尉的设置与任命记载。如上所引，黄初三年二月"诏曰：'西戎即叙、氐、羌来王，诗、书美之。顷者西域外夷并款塞内附，其遣使者抚劳之。'是后西域遂通，置戊己校尉"。具体任命人员，有张恭、仓慈等，如《张恭传》载："黄初二年，下诏褒扬，赐（张）恭爵关内侯，拜西域戊己校尉。数岁征还，将授以侍臣之位，而以子就代焉。"有关仓慈的记载将在下文说到。

要之，"略如汉氏故事"的各种记述，透露出陈寿的三点认识：一是历史的继承性；二是宗属关系的继承性；三是治理方式上的略同性。不仅如此，他也看到了两汉经营西域在深度与广度上的影响力。换言之，两汉经营西域无论对中原人士还是对西域诸国，都深入人心，打下了深刻的历史烙印，而这一点又为后世西域与中原民族关系进一步发展奠定了历史与思想基础。就陈寿个人来说，身为晋臣，《三国志》"略如汉氏"的曹魏与西域民族关系史之记述也是为现实政治服务的一个组成部分。一是为晋室经营西域求得借鉴；二是为证明晋代曹魏、曹魏代汉之正统地位的合理性和合法性。这里不仅以西域对曹魏宗主地位认同态度为证明，也以曹魏承汉制经营西域为证据，更以西域与曹魏如同前代君臣关系的史事来展现。

（二）"经营"西域的人物记

其实"略如汉氏故事"不仅体现在民族关系中，也反映在"经营"西域的有关人物中。《三国志》所记"经营"西域的人物与两汉情况略有差异，此又体现了"略如"之内涵。首先与朝贡有关的，《徐邈传》言："西域流通，荒戎入贡，皆邈勋也。"其次与西域朝贡和贸易都有关的一个极其重要的人物就是仓慈。就《三国志》记载与西域有关的人物而言，也是其中最突出的一位。陈寿不惜笔墨，深入记述了他在西域与曹魏关系发展中的贡献与作用，及其所实施的和睦友好的民族交往政策。如《仓慈传》言：

> （仓慈）太和中，迁敦煌太守。郡在西陲，以丧乱隔绝，旷无太守二十岁，大姓雄张，遂以为俗。……常日西域杂胡欲来贡献，而诸豪族多逆断绝；既与贸迁，欺诈侮易，多不得分明。胡常怨望，慈皆劳之。欲诣洛者，为封过所，欲从郡还者，官为平取，辄以府见物与共交市，使吏民护送道路，由是民夷翕然称其德惠。数年卒官，吏民悲感如丧亲戚，图画其形，思其遗像。及西域诸胡闻慈死，悉共会聚于戊己校尉及长吏治下发哀，或有以刀画面，以明血诚，又为立祠，遥共祀之。

这一段文字不仅从正面再现和盛赞了仓慈的"恤理有方",而且末尾文字还通过西域诸人闻其逝世后,强烈悲痛、感人场景的生动描写,更加衬托性地展现了仓慈在处理民族关系上的光辉业绩,及其以德施治民族政策的深入人心。

《史记·大宛列传》中司马迁赞誉张骞"为人强力,宽大信人,蛮夷爱之"及"张骞凿空,其后使往者皆称博望侯,以为质(诚信也)于外国,外国(即西域诸国)由此信之"。《汉书·段会宗传》记段会宗时言:"竟宁中,(会宗)以杜陵令五府举为西域都护、骑都尉、光禄大夫。西域敬其威信。数年,坐法免。西域诸国上书愿得会宗,阳朔中复为都护。……会宗既出,诸国遣子弟郊迎。小昆弥安日前为会宗所立,德之,欲往谒,诸翕侯止不听,遂至龟兹谒。城郭甚亲附。"《三国志》这段仓慈之述与以上所引《史》、《汉》中两位"经营"西域人之记有异曲同工之妙。概而言之,其不仅体现了"略如汉氏故事"之意蕴,而且在更深层次中透露出民族间共同道德的互相认同意识。诚如陈寿在《乌丸鲜卑东夷传》中云:"中国失礼,求之四夷,犹信。"这不仅显示了陈寿继司马迁之后在民族观上的平等思想,也体现出他在民族政策上的进步认识。

三、结语

从《三国志》中记曹魏经营西域史来反观后之晋室治理西域,可以说"略如汉氏故事"是以前者为出发点,而以后者为归宿点的。应该说,这是陈寿字面背后的真正蕴意,这无论从历史发展角度看,还是从史学发展角度来说,都有其可圈可点之处,不可忽视。与此同时,通过以上论述,我们也可以切身感受到,中原王朝与边疆民族关系不仅受到前代历史影响,更重要的是也受到不同历史时期中原王朝本身国力强弱与边疆自身历史发展的影响。史学作为意识形态领域的产物,自然也会透射出相应历史时期的时代特点。因而,无论是《三国志》未立"西域传"的事实,还是"略如汉氏故事"的记载,其实都是当时中原王朝与西域民族关系发展到一定阶段的一种反映。

(本文原载《史学史研究》2014年第2期,第13—17页)

晋唐时期吐鲁番的史学

王旭送

吐鲁番地处古"丝绸之路"要冲，土地肥沃，自古以来就有中原移民在此生息繁衍，开拓垦殖。张骞通西域后，进入吐鲁番的中原汉人越来越多，特别是西汉政府在此地设戊己校尉屯田驻守以后，大量的中原士卒留居此地。晋唐时期（高昌郡—国—州时期，327—803年），汉人一直是吐鲁番地区的主体民族。伴随着大量汉人的西来及其成为吐鲁番地区的主体民族，中原文化也得到了空前的普及和繁荣，来自中原的儒学、佛教、道教、文学艺术、天文历法、医学等都西被流沙，在吐鲁番地区盛极一时。拙稿利用吐鲁番出土文献，对晋唐时期吐鲁番的史学进行探讨。

一、吐鲁番地区的重史传统

（一）统治者重视以史资政

吐鲁番地处祖国边鄙，向非学术文化重镇，且居民大多是遭遇乱世颠沛流离至此的内地移民，中原学术传承有诸多限制。历史上高昌在独立后曾先后三次向北魏请求举国内迁：北魏太和二十一年（447），由马儒请求；第二次，熙平元年（516），由麴嘉请求。这两次北魏都派人迎接，均未成功。第三次，神龟元年（518），麴嘉再度请求内迁。北魏以世积已久，高昌居民安土重迁，此举恐引起内乱为由而婉拒。此事之后仅两年，高昌王麴嘉便以地处"边遐，不习典诰"为由，"求借《五经》、诸史，并请国子助教刘燮以为博士"[①]。麴嘉此举应是在内迁

[①]《魏书》卷一〇一《高昌传》，北京：中华书局点校本，1974年，第2245页。

无望,又恐中原学术在高昌失坠背景下的无奈之举,表明他已经认识到,高昌欲在众强权夹缝中求得生存与发展必须重视文治。而麹嘉经、史并求,则表现出一种鲜明的以史为鉴的意识,他企图通过求"诸史"以汲取治国安邦的经验教训,提高统治水平。

统治者对史学的重视还体现在史官的设置上。例如,大凉承平三年(445)沮渠安周造《凉王大且渠安周功德碑》第十三行记载:"爰命史臣,载籍垂训",这位奉王命撰文阐明功德旨趣的正是国王身边职掌撰拟王命的史臣夏侯粲。这说明当时大凉政权有史臣和史籍修纂。

有史官必有史籍编纂。俄藏吐鲁番文书 Дx2670v《揖王入高昌城事》,据王素先生研究,"是当事人根据相关史籍按照自己的需要做的摘抄",应该定名为"沮渠氏北凉史事摘抄",文书的年代为麹氏高昌中前期①。该文书称且渠蒙逊为"先王",奉用南朝刘宋纪年,知其视刘宋为正统。而且其第 2 行"天子拜为王"恰恰可以与《宋书》"少帝纪"及"胡大且渠蒙逊传"所载刘宋册且渠封蒙逊为河西王事相印证。《宋书·少帝纪》载:"二月丁丑,太皇太后崩。沮渠蒙逊、吐谷浑阿豺并遣使朝贡。庚辰,爵蒙逊为骠骑大将军,封河西王。"②《宋书·胡大且渠蒙逊传》载:"是岁,进蒙逊侍中、都督凉秦河沙四州诸军事、骠骑大将军、领护匈奴中郎将、西夷校尉、凉州牧,河西王,开府、持节如故。"③因此,这件文书应当是直接依据大凉政权时代的编年体史籍写成。

(二)居民自觉的历史意识

我国古人很早就有了记录事实流传后世的自觉的历史意识。例如,早在西周时期的用于颂功庆赏的金文上,铭刻结尾常有"其子子孙孙永宝用"等语。其目的很明确,就是要求后代子孙记住先祖的功勋,继承先祖的事业,并发扬光大之。我国古人的这种自觉的历史意识在晋唐时期的吐鲁番亦得到了很好的继承。例如,《张君行母墓志》云:

> 窃以生死二仪,古今通说,众生亡没,略匕恒然。亡者稔当九十有余。今年三月十二日乃卒。生存之日,育养有方。
>
> 陨殂已来,子孙荼毒。即欲停尸在室,恐异于凡人。今若埋在墓田,不

---

① 王素《关于俄藏"揖王入高昌城事"文书的几个问题》,《吐鲁番学研究》2009 年第 2 期。
② 《宋书》卷四《少帝本纪》,北京:中华书局点校本,1974 年,第 64 页。
③ 《宋书》卷九八《氐胡传》,北京:中华书局点校本,1974 年,第 2414 页。

忍离别。两仪愦问，取殡为宜。若不述其姓名，恐后无知皂白。略显微位，疑后知真。智任旧日中兵，男即当涂校尉。门传张室，邑号南平。咸亨五年三月廿二日，张君行之母，葬于高昌城西北五里斯墓。①

文中"若不述其姓名，恐后无知皂白。略显微位，疑后知真"，明显有垂诸后人、永志不忘之寓意在内。这种自觉的历史意识与金文中的"其子子孙孙永宝用"语何其相似。

(三) 家学、私学与汉文史学的传播

晋唐时期吐鲁番虽地处边鄙，但是民间家学、私学兴盛，汉文史学借此亦得到很好的传播。1930年黄文弼在雅尔湖古墓发掘的《唐上元二年（675）唐葆墓志》为我们提供了相关的信息。兹移录如下：

> 唐故西州交河县唐君誌铭君讳葆字護，平阳人也。古五帝唐尧之体胤也。志表温宽，性存贞简。履恭顺而匪倦，践忠让以无坠，党遂可称，里民嘉誉。君幼彰游艺，长显景昌之功。情慕夷齐，不慕角哀之仕。行藏之志可略言也。祖讳谦，任伪学博士，三冬之暖久著伪初，五柳之才标于兹代。父讳明，任伪学博士。并门袭英风，代传文石。积善之庆，其在兹乎……②

该墓志显示，唐葆家族祖上乃平阳人，属唐尧之后裔。唐尧即尧帝，属古代五帝之一，《世本·帝系篇》将尧编为黄帝曾孙帝喾第三子，自然属于炎黄子孙。唐葆家族家学渊源颇深，其祖、父均是博学之才，家族世传"文石"，至唐葆时不废。唐葆年幼时学习六艺，彰显乡里。年长之后，仰慕夷齐不仕之举，隐居乡里。

该墓志表明：唐葆家族西迁西州之后，家族史代代相传，后人对其耳熟能详；唐葆家族非常重视对其族人进行儒学教育，"文石"代代相传，唐葆年幼时就以六艺而闻名乡里便是明证。古代经史不分，而经学在文化中占据强势地位，因此《尚书》《春秋》等历史典籍主要以"经"的身份借助儒学的传播而流行。由唐葆仰慕夷齐不仕、隐居乡里可知，唐葆通过"游艺"奠定了很好的史学基础。

(四) 学校教育与汉文史学的传播

---

① 侯灿、吴美琳《吐鲁番出土砖志集注》下，成都：巴蜀书社，2003年，第555页。
② 同上：第561—562页。

吐鲁番虽地处边鄙，但是伴随大量内地汉民的迁入，学校教育开始甚早。据《北史》记载，至迟在麹氏高昌时期，高昌就"有《毛诗》、《论语》、《孝经》，置学官弟子，以相教授"①。从学校教育内容来看，高昌教育继承了汉魏传统，以传授儒家经典为宗，同时兼重史学。

1975年新疆吐鲁番哈喇和卓古墓群出土了《西凉建初四年（408）秀才对策文》。这个秀才对策文是一个抄本的残卷，内容是关于西凉建初四年三个秀才的对策。策试题目为五道，考试时间是新年的正月初一，主持策试的主考是西凉王李暠，参加策试的是凉州秀才马骘、护羌校尉秀才张弘，以及另一位名为"谘"的秀才。策试内容除天文历法之外，大多围绕历史成败这一话题。对策文主要内容是关于春秋战国时期晋国智伯与韩、魏结盟共同攻击赵国之事。此外还涉及三皇五帝、仓颉造字等中原传统文化典故与传说。该秀才对策文只是一件考试的抄件，在西凉管辖的吐鲁番地区流传，极有可能是作为范文，以供州郡乡学中那些尚未应试的生徒钻研模拟之用。该件文书所涉及的典籍不仅有《诗经》《春秋》等儒家经典，还涉及《战国策》《史记》等史学典籍。

关于学校师资情况，阿斯塔那149号墓出土的开元七年（719）《延州司马张府君墓志》有所涉及："君讳行伦，字父师、季布，南阳人也。其增（曾），高昌伪朝授明威将军。其祖，伪朝（麹氏高昌国）授通事教郎，盖慕儒风，妙娴经吏（史）。父，余风袭善，固学靡穷，清直克彰，名驰礼阁，伪朝授太教学博士，皇朝授交河县尉。"②由此墓志可见，高昌国时期，政府在设置官学"通事教郎""太教学博士"等教职；张行伦家族在麹氏高昌国乃教育世家，以儒学见长，同时精通史学。

由上述可见，当时归唐之前吐鲁番地区学校教育以儒家经典为宗，经、史并重。

二、汉文史学典籍的流传

根据相关出土文献，晋唐时期吐鲁番地区流传的汉文史学典籍主要有如下

---

① 《北史》卷九七《西域传·高昌》，北京：中华书局点校本，1974年，第3215页。
② 侯灿《解放后新出吐鲁番墓志录》，北京大学中国中古史研究中心编《敦煌吐鲁番文献研究论集》（五），北京：北京大学出版社，1990年，第612—613页；周绍良、赵超主编《唐代墓志汇编续集》，上海：上海古籍出版社，2001年，第470页。

几类。

（一）经书

自汉武帝罢黜百家、独尊儒术以后，在2000多年的封建社会里，国家推行教化，学校教育教学内容的安排以及朝廷的取士选官等均以经学为标准，皓首穷经成了儒林士子的普遍风气。在经学主导、支配教育的背景下，史学传播也不可避免地深深打上了经学的烙印。

儒家经典都是记载先秦时期政治、社会、文化、历史发展等方面的典籍，从今天的视角考察，我们完全可以将之纳入历史典籍的范畴。早在明清时期，许多学者都曾提出类似"六经皆史"的观点，如王阳明、王世贞、李贽等人。到章学诚之时，他大胆地继承这一观点，并进行了具体论述，而且赋予了其鲜明的时代内容。从今天的标准判断，《尚书》相当于先秦时期的政治制度史；《春秋》则是中国史学史上最早的编年体断代史。此外《礼经》《诗经》《乐经》《易经》均可视作先秦时期的政治制度、思想文化、社会生活史。

唐代史家刘知几《史通·六家》云"诸史之作……其流有六"，其中经书类有三：《尚书》家、《春秋》家、《左传》家[1]。在吐鲁番出土的文献中，上述三种经书均有发现。就《尚书》而言，阿斯塔那179号墓出土有唐写本《尚书》孔氏传中《禹贡》《甘誓》等篇的残卷[2]；斯坦因所盗走的吐鲁番文书中，有唐写本《尚书》之《吕刑》《文侯之命》篇[3]；德国国家图书馆藏有《尚书》孔氏传中《虞书·大禹谟》残片[4]。

《春秋》是我国第一部编年体史书，记载了春秋时期鲁国自隐公元年到哀公十四年（或十六年）间的历史大事。由于《春秋》一书叙述一件事情仅寥寥数字，号称"断乱朝报"，很不容易理解，于是就产生了做解说的"三传"，即《公羊传》《谷梁传》《左传》。其中《公羊传》《谷梁传》重视《春秋》的义理，而《左传》则重在阐明《春秋》之事实。《左传》体例严谨，内容丰富翔实，而且贯穿着作者系统的史学理论思想。它是先秦时期仅存的一部事、文、义最完备、最翔实的著作，可以算得上是中国史学诞生的标志性著作。

在吐鲁番出土的《春秋》经传中，最多的当属《春秋左传》，其数量远远超

---

[1] 赵吕甫《史通新校注·内篇·六家》，重庆：重庆出版社，1990年，第3页。
[2] 唐长孺主编《吐鲁番出土文书》（图文本）叁，北京：文物出版社，1996年，第364页。
[3] 陈国灿《斯坦因所获吐鲁番文书研究》，武汉：武汉大学出版社，1995年，第460—462页。
[4] 顾颉刚、顾廷龙《尚书文字合编》，第168—169页，上海：上海古籍出版社，1996年；荣新江主编《吐鲁番文书总目》（欧美收藏卷），武汉：武汉大学出版社，2007年，第299—300页。

过《尚书》。如，东京书道博物馆藏有六朝写本《春秋左传》昭公七年残片[①]；大谷文书第 3857 号为《左传》昭公二十五年之残片，第 4389 号则为《左传》成公十六年之残片[②]；德国国家图书馆藏有唐写本《左传》注本《春秋经传集解》昭公二十二年篇写本两件，昭公三十一至三十二年篇写本一件[③]；英国图书馆藏有唐代孔颖达等撰写的《春秋左传正义》昭公元年篇之刻本[④]。

（二）正史

今人所谓之"正史"是指由清乾隆皇帝"钦定"的从《史记》到《明史》的 24 部纪传体史书。在吐鲁番出土的文献中，正史中的"前四史"都有发现。

关于《史记》、《汉书》，俄罗斯圣彼得堡东方学研究所藏有晋人写本《史记》卷八十七《李斯列传》之残片[⑤]。德国国家图书馆藏有唐朝前期抄本《史记》卷六七《仲尼弟子列传》篇及《汉书》卷四十《张良传》篇之残片。两者同出一残片，该残片正面上面部分为班固《汉书》卷四十《张良传》，背面部分内容为司马迁《史记》卷六七《仲尼弟子列传》[⑥]；关于《汉书》，柏孜克里克千佛洞还出土有晋写本《汉书·西域传》[⑦]；关于《后汉书》，大谷文书第 3756 号为《后汉书》卷五十四《杨震传》注疏之残片[⑧]；关于《三国志》，日本东京书道博物馆藏有东晋写本《三国志》卷五十七《吴书·虞翻传》及卷六十五《韦曜、华覈》之残卷[⑨]。日本上野淳一藏有《三国志》卷五七《吴书·虞翻、陆绩、张温等传》残卷[⑩]。

（三）其他史书

除了正史外，还有一些别史、杂史、地理类史书流传至吐鲁番地区。

---

① 陈国灿、刘安志主编《吐鲁番文书总目》（日本收藏卷），武汉：武汉大学出版社，2005 年，第 504—505 页。
② [日] 小田义久责任编集《大谷文书集成》（贰），法藏馆，1990 年，第 164、245 页；陈国灿、刘安志主编《吐鲁番文书总目》（日本收藏卷），第 213、258 页。
③ 荣新江主编《吐鲁番文书总目》（欧美收藏卷），第 87、200、108 页；荣新江《德国"吐鲁番收集品"的汉文典籍与文书》，《华学》第三辑，1998 年，第 312 页。
④ 荣新江主编《吐鲁番文书总目》（欧美收藏卷），第 867 页。
⑤ 吴震《俄藏"揖王入高昌城事"文书所系史实考》，《吐鲁番学新论》，乌鲁木齐：新疆人民出版社，2006 年。
⑥ 荣新江《〈史记〉与〈汉书〉——吐鲁番出土文献札记之一》，《新疆师范大学学报》2004 年第 1 期；荣新江主编《吐鲁番文书总目》（欧美收藏卷），第 77 页。
⑦ 柳洪亮《新出吐鲁番文书及其研究》，乌鲁木齐：新疆人民出版社，1997 年，第 127 页；余太山先生则认为该段史料非出自《汉书·西域传》，而是出自荀悦的《前汉纪》（见余太山《两汉魏晋南北朝正史西域传要注》，北京：中华书局，2005 年，第 418 页，注释 18。）
⑧ [日] 小田义久责任编集《大谷文书集成》（贰），法藏馆，1990 年，第 139 页，。
⑨ 陈国灿、刘安志主编《吐鲁番文书总目》（日本收藏卷），第 493 页。
⑩ 陈国灿、刘安志主编《吐鲁番文书总目》（日本收藏卷），第 591 页。

地理类史书最具代表性的当属《大唐西域记》。《大唐西域记》是一部重要的历史文献和地理文献,它详细记载了西域的山川地形、城邑关防、交通道路、风土习俗、物产气候、文化政治等。《大唐西域记》成书于贞观二十二年(646),最迟于永徽二年(647)传至吐鲁番地区,传播速度之快,令人惊叹①。

诸如正史及地理类的史籍,表述方式较为精深,一定程度上制约了史学的普及和向更多人的开放。与此相对,晋唐时期吐鲁番地区还有一些文字较为生动活泼、语言较为简练、选题较为广泛的史学典籍。这些典籍较为通俗,容易为更多的读者所接受和喜爱,《春秋后语》《晋阳秋》即为其中的代表作。

《春秋后语》,西晋孔衍撰,原十卷,系增删《战国策》《史记》而成。新旧《唐书》均将其列入史部杂史类。该书通俗易懂,又可补世教,为统治阶级提供借鉴,因此流传甚广。德国国家图书馆藏有吐鲁番出土唐写本《春秋后语》卷一《秦语上》(卢藏用注)残卷②。

《晋阳秋》,晋人孙盛(302—373)撰,三十二卷。吐鲁番阿斯塔那151号墓出土有东晋写本《晋阳秋》残卷③。残卷存86行,各行疏密不一,平均在23字左右,由于每行均有残损,实际保留的字不多。然而内容连贯,详细记载了晋惠帝元康九年(299)十二月至永康元年(300)三月贾后废杀太子、四月赵王伦政变的经过。晋自永嘉之乱后,国家分裂、生灵涂炭、民族危机,文人鉴于此,热衷于写史。其中撰当代史者甚众,仅仿春秋编年体撰《晋阳秋》者就有数家。吐鲁番出土的《晋阳秋》写本,属混纪传为一体的编年体史书,逐月系日记事,在叙事中夹叙人物小传。

(四)蒙书

在吐鲁番出土文书中,有很多蒙学读本的残卷,如《急就章》《开蒙要训》《太公家教》等。这些蒙学教材在史学传播中也发挥着重要作用。

蒙学读本按其内容侧重的不同,大致可以分为:综合性蒙学读本、传授伦理道德的蒙学读本、介绍历史知识的蒙学读本。这些蒙学读本大多或简述历史的发展,或收录历史故事,或选辑历史人物的嘉言善行等,将史书通俗化,在向儿童传播历史知识的同时,又潜移默化地进行伦理道德的宣传。在编写方法上,这些

---

① 《唐写本〈大唐西域记〉残卷》,见柳洪亮《新出吐鲁番文书及其研究》,第124—125页。
② 荣新江主编《吐鲁番文书总目》(欧美收藏卷),第60页;荣新江《德藏吐鲁番出土〈春秋后语〉注本残卷考释》,《北京图书馆馆刊》1999年第2期。
③ 唐长孺主编《吐鲁番出土文书》(图文本)贰,北京:文物出版社,1994年,第112页。

读本大多采用"以类纂集,参为对偶,联以音韵"(《十七史蒙求》原序文)的方法,适合儿童学习特点,琅琅上口,便于记诵。

如,吐鲁番出土《太公家教》残片多件。《太公家教》是中唐至北宋初年盛行的童蒙读物,凡五百八十余言,二千六百七十多字。其用典约近半数,主要来自《诗经》《礼记》《周易》《孝经》《大戴礼记》《论语》《孔子家语》《淮南子》《韩非子》《商君书》《庄子》《说苑》《国语》《尚书》《左传》《史记》《汉书》《三国志》等文献。例如,"相如未达,买卜于市",来自于《汉书》;"孔明盘恒,待时而去",来自于《三国志》。从《太公家教》内容上看,它主要宣扬儒家的忠孝、礼义、尊师、重贤、修身、勤学、齐家、治国等方面思想。

又,吐鲁番出土有唐写本《初学记》卷二十一《讲论第四》残片,大谷文书将之列入 8108 号。《初学记》三十卷,唐玄宗时期官修类书,由徐坚等人撰。该书原是为适应皇子们练习学问上的基本功的需要而编辑的一部百科全书。关于其内容,《唐会要》卷三十六《修撰篇》云:"开元十五年五月一日,集贤学士徐坚等纂经、史文章之要,以类相从,上制名曰《初学记》。"可见《初学记》经、史并重。作为一种蒙学读物,它自然也是学童接受史学的一个渠道。

(五)民间自创教材

在文化水平不高的民间,为了方便教学,一些粗通经史的寒门鄙儒还自编了一些蒙学教材,对当地童蒙进行教育,这些教材同样起到史学传播的作用。

如,吐鲁番出土的《唐景龙四年(710)卜天寿抄〈十二月新三台词〉及诸五言诗》,是12岁的唐代西州学生卜天寿在完成了孔氏本郑氏注《论语》抄写之后,在余下的空白处抄录的六言体诗歌。其诗云:"正月年首初春,□□改故迎新,李玄附灵求学,树下乃逢子珍。项托七岁知事,甘罗十二相秦。若无良妻解梦,冯唐宁得忠臣。"这是一首利用历史知识编写的劝学诗歌,属于乡学的通俗教材,其作者应是生活在民间的寒门鄙儒。

该六言体诗歌涉史甚广:有出自《搜神记》李玄附灵求学之事;有最早见自于《战国策·秦策》项托(原作"橐")生七岁而为孔子师及甘罗十二岁拜上卿之事;有见自于《史记·冯唐传》及《汉书·冯唐传》的冯唐直言救魏尚之事——《十二月新三台词》所言冯唐直言救魏尚之事,正史均有记载,然"良妻解梦"之事不见于诸史,应当来自民间讲史人;李玄(干宝《搜神记》作"李玄石")附灵求学、王子珍得鬼相助之事,《敦煌变文集》卷八苟道兴之《搜神记》及东晋史家干宝之《搜神记》均有记载,内容以前者更详。

此外，还有一些其他题材的论著，同样承担着史学传播的任务。例如，吐鲁番出土有唐写本刘向《谏营昌陵疏》。该奏疏叙事简约、理论畅达、舒缓平易。文中不仅广征《诗》《易》等儒家经典，而且还博引史实，上至尧、舜、禹、汤，下至秦相吕不韦。其说理周密，论证充分，颇具说服力。这种奏疏在一定程度上也是史学传播的一个渠道。

史学的传播需要一定的载体。除了原始的口耳相传的传播方式外，汉文史学在吐鲁番地区传播的主要渠道还是纸质书写材料。根据吐鲁番出土文书，至迟在麴氏高昌时期，吐鲁番地区已经有了自己的造纸作坊，并且有专门的造纸工匠。

阿斯塔那 151 号墓出土的《高昌逋人史延明等名籍》中，所列名籍有"纸师隗显奴""碑堂赵师得""鹿门赵善喜""兵人宋保"等①。文书中的"碑堂""鹿门""兵人"都是麴氏高昌的行政职务，纸师隗显奴是专门掌管造纸的匠师。该件文书表明，至迟 7 世纪上半叶，吐鲁番地区已有造纸作坊。在吐鲁番出土文书中我们同样看到了造纸的作坊。《唐配纸坊驱使残文书》有如下记载："盤当上典狱配纸坊驱使盧。"②这件大约写于 8 世纪的唐代文书，说的是政府打算将监狱中的犯人送往纸坊劳作。通过这两件文书可以证明，晋唐时期吐鲁番地区既有专门从事造纸的作坊，亦有掌握造纸技术的专门人员。纸坊及纸师的出现，有力推动了史学典籍的普及。

晋唐时期，吐鲁番地区还有专门的文献典籍抄写人员——书吏。例如，大凉王大且渠安周所供养经《佛说菩萨藏经第一》云：

1 廿六牊（纸）半
2 佛说菩萨藏经第　一一校竟
3 大凉王大且渠安周所供养经
4 承平十五年岁在丁酉
5 书吏臣　　樊海写
6 法师　　　第一校
7 法师　　　第二校
8 祠主道……③

---

① 唐长孺主编《吐鲁番出土文书》（图文本）贰，第 106 页。
② 唐长孺主编《吐鲁番出土文书》（图文本）肆，北京：文物出版社，1996 年，第 385 页。
③ 池田温《中国古代写本识语集录》，东京大学东洋文化研究所，1990 年，第 87 页。

又，高昌延寿十四年的《维摩诘经卷下大僧平事沙门法焕题记》云：

1《维摩诘经》卷下
2 经生令狐善欢写
3 曹法师法慧校
4 法华斋主大僧平事沙门法焕定
（后略）①

可见，吐鲁番地区很早就出现了像樊海、令狐善欢这样的书吏，他们是专门的书籍抄写者。既然是专门的书籍抄写者，除了抄写佛经之外，自然还包括对史学典籍的抄写。

（本文原载《石河子大学学报》2013 年第 5 期，第 117—121 页；略有增改）

---

① 池田温《中国古代写本识语集录》，第 183 页。

王树楠与西域文书的收藏和研究

朱玉麒

引 言

图1 王树楠像（1910年）（《1910，莫理循中国西北行》，174页）

清代新疆建省之后，众多担任要职的官员中，以王树楠在地方文化建设方面的贡献最为突出。王树楠（楠字多作枏、枬，1851—1936），字晋卿，晚号陶庐老人，河北新城人。光绪十二年（1886）进士，光绪三十二年至宣统三年（1906—1911）任新疆布政使。在任期间，除了改革币制、创设邮政、兴办实业等一系列使新疆走向近代化的作为之外，他还建立新疆通志局，创修《新疆图志》，为新疆地方文化的发展创立大业。他个人的文化风雅之举，也同样在清末新疆的文坛留下影响，开启了早期西域、敦煌文书的研究。（见图1）

王树楠任职新疆期间，正是西方探险家在新疆从事考察、盗掘方兴未艾的时期，由此导致了库车、吐鲁番、敦煌等地大量文物的出土。其中众多的文书或者通过买卖，或者由吐鲁番等地方官员进贡，流通在乌鲁木齐的官场。王树楠在这一期间经眼和收藏了许多文书，由于其精深而兼备的国学修养，使他成为履新文士中最优秀的写本文书研究者。

笔者曾撰写《王树楠与敦煌文献的收藏和研究》，提交"敦煌文献、考古、艺术综合研究：纪念向达教授诞辰110周年"国际学术研讨会①；今兹欣逢"中国人民大学国学院成立五周年庆典暨冯其庸先生从教六十周年国际学术研讨会"召开，因撰就本文，作为前此讨论王树楠与敦煌文书的姊妹篇，提交大会，谨贺冯其庸先生米寿之年暨绛帐甲子之庆。

一、王树楠收藏和研究西域文书的文献

王树楠对西域文书的研究，主要通过题跋和诗文表现出来。目前所知最早的纪年题跋，是在宣统元年十一月五日。②光绪三十二年前往新疆担任布政使的王树楠，作为通省财务、民政的方面大臣，最初的行政事务应该比较繁巨。因此到了他履新的第三个年头，才因为一个特殊的契机，开始了写本文书的收藏和研究。而最晚的题跋，则是在民国二十三年（1934）仲冬③，王树楠时年84岁，距离他1936年辞世仅两年。可见这一爱好伴随了他的后半生。

（一）以往记载的王树楠西域文书研究

过去，在王树楠大量的题跋真迹还没有公布之前，我们只能够在他撰写的《新疆访古录》（见图2）和《陶庐诗续集》中读到部分的研读和吟咏文

图2 《新疆访古录》书影（1919年）

---

① 朱玉麒《王树楠与敦煌文献的收藏和研究》，樊锦诗、荣新江、林世田主编《敦煌文献、考古、艺术综合研究：纪念向达先生诞辰110周年国际学术研讨会论文集》，北京：中华书局，2011年，第574—590页。

② 王树楠《北凉写经残卷题跋四》，下11：153，《台东区立书道博物馆中村不折旧藏禹域墨书集成》，矶部彰主编，东京：文部科学省科学研究费特定领域研究〈东亚出版文化研究〉总括班，2005年。以下简称《中村集成》，文书标题后的标志，"："前为《中村集成》册数和页码，后为文书编号，下同。

③ 王树楠《佛经残卷题跋》，中国国家图书馆藏，编号BD14915。此初承荣新江教授抄示，刘波学兄代核原卷。近已影印于《国家图书馆藏敦煌遗书》135册，北京：国家图书馆出版社，2010年，第178页。

字。① 这些内容的大多数可以在《台东区立书道博物馆中村不折旧藏禹域墨书集成》等已经公布的西域文书收藏品中发现，但有一些还没有被发现，可知王树楠题跋的西域文书还有在藏家手中未经公布者。②（见表1，表2）

表1 《新疆访古录》与《中村集成》等已公布文书中的王树楠题跋对照表

序号	《新疆访古录》文书名称；卷/页；题跋数	《中村集成》等公布情况（编号）
1	六朝写经残卷；1/9A-12B；10则	第1、6二则未见公布外，均见于《中村集成》（152、153、155、156、160）、中国国家图书馆藏卷（BD14915）、美国国会图书馆藏卷（379064）
2	六朝草书残经；1/12B-13A；1则	《古典籍下见展观大入札会目录》（1928）
3	前凉西域长史李柏书；1/13A-B；1则	
4	北凉写经残卷；1/20A-22B；3则	《中村集成》（161、165、152），第1则"枚"字解、第2则全文未见公布
5	北凉佛说菩萨藏经残卷；1/22B；1则	《中村集成》（009）
6	蠕蠕永康五年写经残卷；1/23A-B；1则	《中村集成》（010）
7	魏氏所抄三国志韦曜、华歆残传；1/24A；1则	《中村集成》（141）
8	梁萧伟写摩诃般若蜜经；1/24A-25A；1则	《中村集成》（014）
9	梁大同元年金刚般若波罗蜜经残卷；1/25A-B；1则	《中村集成》（025）
10	唐上元二年买马私契；2/11A-B；1则	
11	唐仪凤二年北馆厨牒；2/11B-12A；1则	《中村集成》（124）
12	唐武后时写经残卷；2/16A-B；1则	
13	唐久视元年弥勒上生经残卷；2/16B；1则	《中村集成》（072）
14	唐天宝解粮残状；2/17B-20B；3则	《中村集成》（127）
15	畏吾儿残字；2/24A-30A；4则	《中村集成》（119），有3则
16	元中统元宝交钞；2/30A-32B；3则	《中村集成》（151）有段永恩藏品题跋
17	元千户残牒；2/32B-33A；1则	

表2 《陶庐诗续集》与《中村集成》等已公布文书题诗对照表

序号	《陶庐诗续集》诗题；卷/叶	《中村集成》等公布情况（编号）
1	《题刘宝臣大令谟所赠北凉写经残卷》（宣统初元）；5/2A-B	《中村集成》（165）
2	《题六朝画佛残像》（低眉趺坐）；5/4A	《中村集成》（160）

---

① 王树楠《陶庐诗续集》十一卷，丁巳年（1917）陶庐丛刻刊行本；《新疆访古录》二卷，1919年上海聚珍仿宋印书局印本。

② 一些题跋如《前凉西域长史李柏书》，当系专门为《新疆访古录》所撰，不一定有附着于文书的题跋存在。

3	《题六朝写经残卷》4首（蛮触千年、天花飞尽、昙摩智猛、山灵呵护）；5/4A-B	《中村集成》（174）
4	《题素文所藏六朝画像》4首（西向回头、晋宋风流、佛法随身、荆榛埋没）；5/9A-B	《中村集成》（170）有其二（晋宋风流）
5	《题高昌所得唐人写经残卷》（曾抚晋帖）；5/10B	重庆博物馆藏梁玉书旧藏品（杨铭1995，42页；杨铭2002，354页①）
6	《素文所得唐人画佛，仅佛头尚完好，余皆断烂，属题》（高昌古国）；5/11A-B	
7	《题素文六朝写经卷》（六代残经）；5/11B	《中村集成》（166）
8	《题素文六朝写经二首》2首（世外不衫不履、拂纸珠瑶错落）；6/3B	

此外，王树楠所主编的《新疆图志》因为受到体例的限制，没有将西域文书纳入——这也是王树楠要单独出版《新疆访古录》的一个原因，但是《新疆图志》也关注到了西域文书的情况。如在《新疆图志》卷八七《古迹志》中提及："光绪辛丑（二十七年/1901），吐鲁番同知文立山于交河古城中掘得唐开元十年（722）《莲花经》一卷，书法逼近二王。"早期西域文书的发现因为系当地民众和外国探险家盗掘，并不是每件文书都有一个确切的出土时间。王树楠记载光绪二十七年文立山掘得《莲花经》，简短的记录中将出土的时间、地点、人物以及经卷的内容、书写年代和书体风格都给予准确的记录，确实难能可贵。尤其是与我们现在所见大量发现在高昌附近的文书不同，交河古城发现的经卷对于了解唐代交河城的佛教流传情况极有价值。可惜这个经卷至今尚未再度出现。

（二）新近公布的王树楠西域文书题跋

王树楠收藏的大量西域文书及其题跋真迹，在他于辛亥年（1911）返回内地之后，陆续变卖流散，辗转递藏，难窥全貌。直到2005年，曾经大宗收入王树楠等人旧藏西域、敦煌文书的日本收藏家中村不折（1866—1943）的全部写本文书，由矶部彰编集为《台东区立书道博物馆中村不折旧藏禹域墨书集成》，以大型图录的形式，在东京作为非卖品出版（见图3）②，王树楠收藏的大量文书及其题跋也因此重光于世。而在此前后，中国和海外其他收藏机构的西域、敦煌文献陆续公布，其中王树楠的旧藏及题跋也不断出现，与《中村集成》一道，为我们

---

① 杨铭《杨增新等所藏两件吐鲁番敦煌写经》，《西域研究》1995年第2期，第42—45页；杨铭《重庆市博物馆藏敦煌吐鲁番写经题录》，《敦煌吐鲁番研究》第六卷，北京：北京大学出版社，2002年，第353—358页。

② 相关介绍，可参梶浦晋的书评，载季羡林、饶宗颐主编《敦煌吐鲁番研究》第十卷，上海：上海古籍出版社，2007年，第414—417页。

了解早期敦煌、西域文书的递藏与研究提供了可能。

就笔者目前所见，在书道博物馆的《中村集成》总共178个编号的中国文书中，王树枬的题跋出现在其中36个编号的38件文书中（35件为卷子装，其余3件为册子装），计题跋86则、题诗8首，可以确认为出自西域的文书有30

图3 《中村集成》书影（2005年）

号，其中王树枬的题跋75则、诗歌8首。① 此外，美国国会图书馆有梁玉书旧藏1卷，王树枬题跋3则；日本国立国会图书馆藏1卷，题跋2则；东京大学附属图书馆藏2卷，题跋5则；日本兵库上野淳一有王树枬旧藏1卷，题跋1则；重庆市博物院藏1卷，题诗1首；临川书店藏1卷，题跋1则；长尾雨山旧藏1卷，题跋1则；中国国家图书馆藏品中又有4卷，题跋7则、题诗1首；上海博物馆有王树枬旧藏1卷，题跋1则；中国历史博物馆有梁玉书、王树枬旧藏共2卷，题跋6则。因此，从笔者目前有限的知见，王树枬总共为45号西域文书撰写了题跋102则、诗歌10首。②

二、王树枬西域文书题跋的学术价值

丰富多彩的王树枬西域文书题跋，提供给我们以中国学者对于西域写本的早期认识。综而言之，以下几个方面的学术价值，值得我们注意。

（一）对文书的书法史意义和书法价值认定

对文书的书法史意义和书法价值的认识，是中国学者看待敦煌、西域文献的第一感知，王树枬也不例外。比较敦煌文书而言，他对西域文书尤其表现出从书法角度的偏爱。这其中重要的原因，是西域文书在写本年代上，一直从魏晋延

---

① 其余6件（卷）为敦煌文书，有王树枬题跋11则，参笔者《王树枬与敦煌文献的收藏和研究》。而王树枬为西域文书的题跋间亦有与原卷不符者，如《北凉写经》十三（下42—43：161）原有王树枬题跋4则，今粘贴于《北凉写经残卷》十九（下50—53：165）前，不知何时发生之误植。

② 参笔者《王树枬吐鲁番文书题跋笺释》，《吐鲁番学研究》2012年第2期，第69—98页。

续下来，其中的相当一部分，代表了比敦煌文书更早的东晋南北朝时期书法的实际水平——而那一时代的传世作品，过去只是留下了极少数传为王羲之等人的名迹。西域文书的出现，在王树枏看来，是还原了那一时代的书法现场，他对这种时代书风给予了积极的评价。

目前我们接触到的王树枏关于西域文书的题跋较之敦煌文书要丰富得多，因此可以系统了解作为学者的王树枏，在书法史与书法理论方面深厚的前期积淀：一旦这些文书展现在他面前，有关那一时期书法作品价值的认定便迅速在题跋中体现出来，它们堪称是最早在西域文书上就书法价值做出中肯评价的书论。这些题跋的特点如下。

1. 王树枏对西域文书的书法评价，是建立在其对书法史理论的熟稔基础上的。其题跋的重要特点，便是对这些书法作品用系统的古代书论来进行评述和验证。如西域文书中大量佛经书法中住笔重捺的隶书，王树枏揭示了其"科斗笔法"的古意，从书法史的前承后继中给予解说：

> 赵子昂书《急就章》，其捺专用重笔。鲜于枢云：此书不传久矣，非深于书者，未易语也。今是书与此体正同。晋宋之初，科斗古文尚存，故六朝写经多仿科斗笔法，古拙奇谲，姿态横生，惜伯机不及见之。……六朝写经，上接隶楷，下开北魏一派。(《六朝人写经残卷》七，下25：156)

这样的心得多处题写（见图4），"可以见字体变迁之迹"(《北凉写经残卷》四，下9：153)成了六朝写经书法的一条义例。

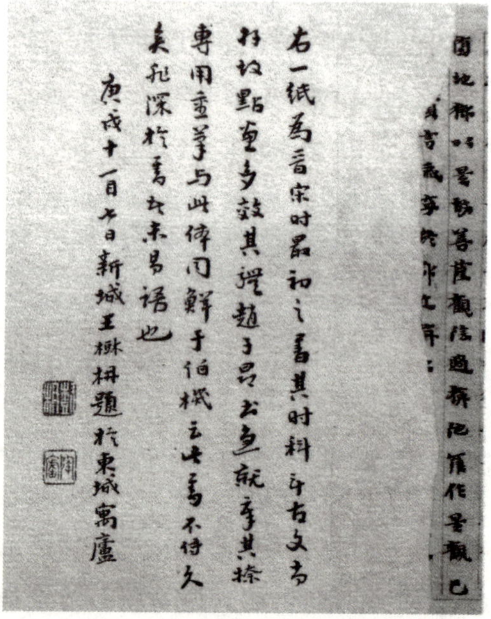

图4 王树枏《佛经残卷》题跋（《国家图书馆藏敦煌遗书》135册，176页）

又如，对于西域文书体现的魏晋书法自然生动的风格，王树枏引用了欧阳修《集古录跋尾》的评语来做描述：

> 欧阳公言："余尝喜览魏晋以来笔墨，或妍或丑，百态横生，披卷发

函，烂然在目，使人骤见惊绝。徐而视之，其意态愈无穷尽，故使后世得之，以为奇玩，而想见其人也。"吾于此书亦云。(《北凉写经残卷》四，下 8∶153)

同样，对于西域文书中书法笔墨相生的特点，则用了唐人荆浩的画论来做评价：

荆浩论画，谓吴道元有笔而无墨，项容有墨而无笔。有笔无墨者，见落笔蹊径，而少自然；有墨无笔者，去斧凿痕，而多变态。是书实兼二者所长，温润遒劲，内含刚柔，正如罗绮娇春，鹓鸿戏沼。(《唐人写经及藏经目录残卷》，下 73∶172)

王树楠对这一时期书法的评论，还引用了王充《论衡》[①]、《魏书·刘芳传》[②]、《晋书·卫恒传》[③]、《晋书·王羲之传》[④]、《唐语林》五[⑤]、《旧唐书·孔若思传》[⑥]、《宣和书谱》[⑦]、黄庭坚《山谷诗集》[⑧]、姜夔《续书谱》[⑨]、《元史·康里巎巎传》[⑩]、郭宗昌《金石史》[⑪]的论点，无不准确体现了西域文书的实际与书法史理论的经典描写之间的关联。

2. 王树楠对西域文书书法价值的欣赏，在题跋中还表现为将其与名家、名碑、名帖的并置当中。这种态度，显示了他将这些文书纳入书法史的行列、并且不以书家名望论高下的平等心态。如：

其书虽不尽出一手，而体势大半相类，盖宋魏时人真迹，笔意多似钟元长，而纸色、墨色，怡心刮目，疑有佛法呵护。(《北凉写经残卷》十九，下

[①] 《写经残片册》，下 106∶174。
[②] 《北凉写经残卷》十九，下 50∶165。
[③] 《六朝以来写经残卷》八，下 28∶157；《北凉写经残卷》十二，下 39∶160。
[④] 《妙法莲华经》卷一，重庆博物馆藏；《六朝写经残卷》九，下 33∶158。
[⑤] 《六朝以来写经残卷》八，下 31∶157。
[⑥] 《北凉写经残卷》一，下 3∶152。
[⑦] 《佛华严经》第二十八，上 61∶013；《六朝写经残卷》十，下 37∶159。
[⑧] 《写经残片册》，下 112∶174。
[⑨] 《唐武后时写经残卷》，下 71∶171；《唐人写经》残卷，中国国家图书馆藏，BD15158。
[⑩] 《六朝以来写经残卷》八，下 26∶157；《唐人写经》残卷，中国国家图书馆藏，BD15158。
[⑪] 《六朝人写经残卷》七，下 25∶156。

50∶165）

> 六朝书法，全出于汉隶，以古拙为妍丽。是卷尤遒媚，姿态横生，与钟太傅颇相似。异香活色，千载如新。（《摩诃般若波罗蜜经》卷第十四，上77∶014）
>
> 唐太宗论王右军书云："烟霏雾（露）结，状若断而还连；凤煮（翥）龙蟠，势如斜而反正（直）。玩之不觉其倦，览之莫识其端。"斯书之妙，殆能当之。（《六朝写经残卷》九，下33∶158）
>
> 率更令欧阳询行见古碑，索靖所书，驻马观之，良久而去。数百步复还，下马伫立，疲则布毯坐观，因宿其旁，三日而后去。余自得此书，寝食未尝离左右。公余无事，辄为把玩，穆然如相与晤对于钟王之侧，信可乐也。（《六朝以来写经残卷》八，下31∶157）
>
> 此书若与褚虞欧柳并驱中原，亦犹韩卢之追东郭魏也。（《唐武后时写经残卷》，下71∶171）
>
> 笔姿秀逸，似《灵飞经》。余所得六朝以来写经残字，此为第一。（《六朝以来写经残卷》八，下29∶157）

魏晋隋唐书法的翘楚如钟繇、王羲之、索靖、褚遂良、虞世南、欧阳询、柳公权，名帖如《灵飞经》，都被用来与西域文书做比；而事实上，西域文书确实也为中古时期的书法史提供了难得的丰富史料，现今论及魏晋隋唐书法，也无不以之作为重要的对象立论。

3. 王树楠对早期西域文书书法价值的评估，还建立在与时期较晚的魏碑以及敦煌文书的比较中。如：

> 此册残字，亦出鄯善土峪沟。……中有"凉都法静所供养"字，盖亦北凉时真迹也。北凉字体在隶楷之间，古隽有致，北魏诸碑不及也。（《写经残片册》，下99∶174）
>
> 吾观北凉写经，如出一手，在北魏中自为一体。手和笔调，固可贵尚。（《北凉写经残卷》四，下9∶153）
>
> 高昌经卷书法多可宝爱，远出敦煌之上，然破碎断烂，长幅不易得。盖埋没地下千余年，不似敦煌洞中之庋阁整齐也。（《弥勒上生经》，中29∶072）
>
> 余藩新疆，得六朝写经甚夥。六朝时，高昌诸堡庙宇林立，当时号称佛

国。所藏经卷,皆腹地善书人所写,较敦煌石室所出经卷有雅俗之分,而北凉尤盛。(《佛经残卷》,中国国家图书馆藏,BD14915,《国家图书馆藏敦煌遗书》135册,178页)

昔魏刘芳常为诸僧佣写经论,笔迹称善,卷直一缣,岁中能入百余匹。六朝时佛教大行,西域尤盛。故写经卷子多善书者。(《北凉写经残卷》十九,下50:165)

被书家推崇的魏碑,在王树楠看来,还不如吐鲁番的北凉文书"古隽有致";这与其评骘高昌与敦煌文书书法的高下,建立在时代远近上是一致的。也正是这个原因,对于西域文书中唐代以来的作品,王树楠从书法角度的关注和肯定相对较少;即使肯定,也是那种具有东晋风尚的古韵,如云:"纯是东晋人笔意,虞褚不是过也。"① 此外,西域佛经文书的"称善",还被他从宗教信仰的角度给予了分析,同样是符合时代和社会情形的。而同时,书手的来历也被作为品评高昌与敦煌书法的重要原因,无疑也是比较符合两地写本的基本形态的。对于书手的来历和宗教热情导致书法精美的论述,已经接近了今天书法社会学的热门研究范畴,可见王树楠开阔而前卫的研究视野。

4. 王树楠对书法作品的一些贴切比喻,也显示出了他在书论方面深厚的修养。如:

此书……得倚刀较尺之妙,洵唐经中之特健药也。(《唐人写经》残卷,中国国家图书馆藏,BD15158)

此书中之江瑶柱也。(《北魏写经残卷》十六,下45:162)

观此书如处毡裘毳服之世,见秦汉以上衣冠,不可谓非眼福。今人之学魏碑者,东坡所谓鹦哥娇耳。(出处同上)

己酉(1909)、庚戌(1910)之间,谷贵民饥。余檄吐鲁番厅转运仓谷以济民食。王叔平太守既输谷至省,并以出土残经饷余,盖皆六朝以来真迹。余曰:此丰年玉也,乃与荒年谷同时并至,可称双快。(《北凉写经残卷》五,下12:154)

把卷开阖,兰麝氤氲,宜藏之妙楷台中。(《北凉写经残卷》六,下

---

① 《唐武后时写经残卷》,下71:171

18∶155）

书法古逸，在隶楷之间，今之《广陵散》也。（《佛说菩萨藏经》第一，上 49∶009）

去岁在吐鲁番三堡掘得六朝写经残卷，字在楷隶之间，点画尤好。科斗遗意，如佛家所言香色味三者俱备，今之《太平引》也。（《六朝北凉写经残叶》，《国家图书馆藏敦煌遗书》第 142 册，334—346 页）

特健药、江瑶柱、鹦哥娇、丰年玉、妙楷台、广陵散、太平引的比喻，都非常生动地反映了作者对西域文书的无上珍惜，以及对世俗书法的不屑一顾。

王树柟的大量比喻中，《世说新语》的引用频率最高，据目前所知的题跋，即多达6处。如：

王戎目山巨源如璞玉浑金，人皆钦其宝，莫能名其器。吾于此书亦云。日夕展玩，但觉奇香拂纸，异彩盈字。（《北凉写经残卷》十九，下 51∶165）

裴令公乱头粗服皆好。刘太常云：楂梨橘柚，皆有其味。吾常以之评此书。晋卫恒所谓异体同势者也。（《北凉写经残卷》十二，下 39∶160）

娟娟如初日芙蓉，濯濯如晓风杨柳。真令人看死卫玠。（《唐武后时写经残卷》，下 71∶171）

这些比喻，是以同一时代的人物风度来形容书法艺术，恰到好处地体现了他对西域文书不修边幅、自然美好的"尚韵"风格的认同。

一些出现在题跋中的评语，如"醇朴""古隽"[1]"隽逸"[2]"秀逸"[3]"古逸"[4]"奇谲"[5]"自然生动"[6]"醇正"[7]"萧洒"[8]，等等，也都准确地反映了西域文书中代表作

---

[1]《写经残片册》，下 99、112∶174。
[2]《六朝以来写经残卷》二十，下 54∶166。
[3]《六朝以来写经残卷》八，下 29∶157。
[4]《佛说菩萨藏经》第一，上 49∶009。
[5]《佛经残卷》，中国国家图书馆藏，BD14915，《国家图书馆藏敦煌遗书》135 册，第 178 页。
[6]《大般涅槃经》卷第卅七，美国国会图书馆藏，379064，居蜜《美国国会图书馆王树柟书藏：古籍、善本、珍品面面观》，《天禄论丛：北美华人东亚图书馆员文集·2010》，桂林：广西师范大学出版社，2010 年，第 24 页。
[7]《佛说金刚般若波罗蜜经》，上 143∶025。
[8]《妙法莲华经残》卷第十残片，上 51∶010。

品的重要风格,以及王树楠本人的书学倾向。

(二)注重文书的历史文献学考证

王树楠对西域文书的研究,还表现在题跋中根据自己的历史知识储备,对其文本的年代、历史事件、文字进行的精确考证。

1. 对文书的年代做翔实的考订

对于有年代记载的文书的重视,反映了文书研究者关注其中历史价值的普遍心态。王树楠的题跋多次提到一些有时间、历史人物坐标的文书被收藏者秘藏的情形,如:

> 此卷为曾筱堂司马所贻。筱堂在吐鲁番掘地得六朝以来写经卷子甚夥。其署款有沮渠无讳者,筱堂皆自藏,不以予人。(《六朝以来写经残卷》八,下26:157)

> 闻曾君所藏卷子,有北凉敦煌太守沮渠无讳所写供养经,及凉王大沮渠安周所供养经,并有建平年号者。(《北凉写经残卷》四,下11:153))

王树楠本人在利用传统史书对文书年代的考证方面,用功也最为突出。西域早期的文书主要出现在西凉时期,其年号与南朝和北魏之间的关系,是建立书史坐标的关键。这些王朝之间年号、年代的转换,是其题跋首先予以考订的内容。如:

> 案,己巳为宋元嘉六年(429),北魏神䴥二年,北凉沮渠蒙逊之承玄二年也。当时写经卷子多出中国人手,笔致奇谲,大半相类。(《北凉写经残卷》一,下3:152)

> 土峪沟所得残经,有署"岁在己丑凉王大沮渠安周所供养经,吴客丹扬郡张烋祖写,用纸廿六枚"二十九字,己丑为宋元嘉二十六年(449),后魏太平真君十年。时北凉亡已十载,沮渠无讳跳据鄯善,奉表于宋文帝,拜为西夷校尉、凉州刺史、河西王。真君五年,无讳死,弟安周代,屯横截城。彼时佛教盛行,其写经卷子多出此前后百年之间,频年出土者夥矣。署款、字体及纸色,与此皆相类,故定为六朝时物也。(《写经残片册》,下113:174)

> 右《莲华经》残卷,末署"永康五年(470)岁在庚戌"。案,《魏书·

蠕蠕传》：和平五年，蠕蠕吐贺真死，子予成立，自称永康元年。据此卷，盖予成立二年始建元永康，在魏献文帝之天安元年。推至皇兴四年，岁在庚戌，为蠕蠕永康之五年也（宋泰始六年）。《魏书》概言子予成立，自称永康元年，并未详叙建元之岁。得此可以补史书之缺。是时且渠安周为蠕蠕所灭，立阚伯周为高昌王，高昌遂属蠕蠕，故写经者署蠕蠕年号也。（《妙法莲华经残》卷第十残片，上 50—51：010）

案，《南史·梁宗室列传》，萧伟，字文达，武帝母弟。其封建安王在天监元年，本传与本纪皆同。此经乃天监十一年（512）壬辰所书，壬字缺烂，尚存下一横画可见。《本纪》加镇南将军、江州刺史、建安王伟开府仪同三司，亦在十一年，与此卷署款皆合。至十七年，始改封南平王。《传》言伟"晚年崇信佛理，尤精玄学"，观此可见其迷信矣。（《摩诃般若波罗蜜经》卷第十四，上 76：014）

《隋书·经籍志》：初，晋元熙中，新丰沙门智猛策杖西行，到华氏城，得泥洹经及僧祇律。东至高昌，译泥洹为二十卷。……姚苌弘始十年（408），猛本始至长安，译为三十卷。……案，晋元熙元年（419），为蒙逊玄始八年，越十三年，而蒙逊死。是时为宋元嘉九年、魏延和之元年也。姚秦弘始十年，前于元熙十载。是时智猛尚未西行，长安何由得猛本而驿（译）之？《志》所记恐有舛误。晋元熙中，姚秦已亡二年矣。（《北凉写经残卷》十二，下 38：160）

王树楠以上的考证，不仅标记其间的年代换算关系，更重要的，还意在说明西域文书"可以补史书之缺"的纪年价值和史传记载"与此卷署款皆合"的证史价值；甚至在上引最后一则题跋通过北凉写经引发对《隋书·经籍志》所记佛经译本纪年的辩证，更是纠正了史籍记载的错误。而高昌"写经者署蠕蠕年号"的王朝之间的附属关系，也同样在这种考证中得到揭示。

2. 对文书的史实做多方面的发掘

对于文书所体现的历史史实，王树楠题跋也多有考订，以此来补正传统史籍记载的不足，使之成为历史史料的有机组成部分。如：

左系《三国·吴志》韦曜、华覈二传，首尾残断不完。宣统元年，鄯善农人掘地，得之土峪沟。案，元魏之时，高昌王麴嘉好儒术，画鲁哀公问政于孔子像于室，有《毛诗》、《论语》、《孝经》，历代子、史、集，置学官子弟，以相教授。正光元年，又遣使奉表，求借五经、诸史，并请国子助教刘燮以为博士。此盖当时传抄教授之本，卷中又有《论语》"易事而难说"一节，亦同时所抄，的为麴嘉时真迹也。（《三国志吴志》第二十残卷，中347：141）

《魏书·高昌传》：昔汉武遣兵西讨，师旅顿敝，其中尤困者，因住焉。熙平之诏亦言："彼之氓庶，是汉魏遗黎，自晋氏不纲，困难播越，成家立国，世积已久。"盖高昌土客，皆系汉人，故多善书者。卷中令狐岌、董毕狗，皆汉姓也。余所得残经，惟吐鲁番所属最佳。山灵呵护至今，纸墨完好，真希世之宝也。（《北凉写经残卷》一，下3：152）

案，安西大都护府移治龟兹，在唐显庆二年（657），统于阗、疏勒、碎叶，号四镇。仪凤中，吐蕃陷四镇，都护官废。长寿元年，复置。《新书·官志》云：大都护皆亲王遥领。大都护之政，以副大都护主之。此文当是都护解粮之檄。都护府下之官，有长史一人，录事参军事一人，功曹、仓曹、户曹、兵曹、法曹参军事各一人，参军事三人，录事二人。文中言"史陈明"，盖即长史，曰参军、曰录事、曰录事参军，皆与志合。龟兹屡遭兵乱，叛服不常，故长寿后置安西大都护府，以兵三万镇守。征粮筹饷，最为要事。但文残缺，无由考其地耳。（《天宝解粮残檄》，中278：127）

《三国志》在高昌国时期的出现，作者列举了《北史·高昌传》所记载的麴氏高昌时期的文化教育举措、与内地之间的文化交流来做背景说明。吐鲁番文书汉文书法的绝佳表现，作者也通过《魏书·高昌传》反映的中土移民现象来揭示吐鲁番盆地中古汉族社会的来历。库车文书的解粮檄，则据《唐书》记载的唐代龟兹建制来做解释。以上传世典籍与出土文书的互相印证，可谓相得益彰，无疑是同期而稍后王国维概括的历史学"二重证据法"的具体实践。

对于文书的历史文献学价值，还体现在他为《三国志·吴志·虞翻陆绩张温传》八十行残卷本的长篇题跋中[①]。除了彰显其书法价值外，王树楠还对三传八十行中与今本《三国志》的不同文字三十三处进行了校勘，反映在今本传抄中出现

---

① 《三国志·吴志·虞翻陆绩张温传》八十行残卷及王树楠题跋，今藏日本兵库上野淳一家。有武居绫藏昭和六年（1931）《古本三国志》影印本行世。本文的研究，得到高田时雄先生赐寄扫描本，谨此向高田先生致意。

文字谬误带来严重的历史史实失真,通过文书本的对校,昭然若揭。如以下两处的精彩校勘,揭示出文书本《三国志》"一字千金"的版本意义:

> 案,虞翻及张温传两见"大农刘基",马氏《通考》言大农之名始于汉景帝,武帝太和元年,更名大司农。建安中,又为大农。魏黄初元年,复改为大司农。考《史记·平准书》、《汉书·食货志》,初皆称大农,自武帝改大司农之后,至建安,始称大农。孙权自承汉制,不但不知有魏制,亦万无舍汉从仇之理。后人因魏改大司农,遂并此传而亦改之,失其实矣。卒得是卷以证其诬,而陈承祚史例之严,一字不苟,亦可见其一斑矣。……其尤谬误者,莫甚于今本"便欲大构于蜀"一语。案,魏文帝灭汉改元,孙权使命称藩,外托事魏而诚心不款。及辞任子,魏乃使曹休、曹仁、曹真等攻吴。权以内难未弭,兵力未集,卑辞上书,以通好于丕。又恐蜀人不知所以,与曹氏通意之故,故先遣郑聘昭烈于白帝。黄武三年,又遣张温以道其志。坚与蜀相约委心协规,以共御曹贼。故曰"若山越都除,便欲大构于丕",是权之心在联蜀以图曹,非使蜀而又构蜀也。一字之误,盲晦至无人能正其失者。今得此卷,乃知"蜀"为"丕"字之误,可谓一字千金矣。

在目前所见到的王树枏题跋中,考证史实而引用的史料除上述数种之外,还有《宋书·氐胡列传》《魏书·蠕蠕传》《南史·梁宗室列传》《梁武帝本纪》《元史》等正史,以及《元和郡县志》、《太平寰宇记》、《西域图志》、徐松《西域水道记》、陶保廉《辛卯侍行记》等。这些典籍在今天,也是西域文书研治者所耳熟能详的引证材料;而在一百年前王树枏的题跋中,以上材料的使用,也几乎没有遗漏,可见其治史所储备的传统文献的熟悉程度。

3. 对文书所反映的书写制度也给予充分重视

中古时期官府文书的行用情况,在正史中的反映并不十分清楚,甚至没有详明的例证。西域文书作为一种无意识保留下来的材料,反映了文书载体在社会运作中的实际表现,具有这一方面的历史文献学功能。这些也在王树枏的题跋中得到表彰。如:

> 右唐武后永昌以后户口单,男女、大小、丁口、生死,一一详载其所授之地亩、段落、方向、旱地、水田、典业、已业,无不分析开列。今则户

口与授田分为二事，非古法也。(《吐鲁蕃出土古人墨迹六朝卷》二十三，下62：169)

右牒二纸，宽虑虎尺一尺二寸二分，出土鲁番三堡，皆草书。……此牒当系都督府厨中所需柴酱诸物，下柳中县采供者。都督府官属有录事参军、录事史、市令诸职。牒中府史即史，市司即市令也。所供物件皆具诸主姓名、官属、手押，井井有条，可以考见当时之制。(《北馆牒》，中273：124)

此文当是都护解粮之檄。……文中言"史陈明"，盖即长史，曰参军、曰录事、曰录事参军，皆与志合。龟兹屡遭兵乱，叛服不常，故长寿后置安西大都护府，以兵三万镇守。征粮筹饷，最为要事。但文残缺，无由考其地耳。又案，"录事参军"下、"自记"上，当是都护手押，可以见当时之制。(《天宝解粮残檄》，中278：127)

右唐藏经目录残卷，每经若干卷、若干裹，并所用纸数及庋架之处，皆一一详记。惜首尾不完，无由观其大备也。晋时智猛、昙摩罗识、鸠摩罗什、云摩难提、伽提婆、支法、法显辈，争译经典，传之海内。梁武总集释氏经典，凡五千四百卷。沙门宝唱始撰经目录。隋开皇元年，普诏营造经像，并官写一切经，置于诸大都邑寺中，又别写藏于秘阁，天下从风而靡。民间佛经多于六经数十百倍。大业时，沙门智果又撰诸经目，分别条贯。相沿至唐，佛教益盛行于世，而高昌尤为释典之渊薮。观此则当日藏经之富可知也。(《唐人写经及藏经目录残卷》，下73：172)(见图5)

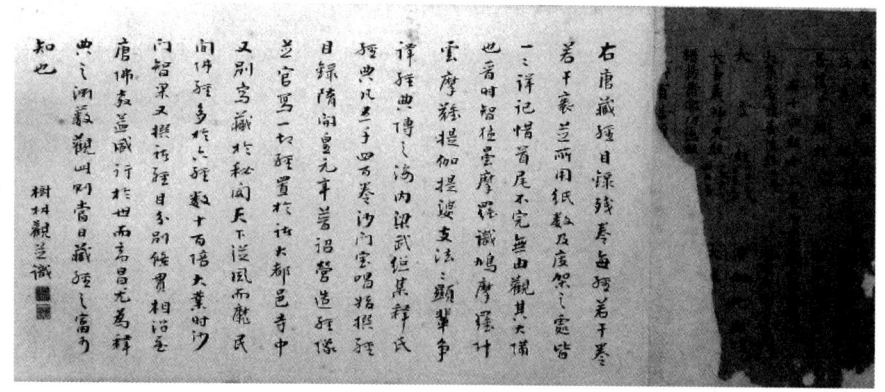

图5 《唐人写经及藏经目录残卷》及王树楠题跋
(《中村集成》，下73：172)

以上这些集中在唐代文书上的题跋，分别指示了当时的官府户籍、授田、采购、解粮等文书制度，以及释典目录学的价值。

4. 对文书的文字学意义，亦予考证

西域文书的书法价值之外，其异体字的考证，也体现了王树楠对文书的文字学意义的重视。如：

> 宍，古肉字，《吴越春秋》载古孝子《弹歌》："断竹，续竹，飞土，逐肉。"肉，原作宍。《淮南子·原道训》作宍。（《唐武后时写经残卷》，下71：171）

> 圀，为武后所造国字，范成大《桂海虞衡志》载：大理国间有文书至南边，及商人持其国佛经，题识犹有用武后圀字者。（出处同上）

> 写经人张烋祖，烋即休之异文。《北魏贾思伯碑》："思伯字士烋。"《魏书》《北史》作仕休。《元兴墓志铭》："式述遗烋。"烋亦即休字。晋人草书，休下有一画，故六朝时人书多作烋也。（《北凉写经》十三，下43：161）

> 此经仏字，即古佛字，宋张子贤言：京口甘露寺铁镬有文"梁天监造仏殿前"。此为六朝时真迹无疑。（《晋唐屑玉杂卷》，下64-69：170）

总之，王树楠对于西域文书的一跋再跋，虽然长短不一，却不为虚套，多由心得，从历史典籍的广为参稽中，尽可能多方面地研究和发掘了文书的历史文献学价值。

（三）重视胡语文书并对胡语文化一视同仁

王树楠题跋所体现的另一个不凡见识，是他对于胡语文书的重视态度。

在吐鲁番出土的大量文书中，有大量的回鹘文书。王树楠在诸如《畏吾儿经卷残片》（中242—245：119）的一再题跋，反映了他力求了解古代回鹘文及回鹘文化的努力。如：

> 畏吾儿为西域大国，语言、文字与土耳其同。土耳其文字初体见于《阙特勤碑阴》，后入欧洲，改从阿剌伯字。其遗种之在西域者，服属于畏吾儿，遂用畏吾儿字。元兴，亦改从畏吾儿，而语言各异。盖蒙古字出于畏吾儿，而满文又出于蒙古。此其源流变迁之迹也。

> 己酉冬月，俄人马禄福访古乌城，言五大洲识西域畏吾儿字者只有二

人,彼其一也。适吐鲁番土人掘地得畏吾儿字数纸,余出一纸,丐其翻译俄文,再命周耀昆源由俄文译成汉字。盖其族亦宗佛教者也。

右刻本畏吾儿残字,旁以梵字音注,盖其种人皆读佛书者也。

余初得畏吾儿画像,有身而无首。越数月,吐鲁番人有持出土残经见售者,中有一像首,取而合之,适为一人。天下事凑合之奇,因缘之巧,真有莫之致而致者,数百年残缺之物顿成完璧,岂梦想所能到邪!

以上四则题跋,第一则是王树楠对回鹘文在后世演变过程的总结,大体正确,体现了当时学者对于回鹘文、蒙古文、满文等在文字上变迁沿袭的认识水平。第二则题跋记载了王树楠向前来新疆和甘肃考察的俄国中亚考察队回鹘文专家马禄福(S.Ye.Malov,1880—1957,今多译为马洛夫)请教的情况。原来的题跋之前也确实粘贴着回鹘文宗教经典的马洛夫俄译和周源中译文字(见图6)。第三则题跋则反映了他由回鹘文梵注的双语形式推想其宗教信仰,与历史上回鹘在伊斯兰化之前曾经崇尚佛教也是吻合的。最后的一则题跋,则反映了他在文书收集过程中,为回鹘残文书能够拼凑完璧而欣喜若狂的程度,可见其对即使并不同文、也知之不多的胡语文书及其所体现的民族文化保持了极高的尊敬态度。其他的一些题跋,有讨论畏兀儿人由来的,也反映了他对新疆少数民族历史的关注。

类似的这种考证,还题写在其为西域友人收集的回鹘文经卷中。如辛亥年

图6 《畏吾儿经卷残片》及王树楠题跋、马洛夫俄译、
周源中译书影(《中村集成》,中 242—243:119)

(1911)间为段永恩旧藏《唐人写经卷子》①、为泽堂旧藏《贤愚因缘经》②所作的题跋之中。王树枏还在题跋中两次提到世界范围内精通回鹘语者人才的稀缺③，表现出了对这些西方专业人士的钦敬和对回鹘语知识的渴求④。

（四）对文书发掘与流传过程的重视，提供了西域文书的早期流传线索

王树枏的题跋总是详细描述文书的来历——出土时间、地点以及相关的经手人等，虽然他并没有当代考古学的知识，但源于中国传统文献学的常识，也使他对文书的出现情况表现出相当的重视和敏感。这就为我们今天去核查和了解这些文书的早期流传提供了重要的线索。如以下的题跋：

> 宣统纪元，署鄯善知县刘宝臣谟掘土峪沟古寺遗址，获六朝以来残经墨迹，自中丞以下，分以相贻。星桥中丞、子丹学使罄其所得，悉以归余。（《北凉写经残卷》一，下3：152）

> 此册残字，亦出鄯善土峪沟。星桥中丞得之，悉以遗余。（《写经残片册》，下99：174）

> 左系《三国·吴志》韦曜、华覈二传，首尾残断不完。宣统元年，鄯善农人掘地，得之土峪沟。（《三国志吴志》第二十残卷，中347：141）

> 此卷为吐鲁番厅曾司马炳煐所赠。炳煐字筱堂，好古多文。其在吐鲁番掘土得写经残卷甚夥。……闻曾君所藏卷子，有北凉敦煌太守沮渠无讳所写供养经，及凉王大沮渠安周所供养经，并有建平年号者。此盖同时物也。（《北凉写经残卷》四，下11：153）

> 此卷为湘乡陈镕皆阜钧客吐鲁番曾炳煐幕时所得。庚戌（1910）十月持以贻余。（《佛说菩萨藏经》第一，上49：009）

> 己酉、庚戌之间，谷贵民饥。余檄吐鲁番厅转运仓谷以济民食。王叔平太守既输谷至省，并以出土残经饷余，盖皆六朝以来真迹。（《北凉写经残卷五》，下12：154）

---

① 京都临川书店《洋古书总合目录》Autumn1990，总130期，No.866。
② 中国国家图书馆藏，BD15370。
③ "己酉冬月，俄人马禄福访古乌城，言五大洲识西域畏吾儿字者只有二人，彼其一也。"（《畏吾儿经卷残片》，中242—245：119）"蒙古字全出于畏吾儿。英之博士有专研此学者，然五大洲亦寥寥无几人也。"（《唐人写经卷子》，京都临川书店《洋古书总合目录》Autumn1990，总130期，No.866）。
④ 专门的讨论，参笔者《王树枏的西域胡语文书题跋》，《语言背后的历史：西域古典语言学高峰论坛论文集》，新疆吐鲁番学研究院编，上海：上海古籍出版社，2012年，第128—137页。

吐鲁番二堡农人掘土得古瓶，瓶中藏字一卷，盖唐时寺僧习字日课。(《唐人日课习字卷》，中 280：129)

　　右牒二纸，宽虑俍尺一尺二寸二分，出土鲁番三堡，皆草书。(《北馆牒》，中 273：124)

　　此卷出吐鲁番三堡中，即汉之高昌壁也。农人掘土得之，儿子禹敷邮寄京师。巨六先生见之，爱不释手。仆以天下之物，应与天下人共之，况物聚于所好者耶？展玩数日，因为跋而归之。(《摩诃般若波罗蜜经》卷第十四，上 77：014)

　　余所藏六朝卷子，凡有年号、人名者，多落于顾巨六、白坚甫之手。缘一时困乏，糊口维艰，割爱出售，不得已之举也。(《佛经残卷》，中国国家图书馆藏，BD14915，《国家图书馆藏敦煌遗书》135 册，178 页)

　　宣统辛亥三月三日，素文先生出此卷相示。因考定之如此。(《妙法莲华经残》卷第十残片，上 51：010)

　　辛亥孟夏，积丞出此属题，爰为考订之如此。(《唐人写经卷子》，京都临川书店《洋古书总合目录》Autumn1990，总 130 期，No.866)

　　辛亥五月将有都门之行，泽堂仁兄出此卷属题。因匆匆考订如右，即希教正。(《贤愚因缘经》残卷，中国国家图书馆藏，BD15370)

以上的记载，使我们知道王树楠题跋的多种文书，出自鄯善吐峪沟的佛寺、吐鲁番的三堡和二堡。这些文书的流传，则多由在鄯善、吐鲁番任职的刘谟、曾炳熿、王叔平于宣统年间从当地参与挖掘的民众手中获得。同时，搜集这些文书的还有巡抚联奎（星桥中丞）、学使杜彤（子丹学使）、财政监理梁玉书（字素文）、知县段永恩（字积丞）、湘乡陈阜钧（字镕皆）、泽堂（不详，待考）、王禹敷等人。而其文书后来的归属，则多因生计所迫，售归顾鳌（号巨六）、白坚（字坚甫）等人。事实上，今人所知吐鲁番文书早期流传的情况，确也多由王树楠的题跋和综合其题跋而撰写的《新疆访古录》中获得。可见，对于吐鲁番文书出土与发现的历史追踪，王树楠题跋是可靠的第一手资料。

三、王树楠收藏与题跋所反映的清末民初学术面貌

王树楠的西域文书题跋时期，如前所揭，是从宣统元年（1909）到民国

二十三年（1934）。此期的王树枏由新疆布政使任直到归隐京师，经历了时代和人生的剧变。因此，王树枏的收藏和题跋，不仅是他后半生学术生涯的写照，同时也是清末民初这一中国近现代历史时期由边疆到中央的巨大时空跨度中，有关西北地区出土文书发现、流传和研究学术史的缩影。

（一）不断更新的学术研究：写本真迹与《新疆访古录》的比证

就王树枏本人而言，对于敦煌西域文书的认识，也有一个过程。这一点我们可以从《新疆图志》和《新疆访古录》相关内容的比较中看出。

《新疆图志》由王树枏于光绪三十三年（1907）开办新疆通志局时发轫，完成于王树枏开缺、逗留于新疆的辛亥年（1911）[①]。《新疆访古录》未见牌记，出版年代不详，但顾燮光的《梦碧簃石言》卷六"新疆稽古录及北凉沮渠安周造寺功德刻石"条记载："新城王先生树枏《新疆稽古录》一书，附刊于壬子年（1912）北京《中国学报》，惜未刊毕。"小字夹注云："己未（1919）上海聚珍仿宋局排印单行本。"[②]可知《新疆访古录》晚至1919年才出版。因此，《新疆图志》和《新疆访古录》正好反映了他在新疆和回到京师后两个不同时期的学术视野。

当王树枏在新疆收集这些文书的时候，虽然发现了它们的价值，还是局限于自我的摩挲与欣赏，以及囿于方志的体例限制，我们在其《新疆图志》中无法看到这些文书的记载。他当时对于新疆考古文物的认识，还局限于传统学问中的古迹、金石，因此《凉王大沮渠安周造像记》、《唐张怀寂墓志铭》等传统金石学范畴的内容，就被《新疆图志》卷八八、八九的《金石志》所收录，而大量无名氏的写本资料，因为以往方志记载的无例可循，则被他放弃。

等他回到内地，这时敦煌吐鲁番文书的研究已经如火如荼，成为专门的学问。一些重要的研究性题跋被他重新整理，以《新疆稽古录》为题发表在《中国学报》上。而当他在1919年活字排印其《新疆访古录》时，则做了更为完整的整理，其中一些题跋的内容也做了修订，体现了他在当时学界研究的基础上更新自己学术观念和认识的不断进步。

如前引《畏吾儿经卷残片》（中242—245：119）的题跋，尚据马禄福翻译的回鹘文经卷内容称："盖其族亦宗佛教者也。"到了后来将这一记载印入《新疆

[①] 蒋小莉《〈新疆图志·建置志〉的成书及版本研究》，《西域文史》第五辑，北京：科学出版社，2010年，第160—161页。

[②] 顾燮光《梦碧簃石言》，王其祎校点，沈阳：辽宁教育出版社，2001年，第192—193页。

访古录》"畏吾儿残字"条时,就改称:"其教非佛非回,盖亦西域古教也。"① 这一改变,无疑是他精研马洛夫译文,发现其与佛教之间的扞格,同时也对学界研究西域诸多夷教信仰的成果影响有关。

又如他在1910年对《北凉写经残卷》一(下3∶152)的题跋论及:"案,己巳为宋元嘉六年,北魏神麚二年,北凉沮渠蒙逊之承玄二年也。当时写经卷子多出中国人手,笔致奇谲,大半相类。上接隶体,下开北魏一派,一见而知为北凉书法也。"对于写书人,亦仅提到"卷中令狐岌、董毕狗,皆汉姓也",做出了"盖高昌土客,皆系汉人,故多善书者"的结论。在《新疆访古录》中,则加了"令狐为敦煌巨族"一句。令狐氏为敦煌大姓,王树枏在为敦煌文书中的延昌二年(513)写《摩诃衍经》卷第三十二残卷(上96—101∶017)题跋时,已经提及。但在对于吐鲁番文书中的令狐,却没有去深入探究其敦煌出身。回到内地之后,敦煌写卷的研究成果也进入了他的视野,互相参照,乃有河西敦煌影响到吐鲁番文书书写的更精确论断。

同样,在新疆时期的一些零散的心得和札记,也都通过多年的酝酿之后,在《新疆访古录》中体现出了具有理论性的概括。如:

> 残经多出吐鲁番东乡三堡,及鄯善之土峪沟中,更东西人士掘者数矣。然时掘时现。残经断纸,大半皆六朝及唐人真迹,盎然古趣,如出一手。(《新疆访古录》卷一"六朝写经残卷"条第一则,叶九正至十二背)

以上的题跋是在经眼众多文书之后,对于吐鲁番文书出土地点和文书性质的一个总结性概括,准确说明了早期吐鲁番文书发掘的集中地域和文书内容。

又如有关文书异体字的研究,在新疆的题跋仅仅是对其中出现的文字做个案的考证,最多也只是概括为"字多别体,盖沿六朝之习"(《妙法莲华经残》卷第十残片,上50—51∶010)的评价。到了《新疆访古录》,关于异体字的题跋,宛如长篇论文:

> 六朝人写经多异文别体,而书法奇怪,千卷一律。证之当时石刻,多相符合。盖一时风尚,以异为奇。《颜氏家训》言:"晋宋以来多能书者,故其

---

① 《新疆访古录》卷二,叶二四背。

时俗，递相染尚。所有部帙，楷正可观，不无俗字，非为大损。至梁天监之间，斯风未变。大同之末，讹替滋生。萧子云改易字体，邵陵王颇行伪字。前上为卄，能旁作长之类是也。朝野翕然，以为楷式。画虎不成，多所伤败。尔后坟籍，略不可看。北朝丧乱之余，书迹鄙陋。加以专辄造字，猥拙甚于江南。乃以百、念为憂，言、反为變，不、用为罷，追、来为歸，更、生为蘇，先、人为老。如此非一，遍满经传。"江式表云："皇魏承百王之季，世易风移，文字改变，篆形错谬，隶体失真。俗学鄙习，复加虚巧，谈辩之士，又以意说炫惑于时，难以厘改。"后《周书·赵文深传》："太祖以隶书纰缪，命文深与黎景熙、沈遐等依《说文》及《字林》，刊定六体，成一万余言，行于世。"盖文字之不同，而人心之好异，莫甚于六朝。自唐时国子监置书学博士，立《说文》、《石经》、《字林》之学，而颜元孙《干禄字书》，张参作《五经文字》，唐元度作《九经字样》，天下之文，始渐归于正矣。毕沅云：字体之变，莫甚于六朝。然其中有用古字处，未可尽非。考《魏书》道武帝天兴四年十二月，集博士、儒生比众经文字，义类相从，凡四万余字，号曰《众文经》。太武帝始光二年三月，初造新字千余，颁之远近，以为楷式。天兴之所集者，经传之所有也。始光之所造者，时俗之所行，而《众文经》之不及收者也。《三国志注》引《会稽典录》，言孙亮时有山阴朱育，依体相类，造作异字千名以上。是别撰之字，自汉而有矣。（《新疆访古录》卷一"六朝写经残卷"条第六则，叶一〇正至十二正）

以上的长篇题跋，由吐鲁番文书在六朝期间的异文别体现象出发，引经据典，说明中国文字史上从汉以来即多造作，晋宋之际递相染尚，唐代以来渐归于正的演变史。对于理解吐鲁番文书的别字现象，就具有了文字学史的观照。

宋小濂在为梁玉书旧藏《妙法莲华经》卷一题跋中谈道：

  自敦煌石室藏书为法人搜掘以去，国人有所感发，保粹存古之思想用启发达，此亦吾国人心之进步也[①]。

从王树楠西域文书研究的更新中，也可以看到，清末民初不仅对于这些文书

---

① 杨铭《杨增新等所藏两件吐鲁番敦煌写经》，第43页；同作者《重庆市博物馆藏敦煌吐鲁番写经题录》，第354页。

的保护意识逐渐增强，学者的研究也在互相发明中不断进步。正是在这样的一个转型中，让我们看到了王树枏等传统文人知识更新、力争预流的努力。

（二）对西域吐鲁番、库车、和田、罗布泊等地文书的全方位关注

王树枏的西域文书研究，主要对象是众多的吐鲁番文书，但并没有受其收藏的局限，他的文书研究视野，几乎涵盖了今天所知西域文献的各个出土地点①。这种比较研究、综合分析的格局，对于认识中古文书的文献价值和西域在丝绸之路上的历史意义，都是相对更为周全和科学的。

如在《中村集成》中，就有王树枏收藏和题跋的库车汉文文书《天宝解粮残檄》（中 278：127）。他为这一难得的文书写了 4 则题跋，其中一则长达 800 多字，是迄今所见最早对库车克孜尔尕哈石窟所做的全面而详尽的记录；其他 3 则题跋，也对这一文书"笔势苍劲，矫若游龙"的非凡书艺、文书发生的唐代安西都护府建制背景、文书的公文写作形制进行了描述。（见图 7）

图 7　库车汉文文书《天宝解粮残檄》和王树枏题跋
（《中村集成》，中 278：127）

和田地区的文书，王树枏没有收集到。但是他曾经见到了斯坦因所得和田文书，并将这一文书引用到了他对吐鲁番文书《唐上元二年买马私契》的研究中。

---

① 此外，他对敦煌文书亦有一体的收藏和研究，参笔者《王树枏与敦煌文献的收藏和研究》。

该件文书及其题跋今尚未见，但是《新疆访古录》中记录了题跋的内容：

> 往见德人司代恩（笔者按，当系英人斯坦因）在于阗所得建中元年买牛私契，与此契大致相同。此纸出吐鲁番三堡，即唐高昌地。碎叶为唐四镇之一，《唐书》"焉耆都督府"下云："贞观十八年，灭焉耆置。有碎叶故城。"《旧书》有焉耆而无碎叶，盖一地也。"赵文同交用"下为"帛练"二字，已破烂不完。"边买"乃西方土语，今时犹然。凉州人称马口齿若干，曰"几敦口齿"，此云"紫敦六岁"，亦此意也。"退上"即"腿上"，"寒盗"二字亦当时俗语，言人贫寒而为盗者。当日买卖，多以练计。此因保人未集，先立私契，犹今交易先立订也。（《新疆访古录》卷二，叶一一正背）

又如在《新疆图志》卷四《建置志》"和阗"条下记载："沐浴象教，垂千余年，故今日耕者往往于土中获金浮屠，梵筴经石。"原注："土人每于土中获鎏金佛像，二寸至尺许不等，又获唐人所写经卷及残经刻石。"可知王树楠已经关注到和田地区的文书。

罗布泊的文书，王树楠也没有得到。但是后来在《新疆访古录》中，专门写了"前凉西域长史李柏书"一条（卷一，叶一三正背），对光绪二十四年（1898）橘瑞超在罗布淖尔所得文书的历史史实进行了考证。

（三）清代履新文人的最后雅集

王树楠的西域文书收藏和题跋在当时并非完全的个人行为。如前所述，我们从王树楠题跋文字中，了解到这种收藏是晚清新疆文人的集体雅好；而从《中村集成》影印的文书可见，题跋者也并非王树楠一人，更有其在新疆的同僚下属和归隐京师的同年好友，加入到了这一相互题跋、吟咏的行列当中。那些1911年之前的题跋，反映了新疆省会乌鲁木齐在晚清最后的雅集风貌，也体现了那一时期西北地区的文化交往。

在王树楠的题跋中，揭示了从省府官员的巡抚联奎、学使杜彤到地方官员的同知曾炳熿、知县刘谟都参与到了文书收藏的风尚中；即使政见不同[①]，在这些收藏活动中，他们仍然保持了密切的接触，互相转赠或者题跋相尚。《中村集成》中的许多文书，既有王树楠受邀为他人品题，亦有王树楠的收藏品邀约他人题跋

---

① 王树楠《陶庐老人随年录》，北京：中华书局，2007年，第69—73页。其中记载其与联奎、杜彤、梁玉书在新疆新政建设中，颇多不同意见。

诗文。在1911年以前的新疆文化圈中，目前所能见到的题跋者还有：

杜彤（1864—1929），字子丹，号仰滋。直隶天津人。光绪十八年（1892）进士。光绪三十二年，任新疆提学使并署布政使。《新疆图志》"纂校衔名·总办局务"有署"新疆提学使臣杜彤"。宣统庚戌（1910）首春，曾为王树楠旧藏文书题签、题跋（《六朝以来写经残卷》八，下26：157）。

潘震（1850—1925），字鹿碛，安徽当涂人。1885年起被派往新疆，在新疆藩台衙门任职，历任库车直隶厅同知、迪化府知府、阿克苏兵备道道台、新疆财政厅厅长等职。庚戌年（1910）为王树楠藏《写经残片册》题诗（下108：174）、《北凉写经》十三（下43：161），梁玉书旧藏《六朝以来写经残卷》二十（下55：166）题诗。

李晋年（1860—1910），字子昭，河北滦南人。清光绪壬寅（1902）科举人，入太学肄业。后任国子助教，外放为新疆镇西、沙雅、墨玉等处知县。《新疆图志》"纂校衔名·协纂"有署"新疆候补同知臣李晋年"。宣统二年（1910）六月朔日为王树楠旧藏《北凉写经残卷》十二（下41：160）题写长诗。

周源，字耀昆，湘阴人。早年跋涉入疆，学习俄文，曾任呼图壁县丞，塔城外交官员。己酉（1909）冬月，为王树楠汉文转译马禄福用俄文翻译的回鹘文残卷（《畏吾儿经卷残片》，中243：119）。

赵惟熙（？—1917），字芝珊，一作芝山，号觉园，江西南丰人。光绪十六年（1890）进士。宣统二年曾奉使出关，至乌鲁木齐。曾于当年为梁玉书旧藏敦煌文书《摩诃衍经》卷第三十二残卷（上96—101：017）题写观款，于庚戌、辛亥间为自藏敦煌文书"《大般涅槃经》卷第十四"题跋7则（今藏北京大学图书馆）。宣统二年（1910）除日为王树楠旧藏吐鲁番文书《佛说菩萨藏经》第一（上49：009）、《佛说金刚般若波罗蜜经》（上143：025）各题诗二首。（见图8）

郭鹏，字挦九。《新疆图志》"纂校衔名·协纂"有署"新疆候补知府臣郭鹏"、"总校"有署"新疆候补知县臣郭鹏"，均当即其人。庚戌（1910）为梁素文旧藏《大般涅槃经》卷第卅七题诗二首。（藏美国国会图书馆，入藏号379064。见居蜜《美国国会图书馆王树楠书藏：古籍、善本、珍品面面观》，24页。）

梁玉书，字素文，奉天（今辽宁沈阳）人，光绪末年至新疆，任监理财政官。收集敦煌、吐鲁番文书甚富。王树楠《陶庐诗续集》卷四至卷六多有赠诗。见于书道博物馆、重庆市博物馆、美国国会图书馆等机构的梁玉书旧藏敦煌、吐

| 西域历史与文献论丛

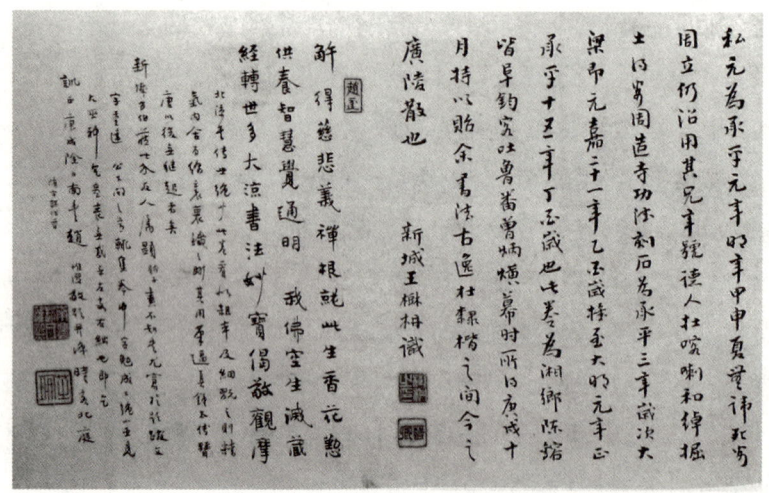

图 8　王树楠、赵惟熙为《佛说菩萨藏经》第一的题跋、题诗
（《中村集成》，上 49：009）

鲁番文书，其中 9 卷上有王树楠的题跋多达 18 则。梁氏有辛亥（1911）冬为《唐人写经》残卷（中国国家图书馆藏，编号 BD15158）、丙寅（1926）灯节为自藏《北魏写经残卷》十六（下 45：162）题跋。

张培恺，字泽平，黄安（今湖北红安）人。光绪末年，以新疆候补人员任新疆法政学堂教员。宣统三年春，任高等检察厅长，不久，革职。宣统二年冬十二月为梁玉书旧藏敦煌文书"延昌二年（513）写《摩诃衍经》卷第三十二残卷"（上 101：017）题观款、辛亥（1911）六月为《六朝以来写经残卷》二十（下 54：166）题诗。

以上的题跋者，一部分是当时的在任官员，一部分是参与了当时由王树楠主持的《新疆图志》编纂的幕僚①，或两种身份兼而有之者。王树楠的同年进士裴景福曾经在《清王晋卿方小荃赠诗合册跋》中提到：

> 晋老到官，开省志、舆图两局，颇网罗中原文士。案牍之暇，觞咏甚盛。己酉八月，余入关……犹记水磨沟公饯，酒阑人散，余徘徊依斗亭上，语晋老曰："我辈此行，于西域风雅文献，饶有关系。欧风东被，旧学将亡，此会恐不可再得。"因相对太息②。

---

① 据《新疆图志》"纂校衔名"，以上题跋者中，参与方志纂校者有：杜彤、李晋年、郭鹏。
② 裴景福《壮陶阁书画录》卷二〇，北京：学苑出版社，2006 年影印中华书局聚珍仿宋本，第 704 页。

王树楠及其同僚、友朋的西域文书鉴赏、题跋活动，正是如上所记"案牍之暇"有关"西域风雅"的文化活动。随着1911年王树楠离开新疆、辛亥革命推翻帝制，以王树楠为中心的这一文化风雅之事，为清代新疆的文化活动画上了句号。

此外，经过此地的外国探险家和学者如马达汉（Carl Gustav Mannerheim，1867—1951）①、马洛夫②、伯希和（Paul Pelliot，1878—1945）③等，事实上也都参与到了王树楠等人在乌鲁木齐的文化交流活动中。1910年经过乌鲁木齐的澳大利亚人莫理循（George Ernest Morrison，1862—1920），不仅见证了在这里从事《新疆图志》编纂的王树楠的出版情况④，而且还拍摄到了新疆官员在流放乌鲁木齐的王公载澜（1856—1916）府上聚会的照片（见图9）。载澜同样是敦煌、西域文书的收藏者，正是由于他的赠送卷子，使伯希和有了1907年的敦煌莫高窟之行。

图 9　新疆官员在乌鲁木齐水磨沟载澜府上雅集合影，中间左起坐者第一人为王树楠（《1910，莫理循中国西北行》，172 页）

---

① 参马达汉《马达汉西域考察日记》，王家骥译，北京：中国民族摄影艺术出版社，2004年，第260页。
② 参王树楠为《畏吾儿经卷残片》（中 242—245：119）、《唐人写经卷子》（京都临川书店《洋古书总合目录》Autumn 1990，总 130 期，No.866）之题跋。
③ 参王楠《伯希和与裴景福的交往：以中法学者有关敦煌藏经洞最初研究为中心》，《敦煌吐鲁番研究》第十一卷，中国敦煌吐鲁番学会等编，上海：上海古籍出版社，2009年，第427—450页。
④ 莫理循《一个澳大利亚人在中国》，窦坤译，福州：福建教育出版社，2007年，第233页。

| 西域历史与文献论丛

（四）延续到民国时期的文化劫难——西域文书的聚而复散

与敦煌文书的出现一样，西域文书早期的流传也受到近代海外"探险家"的劫掠，吐鲁番墓葬与佛寺遗址的大肆挖掘，毫无疑问是这些外来者的推波助澜①。朴素的爱国情感，也使王树枏对早期西域文书的外流表示了愤慨和无可奈何的情绪。如：

> 六朝时佛教大行，西域尤盛。故写经卷子多善书者。惜多为西人所得。然地不爱宝，后此出土者，当更不知凡几也。宣统庚戌（1910）二月二十一日，新城王树枏识。（《北凉写经残卷》十九，下 50：165）

> 高昌佛经得长卷者甚稀，大抵多出古墓中。六朝人率以佛经殉葬。土人掘得者，往往剪碎，零售东西洋游历之士，希得重价。素文此卷虽不完备，殊可贵也。晋卿。庚戌（1910）十二月十二日。（《大般涅槃经》卷第卅七，美国国会图书馆藏，379064，居蜜《美国国会图书馆王树枏书藏：古籍、善本、珍品面面观》，24页。）

这样的情绪在对待敦煌文书的外流方面也已经提到。如：

> 光绪辛丑，千佛洞旁沙崩陷，现一洞，藏经甚夥，铜佛以数千计，皆为土人攫去。法人伯希和游历至此，以贱价购诸民间，捆载而归。今不复多见矣。庚戌（1910）季春七日，新城王树枏识于北庭藩署。（《大般若波罗蜜经》第百六十二，中 96：087）

这个消息同样也很快传到内地，蒋芷侪《都门识小录》（1911）记载：

> 有友自新疆来，为言吐鲁蕃一带，近日发现唐时雷音寺古迹及唐人写经本甚多，开缺藩司王树楠、监理财政官梁玉书等提倡收买，而缠回愚顽，宁售之日本人，不愿售与王、梁，殊可恨也②。

---

① 吐鲁番文书的早期流散，简明扼要的历程描述，可参孟宪实、荣新江《吐鲁番学研究：回顾与展望》，《西域研究》2007年第4期，第51—62页。
② 蒋芷侪《都门识小录》，转引自荣新江《海外敦煌吐鲁番文献知见录》，南昌：江西人民出版社，1996年，第189页。

因此，王树楠、梁玉书等人的西域文书收藏，就具有了保存国粹的意义。在许多的题跋中，体现了这些履新学人在文书流散过程中得到片纸只字也如获至宝的心情：

> 盖宋魏时墨写真迹，醇朴之气，扑人眉宇。其稍完整者，装池成卷；而零文断纸，贵若碎金。爱之不忍释手，另裱一帙。雪窗展玩，殊有味也。庚戌（1910）元旦，陶庐氏题于北庭州藩署之节爱堂。（《写经残片册》，下112：174）

> 余所得北凉残经，虽片纸只字，皆整比成袠，不复计其妍丑。王充《论衡》云："蕞残满车，不成为道；玉屑满筐，不成为宝。"余即以此为"蕞残玉屑"可乎。宣统庚戌（1910）季春，仲父氏题。（《写经残片册》，下106：174）

> 余初得出土残经，颇以为夥。再三擎玩，始广为搜索。虽片纸单字，亦为护惜整理，奉为至宝。转恨所获之少，常觉歉然。盖天下事，惟真知者，能真好之也。陶庐。（《北凉写经残卷》四，下11：153）

> 余自得此书，寝食未尝离左右。公余无事，辄为把玩，穆然如相与晤对于钟王之侧，信可乐也。陶庐。二月三日。（《六朝以来写经残卷》八，下31：157）

从以上的题跋可知，王树楠是在对文书的认识不断加深的过程中，才开始广为收集的；而"单牍片纸，不啻金玉"这样的典故被他两次用作题跋[1]，"一字千金"的成语也屡屡出现[2]，充分表达了片纸只字也多所爱惜的情怀，可见其对文书价值的认识高度。

王树楠、梁玉书在新疆和回到内地之初，其携归的西域文书一直有请友朋欣赏、题跋的活动。这些题跋也都表达了西北文书被捆载海外的趋势中仍有珍宝留存国内的欣慰之情。如：

---

[1] 见《唐人写经》残卷，中国国家图书馆藏，BD15158；《六朝以来写经残卷》八，下26：157。

[2] 《佛说首楞严三昧经》卷下（上博1—113：3314）、《三国志·吴志·虞翻陆绩张温传》八十行残卷（武居绫藏1931年影印本《古本三国志》）。

去岁有东人欲以重价购此卷者，余曰：佛言护此经如护眼目，宁舍身命。君休矣，天下有道，某不与易也。晋卿。(《北凉写经残卷十九》，下51：165)

右回鹘文残经，出吐蕃（吐鲁番），为素文先生获于新疆者。曩见法国人柏希和所得敦煌石室回〔鹘〕文经卷，如巨箧云。当时购于新疆，论斤计直，柏君乃麇载归于巴黎，至可悯惜。今素文犹得宝此残经，不至同归域外，亦大幸事也。甲寅（1914）五月，惇融并志。(京都临川书店《洋古书总合目录》第130号，No.865—866"回鹘写经残卷")①

近见日本所印《法宝留影》，内中村不折所藏甘露元年写经与此卷第二段笔意无毫发异，其为东晋墨宝无疑，吁可宝矣。丙寅（1926）灯节辽滨梁玉书谨识。(《北魏写经残卷》，下45：162)

但是，以上的庆幸其实并没有延续太久。王树楠和梁素文的大量敦煌、西域文书最终还是流散到了海外。处于强邻环伺、国家动荡而民生维艰的时代，使他们不得不变卖"长物"。王树楠收藏和题跋的大量文书，经由顾鳌、白坚之手，流散到日本和美国。梁玉书的收藏也一样未能幸免。如上所载，他在1926年看到中村不折收藏的吐鲁番文书，犹自庆幸中国尚有同类文献，但不久，带有他题跋的这卷《北魏写经残卷》，仍然成了中村不折的囊中之物。

1927年，中村不折在其《禹域出土墨宝书法源流考》的绪言里论及其收藏西域文书的来历时说：

余昔志于古代墨迹的钻研，有十余年。然而，身体柔弱，资力匮乏，亲临其地从事搜访，是无论如何也不敢想的。幸而滞留其地方的中国官吏，多将其视为古董来搜集，却不知是可进行深入研究的资料中的奇货。每得机会，便迫其割爱，以至所获数量渐多。其主要有新疆布政使王树枏氏，在驻扎迪化府（乌鲁木齐）十年间，于吐鲁番、鄯善等地收集的出土经卷文书的全部。……②

---

① 此段跋文，转引自荣新江《海外敦煌吐鲁番文献知见录》，191页。
② 中村不折《禹域出土墨宝书法源流考》，东京：西东书房，1927年；此处引自李德范中译本，北京：中华书局，2003年，绪言第2页。

中村不折不惜巨资收集中国书法墨迹并从事研究的贡献，自不可磨灭，但是说到中国官吏"多将其视为古董来搜集，却不知是可进行深入研究的资料中的奇货"，并且主要还以王树枬作为例证，显然是英雄欺人之语，难称公允。我们今天看王树枬的众多题跋乃至后来撰著《新疆访古录》，多可见其据文书而在书学、历史方面推进研究的杰出贡献；更何况，中村不折《禹域出土墨宝书法源流考》的诸多考证，实际上在很多地方抄录、借鉴了王树枬题跋的研究成果。

王树枬等人的收藏，较之直接从吐鲁番等地售于外人的文书，多了一个在晚清中国曾经聚藏的环节，但最终却在民国年间相继又散出。现在，当我们再读王树枬等人的题跋，并看到这些由他们保存在中国的文书也一样售于外人，是可以想见积贫积弱的国家在文化保护方面给当世士人带来的心灵巨创的。

王树枬收藏和经眼的西域文书，当然要远远超出他题跋的那些。如在《中村集成》中，虽然没有其题跋，通过题签等可以判断为他的旧藏品的，即有编号为088、118、142、147、164、175的文书。而他的文书题跋，也并非完全公布并为我们所掌握。因此，全面清理和研究王树枬以及其他清末民初的学者在西域文书方面的贡献，包括文书流散的过程，还有待于更多资料的公布。本文仅仅是这一研究的引玉之砖而已，期待方家的批评。

本文系2011年度国家社科基金重大项目"清代新疆稀见史料调查与研究"（项目编号：11&ZD095）成果之一。撰写所参考的中村不折所藏西域文书，主要根据《台东区立书道博物馆中村不折旧藏禹域墨书集成》。该书由广中智之博士联络，矶部彰教授于2009年年底寄赠新疆师范大学西域文史研究中心，使笔者能够在王树枬100年前进行敦煌、西域文书鉴赏与题跋的乌鲁木齐从事这一研究。文稿撰成，又蒙荣新江教授抄示、刘波学兄代为核查国家图书馆等处所藏西域文书中的王树枬题跋。以上厚情高谊，谨此致谢。2011/7/28附识。

2010/10/16 初稿
2011/07/29 定稿

（本文原载《国学的传承与创新：冯其庸先生从事教学与科研六十周年庆贺学术文集》"西域敦煌出土文献研究"卷，上海：上海古籍出版社，2012年，第1075—1100页；有增补）

谨启者：本文发表之后，又承荣新江教授、高田时雄教授等帮助，陆续发现王树枏的西域文书收藏和题跋，计东京大学附属图书馆藏2卷，题跋5则；日本兵库上野淳一藏1卷，题跋1则；中国国家图书馆藏品中又见1卷，题跋2则；上海博物馆藏1卷，题跋1则；中国历史博物馆藏2卷，题跋6则。因此，从笔者目前的收集，可知王树枏总共为45号西域文书撰写了题跋102则、诗歌10首。拙文因此也有新的增补。朱玉麒2012/11/9附记。

明代笔记中有关西域的记载及价值论略

姚晓菲

笔记文学，起源于先秦，兴起于魏晋南北朝，成熟于唐宋，繁盛于明清。在种类繁多的明清笔记中散杂着大量有关西域的记载，这些文献虽零散琐碎，却内容丰富，是作者最直观的认识与记录，具有一定的史料价值、认识价值和文学价值，为我们了解更为丰富的西域历史社会风情，提供了有血有肉的纪闻资料，是了解古代西域的又一重要窗口。因而，本文主要以明人笔记[②]为切入点，对散见于其中的有关西域的记载及其价值做一探讨，以就正于方家。

一

元末明初，为了从蒙古贵族手里夺取政权，恢复和巩固汉族人统治的封建王朝，朱元璋不但提出"驱除胡虏"的口号，还推行了一系列汉化"夷狄"的政策。但同时，对于一些科学含量比较高的异族文化，明统治者又表现出开明的态度，积极地加以吸纳。在许多明人笔记中都有关于"西域历法"或"西域天文"的大段记载，从中可见明统治者尤其是朱元璋对来自于西域的回回天文历法学是非常欣赏与重视的。如《双槐岁钞》卷第二"西域历书"记载：

夷狄之有历，亦自中国而流者也。然东夷、北狄、南蛮，皆不闻有历，

---

① 基金项目：新疆维吾尔自治区普通高校人文社科重点研究基地——西域文史研究中心招标项目：《明清笔记小说与西域研究》(XJEDU040212C01)
② 本文主要以内容丰繁、西域文献资料散杂的笔记为主，集中展现西域内容的笔记，如陈诚的《西域行程记》另撰文阐述。

而西域独有之,盖西域诸国当昆仑之阳,于诸夷中为得风气之正,故多异人。……今世所谓《回回历》者,相传为西域马可之地,年号阿刺,必时异人马哈麻之所作也。以今考之,其元实起于隋开皇十九年己未之岁。其法常以……其用以推步分经纬之度,著陵犯之占,历家以为最密。元之季世,其历始东。逮我高皇帝之造《大统历》也,得西人之精乎历者,于是命钦天监以其历与中国历相参推步,迄今用之。今按,岁之为义,于文从步从戌,谓推步从戌起也。白羊宫于辰在戌,岂推步自戌时见星为始故与?御制文集有授翰林编修马沙亦黑、马哈麻敕文,谓"大将入胡都,得秘藏之书数十百册。乃乾方先圣之书,我中国无解其文者。闻尔道学本宗,深通其理,命译之。今数月,测天之道,甚是精详。时洪武壬戌十二月也"。二人在翰林凡十余年,岂所译者即此历书与?当俟知者考诸。①

《双槐岁钞》乃黄瑜所撰,记载了明洪武迄成化年间的时事见闻,凡二百二十条。黄瑜以"诚"为学之本,正如其《双槐岁钞·自序》所言:"今予此书,得诸朝野舆言,必证以陈编确论;采诸郡乘文集,必质以广座端人。如其新且异也,可疑者阙之,可厌者削之。"因而这部笔记颇得体要,其关于"西域历书"记载不但为明末清初孙承泽的《春明梦余录》多有引录,于正史如《明史·历法志》亦多所裨补。从《双槐岁钞》记载可知,"西域独有"的回回历法的交食推算"历家以为最密",因而有明一代回回历大放异彩,为国家观象治历起着重要作用。明代历法一直是《大统历》与《回回历》"相参推步"。明人笔记中的有关记载充分表明了西域文化与汉文化的交流。而朱元璋令马沙亦黑、马哈麻所译"秘藏之书",正是西域历法之书。之后的沈德符在《万历野获编》卷二十"日食讹谬"中亦有记载:

> 万历庚戌十一月朔壬寅日食,……礼部因言:"……检讨徐光启,员外李之藻,俱究心历理,以及大西洋归化陪臣宠迪莪、熊三拔等,俱携有彼国历法诸书,乞照洪武十五年命翰林李翀、吴伯宗、灵台郎海达儿、回回天师马沙亦黑等,译修西域历法事例,尽录其书,以补典籍之阙,庶历法详明,有光前代。"

---

① 〔明〕黄瑜《双槐岁钞》卷第二"西域历书",魏连科点校,北京:中华书局,1999年,第24—25页。

因西域天师所译回回历法具有较高的精确度和科学性，故《明史·历法志》将回回历法与大统历一并详载，回回历占了《明史》历志三卷的篇幅。另据《明史·历法志》可知，明嘉靖、万历间，唐顺之、陈壤、袁黄等一批天文学者纷纷学习回回历法，并撰写而成天文著作，也充分表明了西域天文历法学的广泛而深远影响。正是基于对来自西域的回回天文学的重视，明代在天文机构的设置上，仍沿袭元代实行双轨制。对此，明人郑晓所撰笔记《今言类编》①卷五中有明确记载：

> 洪武元年（戊申），改院为司天监，犹置回回司天监。是年十一月，征元太史院使张佑、张沂，司农卿兼太史院使成隶，太史同知郭让、朱茂，司天少监王可大、石泽、李义，太监赵恂，太史院监候刘孝忠，灵台郎张容，回回司天监黑的儿、阿都剌，司天监丞迭里月实十四人。二年，又征元回回历官郑阿里等十一人至京，议历法，占天象。三年庚戌，定为钦天监，掌察天文，定历数。

这段文字亦为《明史纪事本末》卷七三作为史源而引用。《万历野获编》卷二十"历法"亦记载，"中国历法，本不及外国精密。以故房元钦天监外，又有回回钦天监。本朝亦设回回司天监"。回回司天监的设立，很好地培养了深刻了解和掌握回回天文学的人才。

由上可见，通过明代笔记关于"西域天文历法"的记载，我们更深入地了解到西域文化尤其是天文历法在中国所产生的巨大影响，这也与明统治者对其的欣赏与重视密不可分。另一方面，明代笔记中的相关记载显然具有较大的史料价值，往往成为史源为正史所引用或对正史多所裨补。

除了天文历法学，西域回回人的医药学亦很发达。在元代，设置有专门掌管回回医药事务的回回药物院，研究和推广回回药物。元代刘郁在其《西使记》中就曾记载了"阿只儿""阿息儿""奴哥撒儿"三种特效回回药物。后明代的马愈在笔记《马氏日抄》"番药"中引录其部分内容道：

---

① 郑晓（1499—1566），字窒甫，浙江海盐人。嘉靖二年进士。曾任南京吏部尚书、刑部尚书等。因与严嵩不和，落职归家。郑晓"问学渊博，经济宏深"，《今言类编》是其最后一部著作，共六卷，涉及范围极广，是我们研究明洪武至嘉靖年间政治、经济等的重要资料。

西域回纥部柽思干城，产药十余种，皆中国所无，疗疾甚效。曰"阿只儿"，状如苦参，治马鼠疮，妇人损胎，及打扑内伤，用豆许，咽之自消；曰"阿息儿"，状如地骨皮，治妇人产后衣不下，又治金疮脓不出，嚼碎傅疮上即出；曰"奴哥撒儿"，形似桔梗，治金疮及肠与筋断者，嚼碎傅之续上。回纥有虫如珠，毒中人则烦渴，饮水立死；惟过醉，葡萄酒吐则解。

正是这些典籍文献的记载，使得这三种西域回回药物后来均被收录在明李时珍的《本草纲目》中，给中国医药学宝库增添了新内容。

以上明人笔记中有关西域文化的记载，一方面透露了它对中原文化的影响；另一方面，又显示了明王朝吸收、包容异域先进文化的胸襟和气魄。

二

自然物产和民俗往往是认识和了解异域及其民族的重要媒介。在明人笔记中还有一些关于西域物产及民族生活习俗等的记载，使我们对西域及其民族有了更感性的认识。

西域自然物产丰富。自从先秦时代西域与中国开始交往，尤其是汉代张骞通西域后，西域的物产就开始传入中国。元末明初的叶子奇在笔记《草木子》①卷四中就明确记载："葡萄，汉张骞使西域，中国始有种。西瓜，元世祖征西域，中国始有种。"这些物产虽已东传至中原，就种类味道而言，西域原产地显然更丰富甜美。晚明谢肇淛在笔记《五杂组》②卷十一中就记载道："西域白蒲桃，生者不可见，其干者味殊奇甘，想可亚十八娘红矣。有兔眼蒲桃，无核，即如荔支之焦核也，又有琐琐蒲桃，形如茱萸，小儿食之，能解痘毒。"可见西域所产葡萄不仅味美，且具药用效果。西域瓜果因繁盛甘美，还多用来酿制酒饮。明顾起元的笔记《客座赘语》③卷九引录《新五代史》资料云："四夷入国朝来，所闻酿酒，

---

① 叶子奇（约1327—1390？），字世杰，号静斋，浙江龙泉人，乃元末明初浙西有名的学者。《草木子》是叶子奇洪武年间在狱中所作，网罗宏富，是研究元末明初史实的重要资料。

② 谢肇淛（1567—1624），字在杭，别号武林，福建长乐人。万历二十年（1592）进士。成书于万历四十年（1612）左右的《五杂组》共十六卷，内容宏富，包罗万象，为研究明代社会的重要参考资料。

③ 顾起元（1565—1628），字邻初，一字太初，号遁园居士，江宁（今江苏南京）人。万历二十六年（1598）进士。成书于万历四十五年（1617）的《客座赘语》共十卷，为了解、研究明代政治、经济、文化、世俗民情等，提供了丰富的史料。

朝鲜以粳为酒……于阗国有蒲桃为酒，又有紫酒、青酒，不知其所酿，而味尤美。"其中紫酒、青酒应是用桑果、白葡萄等酿制的酒饮，甘甜醇美，颇为朝廷青睐。

此外，西域还盛产珠宝玉石。如《五杂组》卷十二记载："今世之所宝者，有猫儿眼、祖母绿……等类，……祖母绿云是金翅鸟所成，出回回国，有红刺，一颗重一两以上，即值钱千缗，然亦不可多得。"在《涌幢小品》①卷三"红黄玉"中也记载说，明世宗十年，部臣言，"中国所用玉，大段出自西域、于阗、天方诸国"。这些珠宝玉石也成为西域地区入贡的重要物品。严从简的《殊域周咨录》②更是详细地记载了西域各地的物产及给明朝的朝贡品。如卷十三《西戎·哈密》部分写道："其产：马、橐驼、玉石、镔铁（有砺石，谓之铁，铁石剖之，得镔铁）、蜡祭米、豌豆、麦、大尾羊（羊尾大者重三斤。小者一斤。肉如熊，白而甚美）、楸子、胡桐律、阴牙角香、枣。其贡：马、驼、玉、速来蛮、石青、金石、把咱石、铁器、诸禽皮等物。"可见，正是西域丰富的物产，使得它与中原地区的经济联系从未间断。

在明代笔记中还有一些关于西域民族饮食的记载，它们与中原传统饮食有较大的区别。如马愈在笔记《马氏日抄》③中就曾介绍西域回回无论是制作面食还是烹煮菜肴、肉类，都喜欢用香料。这些香料不仅能调味，还能消毒、去毒，对人体有疗效作用。如《回回香料》部分云："回回茶饭中，自用西域香料，与中国不同。其拌俎醢，用马思答吉，形类地榭，极香。……又有咱夫兰，状如红花，味甘平无毒，主心忧郁，积气闷不散，令人久食心喜。其煮物用合昔泥，云即阿魏……其淹物用稳展，味与阿魏同，云即阿魏根，味辛苦温无毒，主杀虫去臭，淹羊肉香味甚美。面中用回回豆子，状如榛子肉，味极香美，磨细和于面中，味香，去面毒。"后谢肇淛在笔记《五杂组》卷十中亦解释说："阿魏生西域中，一名合昔泥。……彼中以淹羊肉甚美，中国止入药物而已。又有马思答吉者，似椒而香酷烈，以当椒用。"将香料、药材加入到菜肴或面食中，明代西域回回的这种饮食习俗一直保持至今，成为独具特色的中华饮食文化的一部分。

---

① 《涌幢小品》共三十二卷，乃明朱国祯所撰。朱国祯（？—1632），字文宁，号平涵，乌程（今浙江吴兴）人。万历十七年进士。朱国祯熟悉明代之事，笔记所记多质实可信。

② 严从简，字仲可，号绍峰，浙江嘉兴人。嘉靖三十八年（1559）进士。万历二年（1574）系官行人司时撰《殊域周咨录》二十四卷，是研究明代中外关系史和少数民族史的重要资料。

③ 马愈，字抑之，号清痴，嘉定（今上海市）人。天顺八年（1464）进士，曾官刑部主事。所撰《马氏日抄》共三十五条，保存了一些中外关系和民族史方面的重要史料。

明代笔记中还有关于西域民族习俗的一些记载。如陆容所撰《菽园杂记》[①]卷二载：

> 初生小儿，先以熟羊脂纳其口中，使不能吐咽，待消尽而后乳之。则其子有力，且无病。其俗善保养者，无他法，惟护外肾，使不着寒。见南人着夏布裤者，甚以为非，恐凉伤外肾也。云"夜卧当以手握之令暖"，谓"此乃生人性命之本根，不可不保护"。

除了生养习俗，此卷中还记载了西域与中原迥然有异的宗教习俗：

> 回回教门异于中国者，不供佛、不祭神、不拜尸，所尊敬者惟一"天"字。天之外，最敬孔圣人。故其言云："僧言佛子在西空，道说蓬莱住海东，惟有孔门真实事，眼前无日不春风。"见中国人修斋设醮，笑之。

可见明代时，西域主要信奉回回教，即伊斯兰教。此教唯"敬天"，"天"也就是造物主即"真主"。这种唯敬"天"（主）的一神论思想使得他们对中国或"供佛"、或"祭神"、或"拜尸"、或"修斋设醮"的多神论信仰颇为不解。但另一方面，随着与汉民族交际日繁，信仰伊斯兰教的西域民族又受到以儒家为代表的中国传统文化的深远影响，加之上古儒教思想与伊斯兰教义有某些相似处，如孔子在《论语·泰伯篇》中亦云"唯天为大"等。故除"天"之外，信仰伊斯兰教的西域民族最敬"孔子"。而西域回回谚语"惟有孔门真实事，眼前无日不春风"，也充分表明了中原儒家思想对信仰伊斯兰教的西域民族的影响力和渗透力。

三

在明代笔记中，还记载了一些带有鲜明地域特征的胡僧、胡商形象。如明姚福笔记《青溪暇笔》[②]卷上载：

[①] 陆容（1436—1497），字文量，号式斋，太仓人。成化二年（1466）进士。《菽园杂记》为陆容所撰笔记类杂著，共十五卷，是研究明代历史、社会、思想和文化的很有价值的参考资料。

[②] 姚福，字世昌，号守素道人，明成化中人。所撰《青溪暇笔》为一部综合性笔记，内容丰富，具有多方面的价值。

近日一番僧自西域来，貌若四十余，通中国语，自言六十岁矣，不御饮食，日啖枣果数枚而已。所坐一龛，仅容其身，如欲入定，则命人锁其龛门，加纸密糊封之。或经月余，磬欬之声亦绝，人以为化去，潜听之，但闻搯念珠历历。济川杨景方，尝馆于其家。有叩其术者，则劝人少思少睡少食耳。一切布施，皆不受，曰："吾无用也。"予亲见之雨花台南回回寺中。

这段记载在《客座赘语》卷六《番僧》篇中亦加以转引。另外，在明代都穆的笔记《都公谈纂》①卷下也有一条记载：

西番长耳僧法奴，居中国三十年，善汉人语。丁酉岁游吴，止礼拜寺，为予言。其生弥西里国，在天方国西，五年可达中国。……长耳僧宗回回教，游行海上，凡数十国。其在中国，足迹遍天下。约其年，几百岁。每日惟食饭一盂，鸡鹅羊肉亦皆食之。或数月不食，亦不饥也。

从以上记载可见，明笔记中的胡僧形象都具有一些共同特征，即他们来自于西域，但足迹遍及神州。由于久居中土，他们精通汉语。在宗教上信仰回回教，即伊斯兰教，寄身于清真寺中。来自异域的他们"不御饮食，日啖枣果数枚而已"、"数月不食，亦不饥也"、"一切布施，皆不受"。这种修行时月余不吃的饮食方式颇类似于佛教中的苦行修道者，与唐传奇中具神化或妖魔化倾向、具备神奇法力的胡僧形象颇有不同。

除了胡僧外，在明笔记中还有关于西域胡商的记载。因为西域盛产珠宝玉石，所以珠宝业是西域胡商经营的一个传统项目。又因为西域胡商善于识宝鉴宝，故在唐人笔记中就有大量相关记载。如明人谢肇淛在《五杂组》卷十二中就引述了《太平广记》中的几则唐人笔记，突出地展现出胡商高超的识宝能力。这些在一般人眼中视为"瓦砾""朽钉"等的物品，却被胡商识出或是集聚百宝的"宝母"，或是可觅众珍宝的"青泥珠"，或是埋地生水的"水珠"等奇珍异宝，而且这些胡商并不以对方不识宝而诈取，往往是重金购买。在明人笔记中亦有许多"回回识宝"的记载，因其善于识鉴，因而在明代就获得了"识宝回回"的美

---

① 都穆（1459—1525），字玄敬，一作元敬，苏州吴县人。弘治十二年（1499）进士。所撰《都公谈纂》又名《谈纂》，二卷，为随笔札记，记录元明间人物史事、文化逸闻，在文史方面具有一定价值。

称。陈仁锡《皇明世法录》卷八一即记载："其人善鉴识，每于贾胡海市中，廉得奇琛，故称识宝回回。"明人笔记中的回回与胡商并无概念上的区别，可视为西域胡商在新的历史时期的变称。① 在陈洪谟《治世余闻》② 下篇卷二中有一则记载：

> 弘治中有回回入贡，道山西某地，经行山下，见居民男女，竞汲山下一池。回回往行，谓伴者："吾欲买此泉，可往与居人商评。"伴者漫往语，民言："焉有此！买水何用？且何以携去？"回回言："汝毋计我事，第请言价。"民笑，漫言须千金。回回曰："诺。"即与之。民曰："戏耳，焉有卖理？"回回怒，将相击。民惧，乃闻于县。县令亦绐之曰："是须三千金。"回回曰："诺。"即益之。令又反复言之，以至五千。回回亦益之。令亦惧，以白于府守。守、令语之曰："此直戏耳！"回回大怒，言："此岂戏事！汝官府皆许我，我以此逗留数日。今悉以贡物充价，汝尚拒我。我当与决战。"即挺兵相向，守不得已许之。回回即取斧凿，循泉破山入深冗，得泉源，乃天生一石，池水从中出。即异出将去，守、令问："事既成，无番变。试问此何物耶？"回回言："若等知天下宝有几？"众曰："不知。"回回曰："今具珠玉万宝皆虚，天下惟二宝耳，水火是也。假令无二宝，人能活耶？二宝自有之，火宝犹易，惟水宝不可得，此是也。凡用汲者，竭而复盈，虽三军万众、城邑国都，只用以给，终无竭时。"语毕，欣持以往。

这则故事一方面凸显了西域回回超强乃至特异的识宝能力，能一眼识别"凡用汲者，竭而复盈"的"水宝"；另一方面，西域回回并未诈取或豪夺，而是请对方"第请言价"，在对方一再加以高价时爽快地答应，不吝"悉以贡物充价"，展现了公平交易、不欺不诈的商业道德和经商态度。但在明代晚期的笔记小说中，西域回回商人的形象却有所改变。如谢肇淛的《五杂组》卷十二中记载：

> 今时俗相传回回人善别宝，时游闽广、金陵间。有应主簿者，持祖母

---

① 见程蔷《中国识宝传说研究》，上海：上海文艺出版社，1986年，第134—150页。
② 陈洪谟（1476—1527），字宗禹，武陵人（今湖南常德）。历任漳州知州、江西巡抚、兵部侍郎等。成书于正德十六年（1521）的《治世余闻》，分上下两篇，专记弘治一朝见闻，内容多翔实可靠。

绿一颗，富商以五百金购之，不售也。有回回求见之，持玩少顷，即吞入腹中。应欲讼之，既无证佐，又惧缠累，一恸而已。又有富家老妾沈氏所戴簪头乃猫儿眼，回回窥见，遂赁屋与邻，时以酒食奉之。岁余乃求市焉，沈感其意，只求二金。回回得之甚喜，因石稍枯，市羊脂裹之，暴烈日中，坐守稍息，瞥有饥鹰掠之而去，大为市人揶揄，归家怨恨而死。此二事皆近代金陵人言。

故事中的宝物祖母绿和猫儿眼均出自回回国。元人陶宗仪《南村辍耕录》卷七中就将祖母绿和猫睛（猫儿眼）列为回回石头中的具体品种。上则故事中的两个回回同样善于鉴别宝物，但他们为了获得价值不菲的宝物，或采用卑劣手段，或工于策划、精于算计。这种形象的转变，究其原因，主要是"随着明朝对海外贸易的控制趋严和外来人在各方面的优势地位的丧失，导致定居在内地的回回整体经济处境每况愈下"，"回回的经济现状极大地决定了他们在故事中的形象地位"。①

通过阅读这些记载，我们大致可以了解西域胡僧、胡商在中原的状况及他们在明代文人士大夫眼中的形象，因而具有较强的认识价值。

四

在明代笔记中还记载了有关明朝对西域诸国的外交及经济等政策。

明朝建立后，因要与退居漠北的北元政权较量，有效地牵制北元，故与西域诸国建立和发展友好关系就具有重要的战略意义。哈密因为"其北天山，与瓦剌相界，西接火州，为诸胡要路"②，故明朝要顺利经营西域诸国，与哈密的关系尤为重要。《殊域周咨录》中记载，"永乐二年，安克帖木儿遣使来朝，且贡马。因封为忠顺王"，但他在位不到一年便被毒死，无嗣。永乐三年，明朝命其兄子脱脱"袭王爵。赐以金印、玉带。遣使送还其国，令为西域之喉襟，以通诸番之消息。凡有入贡夷使方物，悉令至彼，译表以上。管辖三种夷人：一种回回；一种畏兀儿；一种哈剌灰。俱生达，各授头目为都督等官。辅守疆土，与赤斤、罕东

---

① 钟焓《"回回识宝"型故事试析——"他者"视角下回回形象的透视》，《西域研究》2009年第2期，第101页。
② 〔明〕黄瑜《双槐岁钞》卷第一〇"哈密"，第217页。

一卫共作中国藩篱。"此确立了哈密与明朝的羁縻藩属关系,而哈密卫的设置亦保障了明朝与西域诸国朝贡贸易的顺利进行。自此,哈密及西域诸国与明朝贡赐往来频繁。直至明成化九年,吐鲁番速檀阿力侵占哈密,掳哈密王母,夺了明朝所赐金印。明朝对此事的态度,在《殊域周咨录》中有较为详细的记载:"会昌侯孙继宗等谓宜及今贼势未盛,遣使敕赤斤蒙古、罕东等卫谕以大义,俾知唇亡齿寒之势。""因举高阳伯李文知夷情,宜委以使事。及敕李文及右通政刘文等往抚处之。比至,调集罕东、赤斤番兵数千驻苦峪关,不敢进。无功而还。"

此后,阿力之子阿黑麻于弘治元年和六年又两次侵占哈密。对此,《殊域周咨录》记载:"六年,朝廷命兵部尚书张海、都督佥事缑谦往经略之。遂拘土鲁蕃贡使四十余人,安置南边。而闭嘉峪关,绝诸域西番之贡。使土鲁蕃结怨众夷,以孤其势。"① 对于明廷所采取的策略,有文人在明笔记中亦表达了观点。如黄瑜在《双槐岁钞》卷十"哈密"部分论云:

> 上命兵侍张海、都督缑谦,率其头目写亦满速儿等往经略之。甲寅三月还,以无成功。海降参政,谦闲住。满速儿等四一十余人,俱安置闽、广。闭嘉峪关,绝不与通。盖土鲁番距哈密七百里,恃其险远,至是益横。然兵马亦少,使大军及罕东卫番兵从捷径出其不意袭之,可擒也。今闻用此策,然大军不出,恐终难靖耳。②

对明朝迫于形势只能闭关绝贡、军事行动缓慢或成效甚微予以质疑。但综览史实,"闭关绝贡"的政策很大程度上能迫使吐鲁番"悔过"而就范,主要由于它依赖"贡路"而生存。哈密、吐鲁番的"服食器用,悉仰给于中国"③,"缎匹、铁、茶"等物,都是"彼之难得,日用之不可缺者"④。显然,吐鲁番等地在经济上已与中原密不可分,加之明朝政府回赐的物品往往比朝贡物品的价值高,因而它们不断增加进贡次数和人数。如明笔记《今言类编》中就记载:

---

① 顾起元(1565—1628),字邻初,一字太初,号遁园居士,江宁(今江苏南京)人。万历二十六年(1598)进士。成书于万历四十五年(1617)的《客座赘语》共十卷,为了解、研究明代政治、经济、文化、世俗民情等,提供了丰富的史料。
② [明] 黄瑜《双槐岁钞》卷第一〇"哈密",第218页。
③ 李承勋《议哈密事宜疏》,转引自陈高华《明代哈密吐鲁番资料汇编》,乌鲁木齐:新疆人民出版社,1984年,第5页。
④ 卢问之奏,转引自陈高华《明代哈密吐鲁番资料汇编》,第6页。

嘉靖十一年，西域贡，称王者七十五人，贡使至二百九十人。礼官夏言请国称一人王。内阁张孚敬言："西域称王者多，恐彼自封授，或部落相称。先年入贡称王亦有三四十人者，答敕并称王。今尽裁夺，恐夷情觖望。"下礼兵部议。言言："西域诸国称王者，惟土鲁番、天方、撒马尔罕三国。如日落诸国，名甚多，朝贡绝少，且与土鲁番诸国不相统。弘治、正德间，土鲁番十三人贡，天方正德间四人贡，称王者率一人或二人三人，馀称头目、亲属。嘉靖二年、八年，称王者天方至六七人，土鲁番至十一二人。此两年间，撒马尔罕至二十七人。内阁言，先年亦有称王至三四十人者，并数三国耳。乃今土鲁番十五王，天方二十七王，撒马尔罕至十三王，并数则百五六十王，前此所未有。况所称王号，原非旧文，即有同者，地面又异。弘治时回敕书，国称一王，若循撒马尔罕往年故事，类答王号，人与一敕，恐非所以尊中国而严外夷也。自后各执赐敕，率其部落，贡不如期，使不如数，任意往来，势难阻绝，驿传劳烦，宴赐频数，竭我财力，以役远夷，计其左矣。"上从夏言言。

可见，为了多得回赐和更多地进行贸易，吐鲁番及天方、撒马尔罕等西域政权遂用各立名号的方法。为此，明朝只好要求"正名定分"，"定以贡期，限以人数"①。显然，西域各政权争相向明朝进贡，多冒王称，经济目的明显，但亦表明西域渴望在经济上与中原加强联系的迫切需要。

明朝希望以通贡的方式来经营西域，更注重的是政治影响，而西域更多的是出于经济利益。明笔记《五杂组》就针对万历间西域与明朝"贡"与"赐"的问题表达了作者谢肇淛的政见，对明统治者予以警戒：

今诸夷进贡方物，仅有其名耳，大都草率不堪。如西域所进祖母禄、血竭、鸦鹘石之类，其真伪好恶皆不可辨识，而朝廷所赐缯帛靴帽之属，尤极不堪，一着即破碎矣。夫方物不责，所以安小夷之心，存大国之体，犹之可也；赐物草率充数，将令彼有轻中国之心，而无感恩畏威之意。且近来物值则工匠侵没于外，供亿则厨役克减于内，狼子野心，且有诤语；诤语不已，且有挺白刃而相向者，甚非柔远之道也。蜂虿有毒，祸岂在小？而当事者漫

---

① 见《明世宗实录》卷一百五十，转引自陈高华《明代哈密吐鲁番资料汇编》，第394页。

不一究心，何耶？

以上明笔记中的记载皆具有一定的史料价值，使我们能进一步了解明朝对西域的外交政策及二者在经济上的密切联系。一方面，与中原的贸易往来，已成为西域经济生活中不可缺少的重要部分。另一方面，从个人撰写的笔记小说的记载与评论中，又可以看出明代文人对西域政策的关注与看法。

（本文原载《乌鲁木齐职业大学学报》2014年第2期，第57—62页）

《三州辑略》吐鲁番史料的来源

徐玉娟

嘉庆七年（1802），和瑛因冒考案以及隐匿蝗灾之事，遣戍乌鲁木齐，先后充任叶尔羌帮办大臣、喀什噶尔参赞大臣、乌鲁木齐都统。嘉庆十四年（1809），授陕甘总督，离开新疆。和瑛于嘉庆十一年（1806）担任乌鲁木齐都统时，编定了《三州辑略》。所谓三州，因唐朝政府曾于今天的哈密、吐鲁番和吉木萨尔三地分置伊、西、庭三州，其地与清朝乌鲁木齐都统统辖的地区基本相当，故名。这三个地区在今天说来，是新疆的东疆地区，具有政治地理和自然地域上的相对独特性。全书共九卷，分沿革、疆域、山川、官制、建置、库藏、仓储、户口、赋税、屯田附遣犯、俸廉、粮饷、营伍、马政、台站、礼仪、旌典、学校、流寓、艺文、物产二十一个门类，是不可多得的珍贵史料。

辨明史料的来源，对于我们准确地把握和利用其价值，是非常重要的。以吐鲁番地区的记载为例，《三州辑略》中关于吐鲁番地区的史料分布在以上二十一个门类中，而且以清代为主，作者和瑛在编纂吐鲁番部分时，引用史料或在文中注明出处，征引原文，或并不标明史料来源，直接承袭。根据笔者的研究，《三州辑略》中的吐鲁番史料主要来自于传统史籍、地理志书、奏折档案和亲身见闻。

一、传统史籍的引用

《三州辑略》吐鲁番史料，对于传统史籍的征引，主要集中在《沿革门》中。可分为以下三类。

一是纪传体史籍，主要有《汉书·西域传》《汉书·王莽传》《汉书·常惠传》《汉书·郑吉传》《后汉书·孝顺孝冲孝质帝纪》《后汉书·耿秉传》《后汉书·耿恭传》《后汉书·班超传》《后汉书·西域传》《魏书·西域传》《北史·西域传》

《新唐书·西域传》《元史·地理志》《明史·西域传》等，在表述上多是采用直接引用史籍的方式。

二是编年体史籍，主要是《资治通鉴》，也多是直接引用其中原文。

三是其他史书，如唐杜佑《通典》、唐《释氏西域记》、南宋郑樵《通志》、清《钦定外藩蒙古回部王公表传》等，也是采用直接摘引原文的方式。

在这三类史籍的征引中，《三州辑略·沿革门》中涉及吐鲁番汉唐时期的史料主要来自于《资治通鉴》，而清代史料主要源自于《钦定外藩蒙古回部王公表传》卷一〇九《吐鲁番回部总传》。

虽然《三州辑略》吐鲁番汉唐部分的沿革历史与《汉书》《后汉书》《魏书》《北史》《新唐书》《元史》《资治通鉴》等史籍中的内容重合，但作者在征引过程中，关于其时间多取《资治通鉴》。如表1记载郑吉破车师一事：

表1

	内容
《汉书·西域传》	地节二年，汉遣侍郎郑吉、校尉司马憙将免刑罪人田渠犁，积谷，欲以攻车师。至秋收谷，吉、憙发城郭诸国兵万余人，自与所将田士千五百人共击车师，攻交河城，破之。……匈奴闻车师降汉，发兵攻车师，吉、憙引兵北逢之，匈奴不敢前。吉、憙即留一候与卒二十人留守王，吉等引兵归渠犁。车师王恐匈奴兵复至而见杀也，乃轻骑奔乌孙，吉即迎其妻子置渠犁。东奏事，至酒泉，有诏还田渠犁及车师，益积谷以安西国，侵匈奴。吉还，传送车师王妻子诣长安，赏赐甚厚，每朝会四夷，常尊显以示之。于是吉始使吏卒三百人别田车师。①
《资治通鉴》	（地节三年）是岁，侍郎会稽郑吉与校尉司马憙，会，古外翻。憙，许吏翻。将免刑罪人田渠犁，积谷，罪人免其刑，使屯田。发城郭诸国兵万余人西域诸国，有逐水草与匈奴同俗者，谓之行国；其城居者，谓之城郭诸国也。与所将田士千五百人共击车师，破之；车师王请降。降，户江翻。匈奴发兵攻车师；吉、憙引兵北逢之，匈奴不敢前。吉、憙即留一候与卒二十人留守王，吉等引兵归渠犁。《考异》曰：《西域传》云"地节二年"；以《匈奴传》校之，知在三年。车师王恐匈奴兵复至而见杀也，乃轻骑奔乌孙。吉即迎其妻子，传送长安。传，知恋翻。匈奴更以车师王昆弟兜莫为车师王，收其余民东徙，不敢居故地；而郑吉始使吏卒三百人往田车师地以实之。为下元康二年匈奴争车师张本。②
《三州辑略·沿革门》	宣帝地节三年，郑吉破车师，王奔乌孙，匈奴更以王昆弟兜莫为王，收其余民东徙。吉使吏卒往田车师前王庭地，以实之。①

---

① 《汉书》卷九六，北京：中华书局点校本，1962年，第3922—3923页。
② 《资治通鉴》卷二五，北京：中华书局点校本，1956年，第815—816页。

关于上述郑吉破车师的记载,《汉书·西域传》作"地节二年",和瑛《三州辑略》与《资治通鉴》置于"地节三年"下。

再如表 2 记载窦固和耿秉击车师一事:

表 2

	内容
《后汉书·耿弇列传》	(永平)十七年夏,诏秉与固合兵万四千骑,复出白山击车师。车师有后王、前王,前王即后王之子,其廷相去五百余里。……其前王亦归命,遂定车师而还。……永平十七年冬,骑都尉刘张出击车师,请恭为司马,与奉车都尉窦固及从弟驸马都尉秉破降之。始置西域都护、戊己校尉,乃以恭为戊己校尉,屯后王部金蒲城,谒者关宠为戊己校尉,屯前王柳中城,屯各置数百人。
《资治通鉴》	(永平十七年)冬,十一月,遣奉车都尉窦固、驸马都尉耿秉、骑都尉刘张出敦煌、昆仑塞,击西域,秉、张皆去符,传以属固,合兵万四千骑,击破白山虏于蒲类海上,遂进击车师。车师前王,即后王之子也,其廷相去五百余里。……其前王亦归命,遂定车师而还。于是固奏复置西域都护及戊、己校尉。以陈睦为都护;司马耿恭为戊校尉,屯后王部金蒲城;贤曰:金蒲城,车师后王城廷也,今庭州蒲昌县城是也。杜佑曰:金蒲城,即车师后王所治务涂谷,今北庭府蒲类县也。谒者关宠为己校尉,屯前王部柳中城。贤曰:柳中,今西州县。考异曰:袁纪作「折中」,今从范书。
《三州辑略·沿革门》	(永平十七年)冬十一月,窦固、耿秉定车师,车师前王即后王之子,相去五百里,耿秉降之。司马耿恭为戊校尉,屯后王金蒲城;今巴里坤。谒者关宠为己校尉,屯前王部柳中城。《明史·西域传》:柳城一名鲁城,即后汉柳中城。西域长史所治,唐于此置柳中县,东去哈密千里。

在"永平十七年"这一条史料中,《后汉书·耿弇列传》与《资治通鉴》内容多有相近之处。但经笔者比对,《后汉书·耿弇列传》将窦固和耿秉击车师一事记为"永平十七年夏",而《资治通鉴》与《三州辑略》同置"永平十七年冬"下。

二、地理志书的引用

一是对前代志书的征引。主要有唐李泰《括地志》,明陈诚《西域番国志》,其征引史料主要集中在《山川门》中。

---

① 《三州辑略·沿革门》,载《中国西北文献丛书》第二编(5 册),北京:线装书局,2006 年影印嘉庆年间刻本,第 197 页。

二是对清朝当代志书的引用。在《三州辑略》吐鲁番疆域、山川、建置、官制等门类中，和瑛主要征引《钦定皇舆西域图志》《西域闻见录》《回疆通志》和《西陲纪略》，其中以《回疆通志》为主。

以《台站门》为例，吐鲁番领队大臣管理东路军台六处，即吐鲁番底台、胜金台、连木沁台、辟展台、苏鲁图台、齐克腾木台。吐鲁番所属南路军台两处，即布干台和托克逊台。在叙述各处军台之间的距离时，《三州辑略》与《钦定皇舆西域图志》《回疆通志》略有不同。如表3：

表3

	胜金台至连木沁	辟展至苏鲁图	苏鲁图至齐克腾木	布干台至吐鲁番
《钦定皇舆西域图志·兵防》	森尼木台，自连木齐木台西至此七十里	苏鲁图台，自辟展底台东至此五十里	齐克塔木台，自苏鲁图台东至此四十里	无
《回疆通志·军台》	勒木沁台至胜金台七十里	苏鲁图台至辟展台五十里	东路齐克腾台至苏鲁图台四十里	吐鲁番底台至布干台七十里
《三州辑略·台站门》	胜金台东至连木沁台六十里	辟展台东至苏鲁图台六十里	苏鲁图台东至七克腾木台五十里	布干台北至吐鲁番六十里

通过上表比较，我们可以看出，虽然《钦定皇舆西域图志》与《三州辑略》同为乾嘉时期方志，《回疆通志》与《三州辑略》同出于和瑛之手，但是在道里数字记载上，却有差异。可见，和瑛在撰写《三州辑略》之时，已不像编纂《回疆通志》那般直接承袭、引用《钦定皇舆西域图志》，而是根据当时当地的情况做了准确记载，因此其不可替代的作用不言而喻。

三、档案奏折的引用

和瑛在任职乌鲁木齐都统期间，可以利用自身职务之便，获得档案材料。这在官制、库藏、仓储、户口、田赋租税、营伍等条目中均有体现，如在《三州辑略》官制一门中，详列自乾隆四十四年（1778）九月至嘉庆十年十一月，十五任十四名吐鲁番历任领队大臣，以及自乾隆四十四年七月至嘉庆九年十二月，十九任十五名历任吐鲁番同知的上任时间和卸职时间。

另一个重要的档案材料便是官员奏折。它是清代高级官员向皇帝进言的官方文书，是最高级别的上行文书，也最直接、最原始的史料文献。虽然奏折由朝廷存档后很难看到，但是和瑛却能利用职务之便，获得大量的原始材料，如《库藏门》基本由佛德、索诺木策凌、明亮、海禄、图思义、和瑛等人奏折构成，《仓储门》绝大部分内容为旌额礼、索诺木策凌、常青、福康安、奎林、尚安、和瑛、温福等人奏折，《屯田门》多处穿插杨应琚、索诺木策凌、福康安、常青、兴奎等人奏折，《俸廉门》多处穿插舒赫德、勒尔谨等人奏折，《粮饷门》多处穿插舒赫德、索诺木策凌、旌额礼等人奏折。作者和瑛对奏折的直接引用，增加了《三州辑略》史料的真实可靠性。如《仓储门》和《屯田门》中讨论了乾隆年间吐鲁番的屯田情况：

> 乾隆四十四年，军机处议覆永贵、索诺木策凌等奏：准吐鲁番定为屯兵七百名，在于吐鲁番所属，自辟展至托克逊作为七屯耕作。嗣由陕甘各营派官兵七百一十四员名。乌鲁木齐差派参将何廷臣同郡王伊其堪达尔、札奇鲁克、齐呼达巴尔第等亲勘，得地土情形与回人并无关碍。酌量在于托克逊派兵一百名，安占派兵二百五十名，哈喇派兵一百名，共驻兵四百五十名、都司一员管理耕作；又阿斯塔纳派兵一百名，和色尔图喇派兵五十名，胜金派兵五十名，辟展派兵五十名，共驻兵二百五十名守备管理耕作。阿斯塔纳屯兵一百名，每名种地二十一亩，纳粮十五石。安展凉州屯兵五十名，每名纳粮十五石。安展西宁屯兵一百名，每名纳粮十三石。哈拉陕安屯兵一百名，每名纳粮十三石。和色尔图喇屯兵五十名，每名纳粮十三石。托克逊屯兵五十名，每名纳粮十三石。托克逊屯兵一百名，每名纳粮十二石。安展陕安屯兵一百名，每名纳粮十二石。胜金屯兵五十名，每名纳粮十二石。辟展屯兵五十名，每名纳粮十二石。①
>
> （乾隆）五十年，都统常青等会奏：查吐鲁番、哈密毗连回田，并无隙地。且沙石相连，缺水灌溉，难以屯种。②

通过以上奏折，我们可以直观地看到吐鲁番当时的耕地状况以及驻屯兵的数量、分配情况。而和瑛通过奏折的使用，使得《三州辑略》的史料更加真实可信。

---

① 《三州辑略·屯田门》，第310—311页。
② 《三州辑略·仓储门》，第278页。

四、自身见闻

和瑛任职新疆七年期间,亲身接触和感受了西域。所以和瑛在利用传统史籍、前代志书编纂本书时,并非简单地承袭,而是辨析传世文献,加以实地考证。以罗卜淖尔条为例:

> 取罗卜淖尔为星宿,兼蒲类海而讹传。《西域闻见录》误以罗卜淖尔为星宿海,又《西陲纪略》误以蒲类海为蒲昌海,皆非也。今考星宿海在青海境积石山之北,罗卜淖尔即蒲昌海在吐鲁番东南,蒲类海在北天山之阴巴里坤。①

> 拘密山,哈密西北。《元和志》云在伊州纳职县北一百里,又北六十里,直抵蒲类海上。按,他说误以蒲类海为蒲昌海,非是。盖蒲昌海在辟展,吐鲁番之东南,即罗卜淖尔,与此无涉。②

> 《西域闻见录》以罗卜诺尔为星宿海,非也。③

《西域闻见录》《西陲纪略》与《三州辑略》同为清代志书,但是和瑛在志书撰写过程中,并非直接引用,而是通过实地考察论证,得知罗卜淖尔即蒲昌海,而非星宿海,并将罗卜淖尔、星宿海、蒲类海、蒲昌海之间的关系和各自方位做出了清晰的分辨。

和瑛除对罗卜淖尔的名称与方位详加考证外,他如《沿革门》中:

> 北道北踰葱岭,则出大宛、康居、奄蔡,《通鉴》作西踰,误。④
> 盖姑师、车师,一国两名,《纲目》以姑师为楼兰王名,非是。⑤

和瑛亦对《通鉴》所记丝绸之路北道路线、《纲目》所记姑师称谓,予以考证。由此,《三州辑略》史料的真实可靠性以及和瑛严谨治学的精神自是显而易见。

---

① 《三州辑略·序》,第189页。
② 《三州辑略·山川门》,第215页。
③ 《三州辑略·山川门》,第217页。
④ 《三州辑略·沿革门》,第196页。
⑤ 《三州辑略·沿革门》,第197页。

通过以上叙述，我们可以了解到《三州辑略》吐鲁番史料的来源情况，其《沿革门》主要来自于《资治通鉴》和《钦定外藩蒙古回部王公表传》，《疆域门》《山川门》《官制门》《建置门》主要源于《回疆通志》，而《库藏门》《仓储门》《屯田门》《俸廉门》《粮饷门》等则主要是对档案奏折的引用。现将其中涉及吐鲁番的主要门类的征引书目列表显示。见表4：

表4 《三州辑略》吐鲁番史料征引书目

门类	征引书目
沿革门	《汉书》《后汉书》《魏书》《北史》《新唐书》《元史》《资治通鉴》《明史·西域传》《钦定外藩蒙古回部王公表传》
疆域门	《回疆通志》
山川门	《汉书》《通典》《括地志》《资治通鉴》《通志》《元史》《西陲纪略》《西域闻见录》《回疆通志》
官制门	《回疆通志》、档案
建置门	《回疆通志》
库藏门	奏折
仓储门	奏折
屯田门	奏折
俸廉门	奏折
粮饷门	奏折

由以上吐鲁番史料的分析可见：《三州辑略》作为清代的一部地方志书，是和瑛作为一个执政者力求了解当地民情风俗而编纂，因此其对传统史料的引用不乏辨析考证，对当地的政务多取档案奏议以存其实，对相关的地理风俗又融入自身的体验。可以说，《三州辑略》记录的当时当地社会历史面貌，具有信史的价值；其所引用的一些原始资料，已经散佚，更增加了该书史料在研究新疆东部地区清代历史的唯一性。

（本文原载《吐鲁番学研究》2013年第2期，第79—85页）

略论首都图书馆所藏新疆乡土志抄稿本之价值①

高 健

乡土志是一种比较特殊的方志种类。自1905年清廷颁发《乡土志例目》后，全国各地掀起编纂乡土志的热潮。清末光宣年间，新疆各府、厅、州、县依照《例目》编纂本地乡土志，成书后均送交《新疆图志》总纂——新疆布政使王树枏处，作为编纂省志的材料。后因时局不稳，新疆乡土志未能刊印发行，多以稿本、抄本传世，流传至今的共有39个地方的44种，习惯上以"新疆乡土志稿"称之。这些抄稿本分散在国内外各处收藏，后经各家汇集、整理、点校形成了较多的版本，主要有：《新疆乡土志稿二十九种》（以下简称29种本）②、日本《新疆省乡土志三十种》（以下简称30种本）③、吴丰培整理本（收录4种，以下简称吴本）④、《新疆乡土志稿》⑤44种竖排标点本、《新疆乡土志稿》44种横排标点本（以下简称标点本）。⑥

首都图书馆收藏有13种新疆乡土志，内有稿本8种、抄本5种⑦，且多钤有地方官印，为地方官府呈送本，具有重要的版本和文献价值。2012年这批乡土志

---

① 本文为教育部规划基金项目"新疆汉文历史文献题解"（项目编号：10YJA870006）、国家社科基金重大项目"清代新疆稀见史料调查与研究"（项目编号：11&ZD095）研究成果之一。
② 湖北省图书馆《新疆乡土志稿二十九种》，武汉：湖北省图书馆打印本，1955年。
③ 片冈一忠（林出贤次郎将来）《新疆省乡土志三十种》，日本京都：中国文献研究会，1986年。
④ 吴丰培《中国民族史地资料丛刊》，北京：中央民族学院图书馆油印本，1978年。
⑤ 马大正等《新疆乡土志稿》，北京：全国图书馆文献缩微复制中心，1989年。
⑥ 马大正等《新疆乡土志稿》，乌鲁木齐：新疆人民出版社，2010年。
⑦ 这十三种乡土志是：新疆吐鲁番厅乡土志、英吉沙尔厅乡土志、创修镇西乡土志、昌吉县乡土图志、蒲犁厅乡土志、奇台县乡土志、拜城县乡土志、鄯善县乡土志、焉耆府乡土志、和阗直隶州乡土志、库车直隶州乡土志、婼羌县乡土志、哈密直隶厅乡土志。

抄稿本被影印出版（以下简称首图本），在新疆乡土志文献整理研究以及清末新疆社会研究等方面具有十分重要的意义。但后人研究整理及引用乡土志时多用29种本、30种本，对首图本似乎不够重视，对其版本和内容价值认识不够，就连最新出版的标点整理本所用底本亦多不用首图本。清末新疆乡土志可以说是对新疆各地乡土情况唯一的、最原始的记录，其编纂材料包含官府文牍档册、古迹碑文等基本史料，还有各地详细的山川道里、风情民俗以及走访民间所得耆旧传闻等资料，时至今日，其史料价值自不待言。而对其版本情况的整理和研究，将推动这一重要历史文献的进一步完善整理，其价值和意义也即在于此。有关新疆乡土志稿各版本之间的关系研究，笔者另文讨论，在此仅就首都图书馆所藏这13种新疆乡土志抄稿本价值做一探讨，不当之处，敬请方家指正。

一、署作者，辨源流

清末新疆各地乡土志多系传抄，故而有部分乡土志存在作者混乱以及编纂时间模糊等问题，而首图本因系进呈本，故多载有作者职衔及成书时间等，且多钤有地方官府印，无疑是考订乡土志作者及成书时间的第一手资料，并对其版本传承脉络提供了一些线索。

标点本《英吉沙尔厅乡土志》作者前署"黎炳光"，末署"犁炳光"，在代序言统计表中又作"黎炳光"；年代则署"光绪三十四年"。而首图本则前署"同知黎丙元编辑"，末署"光绪三十三年十二月十二日署同知黎丙元"，且扉页钤有满汉文"英吉沙尔直隶厅抚民同知之关防印"朱印，应属官方文本，故其所载作者署名"黎丙元"及成书时间"光绪三十三年"准确无误。据首图本则知标点本所载作者、成书时间均误。

《鄯善县乡土志》存世有29种本、30种本以及首图本，前两种版本均无成书时间记载，而首图本为稿本，末题"光绪三十三年六月二十三日"，并钤盖鄯善县官印。据此可知此志成书时间，并可订正标点本所记成书时间"光绪三十四年"之误。

《焉耆府乡土志》存世有29种本、30种本以及首图本，前两种版本均无作者署名及成书时间，而首图稿本则末署"光绪三十四年十月日知府张铣"，并钤有焉耆府印。据此可填补长期以来此乡土志作者和成书时间之阙漏。

首图本中有稿本8种，多系红格稿本，多留有增删修改之痕迹，据此可知乡土志成书之经过、定本之来源，对辨别乡土志各本之源流关系极有价值。

（宣统）《哈密直隶厅乡土志》存世有29种本、首图本。首图稿本中"水目"天头处有毛笔行楷增补的一段文字40余字："沁城北三十里，有天生圈，流润沁城地亩，惟此水来自天山，春夏雪消，水势颇大，秋冬寒冰固结，源亦涸竭。"① 此段增补文字被后来的29种打印本全部收录其正文中，显然29种本（宣统）《哈密直隶厅乡土志》所用底本源自首图稿本。另外，此志首图本末署成书时间为宣统元年二月二十日，据此亦可订正标点本所载成书时间"光绪三十四年"之误。

《库车直隶州乡土志》道路一节全文有200余字，日本30种本全部脱漏，出版时即标注"缺落"②。而首图本则完整无缺，且多有文字删改之处，各本均照首图本修改后传抄。

二、订讹误，补校勘

首图本多为地方官府审定进呈之本，除了编纂者和成书时间记载清楚外，各志章节眉目及行文清晰，字句完整，文字讹误较少，可订他本之误阙，具有重要的版本校勘价值。

1. 订误字

《奇台县乡土志》标点本用日本30种本为底本，内多有沿袭之讹误。如第32页："知县朱煐像，湖南人"。首图本则作"知县朱煐，系湖南人"。此志他处亦作"朱煐"，显然首图本不误，而标点本沿袭日本版之误。标点本同书第33页兵事录："遇贼，子余败之"，亦系沿袭30种本之误而误断，首图本则作"遇贼千余败之"，不误。

《吐鲁番厅乡土志》标点本亦用30种本为底本，亦多有袭误。如第135页物产："今缠回呼棉花，曰帕克塔，犹古意也。"首图本"古意"作"古音"，不误。第136页商务："次及制酿窖桶藏皮之法。"首图本"皮"作"庋"，不误。

《鄯善县乡土志》标点本第138页兵事录："时匈奴因楼兰侯汉使，汉至者欲绝勿通。"按：此句沿袭29种本之误。原文出自《汉书·西域传》："后贰师军击大宛，匈奴欲遮之，贰师兵盛不敢当，即遣骑因楼兰候汉使后过者，欲绝勿通。"

---

① 《首都图书馆藏稀见方志丛刊》（第30册），北京：国家图书馆出版社，2011年。
② 片冈一忠（林出贤次郎将来）《新疆省乡土志三十种》，第154页。

首图本不误:"时匈奴因楼兰候汉使后至者,欲绝勿通。"

《焉耆府乡土志》标点本第280页兵事录:"设守备一员,驻焉耆县。"此沿袭30种本之误,首图本"焉耆县"作"婼羌县",不误。

2. 补脱文

《昌吉县乡土图志》标点本第57页人类目中第二段落中,"其中收入、户籍、言语、衣冠、姓氏、父子……祭山川水土资养万物利于人者为中,祭以家者数户,余皆流寓于此"。此段文字前后文句不通,经核对首图本,知此处"言语……祭以家"近300字为倒文,错插入了"其中收入户籍者数户,余皆流寓于此"中,造成断句失读。同书第57页物产目中矿产"于是设厂募夫"与"治八十里格珊图山"之间脱漏30余字,据首图本可补:"二十三名,每名月取课金三分,兵燹后歇业再未开办今验其苗不旺质更不佳。又距。"

《焉耆府乡土志》标点本亦多沿袭30种本之误。第283页地理:"符署同知瑞建议创修路政,旋值交卸来竟厥工。卑府接任,踵成其事。"此句中有误字和脱漏,首图本则作"旋值交卸,未竟厥功。卑府前任闻守端兰接任,踵成其后事"。不误。

标点本《库车直隶州乡土志》地理"城西南一百一十里哈拉胡木庄界沙雅尔"后脱"城西九十里鸽什里克庄界沙雅尔",首图本、29种本不误。同书道路目全文200余字,日本30种本全文脱漏,并标注"缺落",而首图本文字完整,可补30种本之缺漏。

3. 存异文

标点本《婼羌县乡土志图》沿革目有"沈丞先鈖"、《新平县乡土志》有"同知沈先鈖",29种本、日本30种本均作如此,独首图稿本两处均作"沈丞先洪",未知孰是。

标点本、30种本《焉耆府乡土志》政绩录有"义塾现改设蒙养学堂",而首图本、29种本则作"义塾现改设初等小学堂",未知孰是。标点本、30种本《库车直隶州乡土志》政绩录有"电报房在州治西",而首图本、29种本则作"电报子局在州治西"。同书商务目表中二十九年货数,标点本、30种本"羊羔袍甬三百件",首图本作"羊羔皮甬二百件"。

首图稿本(光绪)《和阗直隶州乡土志》山目"查卑州境南有呢蟒依山",句后多小字双行注文"一名雪山",其他各本均无此注文。

4. 明格式

古代典籍中往往将需要解释的文字以小字双行的形式夹在行文中排列，与正文内容容易区别。标点整理本《新疆乡土志稿》将原来的注释小字与正文按统一字号混排，但常常不加括号，难以区别。如《昌吉县乡土图志》历史目、宗教目、实业目中的小字双行注文多误录为正文。（宣统）《哈密厅乡土志》《库车直隶州乡土志》《英吉沙尔乡土志》《蒲犁厅乡土志》等志均如此。此外，标点本《镇西厅乡土志》古迹目中将正文、注文及碑文三者文字不加区分而排在一起，极为混乱，而首图本三者文字各自清晰无误。首图本因保留原来样式书写，正文与小字双行注文等各自书写清晰无误，因而具有较高的版本和校勘价值。

三、绘舆图，存史料

标点本《新疆乡土志稿》收录全疆39地乡土志44种，但全书仅五种乡土志前各有一幅舆图，这五地是：孚远县、柯坪分县、新平县、婼羌县、洛浦县。而首图13种钞稿本中，有五种乡土志前各有舆图一幅，均手绘彩色，钤盖官印。这五地分别是：昌吉县、吐鲁番直隶厅、鄯善县、焉耆府、婼羌县。其中只有婼羌舆图被标点本收录，其余四种均未收录。

其中的婼羌舆图，也见于29种本，但两个版本的舆图在地名标示距离和方位上有较大差异。首图本婼羌手绘彩色舆图上钤盖有满汉文"婼羌县印"，文内每页均钤骑缝章官印，文字工整，封面粘签题署"署焉耆府婼羌县知县造赍乡土志图"，应为呈送本无疑。至于29种本文末附记所称均系"由新疆的知府知县造送满清政府的原呈本"，但其所附舆图均没有钤盖官印，可能这几部乡土志并非原呈本，而是以首图本为底本的抄本。首图本婼羌舆图的价值应在29种本之上，惜新出标点本收入的是29种本婼羌舆图，而非首图本婼羌舆图。

其他的四种舆图因长期收藏在首都图书馆而束之高阁，更具有独一无二的文献价值。

《昌吉县乡土图志》前有手绘彩色舆图一幅。此首图抄本早已为学者所知，并撰文论述指出国内仅存此本，不知为何标点整理本只收文字而不收舆图？是图较小，仅一页，非计里划方绘制，无图例说明，绘制简略，图内无官印。

《吐鲁番直隶厅乡土志》前有手绘彩色舆图一幅。图上正中钤有"吐鲁番同知兼管理事回民事务之关防"满、汉、维三种文字的官印。是图对折三页，计里划方法绘制，其舆图之大、手绘之精在新疆乡土志舆图中首屈一指。舆图左侧为图例说明，并有多达 400 余字的山水方位说明文字。是图无疑是清末新疆吐鲁番地区最为规范和详细的舆图之一。

《鄯善县乡土志》前有手绘彩色舆图一幅。此志存世有 29 种本、30 种本以及首图稿本，但只有首图本内附有舆图，其他各本均无图，故首图本可称乡土志中的舆图孤本，价值颇高。是图非计里划方绘制，虽较为简单，但亦对折三页，图右角钤盖"鄯善县印"满汉扁方印，有图例说明及进呈说明。

《焉耆府乡土志》前有手绘彩色舆地图一幅。图内钤"焉耆府印"满汉扁方官印。首图本此志末署：光绪三十四年十月日知府张铣（焉耆府印）。是图非计里划方绘制，山水标识较为夸张，立体感较强。亦无图例说明，较为简略。因其他各本均无舆图及作者署名年代，故此志及舆图价值很高。

四、留跋文，考志例

首图所藏新疆乡土志中有个别乡土志写有题跋，亦属极为难得之史料。如《镇西厅乡土志》有光绪三十四年李晋年行楷手书跋文一篇。现将跋文迻录如下：

> 此谓疆域者我□人地之界也，能详度数者为上，即载四至八到亦可。此篇言城、言迁徙、言湖沼、言景物（如蜃楼是）、言灵异，俱与疆域二字无涉。又考《汉书》月氏是在镇西，此犹居青齐者忘东至于海，西至于河，南至穆陵，北至无棣，而连篇累牍考□鸠之坂□，述牛山之景物。亦可谓数典忘祖者矣，观正矣。戊申十二月朔李晋年志。[1]

按：此跋文在首图本中影印于《英吉沙尔厅乡土志》末页背面，考跋文所谈海市蜃楼、月氏等皆与英吉沙尔无涉，应属后文《镇西厅乡土志》所载之事。影印本将后志之跋文误为前志之跋文，此为装订或影印之误。

李晋年（？—1929），字子昭，隶汉军正白旗，河北滦县人。乡试中举，以候补同知被伊犁将军长庚聘到新疆。在清季曾任《新疆图志》协纂、甘肃镇西厅同知。民国以后，先后任镇西、巴楚、沙雅、墨玉等县知县。其著作有《新疆回教

---

[1] 首都图书馆《首都图书馆藏稀见方志丛刊》（第 30 册），第 80 页。

考》《春秋今事比》《唐代藩镇考》《西域金石补证》《诗文外集》《沙雅县志》《坤哈变事记》等①。作为清末民国间主持过新疆多地政务的地方官员，其对所任地方情况之熟悉自是毋庸置疑。此跋文虽短，但不见各书所载，其所含信息十分丰富，不但在史料上弥补了清末新疆重要人物的情况，也为我们提供了清末当时新疆学者和官员对乡土志编写的种种看法和认识。

《镇西厅乡土志》系清光绪三十四年（1908）由时任镇西直隶厅同知阎绪昌主修，镇西厅儒学训导高耀南、留省候补训导贡生孙光祖编纂完成。该志未按清廷所颁《乡土志例目》规定的十五个门类编纂，而是自定二十四个门。全书共二万余字，是清末新疆各地所编乡土志中字数最多的一种。其编纂独特，内容翔实，考据确凿，史料价值较高。是志"纂者尚能博采详征，分类胪列，与其他新疆三十余种乡土志则迥乎不侔，堪与好古多文之吐鲁番厅同知曾炳熿所编《吐鲁番乡土志》相媲美矣"。②

该志可指摘之处不多，由孙光祖所纂的疆域目即是其中之一。诚如李晋年跋文所指出的两个问题：一是该乡土志疆域内容不载四至八到，如言蒲类海景物"蜃楼海市，人常见之"之类，确与疆域二字无涉；二是该乡土志考证月氏历史及与镇西关系，提出了移支国或为月氏的观点，李晋年指出这是"数典忘祖"。作为编纂清末省志《新疆图志》的协纂，对地方志书编纂规范颇为熟悉的地方官员和学者，李晋年在跋文中所言疆域"能详度数者为上"的编纂宗旨无疑是正确的。

总体来说，首图所藏新疆乡土志13种抄稿本，其内容最接近原书，版本价值毋庸置疑。但亦有个别地方存在问题，如《昌吉县乡土图志》仅存首图钞本，其商务目中载："（煤）湘秤三百六十千万觔。"③本地运往外地销量为400多万斤，这与上文所载煤炭总产量500余万斤数字基本相符，故上文中"千"当为"余"字之误抄，"三百六十千万觔"应为"三百六十余万觔"。标点本整理者未加考订，亦沿袭首图本而误录。

此外，首图本在被影印出版时也新增了一些舛误：一是目录编排上有部分错乱。如第30册前文目录中将和阗、库车、哈密等三个直隶州写成了"直立州"，实属误校。《蒲犁厅乡土志》列目录第二个，页码标注为59页，实则该志排在第

---

① 中国社会科学院近代史研究所《近代史资料》（总72号），北京：中国社会科学出版社，1989年。
② 马大正等《吴丰培边事题跋集》，乌鲁木齐：新疆人民出版社，1998年，第219页。
③ 首都图书馆《首都图书馆藏稀见方志丛刊》（第30册），第312页。

五，正文内容在317页。其他《英吉沙尔厅乡土志》《创修镇西乡土志》《昌吉县乡土图志》三志在目录页码标注上均因此而顺延错位，读者查阅时需重新核对书名与正文页码。二是正文中部分内容影印有错乱。如《吐鲁番厅乡土志》所附舆图，影印装订时上下颠倒。又如（光绪）《和阗直隶州乡土志》商务目中"何项在本境销行每岁若干"内容因剪贴影印，造成部分字句重复影印，与运往他处销行文字混为一体，难以辨识①。期待以后修订时能加以改善。

  以上笔者只是对首都图书馆所藏13种新疆乡土志抄稿本做了价值略述，也仅仅是抛砖引玉之说，其版本价值的独特性、内容史料的丰富性、与其他版本之间的关系以及在新疆乡土志校勘上的作用，都还有待进一步的发掘整理和研究。

（本文原载《新疆大学学报》2013年第5期，第75—78页）

---

① 首都图书馆《首都图书馆藏稀见方志丛刊》（第30册），第500—502页。

《孚化志略》编纂者考辨
——兼论其成书时间与版本①

任 龙 高 健

《孚化志略》或名《乌什事宜》，是清代专门记述新疆乌什地区的首部地方志，是研究该地区道光至咸丰年间政治、经济、民族及其他诸项事宜的重要资料。惜是志书成后并未刊行，其传世抄本又未题书名，亦未署编纂者，以致其流布未广且难于征引，甚至直至今日亦乏人问津。故笔者不揣谫陋，草就此文以考证其编纂者，兼及成书时间与版本，唯愿抛砖引玉，从而避免是志继续在故纸堆中蒙尘。

一、编纂者考辨

《孚化志略》一书，吴丰培先生得之并整理，题名为《乌什事宜》时，不著其编纂者。其后，《中国地方志联合目录》及《清史稿艺文志拾遗》等书，在是志目下，其编纂者亦付之阙如。另外，成文出版社据抄本影印时，亦唯影印序言与正文，而无书名页及编纂者。据此当可断定，《孚化志略》存世抄本或是残缺或是原书即未著编纂者。

史料的匮乏，导致历史公案产生。关于《孚化志略》编纂者问题，学术界虽未至聚讼，但亦观点不一，除却"不著编纂者"外，另外又先后出现过四种观点：

---

① 本文为教育部规划基金项目"新疆汉文历史文献题解"（项目编号：10YJA870006）、国家社科基金重大项目"清代新疆稀见史料调查与研究"（项目编号：11&ZD095）阶段研究成果之一。

《孚化志略》编纂者考辨——兼论其成书时间与版本

一是台湾成文出版社影印版《新疆孚化志略》,署其名为"钦宪保达"①;其后,《中国地方志目录》在《新疆孚化志略》目下,不加甄别地从其说②,而《中华古文献大辞典·地理卷》亦从其说,并又进而言其"籍里无考","曾官乌什"。③

二是《北京图书馆普通古籍总目》收录《孚化县志略》时,题"保达纂修"④,而后,贾建飞先生在《清代西北史地学研究》中,征引是志时亦作此说。⑤

三是马大正先生在《新疆地方志与新疆乡土志稿》中,认为《乌什事宜》即《乌什志略》,其编纂者为保恒⑥,其后,苗普生先生在《中国地方志总目提要》⑦和《新疆历史辞典》⑧中从其说;另外,《新疆百科知识辞典》⑨及《中国少数民族古籍集解》⑩亦作此说。

四是极个别图书馆,如西北师范大学图书馆等,在收录《新疆孚化志略》时,将其编纂者重新厘定为"保、达?"。

上述观点不乏名家言论,然皆不列出处,亦无其他论据支撑,或许皆是推测性地断言。更令人遗憾的是,时人或是已然作古,或是无缘得见,故上述观点的来龙去脉,今日亦甚难查证。

正如上文言,《孚化志略》存世抄本不署编纂者,前人目录又未作收录,假若做一猜测,上述观点,其由来或不出于是志本身。经查,其序文有言"公钦宪保达面谕章京等将乌什公事分编门类彙集成书","书成后钦宪重厘定",且其中"保""达"二字并排横写,后各空一格。毋庸置疑,"钦宪保达"四字蕴含着编纂者信息。而上述观点——像极了文字组合游戏——或许正是缘于对"钦宪保

---

① 〔清〕钦宪保达《新疆孚化志略》,台北:成文出版社,1968年,第1页。
② 香港大学图书馆《中国地方志目录》,香港:香港大学图书馆,1990年,第121页。
③ 关枫、王兆明、傅朗云《中华古文献大辞典·地理卷》,长春:吉林文史出版社,1991年,第380页。
④ 北京图书馆普通古籍组《北京图书馆普通古籍总目·地志门》,北京:北京图书馆出版社,2003年,第495页。
⑤ 贾建飞《清代西北史地学研究》,乌鲁木齐:新疆人民出版社,2010年,第221页。
⑥ 马大正《新疆地方志与新疆乡土志稿》,《中国边疆史地研究》1989年第6期,第6页。
⑦ 金恩辉、胡述兆《中国地方志总目提要》29册,台北:汉美图书有限公司,1996年,第17页。
⑧ 纪大椿《新疆历史词典》,乌鲁木齐:新疆人民出版社,1990年,第300页。
⑨ 蒲开夫、朱一凡、李行力《新疆百科知识辞典》,西安:陕西人民出版社,2006年,第425页。
⑩ 中国少数民族古籍集解编委会《中国少数民族古籍集解》,昆明:云南教育出版社,2006年,第463页。

达"四字的理解差异：成文出版社直接将其当作一人；北图普通古籍组则不言钦宪；马大正先生则将"达"视作"恒"之误；而西北师大图书馆则将"保达"看作二人名字的第一个字。

将"钦宪"与他字缀合，《孚化志略》并非孤例。《闽浙总督杨昌（浚）咨报查覆台湾道刘（铭传）责法人弛封台口事》载，"除详南北洋大臣，本省钦宪左、杨，本省军抚宪、督办抚宪刘，广东钦宪彭，广东两院宪并分别移行外，为此备由，伏祈照详施行"①，其中"钦宪左、杨"——"左"指时任钦差大臣、督办福建军务左宗棠，而"杨"则指时任闽浙总督杨昌浚——并非像成文出版社般释其为一人名姓。另外，再据《辞海》，"钦"意为"对皇帝所做事的敬称"②，而据《中华大字典》"宪"字则为"旧时属吏对上司的尊称"③。据此当可推测，胡正华先生观点——钦宪保达"并不是一个纯粹的人名"，钦宪同督宪一般，为"朝廷派驻各地的高级官吏"一简称，故而钦宪保达即是保达④——除钦宪释义尚待商榷外，或当修正为旧时某衙门属吏对加钦差衔上司的尊称，其结论承接北图普通古籍组观点当是不易之论。

至于保达是否是保恒之误，按《中华古文献大辞典·地理卷》载其"曾官乌什"来看，无疑非是。然则，是书毕竟晚出而且其观点又不列出处与根据，故无从考证。而且，就笔者查阅，"保达"一人亦从未见诸清代新疆档案资料中，更遑论乌什一地。相反，马大正先生所举之保恒则在新疆写下了浓墨重彩的一笔。保恒者，据《保恒行状》"公生八岁而孤。嘉庆七年袭世职"⑤看，其生于乾隆六十年（1795），字艾峰，蒙古博尔济吉特氏，隶满洲正蓝旗。嘉庆七年（1802），袭一等轻车都尉加一云骑尉。咸丰四年（1854），授塔尔巴哈台参赞大臣，旋调乌什办事大臣。同治三年（1864），授哈密办事大臣，旋赴古城兼领队大臣。次年在叛军围困中病卒于古城，谥恒靖。而且根据纪大椿、齐清顺先生言，新疆方志的编纂者"主要是内地来新疆做官的人"⑥，再者，上文言，钦宪为"旧时某衙门属吏对加钦差衔上司的尊称"，当具体到乌什，其当是钦差办事大臣及帮办大臣专属。而再据国图所藏清抄本《孚化县志略》封面题"咸丰七年

---

① 伯琴《法军侵台档》，台北：文海出版社，1980年，第385页。
② 辞海编辑委员会《辞海》（下），上海：上海辞书出版社，1979年，第3897页。
③ 汉语大字典编辑委员会《汉语大字典》，成都：四川辞书出版社，1986年，第2352页。
④ 胡正华《新疆地方事宜类志书简介》，《新疆地方志》1993年第4期，第56页。
⑤ 缪荃孙《续碑传集》卷一一八，台北：文海出版社，1973年，第22页。
⑥ 金恩辉、胡述兆《中国地方志总目提要》第29册，第1页。

《孚化志略》编纂者考辨——兼论其成书时间与版本

修"①,是志始修时间当为咸丰七年(1857)②。而合于前言,这年乌什办事大臣任内正是保恒,并且其在任内已逾三载。另外,再据《保恒行状》载,恒"博观史书,讲求经济及国朝掌故",又言"北平徐松知榆林府时,辑《蒙古源流考》辄商定于公"③看,保恒虽非官学生出身,然亦非一介武夫,其学识亦为其编纂《孚化志略》提供了可能。行文至此,马大正等先生断定《孚化志略》编纂者为保恒,或许正是出于此。

毋庸置疑,《孚化志略》编纂者是保恒。然而,问题是,按西北师大图书馆言,"保""达"是二人名字的第一个字。假若"达"并非"恒"误写,而"保"字即指保恒,那么若是将西北师范大学图书馆的观点"保、达?"重新厘定为"保恒、达□",其亦不违背上文所推测。而且,虽然吴丰培先生曾经言是志不著编纂者,但他在整理是志序时,又曾保留"达"字,并在保字后添一"恒"字。现在看来,其亦属意"保恒、达□"说。再者,关于"保达"是一人或是二人的问题,事实上,正如上文言,在序文中,"保达"二字并排横写后各空一格,而按照清人书写习惯及当时的避讳制度,"保""达"无疑是二人名字的第一个字。《孚化志略》正文言"钦差总办帮办大人璧叶"④,其中总办与帮办及璧与叶皆为并排横写,其应当读作"钦差总办大人璧、钦差帮办大人叶";《科布多事宜》载"参赞帮办大臣固多"⑤,参赞与帮办及固与多亦并排横写,应读作"参赞大臣固、帮办大臣多"等,皆可证也。若此,不恭敬地言,则马大正先生等断定是志编纂者为保恒,乃是失之片面。当然,吴丰培先生唯考定出保恒一人而不言"达"指谁,亦是令人遗憾。

"达"字指谁?笔者不逊,试做一探析。清人习俗,以右为尊,"达"字在序言中位于"保"字之左,无疑这人官职当低于保恒。然而其又"面谕章京",其官职又当高于章京。而据乌什官制,设"办事大臣一帮办大臣一"⑥,而帮办大臣亦享"钦宪"尊荣。毋庸置疑,"达"当是咸丰七年任内乌什帮办大臣。行文至此,另一问题凸现出来,这一官职相对而言毕竟是"芝麻官",任此职者,不见于传、表,一般无从考证。而且在清代诸传记著作中,达字为首字且时间合适

---

① 北京图书馆普通古籍组《北京图书馆普通古籍总目·地志门》,第495页。
② 苗普生先生在其著作《伯克制度》中,断定是志始修于咸丰四年,后《新疆通志·著述出版志》从其说,然据上文论据及纪大椿先生在《新疆近世史论稿》中直言是志乃咸丰七年编纂看,咸丰四年恐难成立,而当为咸丰七年。
③ 缪荃孙《续碑传集》卷一一八,第27、28页。
④〔清〕钦宪保达《新疆孚化志略》,第14页。
⑤〔清〕富俊《科布多事宜》,台北:成文出版社,1970年,第84页。
⑥〔清〕钦宪保达《新疆孚化志略》,第9页。

者，亦无一人曾官乌什帮办大臣。这或许即是吴丰培等先生弃而不论的原因。然则，传记中无，但那浩如烟海的清代档案却并非一定无他只言片语。而当查阅《文宗显皇帝实录》，咸丰六年时，其正好有言"（赏）内阁侍读学士达绥头等侍卫，为乌什帮办大臣"①，咸丰八年（1858）时，又有言"（赏）乌什帮办大臣达绥副都统衔，为科布多参赞大臣"②，再查《咸丰朝上谕档》，咸丰八年奏折《遵保乌什防堵出力人员开单请奖》，其上奏者为保恒与达绥③。据此当可推知，咸丰七年乌什帮办大臣任内，正是达绥。相应的，《孚化志略》另一位编纂者亦是达绥。至于达绥官至参赞大臣却不见诸清传记著作中，甚至今时章伯锋先生编《清代各地将军都统等大臣年表》时，在人名录中亦付之阙如，这或许是出于其在参赞大臣任内时间短暂之故。为弥补这一遗憾，现综合散见于各处关于达绥只言片语，为其立一小传：

  达绥（？—1859），出身不详，籍里无考。咸丰二年（1852）时为工部郎中，随入慕陵地官。咸丰三年出任山海关监督。咸丰六年（1856）出任乌什帮办大臣，咸丰八年调任科布多参赞大臣，次年因病开缺，同年病故。

综上所述，《孚化志略》编纂者当是保恒与达绥无疑。而准确地说，是志当是保恒、达绥授意，而章京等将乌什公事分编门类，汇编资料，保恒、达绥再重加厘定而成书。其中，印房章京已不可考，而粮饷章京乃景秀④。当然，是志近万言，或许并非印房或粮饷章京单独完成，其下属当亦有所参与。现罗列如下：笔帖式善魁、委笔帖式讷苏□额、额书袁继业、龚福安⑤，唯存一论耳。

二、成书时间及版本考

  关于《孚化志略》成书时间问题，《中华古文献大辞典·地理卷》断言其"成于咸丰七年"⑥。然是志载"马厂新垦地亩分拨回子一百九十六户自咸丰八年起每年交小麦七百七十四石二斗"⑦，且这行字上接"骆驼巴什汛城迤北柴刷一带

---

① 《清文宗实录》，北京：中华书局，1986年，第324页。
② 《清文宗实录》，第1143页。
③ 中国第一历史档案馆《咸丰朝上谕档》，桂林：广西师范大学出版社，2008年，第307页。
④ 中国第一历史档案馆《清代新疆货币档案》（下），《历史档案》2012年第2期，第22页。
⑤ 中国第一历史档案馆《咸丰朝上谕档》，第308页。
⑥ 关枫、王兆明、傅朗云《中华古文献大辞典·地理卷》，第380页。
⑦ 〔清〕钦宪保达《新疆孚化志略》，第53页。

《孚化志略》编纂者考辨——兼论其成书时间与版本

新垦地亩分拨回子三十七户自咸丰七户（年）起每年交小麦一百四十六石一斗五升"①，从行文看，其上下衔接连贯，当并非后人妄添。另外，据《文宗显皇帝实录》载，咸丰七年时"乌什办事大臣保恒等奏开垦乌什骆驼巴什地方荒地并挖渠道等工完竣请自咸丰八年为始援照成案每亩五升科则一律以小麦升科如所请行"②，假若以实录为准，后则引文言"自咸丰七户（年）起"，或当是咸丰八年误写。从上述看，是志纪事下限或当晚至咸丰八年。无独有偶，当再查《文宗显皇帝实录》，是志编纂者达绥与保恒，分别在咸丰八年与九年年初离任。这样，《孚化志略》其完稿或即在咸丰八年。

至于《孚化志略》版本问题，成文出版社印行是志时言，"据清咸丰七年抄本影印"。而后，凡言及这一问题的著作，如《新疆历史词典》《中国地方志总目提要》《清史稿艺文志拾遗》《中国地方志联合目录》《新疆百科知识辞典》《中国少数民族古籍集解》等，无一例外皆作咸丰七年说。这所谓咸丰七年抄本，笔者一直无缘得见。然据影印版《新疆孚化志略》并无牌记类证据看，咸丰七年或许是成文出版社据是志序言"咸丰七年小阳月书"推测而来。然则，"序跋的写作时间并不一定是版刻的年代"③，而且这抄写年代无疑与上文所言是志成书时间，即咸丰八年，相互抵牾。其抄写时间或许当晚至咸丰八年甚至更晚。而《北京图书馆普通古籍总目·地志门》在《孚化县志略》目下，唯言"清抄本"④亦可证也。《孚化志略》清抄本，据《中国地方志联合目录》载，其现藏于北京、新疆、甘肃（胶卷）和旅大图书馆⑤。然则据查证，国家图书馆（即《联合目录》中北京）藏是志凡四册，而据国家图书馆数字方志库是志全文影像，只有上下册，据这推测，国图或藏是志清抄本的两种本子。而且，当再查台湾地区古籍善本联合目录，"中研院"傅斯年图书馆亦藏旧抄本是志二册。另外，新疆维吾尔自治区图书馆（即《联合目录》中新疆）所藏是志，却又并非是《联合目录》所言清抄本。这一抄本上下分卷而其他清抄本（指笔者间接所见国图与傅斯年图书馆藏本，下文同）则不分卷，而且，其他清抄本皆以格纸，每页八行十六字抄写（抬头等除外），而这一抄本则誊写在无格纸上且每页行数、字数亦略显随意。另外，其封面及装帧亦是典型民国书籍样式，其或许要晚至民国时期。当然，其抄写时

---

① 〔清〕钦宪保达《新疆孚化志略》，第52页
② 《清文宗实录》，第8页
③ 杨燕起、高国抗《中国历史文献学》，北京：北京图书馆出版社，2007年，第291页。
④ 北京图书馆普通古籍组《北京图书馆普通古籍总目·地志门》，第495页。
⑤ 中国科学院北京天文台《中国地方志联合目录》，北京：中华书局，1985年，第250页。

间已然难以考证，而其抄写者，陈光贻先生曾有言，吴廷燮先生曾"抄校《孚化志略》"①，据此或许是吴先生，而其所据之底本，据其序文言"殊非慎重公事之道今蒙钦宪"与其他清抄本载"殊非慎重公钦宪"大相径庭，及其他清抄本在官制目下"阿奇木伯克"皆误写作"阿奇水伯克"，在军械门下"炮"写作"砲"，而该抄本则改正"水"字为"木"字并将"砲"字写作"礮"，或许乃大连图书馆（即《联合目录》中旅大）或国图另一藏本，然苦难查证，甚憾。至于甘肃图书馆（即《联合目录》中甘肃）所藏是志胶卷，乃是复制于新疆图书馆抄本，若以清抄本称之更是谬以千里。至于是志其他版本，据《新疆通志·著述出版志》，尚有台北《中国方志丛书》影印本及《中国民族史地资料丛刊》油印本②。至于他们所据之底本，前者或即傅斯年图书馆藏旧抄本，而后者，当将其与新疆图书馆藏旧抄本相对校，一则其序言亦载"殊非慎重公事之道今蒙钦宪"字，且又皆载"册案可稽"，与他本"丹案可稽"亦是相异；另一方面，又皆有脱漏互异之处，例如后者回夷处缺"伯克管回户七品巴吉格尔伯克管回夷"，城汛目脱"西至宝兴汛二十里"，前者则无这疏漏，而前者回夷处则脱漏"由阿奇木呈报请发给路照山外回夷入城贸易等事"，由此，他们或是据自同一底本。另外，据《中国地方志流播日本研究》言"清咸丰七年修，抄本"，现藏于天理大学图书馆③，《孚化志略》应该尚有日本抄本。然亦苦难查证，唯存一论。

罗列《孚化志略》各个版本，自然是清抄本（同上）为最善。然则，瑜不掩瑕，其目录将大门小目并列，而且在正文中，各门目之间，或分页或不分页，无标准可循。再者，其藏处单一，借阅不便，故亦难为一般学者利用。另外，应当指出，国家图书馆数字方志库全文影像将其藏清抄本之古迹目割裂，分置于上下册，假若这并非是技术性失误，这一抄本，至少在装订上，逊于傅斯年图书馆藏旧抄本。而《中国方志丛书》本是根据傅斯年图书馆藏旧抄本影印，虽然其疏漏与之殊无二致，然其流布甚广，借阅方便，乃是一嘉惠学林之作。而《中国民族史地资料丛刊》油印本，虽然其纸张暗黄，字迹模糊，而且缺舆图门，另外，又在回夷处目脱漏字"由阿奇木呈报请发给路照山外回夷入城贸易等事"，但是有吴丰培先生为其作跋及地名索引，且重新分段并加标点，又增补官员缺名，改正

---

① 陈光贻《中国方志学史》，福州：福建人民出版社，1998年，第191页。
② 新疆自治区地方志编纂委员会《新疆通志·著述出版志》，乌鲁木齐：新疆科学技术出版社，2006年，第329页。
③ 巴兆祥《中国地方志流播日本研究》，上海：上海人民出版社，2008年，第389页。

显著误字，从而使文意更加明确且便于理解，亦不失为佳作善本。至于新疆图书馆所藏分卷本，其目录与正文中门目排列不尽相同，且回俗与升转目皆被一断为二，分列于上下卷，装订甚是混乱，又讹脱倒衍俯拾皆是，征引时须审慎。

(本文原载《图书馆杂志》2014年第9期，第104—108页)

《天山赋》著者考辨

史国强

一

清代西域,不独边塞诗歌及游记的创作呈现繁荣局面,辞赋创作也颇引人注目,其中以纪昀《乌鲁木齐赋》、王大枢《天山赋》、徐松《新疆赋》为著,有"新疆四赋"(《新疆赋》或分南路、北路二赋)之誉。然而王大枢《天山赋》的著作权却颇具争议。

王大枢(1731—1818)字澹明,号白沙,别署天山渔者、空谷子等,安徽太湖县人。乾隆三十六年(1771)举人,乾隆五十三年拣选知县,以公事流戍伊犁。嘉庆四年(1799)释归。其间著有《古史综》十四卷、《古韵通例》三卷、《西征录》六卷、《鸿爪录》等①。《天山赋并注》为其《西征录》第六卷《存草下·赋》的首篇。

然而,嘉庆三年(1798),即王大枢结束流放东归的前一年,有署名岭南欧阳梅坞著、金城邵乙园注的《天山赋并序》单行本刻本面世。嘉庆十年,和宁编纂的《三州辑略》将其收录,署名欧阳镒(字梅坞)。宣统三年(1911),袁大化、王树楠等主持修纂的《新疆图志·艺文志》亦将《天山赋》作者归于欧阳镒。1937年,台湾彰化崇文社出版的《彰化崇文社二十周年纪念诗文集续集》刊登《天山赋并序》,仍署名欧阳镒。因而,龚克昌在其《中国古代赋体研究总论》

---

① 嘉庆十九年(1814)介石山房版刻本《西征录》卷八,包括王大枢回乡后整理的《跫音集》和《东旋草》。

中提及王大枢《天山赋》即专门加注："此赋或以为欧阳锴所作，待考。"①

那么，王大枢《天山赋》是否和欧阳锴《天山赋》为同题异作呢？吴丰培在他辑录的《新疆四赋》后记中对二者进行了核对，他认为："除个别文字有所增改外，其他主要文字，包括注文在内，无不尽同，仅序文自述之文有异，王文云：'予荷戈西出，饱玩此山。'而欧阳文则说：'余以岭外人来宰焉支，摄白亭，客姑臧，日与山对。'"②

关于欧阳锴的文献资料十分有限，据《柳江县志》载："欧阳锴，字梅坞，乾隆四十五年举人，官甘肃合水知县，著有《潞野吟草》。"③另，与欧阳锴有姻亲关系的杨廷理，于嘉庆元年流戍伊犁，并与王大枢有过交往。他作于嘉庆元年至五年间的《西来草》卷一中诗下自注云："梅坞丁艰后，以军务留甘，往来秦、阶办运粮饷，尚未得实缺……现蒙大宪咨请，就甘起复"④，"欧阳梅坞现署永昌县令"⑤，作于嘉庆七年至八年间的《西来草》卷三《盼立功侄会银不到，书寄一律，并致梅坞五内弟》诗"合水循声看步武"句下注云："梅坞近补合水令。"⑥而嘉庆八年（1803）五月，杨廷理戍满东归，途次兰州时有《甘省东门外义院哭梅坞五内弟》诗，可知此年欧阳锴已逝于异乡。

对于该赋的著作权，吴丰培认为："大枢在乾隆五十三年遣戍新疆，住了十三年，与洪亮吉同时，对于新疆地理，颇多考证，他有《西征纪程》，已辑入《甘新游踪汇编》中，亦擅长诗文，则此赋当为他的作品无疑。"但对于欧阳锴作品的出现，吴氏又颇为困惑："大枢为遣戍人员，而欧阳锴则宦游新地，两人身份不同，颇难相互抄袭。"故而他推断：之所以"两人均作己作而刊布"，"意大枢旅新也久，嘉庆元年尚未离新，曾游幕多处，或曾入锴之记室，代为捉刀，亦未可知"。基于此，吴氏在将《天山赋》收入《新疆四赋》时采取了审慎的态度："今将两名并列，以待进一步的考证。"⑦

---

① 龚克昌《中国古代赋体研究总论》，《东方论坛》2001年第3期，第29页。
② 吴丰培著，马大正等整理《吴丰培边事题跋集》，乌鲁木齐：新疆人民出版社，1998年，第205页。
③ 据刘汉忠、罗方贵点校《柳江县志》，南宁：广西人民出版社，1998年，第239页。
④ 刘汉忠编校《杨廷理诗文集》，香港：香港新世纪国际金融文化出版社，2000年，第27页。《立春日得欧阳梅坞内弟书，详述予家事，兼寄示〈首阳山辩〉等作，喜成》注。
⑤《杨廷理诗文集》，第10页。《夜起怀人》"频怀梅坞酒"句注。
⑥《杨廷理诗文集》，第74页。
⑦ 本段引文均自《吴丰培边事题跋集》，第205页。

二

许俊雅在杨廷理著作中发现一个细节:"杨廷理志别王大枢诗,特别提到王大枢出所著《天山赋》、《西征记》见示",他认为,"此时署名欧阳镒之《天山赋》又已刊行,则王氏此举似另有措意,不便明说力争著作权"①。笔者认为这个推断颇有道理。其实,耐人玩味的还有,在杨廷理《西来草》卷一中,紧随《王大枢孝廉出所著〈天山赋〉、〈西征记〉见示,漫赋四律并以志别》诗后,是一首《夜起怀人》,诗中所怀之人恰是欧阳镒。这首诗的出现似乎也暗示了王大枢造访杨廷理、出示《天山赋》动机的不言而喻。

事实上,王大枢本人在伊犁时的确已发现了欧阳镒将《天山赋》据为己有的事情。其《东旋草》中有一首《无题》诗,该诗序叙述了《天山赋》的创作缘起和对作品被盗袭的愤懑,序云:"予至伊犁之三年,客有赠诗者云'天教大笔赋昆仑',予谢'何敢',以为赋天山可也,因著《天山赋并注》,约数千余言。诸人抄写,有刻板于甘省略改数句据为己有者。因思仲任《论衡》蔡邕秘之,向秀《庄注》郭象袭之,何法盛窃晋《中兴书》而没郗绍之名,齐邱嵩(按,当为宋齐邱,字子嵩)攘《化书》而竟以皮囊沉谭峭……至于拙作,曾何足道,而亦有是为,抑重可哂也。"②王氏所云刻板内容恰与吴丰培的考证相吻合。

王大枢不仅向欧阳镒的亲友宣示著作权,还在东旋途中造访欧阳镒,向他表示了无声抗议:"行次皋兰,而刻板之人适在省,访之,颇申款洽。窃窥此人,殆非不能文者,即此亦不可谓非知己,惟是竟削贱名,并不假以注释评跋之目,无乃类齐邱之行有伤雅道欤!是不可不言,而又未忍质言也。"③临别,王大枢还赋诗贻之,诗云:"啮雪天山十一年,敷陈也拟质名贤。宁期不翼飞冥海,已得知音付乡泉。暂秘论衡原戏剧,竟沉谭峭却颠连。皋兰识面空萍水,无那风怀卒未宣。"④王大枢未忍向剽窃者当面质言,也许是碍于自己戍客的身份及与杨廷理的患难交情,却也暗含讥刺,表达了不满。

王大枢诗草中没有将欧阳镒姓名点出,似乎还是留了情面。而作为欧阳镒的姻亲,杨廷理对王大枢的《天山赋》十分欣赏,并曾承诺代为刻印。其作于嘉

---

① 许俊雅《台湾赋篇补遗》,《复旦学报》2010年第6期,第15页。
② 〔清〕王大枢《东旋草》,《古籍珍本游记丛刊》第14册,北京:线装书局,2003年,第7383页。
③ 《东旋草》,《古籍珍本游记丛刊》第14册,第7383页。
④ 《东旋草》,《古籍珍本游记丛刊》第14册,第7383页。

庆壬戌至癸亥冬春间（1802—1803）的《以王白沙孝廉所著〈天山赋〉及〈边关览古〉六十四咏呈将军阅定》称赞王大枢："老手才华不让人，穷边览古订其真，笔花艳吐天山雪，墨浪轻挥塞漠尘。太息菊当三径晚，肯教兰竞一春新。"并在句下注中提到"予与白沙交颇厚，许代刻此两种诗赋。"不仅如此，杨廷理还在伊犁将军松筠组织人力修纂志书时，将王大枢作品呈送给了松筠："今遇纂志，呈将军"，并被松筠"饬印房钞存备用"。此亦为王大枢拥有《天山赋》著作权之有力佐证。①

三

那么，令吴丰培困惑的这起抄袭案何以能发生呢？如王大枢《无题》诗序言所云，《天山赋》是在诗友的鼓动下于到戍伊犁三年（乾隆五十五年，1790）后所作，后为诸人抄写。《西征录》卷七《跫音集》"皂公"条下记载了嘉庆元年王大枢移馆绥定总镇府后著作的抄录情况："（皂公）二子从予受学五载，予所撰《西征录》、《古史综》、《古韵考》诸书，公派书胥一名唐恒泰专事抄录，枢得暇撰述，且得传稿……"②而《西征录》卷六《存草下》中《答徐别驾铁樵书》则直接提供了《天山赋》为伊犁废员传抄的佐证："谨如命，捡第六卷奉上。其前五卷抄毕，即望掷还。第六卷《天山赋》与《边关览古诗》二项，舒公现有《天山赋》矣，《览古诗》观察杨公处有，可于彼取之。……"③其中"观察杨公"即为与欧阳镒有姻亲关系的杨廷理。因此，幕府文员与遣戍废员的这种借阅、传抄，客观上使王大枢作品得以传播扩散，而随着这些幕府文员与内地的公务往来和遣戍废员的期满东归，在与沿途官员、文士的交往中，这种传播会因而扩大。在欧阳镒《天山赋并序》刻本书尾有张翘的跋文"丙辰（嘉庆元年）冬梅坞先生秉篆焉支"④，联系上引杨廷理《夜起怀人》诗注"欧阳梅坞现署永昌县令"，不难发现，"焉支"乃"永昌"借代，而永昌县位居由甘州府通往凉州府的第四站，为东西交通必经驿站。作为迎来送往的东道主，亦"能文"的欧阳镒不难从来自伊犁的客人那里获取他们箧中创作或抄自异域的佳作。杨廷理《甘省东门外义院哭

---

① 本段引文均自《杨廷理诗文集》，第70页。
② 〔清〕王大枢《西征录》卷七，《古籍珍本游记丛刊》第14册，第7343页。
③ 《西征录》卷六，《古籍珍本游记丛刊》第14册，第7256页。
④ 转引自《吴丰培边事题跋集》，第205页。

梅坞五内弟》诗中有"携来拙作待加删"的诗句①,则恰好证明了此种交流的真实存在。而欧阳镒"来宰焉支"时,恰是王大枢得绥定城总镇府镇台皂保之力作品得以抄录并广为流布之时。另,杨廷理《西来草》中有一首《立春日得欧阳梅坞内地书,详述予家事,兼寄示〈首阳山辨〉》诗,仅从诗题即可看出,欧阳镒借驿路之便与伊犁亲友书信往来、交流著作的事实是存在的,那么,与伊犁友朋的书信交往或是其获得王大枢作品的另一可能途径。

在欧阳镒《天山赋并序》刻本书尾的自识云:"是编脱稿后,未敢示人,戊午秋忧居京师,适皋兰邵孝廉乙园设帐姑臧,偶出相质,乙园谬谓可存,并为音注,以付诸梓。"②笔者以为,欧阳镒由篡改王作初期的"未敢示人",到"偶出相质"其他文人,正反映了抄袭者内怀惴惴而又心存侥幸的微妙心态,而由于当时地域和传播的局限,邵氏未能识破其中秘密,相反,他对于作品的激赏和付梓的鼓动最终使这起抄袭案成为事实。最后,《三州辑略》的误收、《新疆图志》的以讹传讹及二者在西北史地学研究中的日受重视,无疑使欧阳镒的抄袭之作也借以名正言顺地广为传播。而杨廷理的承诺似乎并未兑现,王氏著述除部分以抄本流传外,其包含《天山赋》在内的八卷本《西征录》于嘉庆十九年(1814)方在乡人资助下得以付梓,但传播有限,影响不著,真应了王大枢《无题》诗序中所云:"古今来著者不传,传者不著,异代览崇文之目,千秋启石室之藏,又焉知姓名真伪,当日作者之果属谁某也,可慨也!"③

综上所述,《天山赋》为王大枢原著,欧阳镒《天山赋》为剽窃之作。对这起文案的研究及真相的破解,不仅能够正本清源,而且还有助于我们还原清代西域文学作品的创作、传播与刊刻的历史,具有一定的文学史学及文献学的意义。

(本文原载《中国典籍与文化》2013年第4期,第56—59页)

---

① 《杨廷理诗文集》,第135页。
② 转引自《吴丰培边事题跋集》,第205页。
③ 《东旋草》,《古籍珍本游记丛刊》第14册,第7383页。

萧雄西域事迹考

吴华峰

清代同治年间肃州及新疆民变，战火绵延十余年。湖南诗人萧雄为改变自己困顿的人生，毅然投笔从戎，以幕僚身份从军西征多年。其晚年所著《听园西疆杂述诗》四卷，共 110 题 150 首，成为亲历同治民变和新疆建省期间重要的历史资料。由于史料的缺失，萧雄的西域事迹至今模糊，甚至存在着一些舛误，成为清代西域诗研究中的遗憾。本文结合相关的历史背景及现有材料，拟对萧雄在西域时期的人生经历做出还原，并澄清其生平记载中的错讹。

一

《听园西疆杂述诗》最早收入《灵鹣阁丛书》中，有关萧雄生平经历的记载，主要保存在《听园西疆杂述诗自序》（以下简称《自序》）及黄运藩为《灵鹣阁丛书》本诗集所作的序言中（以下简称黄《叙》）。为便于观览，兹将《自序》全文迻录如下：

> 从古骚人墨客，往往寄托吟咏，陶写性情。余于是篇，岂其然耶？慨自壮岁困于毛锥，会塞上多事，奋袖而起，请缨于贺兰山下，即从戎而西焉。关内荡平，将出净塞氛，遂乃前驱是效。其时碛路久闭，初印一踪，人绝水乏，望风信指，兼旬而至伊吾。天山南北贼焰沸腾，干戈异域，不堪回首。然一感知遇，皆所弗顾。自此旁午于十余年之中，驰骤于两万里之内，足迹所至，穷于乌孙，亦备矣哉！而其成功，卒无所表著。噫，可谓半老数奇矣！曩者入关，抵兰州，友人竟问边陲，曾略以诗告。寥寥短楮，叙述不

详，屡被催续，而车尘鲜暇。及还乡，缘无力入都，山居数载，究因蜩累，败兴久之。顷以道出长沙，旅馆蓬窗，兀坐无聊。回思往迹，神游目想，搜索而成篇，共得百四十余首，句虽粗疏，颇及全图。聊覆催诗旧雨，而鸿爪雪泥，藉自志矣。嗟乎！班超投笔，定远封侯，窦宪出关，燕然勒石，经历之处，千载流传。仆虽不才，其草檄矢石之中，枕戈冰雪之窟，自怜艰辛，数倍于人。殊叹足之所经，当时鲜有知者，安望千百世后，尚有传说其人其地者哉？矧南中之人，击缶声同，以为殊方远域，卧游可历。故是篇为未虚此行可，即谓替人游览亦可，倘论推敲，应为之一笑焉。光绪十有八年壬辰岁花朝后一日，听园山人自序于星沙客舍①。

《自序》对萧雄从军前后的人生经历以及诗集的成书经过都做了简要说明：诗人久困科场，恰逢同治初北方战乱，为了博取功名，北上从军效力，后出关在新疆生活十余年。战事平定之后，却未加进用，落魄还乡。晚年客居长沙专事著述，回思往事，作《听园西疆杂述诗》，聊以慰怀。

《灵鹣阁丛书》本《听园西疆杂述诗》刻于光绪二十一年，刻印者江标（1860—1899），为光绪十五年进士，官至湖南学政。基于江氏的人品与地位，丛书在当时就具有较大的影响力。萧雄的《听园西疆杂述诗》为世人所熟知，实有赖于这部丛书的收录。江标的弟子黄运藩于光绪二十三年（1897）为诗集所做的叙言，更成为学界了解和研究萧雄生平经历的主要依据之一。黄《叙》对萧雄的生平略有补充，全文如下：

> 益阳萧直刺皋谟雄，有关外圣人之目。《西疆杂述》四卷，此其橐笔回疆，往还三次之所为作也。皋谟平生倜傥多大志，承累世诗书孝友之余，困场屋二十余年，娓娓觊一衿而不可得，徒手发愤走回疆两万里而遥。当同治季年，回部多故，皋谟参军于金、张两帅，文、明二钦使之间，见见闻闻，不作红柳毵毵之语。而数奇不偶，裁以花翎直隶州了虎颔封侯之愿。光绪初，军报肃清，皋谟归称其尊甫孝恕先生七十之觞，念亲老不复出。三年，尊甫促之去，三年又归。归，复出又十年，无所遇，遂伏不复出，壹意于所为《西疆杂述》者。夫以骚人之韵事，补史事之地理。例不嫌创，注不厌

---

① 萧雄《听园西疆杂述诗自序》，《灵鹣阁丛书》，光绪二十一年湖南使院叙刻本。本文所引诗歌及注语内容，悉引自此本。

详。作者谓圣，斯皋谟之所为圣与。然自班史以下，有涉西域之书，计取情求，修补鞠瘁，则仍以述称焉。里巷狭隘，无所证佐，故始而旅食长沙，或典衣代饔，既遂，客死县治，倮然尸归。以今揣之，两皆不恤，亦可悲已。乃距其亡不三数年，我师元和江公刻其遗稿《灵鹣阁丛书》中，且咄嗟于其抱志早殒，为可叹愤，又何快与！江师之功，肉骨而身死之矣。子云当日又乌料书之见赏于桓谭正速也。丁酉十月，安化黄运藩叙[①]。

据此可知，萧雄为湖南益阳人氏。同治三年（1864）离家从戎，先后游幕于西征军将领金顺、张曜及哈密办事人臣文麟、明春幕府中。

萧雄游幕的细节尚无资料可详考。《听园西疆杂述诗·瓜果》一诗的注语中云"曾过伊犁果子沟"，所以他应当游历过北疆。萧雄未明言游南疆之事，但诗中对南路诸城风物叙述綦详。今日喀什市区内"九龙泉"景点旁，还书有萧雄的《耿恭井》诗："疏勒城中古井深，飞泉千载表忠忱。一亭稳护冰渊鉴，大树长留蔽芾阴。"喀什地属古疏勒国，而清人常将其与汉代耿恭所守之疏勒城相混淆。刘锦棠于光绪三年收复喀什噶尔，萧雄或即于此后游历新疆南路并曾至其地。对各地风情感同身受的体验，对其日后创作来说是一个得天独厚的优势。

西域战事结束后，萧雄被委以花翎直隶州的虚职，不得志而还乡，其后迫于生计又先后离家二次，最终数奇不遇。而诗人晚境更加凄凉，为了完成著述，曾当衣度日。客死长沙不到三年，江标就根据稿本将其《听园西疆杂述诗》收刻于《灵鹣阁丛书》中。两序合读，萧雄简单的人生经历，便有了较为清晰的还原。

《自序》交待诗集成书于"光绪十有八年壬辰岁花朝后一日"，即1892年初。黄运藩《叙》称"乃距其亡不三数年，我师元和江公刻其遗稿《灵鹣阁丛书》中"。据丛书牌记来证实，《听园西疆杂述诗》最初付梓是在光绪乙未（1895）[②]，因此，萧雄的卒年或就在诗集成书之当年的光绪十八年或稍后。

二

两序对于萧雄从军之前经历的记载并无分歧，但关于萧雄北上从军后生平的

---

① 《听园西疆杂述诗》黄运藩叙。
② 《听园西疆杂述诗》刻印牌记云："光绪乙未七月据益阳萧氏遗稿原本写样传刻于湖南提学署。"

叙述却不尽相同，黄运藩《叙》记载有误。

（一）萧雄出关时间考

萧雄出关的具体时间，两序均未明言。但据《自序》云："关内荡平，将出净塞氛，遂乃前驱是效。"考肃州战事结束在同治十二年，陕西回民起义领袖白彦虎于此年五月败走关外，清军的先头部队紧随其后追击出关①，大军也于同治十二年底分批出关入疆②。从《听园西疆杂述诗》的自注中，可以了解到对萧雄此期经历的零星线索：

卷三《哈密》其二注语中称自己"同治五年从征肃州"，说明同治五年诗人还未出关。

卷四《气候》注语称"余初出关时，值十一月中"，萧雄既然"前驱是效"，当也随部进发；清军前锋于同治十二年出关入疆，故此处注语所述应为同治十二年十一月。

同卷《戈壁》注语又云："余初次出塞，贼行于前，抵玉门，探闻安西大路戈壁站中之水，贼皆填塞不能前进。……不意小路中风推沙壅，浩浩无垠，十余年未经人迹，方行二三日，即迷所往，失水两日一夜，幸值冬月，人与畜尚未渴毙。计行沙碛十七日，至距哈密二百一十里之塔尔纳沁城，始见人烟。"详细记载诗人随军追击敌人的艰辛，及最终到达哈密前站塔尔纳沁城的曲折经过。

驻扎塔尔纳沁城后，萧雄听说了其他出关部队的消息："同治十二年冬，浏阳黎彤云观察献带军出关，行至胡桐窝之西，遇大风，吹失多人。幕友陈君江西孝廉，亦及于难……余时在沁城，是日城中屋顶多揭去，都司署前照壁，极厚且低，竟被吹倒。"③作为先头部队抵达哈密后，诗人也一直忙于协助军中事务："光绪初，各军出关，余时在哈，凡遇过岭者，皆嘱其预防暴冷，且告所禁。"④

将以上内部和外部的各条文字补缀串联，可知萧雄定于同治十二年冬出关。在诗歌自注中，诗人对同治十二年后新疆发生之事记载尤其详细，如关于哈密城破哈密王后被掳一事：

> 同治十二年秋，（福晋）复被窜回白彦虎诱合部民，破城掳去。大兵昼

---

① 《清穆宗实录》卷三五二，北京：中华书局，1987年，第655页。
② 《清穆宗实录》卷三六一，第780—781、784页。
③ 《听园西疆杂述诗》卷四《风雪》注语。按：关于黎献率军出关遇风吹失多人之事，暂仅见萧雄《听园西疆杂述诗》记载。
④ 《听园西疆杂述诗》卷三《天山》注语。

夜穷追，比至瞭墩，夺转嗣王夫妇。而福晋已远，力追未见……是年冬，回王遣人持档，往南路探寻……次年复遣人前往……哈密大臣文公，于此几费筹度，时以各军大队未齐，遽难进剿。且福晋陷在贼中，应设法先令送出，然后攻击，不至残害。曾用回汉合文晓谕该逆，言之恺切，事经具奏。余时在幕……光绪元年，福晋回哈密，凶锋百折，卒能自全，论者嘉之。（卷三《名节》）

其他还有一些诗人亲历亲闻之事：

光绪元年，总统嵩武军张公，于戈壁安西大路，按站兴修馆舍，浚井疏泉……夏日经行戈壁，宜载水以防大渴。光绪八年，土鲁番道中，渴毙步行者两人，倚墈箕坐，张口出烟，缘脏中水尽，则火炽矣。（卷四《戈壁》）

凡同治十二年后发生于新疆亲历之事，注语中诗人都系以明确纪年。这些亦构成了诗人出关时间的旁证。

（二）萧雄东还时间考

有关萧雄入关时间，《听园西疆杂述诗·例言》第九条载："方舆辽阔，其未亲历处，多得之于询问。且入关在乙酉春，其时设省事宜，尚未办竣，所述或有差谬缺漏，幸加指正焉。"

乙酉为光绪十一年。光绪十年清廷设立新疆省，下诏"授刘锦棠为甘肃新疆巡抚，仍以钦差大臣督办新疆事宜。以甘肃布政使魏光焘为甘肃新疆布政使"[①]。十一年四月刘锦棠等人才进驻省城。萧雄同年春东还，故《例言》谓"设省事宜，尚未办竣"。

综上所述，可以明确萧雄在新疆生活的具体时间是同治十二年冬至光绪十一年春，这正符合《自序》中"自此旁午于十余年之中"的记载。所以黄《叙》所云"当同治季年，回部多故，皋谟参军于金、张两帅，文、明二钦使之间"，只是记录萧雄离家从军北上的时间和大概经历，并非其随军入疆之时。而萧雄入幕的情况也应当是：同治初从军后随军在肃州作战，先后在金顺、张曜幕府中。同治十二年随先头部队出关后入哈密帮办大臣文麟幕府。追后张曜、金顺出关，文

---

① 《清德宗实录》卷一九五，北京：中华书局，1987年，第77页。

麟离任，萧雄旋先后入明春、张曜、金顺幕府①，并随军转战各地，"驰骤于两万里之内"。

黄《叙》有关萧雄"光绪初，军报肃清，皋谟归称其尊甫孝恕先生七十之觞"的入关时间推断也有误。新疆战事于光绪四年平定，黄运藩很可能即据此误断萧雄于光绪初年返乡。而其云萧雄返乡后"三年尊甫促之去，三年又归。归，复出又十年，无所遇，遂伏不复出"的记载，从时间上推算也难以成立了。从萧雄入关的1885年到诗集成书的1892年，只间隔七年，萧雄无法如黄《叙》所云再次离乡两次，历时十余年。因此黄《叙》所谓《西疆杂述诗》为萧雄"橐笔回疆，往还三次之所为作"的说法或系猜测，唯有《自序》中云"及还乡，缘无力入都"应属实。

三

两序之外对萧雄进行过介绍的，是民国徐世昌于1929年所编的《晚晴簃诗汇》一书。诗人简介云：

> 萧雄字皋谟，益阳人，候选直隶州知州，有《西疆杂述诗诗话》。皋谟久困场屋，同治季年从军征回，遍历天山南北，于其山川风土，各纪以诗。西征文士，人与施均甫并称之。②

尤其强调了萧雄曾候选直隶州知州，虚有其名，而并未上任。这一点与黄运藩《叙》中所述"而数奇不偶，裁以花翎直隶州了虎颔封侯之愿"也略有不同，黄《叙》并未强调萧雄是候选知州。如从黄《叙》言，萧雄所授直隶州知州为从五品官员，应不至于落魄还乡。这实际也旁证了黄《叙》对萧雄生平的介绍有溢美之嫌。事实上，战后诗人未尝得到重用也在情理之中。萧雄曾经科举屡次落榜，以一清苦布衣身份从军，又无赫赫战功，从军入幕以期另辟入仕捷径的愿望

---

① 文麟，同治四年十二月以蓝翎侍卫充任哈密办事大臣，光绪二年五月因病解任。明春，同治十二年充任哈密帮办大臣。光绪二年授办事大臣。光绪十一年七月回京。金顺，同治二年参与镇压陕甘民变，十三年奉命为帮办新疆军务大臣，率部出关。光绪元年任乌鲁木齐都统，次年十月授伊犁将军，十一年八月回京。张曜，同治八年转战至宁夏，十三年初出关屯驻哈密，光绪十年入关。萧雄在幕府中先后任职的具体情况虽不可详知，但时间均与此四人经历相符。

② 徐世昌《晚晴簃诗汇》，《续修四库全书》第1633册，上海：上海古籍出版社，2002年，第31页。

也就无从实现。

《晚晴簃诗汇》提及的施均甫即施补华（1835—1890），字均甫，同治九年举人，有《泽雅堂诗集·二集》《泽雅堂文集》《岘佣说诗》传世。历任左宗棠、张曜幕僚。徐世昌所云"萧施"并称之语，当是据其所知西征幕府以诗名者而言。萧雄在诗集中记述了施补华题跋《刘平国碑》一事："刘平国碑，隐晦千七百余年，至光绪己卯始出，在赛里木东北二百里荒崖石壁间，松武军统帅张公闻之，遣人拓归，得点画完者九十余字。乌程施筠甫孝廉考而跋之。"①

除此之外，萧雄诗集及施补华的著述中，并无两人交往的记载。在西征军众多的幕僚中，施补华是名声较为显赫的一位，萧雄能与之并称，足见其文采也曾受到同僚们的赞赏。

吴蔼宸所编《历代西域诗钞》选萧雄诗32题59首，对萧雄的介绍完全取自于《自序》和黄《叙》："萧雄，字皋谟，湖南益阳人。平生倜傥多大志，困顿场屋，一衿未得。清同治季年西域用兵，雄发愤走回疆两万里，参都统金顺提督张曜戎幕，往还三次，历十数年，数奇不偶，官仅至花翎直隶州知州，最后东还，伏不复出。旅食长沙，专意著述，典衣代爨，卒至客死。著有《西疆杂述诗》四卷，自为注释，于新疆地理风俗人事各项，叙述綦详，其遗稿刻入《灵鹣阁丛书》中。"②据前文所述，吴蔼宸"往还三次，历十数年，数奇不偶，官仅至花翎直隶州知州"的说法乃沿袭了黄《叙》之误。《历代西域诗钞》是有关西域诗歌最早的权威选本，所以后出相关著作，在无法见到底本的情况下，对萧雄的介绍都会以此作为参照。钱仲联所编《清诗纪事》将吴本选诗全部转引，还沿用了《晚晴簃诗汇》《历代西域诗钞》中对萧雄生平的简介，却将萧雄字"皋谟"误引为"皋诺"③。

今人编纂的《新疆民族词典》《新疆历史词典》《新疆百科知识辞典》亦收录了萧雄的生平，相关内容征引如下：

> 清代著名咏边诗人。字皋谟，湖南益阳人。号听园山人、听园居士。屡试不第。阿古柏变生，奋从军，佐幕于金顺、张曜麾下，参加了平定叛乱、重新规复新疆的历史性行动。回乡后赋诗多首，汇为《西疆杂述诗》，以诗

---

① 《听园西疆杂述诗》卷四《沙南侯获碑刘平国碑》诗注语。
② 吴蔼宸编《历代西域诗钞》，乌鲁木齐：新疆人民出版社，2001年，第234页。
③ 钱仲联主编《清诗纪事》同治朝卷，南京：凤凰出版社，2004年，第3051页。

歌抒写新疆各地的自然景观，以及各民族的民俗风情，资料翔实，描写生动，具有艺术价值和史料价值。①

清代著名边塞诗人。字皋谟，号听园居士、听园山人，湖南益阳人。屡试不得中举，因此愤而从军，先后作西征军大将金顺、张曜的幕僚，参加收复新疆，讨伐浩罕入侵者阿古柏匪帮的战争，转战天山南北。时有观感，即行赋诗，回乡汇集成《西疆杂述诗》一书，前为诗句，后为大量注释，对新疆的生产、风物、民族、民俗描写得真实而又生动，极得当时人的喜爱和好评。②

湖南益阳人。清同治年间从军参加征讨阿古柏。擅长诗词，在新疆的诗作辑为《西疆杂述诗》。反映新疆民情和自然景色。③

其中只有《新疆历史词典》对萧雄的简介较符合两序原意。后二者所云《西疆杂述诗》乃萧雄在西域所作，也是对《自序》和黄《叙》的误读。而黄《叙》中的错误，更影响到今人的研究，如钟兴麒、王有德先生所编《历代西域散文》云："（萧雄）先后在金顺、张曜门下用事，往返新疆三次，历时数十年，一直未被重用，官仅至花翎直隶州知州。"④薛宗正先生《边塞诗风西域魂——古代西部诗览胜》云："及乱平，（萧雄）周游天山南北，行程两万里，写了大量诗作，其后虽生活有所变化，但仍执着地继续他的考察，一生凡三次入疆。"⑤李中耀《肖雄和他的〈西疆杂述诗〉》一文说："同治三年，投笔从戎，服务于金顺幕府。同治十二年，随金顺部明春军进军新疆。……曾三次出入新疆。"⑥此文虽云萧雄同治十二年出关，但并未加考证，有关萧雄生平的其他说法，亦不符实情。

萧雄虽从军多年，但从自述来看其交游并不广泛，难以从他人的记载中对其生平做更为详尽的考索。诗人地位不高，生平事迹史均不载，是造成他生平资料缺失的外部原因。内部原因或许是由于诗人有意回避其辛酸的经历，不愿意将之

---

① 纪大椿主编《新疆历史词典》，乌鲁木齐：新疆人民出版社，1994年，第570页。
② 新疆维吾尔自治区民族事务委员会编《新疆民族词典》，乌鲁木齐：新疆人民出版社，1995年，第260—261页。
③ 蒲开夫、朱一凡、李行力编《新疆百科知识词典》，西安：陕西人民出版社，2006年，第696页。
④ 钟兴麒、王有德编《历代西域散文》，乌鲁木齐：新疆人民出版社，1995年，第259页。
⑤ 薛宗正《边塞诗风西域魂——古代西部诗览胜》，乌鲁木齐：新疆青少年出版社，2003年，第247页。
⑥ 李中耀《肖雄和他的〈西疆杂述诗〉》，《西北民族学院学报》1999年第3期，第72—77页。

诉诸笔墨。

关于萧雄的生平，黄《叙》所云虽详却有讹误，《自序》叙述虽笼统，可信度却更高，这也正与陈垣先生所说"年岁之事，据友人之言不若据家人之言，据家人之言不若据本人之言"的道理一致①。萧雄北上从军尤其是出关之后的经历，奠定了《听园西疆杂述诗》日后的成书基础，从知人论世的角度来说，对诗人这一阶段生平的考证和辨析，则是深入研究其人其诗的一个必要环节。

（本文原载《新疆大学学报》2014年第3期，第68—72页）

---

① 陈智超编注《陈垣史源学杂文》，北京：生活·读书·新知三联书店，2007年，第103页。

乾隆帝与《塞宴四事》

周 轩

《塞宴四事》作于乾隆二十五年（1760）九月，是乾隆帝为大如堵壁的工笔重彩巨帧《塞宴四事图》（今藏北京故宫博物院）所题的四首诗并序②，由时任军机大臣、后任大学士的于敏中书写。反映的是乾隆帝在承德避暑山庄开筵设宴时举行的四项活动——诈马（少年骞马），什傍（蒙古器乐合奏），相扑（摔跤比赛）和教駼（套马驯马）。本文进行诗解与研究。

一、《塞宴四事》诗解

1. 诈马

诈马为蒙古旧俗，今汉语俗所谓跑等者也。然元人所云诈马，实咱马之误。蒙古语谓掌食之人为咱马。盖呈马戏之后，则治筵以赐食耳。所云只孙，乃马之毛色，即今蒙古语所谓积苏者是，亦属鱼鲁。兹扎萨克于进宴时择名马数百，列二十里外，结束鬣尾，去羁鞯，驰用幼童，皆取其轻捷致远，以枪声为节，递施传响，则众骑齐骋，矗骎山谷，腾跃争先，不逾晷刻而达，抡其先至者三十六骑，优赉有差，所以柔远人讲武事也。

名王诈马存遗风，献筵备陈表敬恭。廿里以外列骏骢，置邮传命听发

---

① 本文为 2011 年度国家社科基金重大项目"清代新疆稀见史料调查与研究"（项目编号：11&ZD095）、教育部人文社会科学重点研究基地重大项目"清代西北边疆平定与国家认同"（项目编号：11JJD770029）研究成果。

② 乾隆帝《塞宴四事》，见《乾隆御制诗》三集卷八。

踪。宣教施铳星火红，连声递令顷刻通。砰磕万雷忽落空，翩若惊鸿逸若龙。云屯飙欻倒吕洪，旁唐闪霍复春容。振林骇谷蹯阜崣，平沙草软净塕篷。駃騠束尾绾其鬃，轻方致速骑以童。捷足独出杰且雄，选三十六惟良駥，按第行赏务从丰。只孙古俗想象中，和乐还因寓诘戎。

诈马诗序说：诈马为清代帝王巡幸塞外举宴时，按蒙古旧俗表演的一种赛马游戏，即汉语中的赛马。蒙古语称掌管养马之人为咱马，元人误称诈马。其实是赛马之后的开筵赏赐酒食。所说的只孙，指马的毛色，即蒙古语所说的积苏，属文字错讹。今诈马是各部落首领进宴时选择好马数百匹，排列于二十里外，把马的鬃尾扎束起来，不用络头和鞍垫，为便于轻快，选择儿童乘驰。随着枪声乍起，众马奔腾，声震山谷，你追我赶，奋力争先，在终点取其先到者三十六骑分别给予奖赏。这是以讲求习武之事来安抚边地部落。

诗中说：蒙古部落首领中还保存着古代诈马遗风，开筵陈设齐备以表恭敬。骏马排列在二十里外，枪声就是出发的命令。一声令下，枪冒火星，好像空中响雷。众马奔腾，如惊飞的鸿雁，似游动的长龙。马蹄敲击大地，马匹光亮闪闪，声震山谷中。来到平坦的沙地，蹄下尘埃轻起。赛马扎束鬃尾，便于快捷以儿童为骑手。选取捷足先到的前三十六骑，按名次等级给予丰厚的赏赐。古俗是在想象中，我们是寓习武之事于和睦欢乐的比赛之中。

2. 什榜

什榜，蒙古乐名，用以侑食。今俗所谓十番或因此。杨万里诗有"金番长笛横腰鼓，一曲春风出塞声"之句。盖乐曲名番，本塞外语，而传讹耳。其器则笳、管、筝、琵、弦、阮、火不思之类。将进酒，辄于筵前鞠跽奏之，鼓喉而歌，和罗赴节，有太古之遗音焉。

平原择向圆幕张，酪酥乳酒湘黄羊。名王捧觞起上寿，较汉公卿礼数详。浑拨四，火不思，曲长朔管如鞭吹。鸣羽发徵气内运，叩角动商响外披。初奏《君马黄》："大海之水不可量（曲首句）。"继作《善哉行》："无贰无虞，式谷友朋。"谁云朔漠无古乐，绝胜郑卫为新声。我惟中外一家用联上下情，亦不侈谈有虞氏，四裔之乐舞于庭。

什榜诗序说：什榜作为蒙古乐名，是宴乐的一种。今俗称十番或许源于此，宋人杨万里诗中称"金番"。其实是塞外语称乐曲为番的传讹。什榜的乐器有筘、管、筝、琶、弦、阮、火不思等。进酒之前，在筵前跪坐着专注地演奏，和着乐曲的节奏放喉歌唱，那些自古流传下来的美好动听的音乐。

诗中说：平地上搭建起了圆顶蒙古包，摆上了奶酪、酥油、马奶酒，还有烹煮的野山羊。蒙古部落首领们捧着满杯的酒，向我祝颂长寿，他们比汉族大臣更讲究礼节。什榜有又称浑拨四的火不思，还有胡笳如吹鞭，吹奏管乐靠其运气，弹拨弦乐使其震动。初奏《君马黄》，又奏《善哉行》，谁说北方沙漠地带无古乐，我看是绝对超过了春秋战国时郑、卫两国的音乐。我这样做是为了加强中央与边疆臣民的感情，而不是不切实际地谈论什么古代有虞氏部落时，四裔之乐舞于庭。

3. 相扑

相扑之戏，蒙古所最重，筵宴时必陈之。国朝亦以是练习健士，谓之布库，蒙古语谓之布克。脱帽短褲，两两相角，以搏踔仆地决胜负，胜者劳以卮酒。厄鲁特则袒裼而扑，虽蹶不释，必控首屈肩至地乃为胜。彼嘉其壮，赐之羊臑，则拱臂探掬，顾盻呋吞，声若饮歠。其旧俗如此，因以示惠云。

健儿揎袖短后衣，席前相扑呈雄嬉。捔拖拗拉矜抃棋，跬踱踞蹋蹍且蹱。乘间伺息出以奇，恧然蹛蹶力不支，胜者赐酒跽饮之。别有厄鲁均新附，其扑法乃异旧部。露身赤脚惟著袴，撤揆扰踔空拳赴。失计忽仆伏地据，腾跳翻作康王跨。两肩著地头倒竖，方得谓之决胜负。胜者扬扬意实欢，负者反求微腼颜。宣传典属呼来前，上方肥羊出厨盘。长截硕臑如举山，匕箸不设俾恣餐。谁识不足君所言，快哉大嚼真壮观，岂对屠门空望悬。跪振双臂攫且搏，左哆右嚰直下咽。倏似长鲸吸百川，意气自若殊昂轩。均令染指果腹便，小哉食肥张齐贤。是盖卫拉旧俗传，示恩奖勇一试旃。食罢命前面询焉，弗兹食者阅十年（据云准噶尔自喇嘛达尔扎拘畔以来，日就凋敝，不得如此饱啖者，十年于兹矣）。

相扑诗序说：相扑是蒙古最重要的游戏，开筵设宴的必备项目。大清朝以相扑练习健士，称之布库，蒙古语称布克。摔跤手们脱帽短臂衣，两两相搏，以将对方摔倒在地决一胜负，胜者获得赐酒的奖赏。厄鲁特（又称卫拉特）的摔跤规则是脱去上衣而搏，虽倒地也不能放弃停止，一定要以对方的头和肩部着地决定胜负，胜者获得羊肉和羹汤,双手捧起,得意顾盼,大口吞食。其俗意在表示恩惠。

诗中说:摔跤手身穿短衣捋起袖,在筵席前表演勇武者的搏击游戏。双手横向而击,拖拉扭转在一起,步子忽进忽退寻找可乘之机,被摔倒者面带惭愧,获胜者则小跪着将赐酒一饮而尽。如今有新归附的厄鲁特人,摔跤之法不同于其他。他们露着上身赤着脚,空拳跳跃上场来,被摔倒者面朝地坚持着,对方要将被摔倒者两肩及头着地,才算获胜。胜者洋洋得意,负者则有些羞愧。我命令理藩院官员赏赐大盘新煮好的羊肉。摔跤手们不用筷子,手抓着尽情放纵地吃起来,如鲸鱼饮水般地喝着肉汤,镇定自若,气度不凡。他们吃得很高兴,也吃得饱饱的,我是按照卫拉特的风俗给予示恩奖励。吃完了询问他们,他们说已经十年没有这样好好吃过了。

4. 教駣

教駣攻驹,《周礼》虽载,然后世仅知攻驹,而不能教駣。蒙古则熟习其法,谓之骑额尔敏达。骒马三岁以上,曰达騑额尔敏,则未施鞍勒者也。每岁扎萨克于所部驱生马多群至宴所,散逸原野。诸王公子弟雄杰者,执长竿驰絷之,加以羁鞲。始则怒骋馼趣,或猣突人立,嘶啮雷殷,驭者腾趠而上,控掣自如。须臾调良,率得名马。

二岁为驹不胜鞍,三岁为駣始堪教,夏官庾人早失传。未若朔漠存古调,扎萨献宴必备观。分群别色陈平原,毡庐赐食较扑罢,按辔一览同名藩。名藩子弟皆吉服,上马执竿好结束(驭生马者,必驰骑逐之,襢衣绾带,持寻丈竿,系革絚其上,以为控絷,俗名套马竿)。驱来万锦歘披前,光采陆离纷夺目。薄言駧者有骐皇,骍骐骝骆駰驈黄。絷之维之取杰骜,绁绊未及先跳梁。龁草饮水本天性,羁鞚乍拘自觉病。惊轶狂掷讵能无,处之以暇堪力胜。牵来蹀躞人争骑,驀跨那待羁辔施。擢足轩立忽落地,翻身腾鶱捷于飞。尽态极变不可状,骙突雄驱若翻浪。毛龙逸虎旋就驯,人有余闲据马上。驰骤宁供耳目娱,駃騠騄耳中抡诸。凭阅考牧悟至理,不教而成事所无。

教駣诗序说:古时《周礼》虽记载"教駣攻驹",但没有说明怎样调教小马。蒙古人则熟悉调教小马,称之骑额尔敏达。小马三岁以上还没戴过鞍辔的,就叫达騑额尔敏。每年各蒙古部落首领都将生马驱赶而来,在原野上散放。王公子弟中的勇敢杰出者，手执套马竿追逐生马，设法套笼头，加鞍具。生马开始都是狂奔跳跃，或像人一样站立起来，咬牙嘶叫。而骑在上面的驯马手任凭生马奔驰腾跳，都能自如地控制牵拉，生马无可奈何，也就不得不驯服了。这样用不了多长时间，就可驯出一匹好马。

诗中说：马到三岁就可以驯了，《周礼》中关于夏官庾人驯马之法早已失传，但在蒙古部落中还保存着，成为首领们聚会设宴时的必备项目。生马按毛色分群散放，在相扑后再观赏教駣。驯马手身穿礼服，执竿上马，把衣角别在腰带上，赶着众多的马匹像锦缎一样，光彩绚丽夺目。奔走的马匹，有身黑股白的，有毛色黄白相杂的，有红色黑鬃尾的，有白身黑鬃尾的，有浅黑带白色的，有赤白相间的杂毛马等。烈马桀骜不驯，跳跃着不接受笼头和缰绳。本是野外长大的，充满了天性，乍一戴上笼头当然不舒服和不习惯了，像受惊一样奔跑，想把人摔下来，优秀的驯马手稳坐马背上，与马进行时间与力量的较量，看谁最终获胜。还有的马，人一骑上去，它就举起前蹄，像人一样站立，忽地又落地奔腾如飞，极尽各种姿态，虽是如龙似虎，可以雄驱翻浪，但最终还是被骑在上面的驯马手驯服就范。驯马不仅使人耳目得到享受，还可从生马中挑选出好马来。观察教駣，我明白了一个精深的道理，那就是世界上不教而成的事是没有的。

二、《塞宴四事》研究

关于《塞宴四事》的研究文章，就笔者所见，有王世襄的《清代的相扑》，研究的是"相扑"。① 分析图中所示，乾隆帝盘坐在主位上，后一柱擎盖，臣子分列左右（乐队就在左侧）。中铺地毯，四人穿白衣，分两队在上面摔跤。下方又有白衣四人，跪地举杯，接受官员注酒。稍远平地上，有赤膊两人角力，一人已倒地，对方还扭住不放。穿袍戴帽者八人，跪成一行，面前各放一大盘，他们从中抓取食物，纳口大嚼，仿佛嗞咤有声。文中指出，从诗及序得知图中画的是两种相扑：一种叫"布库"，光头穿白色短上衣和深色靴子，只要摔倒在地，就算输了。胜者赏给酒喝。另一种叫"厄鲁特"，赤膊光脚进行比赛，即使把对方摔倒，也不能算赢，必须按住对方的脑袋，使其双肩着地，才算得胜。比赛后赏给大盘煮羊肉，不用刀筷，用手抓着吃，不论胜负都有份，以示奖励。文中重点是

---

① 王世襄《清代的相扑》，《紫禁城》1981年第1期（总第5期），第5—7页。

列举诗人赵翼（字瓯北）的长诗《相扑》来进行诠注和论证。

同时有王荃猷的《一幅难得的清代蒙古族作乐图》[①]，研究的是"什榜"。分析其乐队共十人，戴宽檐红缨皮帽，穿深蓝色浅花的蒙古长袍，席地跪坐，正在演奏。吹笳的乐工手握长管，凝视弹筝人的双手，等待曲段的到来。在他的右侧，乐工双手持拍板。正中是弹火不思的乐工，左端是吹口弦的乐工，拉四胡的乐工在后排，他右边的四位乐工，所用乐器为琵琶、阮、长柄月琴和二弦。每个人姿态各异，各尽其态，绘影绘声。画家认真观察，一一捕捉到转瞬即逝的动作，留下准确而完整的记录。文中指出，根据《清史稿·乐志六》记载乾隆七年（1741）所定的大宴笳吹乐歌词六十七章，其中就有乾隆帝诗中提到的乐曲《君马黄》和《善哉行》。前者的歌词首句是"大海之水不可量"，与乾隆帝的诗正合；后者的歌词末句是"无贰无虞，朋友式谷"，乾隆帝为了押韵上口，改为"式谷友朋"。

另外，还有潘深亮的《塞宴四事图》[②]，介绍此图绢本设色，纵300.16厘米，横400厘米，宽幅巨帧，画上端有于敏中书乾隆帝御制诗四首并序，说明所绘"四事"是乾隆帝在承德避暑山庄筵宴时举行的四项活动——诈马、什榜、相扑和教駣。画面上青山环抱，古木苍松，乾隆帝在官员簇拥下，坐于画面正中，在什榜的乐曲声中观看相扑表演。画面主要人物的面部立体感较强，具有西画的某些特点，点景仍用中国传统的线勾填色法。全画笔法严谨，构图繁复，是一幅难得的写实画。

画中描绘的四项活动，除什榜是描绘蒙古族的音乐演奏外，其他三项是体育活动的场面。图的上方是诈马，少年身着长袍，脚蹬蒙古靴，骑在马上，一手抓缰，一手挥鞭，策马飞奔。人与马，姿态各异，形象生动逼真，场面紧张热烈。而右上方是教駣场景，一人身着长袍，手执套杆，策马冲入马群，套住一匹烈性马，烈马突起嘶鸣，企图挣脱羁绊。而摔跤手穿着紧身半袖衣，半裸着臂，腰系围巾，下穿摔跤裤，脚蹬蒙古靴，头上留着小辫。一对摔跤手扭在一起相搏，另一对摔跤手叉开两腿、张开两手对峙着，伺机向对方进攻，气氛紧张。

从画面来对照乾隆帝的诗，我们不能不惊叹作为满族的乾隆帝的汉化程度之高。崛起于白山黑水间的满族贵族统治者，其征伐明朝、建立清朝、进而统一全

[①] 王荃猷《一幅难得的清代蒙古族作乐图》，《故宫博物院院刊》1981年第3期，第49—51页。
[②] 潘深亮《塞宴四事图》，《紫禁城》1990年第3期（总第58期，古代体育文化特辑），第10页。

国的过程，也是一个逐渐接受先进的汉文化的过程。仅就宗室皇子的取名举例来说，清初从清太祖努尔哈赤、清太宗皇太极到顺治帝福临，都是依照着满族的传统习惯来进行的。到康熙帝玄烨时，吸收汉文化趋于全面成熟并卓有成效。他为自己的儿子取名，全以"胤"字起头。见《尚书·尧典》："胤子朱启明。"说尧之子丹朱开明。胤雅又为乐章名，南朝梁《三朝雅乐》之一。太子出入，奏《胤雅》。取自《诗经·大雅·既醉》："君子万年，永锡尔胤。"可见玄烨是深含寓意的。皇四子胤禛继位雍正帝，为避讳，兄弟们都改"胤"为"允"。等到胤禛给儿子取名，则用"弘、福'二字起头，弘历继位乾隆帝后，四十一年（1776）下谕：子、孙班辈永、绵二字，将来承绪者，一人以避众，以永作顒，以绵作旻。结果第十五子永琰继位为嘉庆帝，改为顒琰；顒琰次子绵宁继位为道光帝，改为旻宁。

  而从乾隆帝的这四首诗来看，充分展示了他对汉文化的娴熟程度。如"诈马"中的"砰磕万雷忽落空，翩若惊鸿逸若龙"。用典出自汉扬雄《羽猎赋》："凫鹥振鹭，上下砰磕，声若雷霆。"砰磕指疾雷声或水流激荡声。还有三国魏曹植《洛神赋》："翩若惊鸿，婉若游龙。"惊鸿为惊飞的鸿雁，游龙为游动的龙，指轻捷貌。

  又如摔跤需要手脚并用，"相扑"诗中的"捭拖拗拉矜拎揕，跮踱踞蹋蹑且跬"两句，分别写了手的动作和脚的配合。捭（bǎi）为两手横向对外而击。拗（niù）为扭转。拎揕为抓提。而跮踱（chì duó）为步子忽进忽退。《史记·司马相如列传》："跮踱輵辖容以委丽兮。"踞蹋犹蹲踞。蹑（niǎn）犹踏步。跬（kuǐ）为开足行貌。

  还如"教駣"诗中对马曲尽描写："薄言駉者有骐皇，驿骐骊骆骊騢黄。"駉（jiōng）指骏马。《诗·鲁颂·駉》："薄言駉者，有骐有皇，有骊有黄，以车彭彭。"骐（yù）指身黑股白的马。皇指毛色黄白相杂的马。骊（lí）指深黑色的马。驿（xíng）骐见《诗·鲁颂·駉》："薄言駉者，有骓有駓，有驿有骐，以车伾伾。"驿指赤色马，骐指青黑色的马。骊骆见《诗·鲁颂·駉》："有骅有骆，有骊有雒。"骊指红身黑鬃尾的马，骆指白身黑鬃尾的马。骊騢（yīn xiá）见《诗·鲁颂·駉》："薄言駉者，有骊有騢。"骊指浅黑带白色的杂毛马，騢指赤白相间的杂毛马。

  由此可见，乾隆帝的学识渊博，对典故烂熟于心，能顺手拈来。但还需要细心地观察，才能写得生动。还需要真情实感，如"什榜"诗中所说的"我惟中外一家用联上下情",展现了他作为中华共主的宽阔胸怀,以及举办塞宴四事的深远用意。"相扑"诗结句所说:"食罢命前面询焉,弗兹食者阅十年。"表达了他对由于社会动乱,使得经济凋敝,人们生活困苦的准噶尔部众的同情之心。而"教駼"诗结句"凭阅考牧悟至理,不教而成事所无",是他观看教駼引发出对人生的感悟。

我们现在还不明确清楚,《塞宴四事图》是先有诗还是先有画,不过从乾隆帝关于平定西域的《战图补咏》和《乌什战图补咏》等来看,应当是先有诗,而后才有画。在没有具像画面的情况下,乾隆帝能将塞宴四事描写得如此生动,实属不易;在已有形象诗句的情况下,画家能将塞宴四事构图描绘得如此逼真,也属难得。真正是诗中有画,画中有诗,诗情画意,珠联璧合,是一件难得的艺术珍品。当然也是研究蒙古民族文化的宝贵资料。

这件艺术珍品有着深刻的历史内涵。《塞宴四事》诗图的地点都是在避暑山庄。避暑山庄建自康熙四十三年(1703),到四十七年(1708)初步建成,并在以北建立木兰围场,通过召见、行猎、比武、野餐、宴会、赏赐等方式,以及与蒙古王公共同观看赛马、摔跤、听蒙古乐曲等活动,以结好蒙古各部上层人物,从而达到"备边防,合内外之心,成巩固之业"①的政治目的。乾隆帝统治时期对山庄又进行了大规模的改造和扩建,直到乾隆五十五年(1790)才最后完成主要工程。山庄在康熙、乾隆时代,有着相当重要的政治意义。初步建成之初,康熙帝几乎每年有半年的时间住在山庄。其中只有两年没有来过,一次是康熙二十一年(1682)出巡东北,部署黑龙江前线抗击沙俄的军事行动;另一次是康熙三十五年(1696)出征喀尔喀蒙古的图拉河,追歼噶尔丹叛军。此外一直坚持塞外行围习武的军事与政治意义。雍正帝即位后,忙于巩固皇权,停止了塞外行围,没有来过避暑山庄。但是他定下了规矩:"后世子孙,当遵皇考所行,习武木兰,毋忘家法。"②乾隆帝即位以后,改扩建山庄,又把木兰行围发展到更大的规模。意在安不忘危,狩猎练武,强兵富国。他在《杂咏》诗的小注中说:"从猎蒙古王公:内扎萨克四十九旗,又喀尔喀四部,及四卫拉特,并青海等部各扎萨克,不下百余旗。我朝中(内地)外(边疆)一家之盛,实史册所未见。"③

特别是自乾隆二十年(1755)到二十四年(1759),先后平定天山以北准噶

---

① 乾隆帝《避暑山庄百韵诗有序》。
② 乾隆帝《避暑山庄后序》。
③ 乾隆帝《杂咏》,见《热河志》卷四七。

尔部与天山以南大小和卓的叛乱，设立总统天山南北的伊犁将军，奠定了近代中国的版图，达到几千年历史上从未有过的辉煌。《塞宴四事》诗与画，都完成在乾隆帝统一西域的次年，当时的避暑山庄，不仅蒙古各部上层人物齐聚一堂，而且天山以南的维吾尔族、巴尔喀什湖畔的哈萨克族、天山以西的布鲁特（今柯尔克孜族）等上层人物都曾在这里集合，进贡朝拜，接受赐封，欢声笑语，塞宴四事也就顺理成章，可见只有国家统一与社会安定，人民才能安居乐业，共享太平。

之后乾隆二十九年（1764），乾隆帝在《八月廿六日，蒙古王公等献宴，即席得句》云："千山锦绣高低叠，一水笙簧宛转流。绰尔齐终（蒙古弹火不思，吹笳奏曲，谓之绰尔齐）观洒马（即诈马，俗谓之骑达骒），古风偏爱以使修。"①

在国家统一与社会安定的山水间的塞宴四事，不是为了行乐，而是为了行政。这就是本文对乾隆帝的《塞宴四事》的研究结论。

（本文原载《新疆大学学报》2013年第6期，第65—69页）

---

① 《乾隆御制诗》二集卷四二。

清代刻书家龙万育生平考述

颜世明　高　健

龙万育，字燮堂，四川成都人氏，清代嘉道之际知名刻书家，曾校刻《读史方舆纪要》《天下郡国利病书》《西域释地》《群经补义》《李中允集》《缉古算经》等二十余种，勘刻书籍涉及历史、文学、数学诸领域，其中尤以印梓《读史方舆纪要》为后人熟稔：龙氏刻印《纪要》之前，肆坊之中流传五卷本、九卷本两种刻本，卷帙、内容与顾祖禹原撰一百三十卷不可同日而语，龙氏广为搜觅善本，以敷文阁之名将顾氏原书一百三十卷印行，同时附录《舆图要览》四卷，是为《纪要》刻本之中首部足本，后世翻刻《纪要》基本以敷文阁本为底本进行刻印。

关于龙万育生平，《续修四库全书总目提要》仅开列其字号、里籍。《四川省志》胪列道光年间两种龙万育敷文阁刻本，即《群经补义》（五卷二册）与《周易诂要》[2]。王晓波先生在统计清代蜀地文人著述之时，云：龙万育字燮堂，乾隆五十四年以教职赴廓尔喀军营任职，嘉庆间官至甘肃省监司，后调任军中前后达二十年，著有《诗经诂要》八卷（道光八年刻本），现存四川大学图书馆，另有文二篇收入《天下郡国利病书》卷首[3]。朱玉麒先生进一步考证：曾担任甘肃分巡西宁兵备道，后因事遣戍伊犁，在伊犁将军晋昌幕府与徐松同事，晋昌《西域虫鸣草》卷末附有龙氏《读〈西域虫鸣草〉》二首[4]。以上诸家之述过于简略，实则龙氏仕职经历散载于清代档案文书、地方志书之中，现据相关史料将其生平予以简要叙述，以补苴龙氏生平史料罅漏，亦可管窥清代蜀地印刷业盛况。

---

[1] 基金项目：国家社科基金重大项目"清代新疆稀见史料调查与研究"（11 & ZD095）；教育部人文社会科学研究规划基金项目"新疆汉文历史文献题解"（10YJA870006）。
[2] 四川省地方志编纂委员会《四川省志·出版志》，成都：四川人民出版社，2001年。
[3] 王晓波《清代蜀人著述总目》，成都：四川大学出版社，2009年。
[4] 朱玉麒《〈西域水道记〉刊刻年代再考》，《西域研究》2010年第3期。

龙万育生平可划分三个阶段：仕宦川陕赣甘（1790—1817）、遣戍伊犁（1817—1821）、还归成都（1821—？）。龙氏出仕之时，正值白莲教起事初端，龙氏以镇压起义、筹措粮秣累功官至西宁道，在西宁道任内又以包庇属吏获罪，签发伊犁效力赎罪，三年期满之后返归成都以刻印书籍为业。

一、仕宦川陕赣甘（乾隆五十五年至嘉庆二十二年）

按清制，官员在觐见皇帝之时，由军机处誊清一份囊括该官员姓名、籍贯、年龄、职务的履历片上呈皇帝御览，皇帝面核其材量为授官，事后由军机处属员在履历片之上记"某年某月授何官职"，并夹附皇帝考语。至此官员下次觐见时仍采用此履历片，军机处复记何时入见、授任官职、皇帝考语，直至革职、亡故。中国历史第一档案馆藏存乾嘉时期龙氏履历片二份（按：现收录于《清代官员履历档案全编》），粗略勾勒龙氏遣戍伊犁之前仕宦经历：

> 乾隆五十九年二月二十八日，臣龙万育四川成都府成都县拔贡，年三十二岁，由现任南溪县训导，办理西藏军务，大功告蒇，经大学士、公福康安等奏请以知县即用，签掣陕西西安府高陵县知县缺，敬缮履历恭呈御览，谨奏。

> 龙万育，四川人。年四十五岁，由拔贡生以教职用，选授四川南溪县训导，历升陕西高陵县知县。嘉庆元年十月内，调赴军营办理堵御（按：堵御，或为讹字，应作"督运"）粮运，议叙以应升之缺升用。三年三月内亲灭首逆，保奏以同知直隶州补用。四年五月内，奏补汉中府留坝厅同知。五年四月内，派随军营办理粮务出力，赏戴花翎。六年三月内，奏升兴安府知府。十二年五月内军务□□（按：原文二字漫漶不清，或为完结二字），本年七月内用陕西西安府知府。嘉庆十二年七月内引见，明白妥协。嘉庆十五年五月内引见，似可。嘉庆十六年二月内，用甘肃巩秦阶道。嘉庆十七年正月内，调西宁道。嘉庆二十一年十一月内引见，似可。革职。[①]

乾隆、嘉庆年间履历片为研究龙氏生年、籍贯、官宦经历提供线索，如履

---

① 秦国经《清代官员履历档案全编》第2册、第22册，上海：华东师范大学出版社，1997年。

历片之中乾隆五十九年（1794）龙氏三十二岁，嘉庆十二年（1807）龙氏四十五岁，故可推算龙氏生于乾隆二十八年（1763），同时《清仁宗实录》《东华续录》《钦定剿平三省邪匪方略》《那文毅公奏议》《民国续修陕西通志稿》《甘肃新通志》实录体档案、陕甘方志之中具载细微末节，两者相互参证可将龙万育仕职经历补正如下。

龙万育（1763—?），字燮堂，四川成都府成都县人氏①，乾隆五十五年（1790）以拔贡选用四川叙州府（今宜宾）南溪县训导②，五十六年（1791）廓尔喀（今尼泊尔地区）进犯西藏日喀则，盘踞后藏意图侵吞中国领地，清廷以福康安为将军督办西藏事务，分兵两路从四川、青海入藏进剿外敌，龙万育以文职之员兼办西藏军务得力，五十九年（1794）升用陕西西安府高陵县知县。

嘉庆元年（1796）湖北、四川、陕西地区爆发白莲教起义，十月复以高陵县知县龙万育督办军营粮运，十二月陕西兴安府境内两股教民占据汉江南岸洞河、汝河地区与北岸大小米溪、蒿坪河地带③，两岸相距数十里，为防止两股教民控制范围接合，陕西巡抚秦承恩饬令知县龙万育南下紫阳招募乡勇，助紫阳县清军清剿蒿坪河教民，洞河、汝河教民强渡汉江救应北岸教众，清军绝断其外援之路，又凭借优良武器装备重创教民，擒获首领翁录玉、林开泰④。二年（1797）正月，以龙氏剿匪有功赏赐蓝翎顶戴，并以应升之缺升用⑤。

三年（1798）三月，襄阳起义首领姚之富、齐王氏（按：即王聪儿）转战陕西山阳县、湖北郧西地区，与清军激战数日弹尽粮绝，姚、王二人坠崖自戕，论功龙氏以同知直隶州补用⑥。四年（1799）五月，擢升汉中府留坝厅同知。五年（1800）闰四月，廪随军营办理粮务有功，赏戴花翎顶戴⑦。六年（1801）三月，调至兴安府知府（按：龙氏调任兴安府时间，《嘉庆续兴安府志》《民国续修

---

① 常明《嘉庆四川通志·选举志》，《中国地方志集成省志辑·四川》，南京：凤凰出版社，2011年。
② 《清高宗实录》卷一三六三，北京：中华书局，1986年。
③ 按：均在今陕西紫阳县境内。
④ 庆桂《钦定剿平三省邪匪方略正编》卷二三，《清代方略全书》第57册，北京：北京图书馆出版社，第2006年。
⑤ 《清仁宗实录》卷一三，北京：中华书局，1986年。
⑥ 庆桂《钦定剿平三省邪匪方略正编》卷六八，《清代方略全书》第62册，北京：北京图书馆出版社，2006年。
⑦ 庆桂《钦定剿平三省邪匪方略正编》卷一七三，《清代方略全书》第73册，北京：北京图书馆出版社，2006年。

陕西通志稿》均作嘉庆九年二月任①，按《清仁宗实录》嘉庆六年六月、十二月曾嘉褒知府龙万育②，故当以履历片为准。）九年（1804）八月，又以知府龙万育未按拟定章程撤遣乡勇，意存推诿，革去顶戴暂行留任以观后效③。十年（1805）三月，以龙氏安插乡勇、散遣游民得力，赏还花翎④。十二年（1807）五月，以丁忧卸任⑤。七月，奏调西安府知府，第一次奉诏进京觐见。十五年（1810）五月，三年丁忧期满，补授赣州府知府，第二次入京召见。十六年（1811）二月，升任甘肃巩秦阶道。十七年（1812）正月，调授西宁道，九月署理兰州道⑥。二十年（1815），署理甘肃布政使⑦，二十一年（1816）十一月，第三次进京朝见。

龙万育以弹压白莲起义而发迹，历任四川、陕西、江西、甘肃地方官吏，官至西宁道，西宁道办理案件与蒙古相关，故道员专以满洲、蒙古显贵担任，陕甘总督那彦成奏称龙氏"才具干练，办事老成"，嘉庆帝违例以龙氏调任西宁⑧，至此龙氏官宦生涯臻于顶峰。

二、遣戍伊犁（嘉庆二十二年至道光元年）

二十二年（1817）二月，河州知州沈仁澍（原任西宁县知县）遣派家丁前赴西宁县私自开启官仓，时任西宁知县杨毓锦放纵沈仁澍妄为，使得沈氏搬运豌豆二千九百余石，嘉庆帝以西宁道龙万育徇庇下属、隐匿实情治罪，发往伊犁效力赎罪⑨。起自乾隆年间统一天山南北之后，伊犁将军之驻地伊犁、乌鲁木齐都统之治所乌鲁木齐即为清代遣发获罪官员重地，嘉庆四年、十年、十七年洪亮吉、祁

---

① 叶世倬《嘉庆续兴安府志·职官志》，《中国地方志集成·陕西府县志辑五十四》，南京：凤凰出版社，2007年；虎虎城、邵力子《民国续修陕西通志稿·职官四》，《中国地方志集成省志辑：陕西》，南京：凤凰出版社，2011年。
② 《清仁宗实录》卷八四，卷九二，北京：中华书局，1986年。
③ 庆桂《钦定剿平三省邪匪方略续编》卷三十，《清代方略全书》第93册，北京：北京图书馆出版社，1986年。
④ 庆桂《钦定剿平三省邪匪方略续编》卷三五，《清代方略全书》第94册，北京：北京图书馆出版社，2006年。
⑤ 按：履历片未记龙氏丁忧之事，《民国修续陕西通志稿》载嘉庆十二年五月以丁忧离任兴安府知府，《那文毅公奏议》同载丁忧之事，此与履历片七月调任西安府知府相抵触，其中过程或为：龙氏丁忧卸任进京朝见，之后回籍守制，未尝赴任西安知府之职，履历片直抄中央档册而作。
⑥ 那彦成《那文毅公奏议》卷二四、二六，道光十四年刻本。
⑦ 升允、长庚《甘肃新通志·职官表》，《中国地方志集成省志辑：甘肃》，南京：凤凰出版社，2012年。
⑧ 王先谦、朱寿朋《东华续录》（嘉庆朝四十九），《东华录：东华续录》第7册，上海：上海古籍出版社，2008年。
⑨ 《清仁宗实录》卷三二七，北京：中华书局，2006年。

韵士、徐松相继贬戍伊犁。按清制遣戍边疆之文职官员一般担任遣戍地官府文案工作，龙万育既以道员免职，或入伊犁将军晋昌（？—1828）幕府参赞政务，其谪戍伊犁事迹遗留线索有二。

其一，《西域水道记》龙万育序言之中提及：嘉庆丁丑岁（嘉庆二十二年）谪戍伊犁，与旧友太史徐星伯先生比屋居①。徐松（1781—1848），字星伯，顺天大兴人，清代西北史地学开拓者，官至湖南学政，十七年（1812）因私自刻印书籍，令生员购买获利之事谪戍伊犁，二十四年（1819）赦还，著有《汉书西域传补注》《西域水道记》。龙、徐二人初次相识始于此，缪荃孙《徐星伯先生事辑》云：嘉庆二十二年丁丑，三十七岁，与成都龙燮堂万育订交②。龙、徐同戍伊犁期间，龙氏曾将仕职陕西之时亲睹怪闻告知徐松，徐松又转述同年姚元之（1773—1852），姚氏收录在《竹叶亭杂记》之内。③

龙万育释回之后二年，徐松以《西域水道记》送赠龙氏，并向其问序，故有上文《西域水道记》道光三年龙序，徐又将《中兴礼书》委托龙氏付梓，因龙氏亡故未予付印④。龙氏刻印《奉天录》之底本即源自徐松，龙刊印《缉古算经》又向徐松邀序，显见二人交谊之深。

其二，晋昌（嘉庆二十二年至二十五年在任）《戎旃遣兴草》卷尾收录龙氏《读〈西域虫鸣草〉》⑤，诗文内容即颂赞晋昌之诗妙言佳句与治理伊犁其间政治昌明，故可忖度龙氏遣戍伊犁三年之中或为晋昌幕僚，主理伊犁将军府文书工作，间或吟诗作赋度日。

道光元年（1821）六月，龙万育谪遣伊犁三年期满，修浚伊犁河堤坝有功，准允释回⑥。

三、还归成都（道光元年—？）

龙氏赦回之后应归居成都，根据有二：其一，道光十一年（1831）敷文阁

---

① 徐松著、朱玉麒整理《西域水道记：龙序》，北京：中华书局，2005年。
② 缪荃孙《艺风堂文集·徐星伯先生事辑》，《清代诗文集汇编》第756册，上海：上海古籍出版社，2011年。
③ 姚元之撰、李解民点校《竹叶亭杂记》卷八，北京：中华书局，1997年。
④ 钱泰吉《甘泉乡人稿·曝书杂记下》，《清代诗文集汇编》第572册，上海：上海古籍出版社，2011年。
⑤ 晋昌《戎旃遣兴草》，《清代诗文集汇编》第456册，上海：上海古籍出版社，2011年。
⑥ 《清宣宗实录》卷二〇，北京：中华书局，2006年。

本《天下郡国利病书》龙万育序言之中落款作：锦里龙万育燮堂氏识于城南浣花溪东慎闲书屋，锦里即成都誉称，浣花溪位于今成都市内，慎闲书屋当为龙氏书斋名称；其二，道光十三年（1833），李兆洛委托任职四川友人钱廷玉向龙氏索要《绎志》，按清制奋勉有加赦还废员，一般授予主事、笔帖式类微末职衔回籍安置，龙氏或在川府之中仕职。

道光元年（1821）自伊犁释回之后，龙氏即以敷文阁之名专意校印书籍，敷文阁原为南宋皇宫收存宋徽宗墨宝之藏书机构，龙万育冠以敷文阁之名，或暗含搜聚珍品加以刊印之意。嘉庆十四年（1809），龙氏即有自行刻印书籍之念，道光十一年敷文阁本《天下郡国利病书》卷尾龙氏跋曰：嘉庆十四年用聚珍本排印，自揣无力，特就家居，重复排印。嘉庆十六年（1811），仕职甘肃巩秦阶道之际，终将《读史方舆纪要》、《天下郡国利病书》付印。龙氏刻印书籍之中间有龙氏自撰之书，又不乏历代名家之籍，据余所知至少二十三种，因敷文阁本分藏众地，部分收藏地不明，拘囿现行条件，仅将清代以来书目题跋收录情况分述如下。

（一）龙氏自撰类三种

1.《周易诂要》

一函三册，不分卷，道光四年（1824）敷文阁刻本，现藏山东省图书馆。①

2.《尚书诂要》

四卷，道光五年（1825）敷文阁刻本，《贩书偶记续编》记其撰者、卷数、版本。②《续修四库全书总目提要》《四库大辞典》收录是目。③《续修四库全书总目提要》之中伦明先生考证颇为精审，现迻录如下以飨读者：

> 清龙万育辑，万育字燮堂，四川成都人，是书首有自序及例言，逐句为注。义（按：即字义）遵《钦定传说汇纂》，其象数、名物则载之上方。论古文，不疑梅颐，而以安国传未见前后汉书，恐为郑冲以下所为，而托于安国，而亦不敢谓必无孔子相传旧义。论《禹贡》，谓蔡传（按：即蔡沈《书集传》）于中州水道，但据桑经郦注，致多缺谬，易以王氏《地理今释》（按：即王应麟《尚书地理今释》）及胡氏《锥指》（按：即胡渭《禹贡锥指》）。论

---

① 山东省图书馆《易学书目》，济南：齐鲁书社，1993年。
② 孙殿起《贩书偶记续编》，上海：上海古籍出版社，1980年。
③ 李学勤、吕文郁《四库大辞典》，长春：吉林大学出版社，1996年。

《书序》谓虽为朱、蔡所斥（按：即朱熹、蔡沈），然相传已旧，实出孔壁。录之以便查考，全书意主简约，于初学亦殊便也。[1]

3.《诗经诂要》

六卷，道光八年（1828）成都龙氏刊本，框高22.1厘米，宽13.7厘米，上下两栏，上栏十八行，行十三字，下栏九行，行二十字，小字双行排，白口，单黑鱼尾，左右双边，版心下题"敷文阁"，卷首有成都龙万育夔堂自序，现收藏四川大学图书馆（按：版本形态及收藏地据高校联合目录而知）。

（二）《敷文阁汇钞》十七种

道光五年（1825），龙氏将十七种经、史、子类书籍合刊，丛书定名《敷文阁汇钞》[2]，收录子目撰者生活年代上溯晋唐，下至龙氏同时代，部头较小而实用。

1. 经部六种

《春秋长历》一卷，西晋杜预（222—285）编。《毛诗古音考》四卷，明代陈第（1541—1617）编，《藏园订补郘亭知见传本书目》《增订四库简明目录标注》收录是书敷文阁汇钞本[3]。《群经补义》五卷，又名《读书随笔》，清江永（1681—1762）撰，《藏园订补郘亭知见传本书目》、《万卷精华楼藏书记》收录是书敷文阁汇钞本[4]。《周礼疑义举要》六卷，清江永撰，《增订四库简明目录标注》收录是书敷文阁丛书本。《春秋随笔》二卷，清顾奎光（1719—1764）撰，《藏园订补郘亭知见传本书目》、《增订四库简明目录标注》、《贩书偶记续编》（按：《贩书偶记续编》记无刻书年月，约嘉庆间成都敷文阁刊）收录是书敷文阁汇钞本。《邓批四书集注》七卷（《大学》一卷，《中庸》一卷，《论语》二卷，《孟子》三卷），清邓伦撰。

2. 史部七种

《奉天录》一卷，唐赵元一撰，清孙尔准（1772—1832）校订，《郘园读书志》、《藏园订补郘亭知见传本书目》、《增订四库简明目录标注》收录是书敷文阁校刻本[5]，顾千里《重刻奉天录序》中云：秦敦夫（1760—1843，即秦恩复，字

---

[1] 王云五《续修四库全书总目提要·经部》，台北：台湾商务印书馆，1973年。
[2] 施廷镛《中国丛书目录及子目索引汇编》，南京：南京大学出版社，1982年；施廷镛编著，施锐、施展整理《中国丛书知见录》第2册，北京：北京图书馆出版社，2005年。
[3] 莫友芝撰、傅增湘订补、傅熹年整理《藏园订补郘亭知见传本书目》，北京：中华书局，2009年；邵懿辰撰、邵章续录《增订四库简明目录标注》，上海：上海古籍出版社，2000年。
[4] 耿文光《万卷精华楼藏书记》，哈尔滨：黑龙江人民出版社，1992年。
[5] 叶德辉撰、杨洪升点校《郘园读书志》卷三，上海：上海古籍出版社，2010年。

近光，号敦夫，江苏江都人氏，清代藏书家、校勘学家）先生在都中得《奉天录》一册于龙燮堂，云出自徐星伯（按：即徐松）太史家，携归定为四卷①。故知《奉天录》敷文阁底本出自徐松之赠，龙氏曾将《奉天录》转赠秦恩复，张澍（1781—1847，字寿谷，号介侯、介白，甘肃凉州府武威县人，清代辑佚学家）《养素堂文集》又有《奉天录跋》，云张氏《奉天录》亦出自龙万育之赠②。《读书录摘要》二卷，明薛瑄（1389—1464）撰，郑绪章录。《居业录摘要》二卷，明胡居仁（1434—1484）撰，郑绪章录。《读史论略》一卷，清杜诏（1666—1736）撰。《读史管见》一卷，清龙为霖（1689—1756）撰。《西域释地》一卷，清祁韵士（1751—1815）撰。《弟子职选注》一卷，清任大鹏选注。

3. 子部四种

《缉古算经》一卷，唐王孝通撰注，清陈杰校定，附《缉古算经细草》一卷，《图解》三卷，《音义》一卷，清陈杰撰，《郑堂读书记》《书目答问补正》收录上述四种古籍敷文阁刻本③，《郑堂读书记》云前有道光癸未（1823）龙万育、钱仪吉（1783—1850，字蔼人，号衎石、新梧，浙江嘉兴人，清代训诂家、藏书家）及徐松三人序言；据《贩书偶记》《万卷精华楼藏书记》著录，以上四种古籍又有道光三年敷文阁本，卷首有陈杰自序④。

（三）《读史方舆纪要》、《天下郡国利病书》

《读史方舆纪要》一百三十卷，附《舆图要览》四卷，清顾祖禹撰，敷文阁刊本有三：嘉庆十六年（1811）、道光三年（1823）、道光十一年（1831）敷文阁活字本。《万卷精华楼藏书记》《贩书偶记》《贩书偶记续编》收录嘉庆年间敷文阁本，《梁氏饮冰室藏书目录》别载嘉庆敷文阁本八十一册⑤，《郑堂读书记》《书目答问补正》收录道光年间敷文阁本，《藏园订补郘亭知见传本书目》收录上述嘉庆、道光两种敷文阁刻本。康熙五年（1666），助理编纂《纪要》的华长发据顾氏早年七十二卷稿本，刊印其中州域形势五卷（按：后增订为九卷），定名《二十一史方舆纪要》。嘉庆十年（1805），彭万程又将州域形势九卷付印，华、彭二刻本并非完璧，龙万育则将顾氏一百三十卷完全付梓，附录《舆图要览》四

---

① 顾千里《重刻奉天录序》，赵元一《奉天录》，道光十年亨帚精舍刻本。
② 张澍《养素堂文集》卷三四，《清代诗文集汇编》第536册，上海：上海古籍出版社，2011年。
③ 周中孚撰、黄曙辉、印晓峰整理《郑堂读书记》，上海：上海书店出版社，2009年；张之洞撰、范希曾补正《书目答问补正》，上海：上海古籍出版社，2004年。
④ 孙殿起《贩书偶记》，上海：上海古籍出版社，1982年。
⑤ 梁启超《梁氏饮冰室藏书目录》，北京：北京图书馆出版社，2005年。

卷，推动《纪要》广泛流传与社会认知，至此行成九卷本、一百三十卷本两种版本系统，其后桐华书屋（1879）、三味书室（1899）、图书集成局（1901）、慎记书庄（1904）、广雅书局（1904）皆据敷文阁本刻印《纪要》，1937年商务印书馆又据敷文阁本排印（按：即万有文库本），1955年中华书局再次据敷文阁本影印[1]，贺次君、施和金先生点校《纪要》将嘉庆十六年敷文阁本作为三种参校本之一，故在2005年贺、施中华书局点校本出版之前，二百余年敷文阁本一直为《纪要》通行本。

《天下郡国利病书》一百二十卷，清顾炎武撰，敷文阁版本有三：嘉庆十六年（1811）、道光三年（1823）、道光十一年（1830）敷文阁聚珍本，《藏园订补郘亭知见传本书目》《增订四库简明目录标注》收录是书嘉庆年间敷文阁刻本，《万卷精华楼藏书记》收录是书道光三年敷文阁刻本，《梁氏饮冰室藏书目录》收录是书道光十一年敷文阁刻本。

（四）《李中允集》

《李中允集》六卷，清李骥元（1756—1798）撰，嘉庆十七年（1812）敷文阁刻本，卷首有嘉庆六年（1801）法式善（1753—1813）、嘉庆七年（1802）杨芳灿（1753—1815）、嘉庆十七年（1812）龙万育三人序言，现藏中国社科院历史研究所[2]，现已收入《清代诗文集汇编》之中[3]。

除却上述二十三种敷文阁本，徐松将《中兴礼书》委托龙氏付印，因龙氏亡故而未能付梓；道光三年（1823）龙氏途经扬州，暨阳书院主讲李兆洛（1769—1841，字申耆，晚号养一老人，浙江阳湖人，清代文学家、地理学家、训诂家）将胡承诺（1607—1681）《绎志》稿本托付龙氏刊印，十年之后尚未印行，不得已乃嘱托任职蜀中挚友钱廷玉（字绳祖，号朴斋、复斋，浙江长兴人，嘉庆十二年举人）索回，李兆洛《养一斋集》之中《寄龙燮堂观察》《寄钱复斋大令》《又寄钱大令》三则书札记述此事本末，李氏与钱廷玉信中又言：与龙相见已逾十年，度其年今且八十（按：龙氏生于乾隆二十八年，道光十三年当为七十一岁），昨有友言其尚在[4]，据此而推龙万育卒年当在道光十三年（1833）之后。

---

[1] 施和金《关于〈读史方舆纪要〉何本精审的问题》，《南京师范大学学报（社会科学版）》1986年第4期。

[2] 柯愈春《清人诗文集总目提要》，北京：北京古籍出版社，2004年；李灵年、杨忠《清人别集总目》，合肥：安徽教育出版社，2008年。

[3] 李骥元《李中允集》，《清代诗文集汇编》第456册，上海：上海古籍出版社，2011年。

[4] 李兆洛《养一斋文集》卷八，《清代诗文集汇编》第493册，上海：上海古籍出版社，2011年。

龙万育生平可以划分为三个阶段：仕宦川陕赣甘（1790—1817）、遣戍伊犁（1817—1821）、还归成都（1821—？）。第一个阶段以镇压白莲起义、筹措粮秣积功官至西宁道，仕宦之余曾以敷文阁之名校刊书籍。在西宁道任内又以包庇属吏获罪，签发伊犁效力赎罪；第二个阶段则在遣戍伊犁期间，结识清代西北史地学者徐松；第三个阶段即自伊犁释回成都之后，则以校刻书籍为生，社会身份完全转变为书商。同时龙氏擅长撰写书序，流传至今书序数篇[①]，又有诗二首，自撰经部书籍三种，一生之中刊印书籍二十余种，以刻印《读史方舆纪要》显名后世。

（本文原载《文史天地理论月刊》2014年第11期，第73—76页）

[①] 按：《光绪高陵县续志》另收存龙氏为吕柟（1479—1542）《高陵志》撰著序言，参见程维雍、白遇道《光绪高陵县续志·官制传》，《中国地方志集成·陕西府县志辑六》，南京：凤凰出版社，2007年。